扬中年鉴

2023

YANGZHONG
YEARBOOK

扬中市史志办公室　编

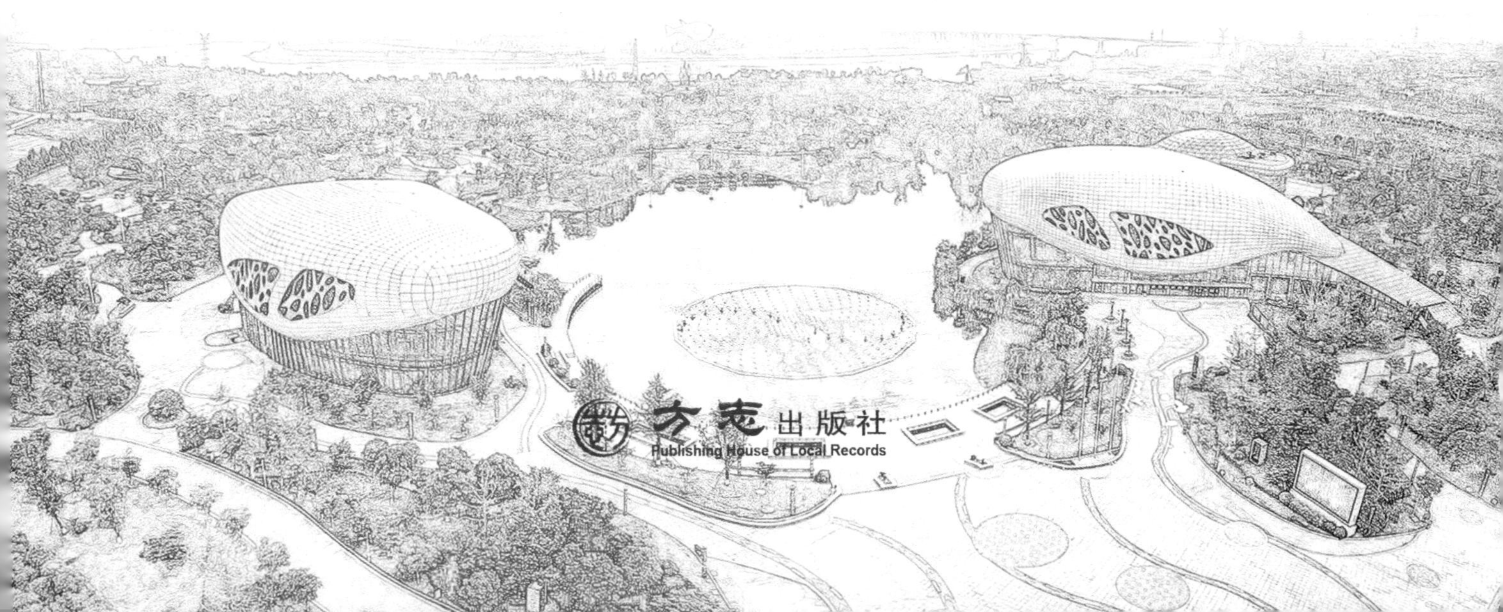

方志出版社
Publishing House of Local Records

图书在版编目（CIP）数据

扬中年鉴. 2023 / 扬中市史志办公室编. —北京 ：方志出版社，2023.11

ISBN 978-7-5144-5966-1

Ⅰ. ①扬… Ⅱ. ①扬… Ⅲ. ①扬中－2023－年鉴 Ⅳ. ①Z525.34

中国国家版本馆 CIP 数据核字(2023)第 239709 号

责任编辑：陈菁
责任校对：张玉霞
责任印制：梅中英
出 版 者：方志出版社
地　　址：北京市朝阳区潘家园东里 9 号（国家方志馆 4 层）
邮　　编：100021
网　　址：http://www.zgfzcb.cn
发　　行：方志出版社图书营销中心（010-67110500）
印　　刷：扬中市人民印刷有限公司
开　　本：889 毫米×1194 毫米　1/16
印　　张：17.25
字　　数：624 千字
版　　次：2023 年 11 月第 1 版
印　　次：2023 年 11 月第 1 次印刷
定　　价：260.00 元

《扬中年鉴（2023）》编纂委员会

《扬中年鉴（2023）》编辑部

璀璨的江中明珠

城市坐标 Chengshi Zuobiao

城市位置：位于长江三角洲腹地,处于上海都市圈和南京都市圈的交汇区域，东北与泰州、扬州隔江相望,西南与镇江、常州依夹江为邻。地理位置为北纬32° ~32° 19′ 、东经119° 42′ ~119° 58′ 辖镇(街道、区)：新坝镇、油坊镇、八桥镇、西来桥镇、三茅街道、江苏扬中经济开发区

城市历史 Chengshi Lishi

扬中成洲始于东晋

清光绪三十年（1904 ）建置，设太平厅

清宣统三年（1911 ）改太平县

民国三年（1914）改名为扬中县

1994 年撤县设市

自然条件 Ziran Tiaojian

全市由太平洲、雷公岛、西沙、中心沙四个江岛组成，属亚热带季风气候，四季分明，气候适宜，年平均气温17.6℃，年降水量971.1毫米，年日照时数2446.4小时

城市数字（2022） Chengshi Shuzi

户籍人口：27.82万人

区域面积：327平方千米

地区生产总值（GDP）：585.99亿元

人均地区生产总值：18.54万元

地方财政收入：89.39亿元

社会消费品零售总额：158.76亿元

城镇居民人均可支配收入：6.79万元

农村居民人均可支配收入：3.79万元

扬中精神 Yangzhong Jingshen

上善若水 自强不息

城市标志 Chengshi Biaozhi

市树：柳树

市花：桂花

城市特产 Chengshi Techan

河豚

刀鱼

鲥鱼

秧草

城市新荣誉 Chengshi Xinrongyu

全国综合实力百强县市第27位

全国绿色发展百强县市第7位

全国科技创新百强县市第36位

全国新型城镇化质量百强县市第27位

中国县级市基本现代化指数第23位

全国义务教育优质均衡先行创建市

“幸福家园”工程全国联动区域慈善协同创建示范县

国家电子商务进农村示范县

国家知识产权强县建设试点示范县

“四好农村路”全国示范县

江苏省双拥模范城

江苏省土地执法模范市

“15分钟医保服务圈”江苏省省级示范市

城西航拍

❶ ❷
2月7日，扬中市召开产业强市暨优化营商环境大会

❸ 1月27日，扬中市举行2021年度突出贡献企业表彰大会

图片提供：融媒体中心

❶
❷ ❸

2022年，扬中市持续实施产业强市战略。坚定不移抓项目、强投入，健全完善以智能电气、新能源、临港装备制造、汽车零部件为主导的“4+X”现代产业体系。项目引建氛围热烈，突出主导产业集群招商，主动承接上海及环太湖等经济圈产业转移，开展双招双引“云签约”、金秋集中签约等活动，新签重点产业项目65个。制定《主导产业链发展规划》，全面启动“智改数转”三年行动，创成国家知识产权强县建设试点县，帷幄创客空间获批国家级众创空间，上迈新能源获得中国专利优秀奖。实行“一窗通办、收审分离”“一件事一次办”，持续开展暖企走访活动，用好“一企来”企业服务热线，设立“办不成事”反馈窗口，营商环境持续改善、活力更强。

❶ 1月25日，经开区万洋众创城项目举行开工仪式

❷ 2月11日，扬中市“双招双引”出征暨重点项目集中签约仪式举行

❸ 3月9日，乐仕电气公司5G移动通信能源柜项目开工仪式

❹ 5月26日，扬中市举办双招双引重点项目“云签约”

❺ 9月23日，扬中市举行金秋项目集中签约大会活动

图片提供：融媒体中心

乐仕电气5G移动通信能源柜项目开工大吉
3

2022年扬中市双招双引重点项目
“百签约”活动
4

2022扬中金秋项目集中签约大会（第五批签约项目）
扬中标龙产业园
江苏嘉斯得精密机械有限公司
半导体配套设备制造项目
八桥镇人民政府
江苏春环集团
5
22 扬中金秋项目集中签约大会

1

2

3

4

1 大全集团自动化生产车间

2 上迈新能源生产车间

3 大数据资源管理中心及城市运行管理平台

4 蜂巢易创生产车间

图片提供：融媒体中心

1	3
2	4

自助申领
助服务区
办税指南

温馨提示
12345
“一企来”
企业服务热线

❶ 税费自助申领服务区

❷ 政务服务大厅“一企来”企业服务专窗

❸《惠企政策一本通》

❹ 9月8日，上飞高速工具钢项目一次领取“建设用地规划许可证”“不动产权证书”“建设工程规划许可证”“江苏省房屋建筑和市政基础设施工程施工图设计文件审查合格书”“建筑工程施工许可证”，实现工程建设项目“五证齐发”

图片提供：融媒体中心

❸

❹

❶ 8月4日，扬中市第十七届社区（农民）文化艺术节开幕

❷ 9月，扬中市领导调研三茅街道兴阳村

❸ 6月3日，陈履生博物馆群农耕文化体验基地、镇江市农业科学院亚夫科技服务示范基地、扬中市新坝镇枇杷联盟、扬中市新坝镇特色农产品体验中心揭牌

图片提供：融媒体中心

2022年，扬中市乡村振兴提标扩面。统筹实施“先锋领航”“向阳花开”“链上先锋”三大工程，高质量开展党建引领乡村治理国家级试点，探索推行“五化融合、村村善治”新模式，全面放大“党小组+”实践经验，打造新时代乡村治理“扬中样板”。现代农业提质增效，严守粮食安全和耕地红线。乡村旅游加速发展，“农文旅”业态不断丰富，开辟精品旅游线路5条，成功举办社区（农民）文化艺术节。扎实推进全国唯一“城乡基础设施一体化建设管护机制创新”试验任务，农村生活垃圾分类设施实现全覆盖，打造生态河道8条，创成省特色田园乡村2个，制度化开展农村人居环境星级评定和互看互评现场观摩，获得省督查激励、省工作评估第一等次。

·2022年扬中优质农产品直播活动·
指导单位：镇江市供销合作总社
主办单位：扬中市供销合作总社
承办单位：镇江市逸宁电子商务有限公司
河豚鱼
红薯粉丝
1

2

3

4

一夏凉
5

❶ 5月15日，扬中市供销合作总社开启直播助农活动

❷ 八桥镇红旗村杭白菊种植基地

❸ 油坊镇老郎村多肉培育基地

❹ 三茅街道华勇农庄水蜜桃

❺ 6月3日，新坝镇立新村农产品直播带货

图片提供：融媒体中心

1 8月7日，经开区新星村首届黄桃会开幕

2 7月1日，扬中市举办2022“骑行美丽乡村　传承红色记忆”活动

3 3月4日，新坝镇新宁村村民舞龙祈福

4 11月16日，三茅街道“浓农集市　讲好农产品故事”直播活动

1	2
3	4

图片提供：融媒体中心

江苏银行
BANK OF JIANGSU
喜迎二十大
见证新扬中
行美丽乡村
传承红色记忆
2

长寿米
原价:20元/斤
直播价: 元/斤
5055大米
原价:4.5元/斤
直播价: 元/斤
兴阳商城
购买方式:
扫描二维码
浓农
帮帮团
4

百善孝為先
BAISHANXIAOWEIXIAN
寿

会龙村
美丽宜居乡村

3

❶ 三茅街道营房村“孝文化园”

❷ 油坊镇会龙村

❸ 新坝镇联合村村民文化活动中心

❹ 经开区三跃社区

图片提供：融媒体中心

4

1. 2月17日，扬中市召开全国文明城市创建推进大会
2. 9月，“德润江洲 文明有我”专题道德讲堂
3. 2月14日，扬中市新时代文明实践活动

图片提供：融媒体中心

文明扬中

Wenming Yangzhong

2022年，扬中市聚力文明创建，城市品质更富内涵。突出党建引领、党群共创，全面深化全时、全域、全民、全面的“四全”创建格局，创新“党建引领、握拳行动”组团式创建模式，系统实施“十大提升行动”“五项普惠行动”，打造“四创建三表彰”“大众评审团”“市民观察团”等惠民创建品牌，年终测评继续保持全省前列。开展文明风尚“两榜”测评，广泛宣传核心价值观，持续深化文明餐桌、文明出行等专项行动，提升全民创建精准度、参与度。巩固实践阵地，提升改造新时代文明实践中心、实践所、实践站，新建“郭克生事迹陈列馆”等文明实践基地32个，选树培育市级典型140人。

1

喜迎二十大 一起向未来
2022年省老年人体育节扬中分会场开幕式
暨全国老年人太极大联动和老体志愿者服务活动
功夫扇
2

① 6月10日，“九狮图”应邀参加“文化和自然遗产日”江苏省系列活动

② 5月19日，2022年江苏省老年人体育节扬中分会场开幕

③ 西来桥学校“指尖秀糯塑”社团

④ 8月，鸣凤村指尖上的非遗——剪纸班第一期开课

图片提供：融媒体中心

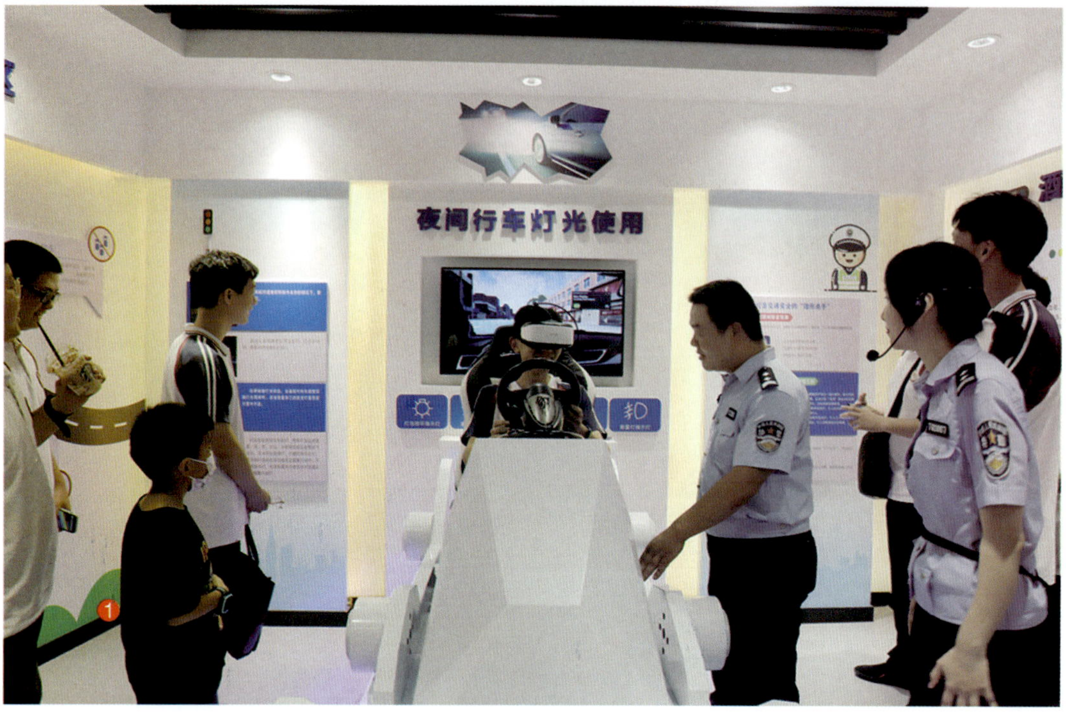

1 道路交通安全教育基地开展宣教活动

2 6月10日，“礼赞新时代 追梦复兴路”主题宣讲

3 垃圾分类知识普及

4 党群共学《习近平谈治国理政》

图片提供：融媒体中心

小污染
HELP

文明家庭

竹木器疏导点
竹木器疏导点

1 家风家训上墙

2 便民疏导点

3 永勤村“网格驿站”

4 三茅街道新扬社区五星级楼道“福馨楼”

图片提供：融媒体中心

编辑说明

一、《扬中年鉴》以马克思列宁主义、毛泽东思想、邓小平理论、“三个代表”重要思想、科学发展观、习近平新时代中国特色社会主义思想为指导，坚持辩证唯物主义、历史唯物主义的立场、观点和方法，编年载录扬中市政治、经济、文化、社会、生态等方面的基本情况，为各级领导决策提供参考，为社会各界认识、研究、发展扬中提供基本资料，也为编纂各类志书积累史料。

二、《扬中年鉴》首卷出版于2009年，逐年出版，本卷为第十五卷。《扬中年鉴（2023）》记述时间原则上为2022年1月1日至2022年12月31日，部分内容适当上溯或下延，记载2022年度扬中市政治、经济、文化、社会、生态等方面的基本面貌、发展状况和各行各业取得的新进展、新成就、新经验。

三、《扬中年鉴（2023）》采用分类编辑法，全书分类目、分目、条目三个层次，部分分目下设副分目，副分目标题前后加“·”符号，条目为记述实体，标题用黑体字加【 】表示。《扬中年鉴（2023）》继续贯彻江苏省地方志办公室年鉴创新与规范的有关要求，对框架结构进行适当调整，全书设特载、大事记、市情概览、中国河豚岛、中共扬中市委员会、扬中市人民代表大会、扬中市人民政府、政协扬中市委员会、纪检监察、民主党派·工商联、群众团体、军事、法治、经济管理、农业、水利、制造业、商贸服务业、金融、交通运输、城乡建设与管理、环境保护、科学技术、教育、文化、卫生、体育、社会生活、镇·街道·经开区29个类目，共设170个分目、815个条目，随文表格51张，计62.4万字。

四、《扬中年鉴（2023）》卷首设3个图片专题，图片47幅。随文图片94幅。

五、全书配有多种检索方法，卷首设目录，卷末设索引。全书所有资料可通过目录、索引、条目参见系统以及书眉等查询。数字用法、标点符号用法分别采用国家标准《出版物上数字用法》(GB/T15835—2011)、《标点符号用法》(GB/T15834—2011)，计量单位采用国家技术监督局1993年12月发布的《量和单位》系列国家标准。“亩”与“公顷”根据具体条目，予以共用，原始资料中的精确数字尽量予以保留，换算公式：15亩=1公顷。

六、《扬中年鉴（2023）》所用稿件由全市各部门、单位、镇（街道、区）专人撰写，并经过各单位领导审阅，实事与数据均经过核实校对。“组织机构及负责人”由扬中市委组织部审核。正文统计数据由于统计来源、口径和时间不同而不尽一致，使用时请以扬中市统计局提供的统计资料为准。

目　录

特　载

大事记

市情概览

中国河豚岛

中共扬中市委员会

扬中市人民代表大会

扬中市人民政府

政协扬中市委员会

纪检监察

民主党派·工商联

群众团体

军　事

法 治

经济管理

农 业

水 利

制造业

商贸服务业

金　融

交通运输

城乡建设与管理

环境保护

科学技术

教 育

文　化

卫　生

体　育

社会生活

镇·街道·经开区

附 录

索 引

特 载

产业强市

2022年，扬中市深入贯彻落实“产业强市”一号战略，重点发展智能电气、新能源、临港装备、汽车零部件四大主导产业，培育发展新材料、新一代信息技术等新兴产业，构建“4+X”先进制造业体系。主导产业规模产值714.2亿元，占规模工业总产值的81.2%，其中中低压电气市场份额位居全国县域第一，是全国闻名的“工程电气岛”；光伏新能源产业已形成完整的产业链条；海工装备、汽车零部件、新材料等产业具有良好的基础和发展前景。

工程电气产业。全市现有工程电器类企业2300余家，其中规模以上企业238家，年产值359亿元，占全市规模工业比重的40.8%左右。先后获评全国首批产业集群区域品牌建设试点单位、国家智慧电气高新技术产业化基地。产业链完整。电气产品涵盖电力系统800千伏及以下电压等级输、变、配电设备及相关电器配套产品和材料，包括开关柜、母线槽、桥架、变压器、配电箱、电力电缆、电力安装材料七大系列上千个品种，被广泛应用于三峡工程、秦山核电站、国家体育馆、中央电视台等国家大型重点工程和项目。创新力强。建有工程电气类院士工作站1家、博士后工作站5家、省级工程技术研究中心16家、省级以上企业技术中心10家。截至年末，全市共有电器类高新技术企业近150家，大全、香江、亿能、威腾等一批企业在行业内享有较高的知名度和影响力。

光伏产业。全市现有光伏企业40余家，其中规模以上企业20家，产值达210亿元，增幅121%。主要产品涵盖单多晶铸锭、切片、电池片、组件、接线盒、逆变器、焊带、支架、金刚线等子项。在制造应用方面，着力在工业企业、公共机构、居民三大领域推广屋顶光伏发电。截至年末，累计建设工商业屋顶光伏项目450个、渔光互补项目2个、风电项目1个、居民屋顶光伏发电1万余户，装机容量290兆瓦，新能源发电占比13%，位居江苏省前列。

临港装备制造产业。依托优质深水岸线资源，扬中重点发展以船舶及海工装备制造为主，集粮油加工、临港物流、新型建材于一体的临港产业。全市有新韩通重工、大津重工、天舜金属、中海粮油、润华物流、磊金建材、大地水泥等具有代表性的规模企业20余家，年销售额超百亿元。随着港口岸线资源的深度整合，扬中港区将向着产业港、贸易港、枢纽港发展。

汽车零部件产业。自2018年蜂巢易创扬中产业园项目落户以来，扬中围绕汽车重点企业，逐步丰富汽车零部件产业体系。全市现有主营汽车零部件企业29家，其中规上企业16家，年产值73.6亿元。产品包括发动机、变速器、内燃机进排气门和汽车外饰加装件等，其中蜂巢年产50万台发动机、35万台DHT变速器、100万台智能转向EPS项目持续发力，促进企业年销售68亿元。

（付超）

城乡融合

农村公共基础设施是促进农村经济社会持续健康发展的重要支撑，是推进乡村振兴的重要基础。2022年，扬中市为进一步改革创新城乡基础设施一体化建设管护机制，出台《扬中市农村公共基础设施管护体制改革实施方案》，该方案明确行动目标、管护清单、管护责任，助力乡村振兴。探索以党建引领、机制保障、平台赋能为主要特色的一体化建设管护“扬中模式”，全面提升长效建管水平和质量。

党建引领，增强一体化建管凝聚力。创新建立县、镇、村“三级书记抓建管”协调推进机制，压实各级党委责任，把城乡基础设施建设管护作为推进乡村振兴的重点内容，开展常态化、拉网式督查，定期排名通报，层层传导压力。定期组织开展农村人居环境整治、城乡基础设施管护现场观摩，有的放矢查摆问题，倒逼镇村两级责任落实、工作落地。发挥全市813个党小组的“堡垒前哨点”功能，党员示范、团结带动群众参加基础设施管护。

“八位一体”，提升一体化建管牵引力。有序拓展

“八位一体”管护范围,实现城乡基础设施统一规划、统一建设、统一管护、统一考核。合理选择简便易行、长期管用的建管模式,科学制定管护标准规范,完善“八位一体”运行维护工作考核细则,做到有制度、有标准、有队伍、有经费、有督查、有问责。对各类管护内容做出更加具体详细的说明,使管护工作更加清晰、更易理解、更好操作,进一步细化考评标准,以更高的标准和规范不断提升运行维护的长效化、精细化水平。以全市(县)2037个村民小组为单元,按照“村自评、镇把关、市核查”步骤,深入开展一体化建管星级评定,实行动态调整,实现基础设施管护全域全时全覆盖。

资金保障,强化一体化建管支撑力。健全财政支农投入稳定增长机制,发挥财政资金“乘数效应”,支持城乡融合发展。连续8年每年投入3000万元专项资金,用于开展“八位一体”运维机制。持续加大资金筹集和资源整合力度,保障公共基础设施建设和运行资金,减轻乡镇和村级组织负担。对集体经济薄弱、筹措资金困难的村,予以适当补助。调整土地出让收入使用范围,安排一定比例农村集体经营性建设用地入市,收益用于公共基础设施管护。引导政策性金融机构加大对农村基础设施建设的中长期信贷支持。建立农村生活垃圾处置收费制度、污水治理受益农户付费制度,完善财政补贴和农户付费合理分担机制。

平台赋能,激发一体化建管驱动力。扬中市八桥镇利民村在全省率先试点农村公共基础设施管护一体化平台,开启农村公共基础设施智能化、数字化管护,打破行业主管部门及运营企业“各自为战”的局面,让“数据多跑路、群众少跑腿”,实现全方位政策解读、全时段远程查看、全流程闭环处理、全要素数据分析、全天候动态监控、全场景应急处置,提高管护效率。(郭雨苗)

文明创建

2022年,扬中市全面深化全时、全域、全民、全面的“四全”创建格局,系统实施“十大提升行动”“五项普惠行动”,创新推进“党建引领、握拳行动”组团创建模式,打造“四创建三表彰”“大众评审团”等惠民创建品牌,城市基础设施日新月异。以公益广告、市民文明手册、微视频等宣传形式,广泛宣传社会主义核心价值观,持续深化文明餐桌、文明出行等专项行动。围绕农贸市场整治、背街小巷整治、市容环卫管理、餐饮业油烟整治、广告整治、居民小区改造、物业服务、线缆整治、市政设施改造、交通秩序整治十项提升行动展开,设立公共基础设施、市容环境、居民小区、交通秩序和文明养犬、城乡一体融合、窗口单位、文教卫生及未成年人、公益宣传、创建活动、台账网上申报10个专业工作组,切实将责任和任务分解压实到位,推动创建工作全面展开。扬中市城市文明指数居镇江首位,年终测评继续保持全省前列。

推广“党建引领 握拳行动”组合式创建率。整合城管、公安、市政园林、市场监管4家重点职能部门与三茅街道属地村(社区)力量,破除条线单兵作战、管理粗放等难题。把城区22个重点村(社区)划分为22个“组团”,每个组团成立临时行动党支部,形成“1+1+5”的管理架构,通过实行每周五集中行动日制度,所有力量下沉一线,互巡查找问题、互相交办问题、互帮解决问题、互查跟踪问效,合力提升城市治理精细化水平。开展周五定期组团创建活动30次,敲定主题600余个,解决各类问题1000余个。

实施全国文明城市创建“十大提升行动”。专项行动包括清单化、项目化推进农贸市场、背街小巷、居民小区等,策划小广告清理、交通秩序等专项整治方案,解决市民群众急难愁盼问题。深入推进重点片区综合整治,改造大型公共广场3个、农贸市场6个,整治背街小巷9条、弱电线缆1.1万户、违规广告400余处,不断提升城市颜值。持续抓好餐饮油烟整治工作,制定出台《扬中市餐饮油烟专项处置三年行动方案》,完成对城区43条主次干道油烟净化设施及周边油污清洗工作。

实施“五项普惠行动”(楼道出新、充电桩建设、快递柜设置、停车线施划、集中晾晒区设置行动)。分阶段实施各类“普惠式”创建行动,在74个小区全面实施五项普惠行动,出新楼道991个,建设充电桩249组,设置集中晾晒点420处,新增快递柜26处,施划停车线1.4万米,不断提高群众获得感。

深化居民小区“四创建三表彰”工作,即以“星级楼道、优秀住宅小区、优秀自建房小区、文明创建示范村(社区)”创建、“优秀业委会(物管会)、优秀物业企业、优秀网格长(党小组长、楼道长)”表彰为抓手,推进党建引领文明创建工作,取得显著成效。全年分六批次创建优秀管理小区41个。(谭茜文)

10月,三茅街道春柳花苑“文明家园”大众评审

(融媒体中心供图)

大事记

1月

1日,扬中医保全面执行镇江市级统筹政策,实现以基本制度、待遇标准、基金管理、经办管理、定点管理、信息系统“六统一”的医疗保障市级统筹。

8日,上迈新能源1吉瓦轻质光伏基地投产仪式暨合作签约仪式举行。

是日,扬中市举办制造业数字化转型专题讲座,推动信息化和工业化深度融合。

是日,上海市中西医结合学会肿瘤微创治疗合作基地揭牌仪式在扬中市人民医院举行。

9—13日,扬中市政协十一届一次会议召开。

10—13日,扬中市第十八届人民代表大会第一次会议召开。

15日,扬中市召开领导干部警示教育大会。

25日,扬中市重点产业项目集中开工仪式举行,计划总投资50亿元的万洋众创城项目正式开工建设。

26日,扬中市文联、卫健委、文体广电和旅游局、农业农村局等18家单位联合开展新时代文明实践“三下乡”集中惠民服务活动。

27日,扬中市举行2021年度突出贡献企业表彰大会,发布“三十强”“最具发展潜力”工业企业、“十强”现代服务业以及“三十强”工业企业升档进位奖。

是月,扬中市举行机关干部集中荣誉退休仪式,为副科(局)级及以上离退休干部代表颁发“光荣退休”纪念牌。

是月,扬中市总工会举办第三届家庭服务业职业技能竞赛。

2月

7日,扬中召开全市产业强市暨优化营商环境大会。

8日,中共扬中市第十三届纪律检查委员会第二次全体会议举行。

10日,扬中召开全市生态环境保护大会。

11日,扬中市“双招双引”出征暨重点项目集中签约仪式举行,总投资8.7亿元的8个重点产业项目现场签约。

15日,扬中在全市范围内开展汽车维修行业环境污染整治行动。

17日,扬中市召开全国文明城市创建推进大会。

是日,扬中市委政法工作会议暨政法队伍教育整顿总结会议召开,政法系统发布10件重点惠民实事。

19日,油坊镇人民政府、览锐光电(宁波)有限公司、江苏利奥新材料科技有限公司签约智能有机电致变色膜项目。

25日,扬中市举行城区农(集)贸市场市容整治办公室暨市城管综合执法大队机动中队揭牌仪式。

28日,扬中市医保服务大厅迁至政务服务中心,实现市行政窗口医保通办。

3月

5日,扬中市慈善志愿者工作站揭牌,首批7支服务队590名志愿者“上岗”。

7日,扬中市妇联举办“岛城荣光·巾帼有为”项目发布暨扬中市女科技工作者联盟成立仪式。

9日,镇江市重大项目集中开工活动暨金融支持重大项目建设授信签约仪式举行。

是日,共青团扬中市委十九届五次全会召开。

11日,爱士惟绿色智能电力园区项目在扬中经开区举行奠基仪式。

16日,扬中市政府、市政协召开2022年重点工作交流会。

26日,扬中市新的社会阶层联谊会举办双碳主题“地球一小时”骑行活动。

是月,扬中市通过江苏省食品安全示范城市验收。

4 月

11 日,“520 微心愿”系列公益活动启动,“520 微心愿”筹款活动在腾讯公益平台上线。

20 日，扬中入选义务教育优质均衡先行创建县(市、区、旗)名单。

21 日,扬中召开全市党建工作会议。

28 日,扬中市召开庆“五一”先进代表座谈暨复工复产推进会。

29 日,“红色领航”党建联盟成立,举办组织工作创新项目发布仪式。

是月，扬中市书画家协会与市博物馆共同主办“疫”线有我,“艺”心同行——扬中市抗疫主题网络书画作品展。

4 —11 月,扬中市举行第十九届运动会。

5 月

4 日,扬中市委宣传部、科技局举办“智数赋能 引领未来”专题讲座。

7 日,团市委组织开展“喜迎二十大、永远跟党走、奋进新征程”主题团日活动。

11 日，扬中市举行全国防灾减灾宣传周主题活动启动仪式暨防内涝应急演练。

13 日,扬中召开全市项目招引建设观摩推进会。

16 日,扬中市召开新闻出版(版权)工作会议,会议通报 2021 年全民阅读指数状况并部署 2022 年的工作重点。

是日,长江扬中河段扬中市长江应急护岸工程完工。

17 日,江苏大学“访企拓岗促就业,招才引智促发展”专项活动在蜂巢易创扬中产业园区举行。

是日,扬中市民营经济统战工作协调机制暨“四季暖扬”助企惠企行动工作会议召开。

19 日,2022 年江苏省老年人体育节扬中分会场开幕式暨全国老年人太极拳大联动和老体协志愿者服务活动在三茅街道指南村健身广场举行。

是日,扬中市举办中国旅游日暨扬中文旅“悦生活”消费推广季活动启动仪式。

是日,扬中举办“对党绝对忠诚”系列活动启动仪式暨忠诚教育大讲堂。

20 日，扬中市在长江扬中段暗纹东方鲀刀鲚国家级种质资源保护区开展渔业增殖放流活动。

20 —21 日,“5·20” 星空露营节在三茅街道朝阳湖畔举办。

21 日，扬中市第四届迷你马拉松——“体彩杯”户外运动嘉年华·迷马篇在营房村开跑。

23 日,扬中市慈善总会、妇联携手开展的“慈善赋能 巾帼芬芳”鲜花种植项目启动。

25 日,中共扬中市委、扬中市人民政府印发《关于做好 2022 年全面推进乡村振兴重点工作的实施意见》。

26 日,扬中汽车零部件产业链创新发展论坛举行。

是日,扬中双招双引重点项目“云签约”活动暨新闻发布会举行，总投资 58.6 亿元的 30 个重点项目集中签约。

29 日，扬中市举行女大学生来扬创业就业 “云招引”活动。

是日,扬中市举行未成年人司法保护中心揭牌仪式。

31 日,扬中开展第三届“烟头不落地、扬中更美丽”主题活动。

是月,中共扬中市外卖行业委员会在市场监督管理局揭牌成立。

是月，科技部火炬中心公布 2021 年度国家备案众创空间名单,扬中帷幄创客空间(WeWork)成为扬中首家国家级众创空间。

是月,扬中市卓越工程师发展中心启用。

是月,扬中市大型原创锡剧《郭克生》在新坝大剧院进行全市首场演出。

5 —8 月,扬中市实施侨界资源扩增计划,开展新一轮侨情调查。

6 月

2 日,“浪漫田园夜,粽情欢乐多”首届利民端午 pa 在八桥镇利民村举行。

3 日,“同享丰收喜悦 共创甜蜜事业”2022 年扬中新坝首届枇杷文旅节暨新闻发布会举办。

3 —10 日,扬中市文联与市博物馆合作开展“我们的节日·端午”主题文艺作品展。

6 日,扬中市残联、税务局、人社局、教育局等单位联合举办“展职业技能 秀别样风采”扬中市首届残疾人职业技能竞赛活动。

是日,扬中市举行“党建引领 握拳行动”组团式创建结对共建仪式。

是日,扬中市快递物流行业团工委揭牌成立。

8 日,经开区港湾新城三、四区安置房选房工作正式启动。

11 日,扬中市举行“非遗新实践 献礼二十大”专场文化活动。

15日，新坝镇举行数字技能人才培养实训基地建设项目新闻发布会。

17—18日，扬中市举办首届乡村旅游“体验官”畅游之旅，30名“乡村旅游体验官”参与体验“美丽乡村二日游”活动。

18日，扬中市首家儿童服务站在油坊镇长旺街社区揭牌成立。

20日，民盟扬中总支“庆祝民盟扬中基层组织成立八周年暨主题教育推进会”在扬中市农业技术推广中心举行。

23日，扬中市举行2022年第九届“江洲读书节”暨郭克生事迹陈列馆开馆仪式。

24日，“礼赞新时代 追梦复兴路” 镇江市道德讲堂总堂活动暨“对话耿月新 匠心向未来”扬中市道德讲堂示范观摩活动在油坊镇新时代文明实践所举办。

26日，第四届“中国河豚岛”消化和消化内镜学术研讨会举办。

28日，扬中市成为全国首家实现“幸福家园”村社互助工程全覆盖的地区。

是日，“老青牵手话忠诚”现场展示暨全市老干部与共青团“牵手助跑”第三季活动启动仪式举行。

29日，中共扬中市委印发《关于在我市开展党建引领乡村治理试点工作的实施意见》。

30日，扬中召开全市党建引领乡村治理国家级试点工作暨“先锋”领航工程部署会。

是月，扬中市围绕“遵守安全生产法，当好第一责任人”主题，开展全国第21个安全生产月活动。

是月，扬中教育系统启动校长队伍分类考核工作。

6—8月，扬中市档案馆举办“喜迎二十大 档案颂辉煌”系列活动。

7月

1日，扬中市举办“江苏银行杯”户外运动嘉年华·骑行篇活动。

4日，扬中市召开全是必保点位“篦晒比赛”专项行动推进会。

是日，扬中市快递物流行业妇联成立暨“巾帼暖新驿站”揭牌，召开第一次妇女代表大会。

5日，扬中市召开产业工人队伍建设改革联席会议暨“双领双争”主题活动部署会。

7日，扬中法院联合检察院、市场监督管理局和行政审批局会签《关于构建经营异常公司公益强制清算退出机制的实施意见》。

13日，“对党忠诚守初心，勇担使命做表率”市级机关团员青年第二季第五期读书漂流活动举行。

14日，扬中市文联和市慈善总会联合主办“大爱扬中”慈善主题诗书画作品展。

是日，扬中市召开市委民族宗教工作领导小组会议暨全市民族宗教工作会议。

15日，扬中市2022年毕业生就业双选暨夏季人才交流大会在市奥体中心体育馆举行。

是日，镇江市第一人民医院与三茅街道城西社区卫生服务中心医联体揭牌。

16日，中国科学技术大学与大全集团有限公司在合肥举行“双碳智能联合实验室”合作协议签约仪式。

17日，扬中市召开慈善总会第四次会员大会，为首轮34家慈善基金冠名企业(单位)颁发荣誉牌匾。

28日，蔚佳达新能源物流车一期竣工暨揭牌仪式在经开区举行。

是月，扬中市全面升级驾培智能化车载计时终端系统，由二代机更新换代成四代机。

是月，江苏省扬高中开设首家校园书店——“精博书屋”。

8月

4日，扬中市第十七届社区(农民)文化艺术节在八桥镇利民村开幕。

是日，扬中市举行第二届青年人才大会暨“千名青年看扬中”活动启动仪式。

是日，扬中市举办“心安是吾乡”人才联谊活动——“七夕汉服主题派对”。

8日，扬中市举行环境卫生管理服务中心揭牌仪式。

14日，麦田慈善基金会首届“讯德奖学金”颁奖仪式在滨江小学大礼堂举行。

15日，扬中市伟信教育发展基金会发放2022年度奖励助学金。

17日，扬中市人大常委会组织召开市政府工作情况通报会。

17—19日，扬中市在浙江省临安区举办“中国河豚岛·扬中”文旅(临安)推介招商会。

18日，扬中市举行爱心艺术团成立仪式。

19日，扬中市委统战部牵头召开“1+7+N”统战工作新矩阵推进会。

20日，2022年扬中市第十三届男子篮球联赛在奥体中心开赛。

22日至12月10日，扬中市在全市范围内开展交通秩序整治“百日攻坚”行动。

25—29日，扬中市非遗项目河豚食俗代表江苏省参加全国第七届中国非物质文化遗产博览会。

26日，中共扬中市委、扬中市人民政府印发《扬中市市属国有企业重大事项管理意见》。

是日，共青团扬中市第十九届委员会第六次全体会议召开。

31日，扬中市召开移风易俗工作推进会。

是月，扬中市总工会举行苏工暖“新”行动——“8+X”综合服务集市走进扬中暨扬中市道路货运行业工会联合会揭牌仪式。

是月，扬中市新坝镇新治村列入2022年江苏省乡村旅游重点村名录。

9月

1日，扬中市举行“喜迎二十大 政银共谱乡村振兴新华章”党建共建暨“银农直连”签约仪式。

是日，扬中市召开民营经济统战工作协调机制“议企想办法”专题座谈会。

2日，扬中市市场监督管理局举行行政执法制式服装换装仪式。

5日，“育慈善心 向广善行”校园慈善文化建设项目获第六届“江苏慈善奖”“最具影响力慈善项目”。

9日，扬中市召开创建“中国楹联文化市”工作推进会。

是日，扬中市妇联主办的基层妇女干部成长营活动开班。

10日，扬中市举行农副产品展示展销中心、探宝岛仓储店开业仪式。

14日，扬中市围绕“9·18”开展人防疏散演练活动。

是日，“陈明龙教授工作站” 揭牌活动在人民医院举行。

15日，扬中市“全国科普日”启动暨科普授牌、签约仪式在陈履生博物馆群举办。

16日，江苏省暨镇江市“四仪”教育示范观摩活动扬中市外国语小学教育集团一年级新生入学仪式举行。

是日，扬中市召开2022年转业军官暨转业军士选岗会。

是日，扬中市举行智慧辅具共享空间启用暨辅具捐赠仪式。

17日，扬中市妇联启动“亲子研学”公益项目和田园“小时光”家庭教育实践项目。

18日，扬中发展促进会陕西分会第二次会员代表大会完成理事会换届选举。

19日，扬中市举行2022年退役军人返乡欢迎大会暨退役军人适应性培训动员会。

20日，扬中市新时代文明实践中心、市委宣传部、市文明办联合举办“道德之光耀江洲”道德模范和身边好人先进事迹展。

21日，扬中市举办《江岛恋歌》首发式。

23日，扬中市举行金秋项目集中签约大会活动，总投资19.52亿元的20个项目集中签约。

是日，江苏省发展改革委印发《省发展改革委关于同意建设2022年的通知》，蜂巢动力系统(江苏)有限公司2022年申报的江苏省混合动力增压直喷汽油机工程研究中心获批建设。

26日，“阅读点亮未来 文明浸润乡村”2022年扬中市农家书屋阅读推广示范活动在油坊社区举行。

27日，扬中市妇联开展“童心向党 共沐书香”爱心捐赠暨廉洁文化进家庭活动。

29日，扬中市公安局、教育局“十户联防”护学联勤工作启动仪式在扬中市外国语小学举行。

是日，扬中市侨联开展“爱侨助老服务日”活动。

30日，扬中市在烈士陵园举行公祭活动。

是月，扬中市道路货运行业工会联合会成立，首批111名货运司机加入工会组织。

10月

2日，扬中市首家新型村级乡贤会——扬中发展促进会八桥镇永胜村乡贤会成立。

13日，万洋众创城举办入驻企业签约暨招商中心正式开放仪式。

14日，永勤河及园博大道周边道路维修工程完成维修。

18日，江苏省扬中市招生委员会办公室更名为扬中市教育考试中心。

22日，扬中市首家乡村“复兴少年宫”——新坝镇乡村复兴少年宫在新坝镇新时代文明实践所揭牌成立。

26日，扬中市举办市慈善总会教育分会成立揭牌仪式。

是日，扬中市工会第十五次代表大会召开。

是日，“村企联建 富民强村”镇江市民企(商会)挂钩帮促东来村活动在西来桥镇文体中心举行。

31 日，中共扬中市委印发《关于在全市党员干部中开展向郭克生同志学习的通知》。

是日，扬中市工商联与扬中市农商行举行党建共建暨“携手服务实体发展 助力稳住经济大盘”战略合作签约仪式并召开银企座谈会。

是月，江苏省科学技术厅公布 2022 年度省科技企业上市培育计划入库企业名单，扬中市江苏美科太阳能科技股份有限公司名列其中。

是月，三茅街道搭建“向阳花开 浓农集市”平台，成立“浓农帮帮团”。

11 月

2 日，扬中市召开新时代文明实践联席会暨“烟头不落地 扬中更美丽”志愿服务月推进会，启动“烟头不落地 扬中更美丽”志愿服务月活动。

4 日，扬中市开展城市国土空间监测工作。

7 日，“新时代颂 江洲荣光”美术书法作品展开幕。

8 日，扬中市人大常委会召开“稳住经济大盘”专项评议大会。

是日，扬中市召开庆祝第 23 个记者节会议。

9 日，扬中市残疾人联合会召开第七次代表大会。

是日，扬中市举办 2022 年太极拳协会太极健身节。

11 日，双新桥维修加固工程开工建设。

14 日，“新时代颂 江洲荣光”摄影作品展开幕。

18 日，扬中市人大常委会开展“各级人大代表统一接待选民日”活动。

21—27 日，“威腾电气杯”2022 年江苏省大学生校园篮球联赛(高水平组)暨第 25 届中国大学生篮球一级联赛江苏基层赛在扬中市奥体中心举办。

25 日，共青团扬中市第二十次代表大会召开。

是日，东滨河涵洞抢险翻建工程通过竣工验收。

是日，扬中举行 2022 年“学习二十大 科创育新人”小学生科技节。

26 日，扬中发展促进会安徽分会成立。

27 日，扬中市举办市级机关第六届 “小支部大联盟”暨片区党务干部趣味运动会。

28 日，扬中市印发《扬中残疾人事业发展“十四五”规划》。

是月，“大津创客吧” 获批镇江市级备案众创空间名单。

12 月

1 日，扬中市综合治理执行难工作联席会议召开。

7 日，扬中市委举办“同心同向一百年 携手奋进谱新篇”庆祝“党的统一战线政策提出 100 周年”主题展。

8 日，《中国城市基本现代化监测报告 2022》发布，扬中以指数值 80.7 位列中国县级市基本现代化指数榜单第 23 位。

9 日，扬中市举行江洲大家讲堂启动仪式暨“四千四万”精神宣讲会。

是日，扬中市举行驻法国招商信息对接活动。

是日，米斯氢能源仪表管阀件项目开工奠基仪式在八桥镇举行。

是日，扬中市金融消费纠纷调解分中心在扬中农商银行设立。

是日，江苏美科太阳能科技股份有限公司入选省独角兽企业，雷朋电气集团有限公司、倍德力能源装备(江苏)有限公司、镇江大全金属表面处理有限公司 3 家企业入选江苏省瞪羚企业。

10 日，扬中市举行电子商务进农村综合示范项目签约仪式。

12 日，中共扬中市委、扬中市人民政府印发《扬中市贯彻落实〈法治政府建设实施纲要(2021—2025 年)〉实施方案》。

是日，扬中市与南京信息职业技术学院举行校地合作签约仪式。

14 日，江苏省自然资源厅发布《关于 2022 年第四批认定省级绿色矿山的公告》，镇江江之源渔业科技有限公司地热井获批省级绿色矿山称号。

20 日，三茅街道社区卫生服务中心举行开工典礼。

23 日，纪实文学集《乡村荣光》举办首发式。

26 日，扬中市城西小学新建工程主体框架封顶。

27 日，中共扬中市第十三届委员会第四次全体会议召开。

是日，镇江华和物流有限公司粮食码头工程举行开工仪式。

是月，习近平法治思想学习馆开馆。

是月，三茅街道营房村被评为镇江市级乡村旅游重点村。

是月，扬中市民政局实施 2022 年“寒冬送温暖”专项救助行动。

是月，新坝镇入选江苏省就业富民乡村振兴基地名单。

市情概览

基本地情

【地理位置】 扬中市地处北纬32°~32°19′，东经119°42′~119°58′，镇江市圌山东侧的扬子江中。市境呈西北—东南走向，南北长40千米，东西平均宽7千米。东北与泰兴市、扬州市江都区、扬州市邗江区隔大江相望，西南与丹徒区、丹阳市、常州市武进区依夹江为邻。扬中全境总面积327平方千米，陆地面积228平方千米，其中耕地面积87.6平方千米。全市由长江主航道南侧的太平洲、中心沙、雷公岛、西沙4个沙洲组成，主岛太平洲是长江中第二大岛，总面积220平方千米。

（摘自《扬中市志》）

【地质地貌】 扬中市为江中沙洲，属冲积平原，无山丘，地势低平。海拔4~4.5米，相对高度1米左右，全境由西北向东南微倾。扬中市各沙洲的基岩是扬子古陆的组成部分，上层为长江冲积层，表层物质较细；中部为沙洲核，核的周围是由较粗物质组成的鬃岗。它们全是长江沉积物，属新生代，第四纪，全新统现代沉积物（次生黄土）岩性，黄色、褐黄色砂黏土。自第四纪开始，新构造运动比较活跃，长江水流等外力对塑造扬中的雏形起到主导作用。（摘自《扬中市志》）

【沿江岸线】 扬中江岸全长150千米。其中，太平洲东面和北面临长江主航道，岸线长57千米；西面和南面临夹江，岸线长53千米。中心沙岸线长33.5千米，雷公嘴岸线长6.5千米。沿江深水岸线53千米。岸线等级较高，多属贴岸深水岸线。-10米等高线距岸边40米左右，具有良好泊稳和作业水域条件，适合建设不同类型的港口码头，泊位5万~10万吨级。西江流域的长江浅水岸线50千米，水流平缓，岸线顺直，江堤外有大面积的滩涂，面积40平方千米，是渔猎、休闲、旅游及农业相结合的综合场所。

扬中市通航港口有栏杆桥、万福桥、联丰港、何家大港、沙家港、二墩港、三跃港、兴隆港、东新港、长旺港、六圩港、团结港、思议港、川（穿）心港计14条，在通江口均建闸控制。骨干港道有12条，其中通航的有新坝大港、联丰港、三茅大港、三跃港、东新港、长旺港、六圩港、团结港、思议港、川（穿）心港；不通航的有永勤港、双龙港。骨干河道有前进河、丰收河、新联河、全红河、杜家港、营房港、铁皮港、向阳河、扬子河（大寨河）、建中河、三跃河、光明河、红星河、战斗河、红旗河、胜利河16条，均建有机电排水站。港河闸距一般为1~2.5千米，港河密度平均为每平方千米占有港河0.53千米。

（摘自《扬中市志》）

【气候特征】 2022年，扬中市气温偏高，降水偏少，日照时数偏多。年平均气温17.4℃，较常年值16.2℃高1.2℃；年降水量971.1毫米，比常年值1104.1毫米减少133毫米，年降水日数110天，比常年值116.2天减少6.2天；年日照时数2446.4小时，比常年值1997.9小时增加448.5小时。终霜期出现在2月27日，比常年值3月26日早27天，初霜期出现在12月6日，比常年值11月13日晚23天，无霜期281天，比常年值230天增加51天；年极端最高气温40.3℃，出现在8月15日，年极端最低气温-5.0℃，出现在12月25日。扬中市全年主要灾害性天气有暴雨、暴雪、大雾、霾、高温、雷暴大风、连阴雨、寒潮等。

强对流天气 7月11日，出现雷暴大风，油坊镇最大风力8级（19.9米/秒）；7月17日，出现短时强降水和雷暴大风，泰州大桥1小时雨量82.6毫米，油坊站最大风力7级（16.9米/秒）；7月21日，出现雷暴大风，最大风力9级（21.1米/秒）；7月26日，出现雷暴大风，三茅街道永和村最大风力9级（21.7米/秒）；7月28日，出现雷暴大风，雷公岛最大风力9级（20.9米/秒）。

梅雨 2022年入梅偏晚、出梅偏早、梅雨期偏短。6月23日，入梅（常年平均6月19日），7月11日，出梅（常年平均7月13日），梅雨期19天，较常年偏短。

梅雨量61.6毫米(常年平均267.8毫米),明显偏少,为常年的23%。6月23—24日,出现大雨局部暴雨;6月28—30日、7月6—10日以局地雷阵雨为主,7月10日夜间,受强对流影响出现7~8级雷暴大风。

高温 7—8月,出现持续高温天气,7月,月平均气温30.4℃,为扬中有气象记录以来历史同期第二(最高为2013年和2017年的30.9℃); 月最高气温39.4℃(7月12日),为扬中有气象记录以来历史第二(最高为2017年7月24日的40.3℃)。8月,月平均气温30.8℃,创扬中有气象记录以来同期历史最高 (2013年为30.6℃); 月最高气温40.3℃(8月15日),追平扬中有气象记录以来最高气温极值(2017年7月24日的40.3℃);最高气温≥35℃的最长连续日数15天, 为扬中有气象记录以来历史第二 (最长为2017年的16天); 最高气温≥37℃的最长连续日数12天,为扬中有气象记录以来历史第一 (2016年和2017年为8天);7月,≥35℃高温日数11天,≥37℃高温日数5天;8月,≥35℃高温日数达20天,≥37℃高温日数14天。8月14—15日,出现日最高气温超过40℃的极端高温天气。

寒潮 11月28—29日、12月9—11日和15—18日分别出现较强寒潮天气过程, 伴有强降温和寒潮大风。暴雪、暴雨、雷暴大风、极端高温、寒潮等灾害性天气对市民生产生活带来不利影响。

大雾和霾 年内大雾天气17天,霾天气33天,雾霾天气给水陆交通和人民生活带来一定影响。

暴雪 2月7日,出现暴雪天气,日降雪量17.9毫米,最大积雪深度6厘米。

【建置沿革】 清光绪三十年(1904),两江总督端方奏准设太平厅,管辖丹徒、丹阳、武进、泰兴、江都、甘泉(邗江)6县,隶属镇江府。光绪三十二年(1906),丹阳县将鸣凤洲、抵额里洲、抵额外洲、团洲外沙老额、团洲外沙升科、大泡子、小泡子等地划归太平厅。是年,丹徒县将乐生洲、宝晋洲、育婴洲、德兴洲、细民洲、永安洲、请佃洲、蒋家沙、新涨轮船沙划归太平厅。光绪三十三年(1907),泰兴县将复生洲、复德洲、在我洲、太中洲划归太平厅。是年,江都县将补漕洲、益寿洲划属太平厅。清宣统三年(1911)10月,太平厅改称太平县,太平厅抚民府改称太平县民政长公署。

民国2年(1913),太平县民政长公署改称太平县知事公署。民国3年(1914)1月,改称扬中县,属金陵道镇江府。民国16年(1927),江苏省政府撤销金陵道,扬中县知事公署改称扬中县政府,直属江苏省政府。民国22年 (1933)3月, 扬中县隶属江苏省第一督察专区。是年12月,改属江苏省溧阳区督察专区。民国27年(1938)2月,日本侵略军侵占扬中,县国民政府解散,汉奸顾仙痴等组成伪政权,称扬中县地方治安维持会。民国28年(1939)3月,江南抗日义勇军挺进纵队进驻扬中;5月,成立扬中县国民政府,县府设在长旺乡龙王庙。民国29年(1940)1月,日伪军再次侵占扬中,县国民政府解散,顾仙痴等组成伪政权,称扬中县地方自治委员会。是年2月,扬中县抗敌委员会成立;4月,扬中县抗日民主政府成立,属镇(江)、丹(阳)、武(进)、扬(中)4县抗敌委员会领导。民国30年(1941)1月, 扬中县抗日民主政府改属镇澄区行政督察专员公署;4月,改属江南第四行政督察专员公署。民国33年(1944)12月,扬中县抗日民主政府改属苏中第五行政专员公署。民国34年(1945)7月,中国共产党领导抗日军民消灭日伪政权,扬中县全境光复。是年11月5日,扬中县抗日民主政府奉命北撤;12月,扬中县国民政府进入县境,属江苏省第五行政督察专署管辖。

1949年4月,扬中县人民政府在江都县嘶马区鲍家庄成立,隶属于苏南行政公署镇江专员公署。4月22日,中国人民解放军横渡长江,扬中解放。1955年5月1日,扬中县人民政府改称扬中县人民委员会,隶属苏南行政公署镇江专员公署。1956年2月,改属扬州专员公署。是年11月28日,复归镇江专员公署。1958年9月,改属常州专员公署。1960年7月,改归镇江专员公署。1967年3月27日,成立中国人民解放军江苏省扬中县军事管制委员会。1968年3月14日,撤销扬中县军事管制委员会, 成立江苏省扬中县革命委员会。1981年5月8日,扬中县革命委员会改称扬中县人民政府,属镇江地区行政公署。1983年3月1日,江苏省实行市管县体制, 扬中县属镇江市。1994年5月13日,经国务院批准,扬中撤县设市,更名为扬中市,隶属镇江市管辖。 (摘自《扬中市志》)

【区域人口】 2022年,扬中市下辖新坝镇、油坊镇、八桥镇、西来桥镇4个镇,三茅街道、兴隆街道2个街道以及扬中经济开发区,全市常住人口31.61万人,户籍总人口278213人, 比上年减少1428人。年内出生1149人,省内迁入2851人,省外迁入569人,合计增加4569人; 死亡2552人, 迁出省内3048人, 迁出省外397人, 合计减少5997人。男性135827人, 女性142386人,男女性别比为95.39:100。 (朱昌盛)

注释:兴隆街道与扬中经济开发区合署办公,管辖区域一致。

【扬中方言】 扬中处于北方方言与吴方言区域的中间地带,先民来自四面八方,尤以周边地区和长江沿岸各省为多,有着五方杂处、六邑分治的历史背景。其方言基调虽属北方方言的江淮方言,但又有着众多江淮方言罕见或未有的语言现象。

移民文化对扬中方言的形成影响较大。方言称呼“老老奶奶”(祖父母)和“公公婆婆”(外祖父母)等,生产生活用语“摘麦”“钉耙”“笤箕”等与苏北话同。方言“往是往”(反正如此意)则为吴方言“横竖横”发音。方言“一刻丫工夫”等同镇江话,“起暴”“上冻”“一古纳塌”“萝卜缨子”等同南京话,“庚朝”(今天)“瘦头”“吃生活”(受罚)等同上海话。带“头”字的方言词“里头”“苦头”“滑头”等,带“子”字的方言词“茄子”“领子”“信壳子”等,带“鬼”字的方言词“酒鬼”“小气鬼”等均同湖南话。疑问句尾缀用“嘎”与湖北话一致,如“上学嘎”“喝粥嘎”等。方言“逢人配”“隔食病”“细来小去”等则与四川话无异。

本土方言也有差异。“请人家中小坐”上洲说“玩玩”,中洲说“戏戏”,下洲则说“耍耍”。上洲公信桥一带说丹徒大路话,而与之相距一两个埭的丰裕桥一带却有明显的泰兴腔调。

古汉语及古典小说语言是扬中方言形成的重要源头。标志性方言“杲昃”,出自《诗·卫风·伯兮》“杲杲出日”和《荀子·哀公》“君平明而听朝,日昃而退”,以太阳东升于树木之上(杲),与太阳西斜(昃)代指“东西”。俗语“丢了笊篱舞扫帚”“听了风就是雨”等在《红楼梦》曾出现,“大意失荆州”源自《三国演义》,“前不巴村,后不巴店”等在《水浒传》可见到。至于称有点本事的人为“猴”,则与《西游记》神通广大的猴王孙悟空形象关联。生产生活实践直接影响着扬中方言的形成和发展。每逢汛期,扬中堤外江水高过头顶,故有俗语“脚踩一只盆,头顶一江水”,意在警示人固堤防险。“何福寿飘鱼花——(大水)冲掉八塘(喻彻底失败)”“魏天宝唱麒麟——出口成章”等歇后语均源自扬中真人真事。方言成语“众志成桥”由成语“众志成城”翻新,反映1994年扬中人民集资建造长江大桥之壮举。20世纪80年代末,大全集团董事长徐广福“要么第一,要么唯一”的企业追求,在扬中广为流传,现已成为扬中人民敢为人先的精神写照。

此外,西风东渐,新词语大量涌入,被方言和普通话同时采用;普通话推广、人民文化程度提高和对外交流频繁,说普通话的人越来越多,对扬中方言文化产生较大影响。如爹爹妈妈、老老奶奶的传统称呼被普通话爸爸妈妈、爷爷奶奶代替;相互见面招呼“你吃嘎了吗”等,基本上被“你好”“早晨(中午、晚上)好”等文明用语代替;时髦普通女子受到诸如衣着、发型方面的夸赞,一改表示谦虚的“哪里、哪里”等惯用语,代之以普通话“谢谢”或“谢谢您”。 (摘自《扬中市志》)

【扬中特产】

河豚 古称“赤鲑”“鯸鲐”,生活于海中,属淡水洄游类鱼。扬中素有产出,俗称“本江豚”,“长江三鲜”之一。扬中民谚称“河豚不过镇江水”。每年3—5月清明节前后,境内长江水域有洄游河豚孵化、繁衍。人们捕而烹食,肉质鲜美,食后百味逊色。虽河豚卵、肝、血液、眼睛有剧毒,中毒或死亡者屡见不鲜,但食者不断。扬中河豚文化丰富。民间有“拼死吃河豚”“河豚不药扬中人”的俗语。1950年前后,扬中年捕捞河豚量3.5万千克。后因江水污染严重,年产量逐年锐减,1980—1990年,年均产量仅500千克。1991—1996年,年均产量不足150千克。2000年后,扬中沿江已很难寻觅河豚踪迹,似有灭绝之势。20世纪90年代中期起,扬中分别在新坝镇、三茅镇、油坊镇开展河豚养殖试验,获得成功。

鲥鱼 扬中“江中三鲜”之一,属淡水洄游鱼类。每年谷雨到夏至间,鲥鱼由太平洋经东海入长江,溯江而上产卵孵化,繁衍后代。鲥鱼入江后膘肥体壮,吞食虫藻后体质更加肥壮,体重一般为2~5千克,最重8千克。沿江民众应时捕食,肉肥鲜美,内含蛋白质、脂肪、铁、钙、磷、核黄素等,营养价值高。明清时期,本江鲥鱼为官府贡品。明代诗人何景明(1483—1521)《鲥鱼》诗云:“五月鲥鱼已至燕,荔枝卢橘未应先……白日风尘驰驿骑,炎天冰雪护江船。”据传,清康熙皇帝南巡至镇江焦山品尝鲥鱼,觉得“齿颊留香”,故有“鲥鱼食后齿留香”之说。据统计年鉴记载,1966—1980年,扬中商业收购鲥鱼23.25万千克,年均收购1.55万千克,其中80%以上出口到美国、日本等国家,并销往中国香港地区。1986—1996年,扬中鲥鱼产量逐年锐减,诗人朱彝尊诗中“京口鲥鱼尺半肥”的“头刀”不见,“二刀”尚少,多为每条100克以下的“毛刀”;2006年已不见有鲥鱼入餐。本江鲥鱼近乎灭绝。

刀鱼 “江中三鲜”之一,又称“鮆鱼”,属淡水洄游鱼类,栖息于近海。古《竹枝词》云:“才交正月浦春鮆,赶上灯时价值高。试看纤鳞谁得早,过江先去进商豪。”刀鱼形似刀,体侧扁,尾部长,全身银白色,口大有胡子,端位、腹部有棱鳞,雌大雄小。进入长江早于其他洄游鱼类,每逢阳春三月溯江而上,孵化繁衍。渔民应时纷纷张网捕捞,江上出现一幅“春汛捕捞图”,水面上帆樯点点，江滩上密布罾罟。刀鱼体重较轻，渔民有言："过斤者为'头刀'，属上品；半斤以上者为'二刀'，半斤以下者为'毛刀'。"刀鱼捕捞期一般是惊蛰至端午前后。1950—1964年，县商业收购69.73万千克，年均4618千克。20世纪80年代，长江水体污染日趋严重，刀鱼产量逐年减少。1986—1995年，平均年产3000千克。1996—2000年，年均近2650千克。2001—2006年，年均2000千克。

秧草 学名"黄花苜蓿"，又名"三叶菜""黄花草""草头"。为一年生或越年生草本植物，被子植物门，豆科，苜蓿属。其茎平卧或倾斜，三出复叶，叶表面浓绿色，总状花序，腋生，每花序有黄色小花2~6朵，蝶形花冠。荚果螺旋形，有钩状刺，种子肾形，黄褐色。史料载，秧草原产印度和地中海沿岸，为上好的牧草。西汉时期，张骞从西域带到中原种植。南宋时期，抗金名将韩世忠从中原带到扬中(时称小沙)，命部下种植饲马。秧草还是优良的绿肥。扬中成洲以来，农户连年种植。大田种植方法一般有两种：一是辟一方田单种。来年，这秧草田就作为水稻育秧的秧田，其秧草经沤制便成秧田基肥。二是秧草与元麦夹种，元麦收摘后，将枯黄的秧草茎(筋)踩埋在犁沟内，用作水稻田基肥。

在扬中，秧草是绝佳的蔬菜，味道鲜美，营养丰富。与河豚、刀鱼等江鲜一起烹饪，"只食秧草不食鱼"。扬中解放前数百年间以及解放后的计划经济时期，由于粮食匮乏，经常闹春荒。青黄不接之际，民众常以秧草充饥，因此秧草曾一度被扬中人称为"救命草"。改革开放以后，随着农业科技的发展，发现秧草含有多种维生素、氨基酸和微量元素，其中维生素K含量高于其他蔬菜，有较高的医药价值和较好的保健作用。秧草对肿瘤有抑制作用，能降血脂、抗凝血、防出血、清内热。它含有的植物皂素与人体内的胆固醇结合，可促进排泄，从而降低胆固醇含量，保护动脉壁，对防治冠心病有功效。秧草含糖量低，是糖尿病、心脏病患者的佳蔬。21世纪，扬中充分利用秧草资源，开发特色农产品，并形成种植规模。运用冷藏贮运技术和高科技手段，同时将鲜秧草和咸秧草推向全国乃至世界。（摘自《扬中市志》）

经济社会建设

【概况】 2022年，扬中市实现地区生产总值585.99亿元，比上年增长5%。其中，第一产业增加值18.47亿元，增长4.2%；第二产业增加值317.99亿元，增长6.1%；第三产业增加值249.53亿元，增长3.7%。三次产业构成比例为3.15:54.27:42.58。完成一般公共预算收入40.6亿元，增长4.5%。完成固定资产投资122.85亿元，增长13%，其中制造业投资83.13亿元，增长13.3%。扬中市以指数值80.7位列中国县级市基本现代化指数榜单第23位，位列全国综合实力百强县市第27位。 （马万鹏）

【农业】 2022年，扬中市完成农林牧渔业总产值33.53亿元，比上年增长5.67%。其中种植业产值18.17亿元，增长7.13%；林业产值1.79亿元，增长2.87%；牧业产值3.82亿元，增长2.96%；渔业产值5.8亿元，增长3.57%；农业服务业3.96亿元，增长6.41%。粮食播种面积1.04万公顷，增长2.67%；粮食总产量7.4万吨，增长1.65%，其中秋粮总产量5.19万吨，下降0.76%。油料种植面积7900公顷，增长1.28%；油料总产量2169吨，增长2.5%。蔬菜种植面积0.41万公顷，增加170公顷。主要农产品中，肉类总产量3906吨，增长0.59%；家禽出栏74.11万只，增长0.24%；禽蛋产量3485吨，减产4.76%。

特色渔业持续发展。全年水产放养面积1080公顷，水产品总产量7702吨，新增池塘生态化改造面积100公顷，特色水产工厂化养殖面积达18.8万平方米，河蟹标准化养殖面积526.67公顷，刀鱼特色化养殖规模60万尾。 （马万鹏）

【工业】 2022年，扬中市规模以上工业企业实现产值879.05亿元，比上年增长20.57%；完成工业增加值216.12亿元，可比增长9%。规模以上工业企业实现销售收入850.29亿元，利税52.36亿元。全社会用电量19.02亿千瓦时，增长4.08%。其中工业用电量11.34亿千瓦时，增长2.11%。

主导产业支撑明显。智能电气、新能源、汽车零部件、临港装备制造四大主导产业规模以上产值达684.64亿元，占全部规模以上工业的77.88%。智能电气行业创新转型发展实现新突破，规模以上产值达358.71亿元；新能源行业异军突起，规模以上产值达210.47亿元；汽车零部件行业稳步增长，规模以上产值达73.59亿元；临港装备制造行业抢抓机遇，规模以上产值达41.86亿元。

重点企业不断突破。年末销售亿元以上的工业企业达133家，比上年增加22家，十亿元以上的企业16家，增加5家，大全集团、美科太阳能首次突破百亿。作为工业经济中坚力量的"三十强"工业企业，在稳定发展的同时持续发力，"压舱石"作用凸显。"三十强"工业企业实现销售596.45亿元，占规模以上工业的比例达70.15%。 （马万鹏）

【固定资产投资】 2022年,扬中市完成固定资产投资122.85亿元,比上年增长13%。其中,制造业投资83.13亿元,增长13.3%,占固定资产投资比重为67.7%;服务业投资36.01亿元,增长4.6%,占固定资产投资比重为29.3%。

房地产市场下行压力较大,行业及相关产业均承受较大压力,总体保持稳定发展态势。全市在库房地产企业35家,完成房地产开发投资23.81亿元,下降20%。完成商品房施工面积145.3万平方米,下降26.7%。商品房竣工面积3.24万平方米,下降89.2%。商品房销售面积53.4万平方米,增长5.5%,其中住宅面积29.68万平方米,下降26.8%。商品房销售额55.14亿元,增长24.4%,其中住宅销售额20.03亿元,下降36.6%。 (马万鹏)

【国内贸易】 2022年,扬中市实现社会消费品零售总额158.76亿元,比上年增长1.5%。其中,批发业商品销售额增长8.5%;零售业商品销售额增长3.1%;住宿业营业额下降1.9%;餐饮业营业额下降7.2%。实现限上批发业销售额106.07亿元,增长8.7%;限上零售业销售额20.17亿元,增长2.8%。 (马万鹏)

【开放型经济】 2022年,扬中市多元化开拓国际市场,持续推动新能源、船舶企业出口订单落地,新能源、船舶制造行业保持强劲增长态势。搭建全球营销网络开拓市场,支持光伏、工具等行业积极布局海外,优化营商环境,推动贸易便利化。进一步加大政策扶持力度,简化出口退税流程,鼓励外贸新业态发展,积极为企业纾困解难,助力抓单稳链。实现进出口总额45.7亿元,比上年增长10%。其中,出口总额41.8亿元,增长9.6%。 (马万鹏)

【金融】 2022年,扬中市金融机构本外币存款余额888.1亿元,比年初增加79.81亿元,增长9.87%。其中,居民存款余额510.55亿元,比年初增加81.23亿元,增长18.92%。金融机构本外币贷款余额878.95亿元,比年初增加144.56亿元,增长19.68%。其中,中长期贷款511亿元,比年初增加93.43亿元,增长22.37%;短期贷款317.92亿元,比年初增加33.17亿元,增长11.65%。

全市拥有保险业金融机构34家,保费收入17.11亿元,比上年增长14.68%。其中财产险收入3.31亿元,增长20.15%;人身险收入13.8亿元,增长13.43%。赔付额3.99亿元,增长3.91%,其中财产险赔付1.8亿元,下降11.2%;人身险赔付2.19亿元,增长20.61%。

(马万鹏)

【科学技术】 2022年,扬中市科技创新实力持续增强。围绕"智慧制造城"建设,深入实施创新驱动发展战略,科技政策落实和科技体制改革成效明显,获省政府办公厅督查激励通报。获批镇江市级以上科技项目17项,其中2项为省级重大科技成果转化项目,通过科技创新类项目累计向上争取资金超4500万元。稳步推进市本级科技计划项目立项,安排实施年度市级科技创新专项46项。2家企业入选江苏省新一轮创新型领军培育行动入库企业名单;1家企业入库年度省科技企业上市培育计划。通过全国科技型中小企业评价466家,通过国家高新技术企业认定104家,全市高新技术企业跃升至311家。三茅街道帷幄创客空间获批国家级众创空间,西来桥镇"大津创客吧"获批镇江市级众创空间,新增3家省级工程技术研究中心。 (马万鹏)

【教育】 2022年,扬中市教育资源供给持续增加。完成三跃中心小学回迁、新坝镇中心幼儿园一号楼改造,新建第一幼儿园、丰裕小学食堂综合楼,建成青苗幼儿园、复旦上雅园幼儿园,城西小学建设加快推进,获评义务教育优质均衡先行创建市。现有各级各类学校53所,其中高中3所、初中7所(含外中分部)、小学15所、九年一贯制学校1所、特殊教育学校1所、体育学校1所、开放大学1所、幼儿园24所(含4所民办幼儿园)。在校学生37822人,其中幼儿园7645人、小学17146人、特教81人、初中7136人、普通高中4124人、中等专业学校1690人。学前三年教育毛入园率达100%,义务教育适龄儿童入学率、巩固率均达100%,高中教育毛入学率达100%。 (马万鹏)

【文化】 2022年,扬中市公共文化服务提质增效。举办第十七届社区(农民)文化艺术节系列活动,实施村(社区)文艺播种计划265场,全民艺术普及活动140场,举办各类社教活动439场,线上、线下文艺展演108场,送电影下乡720场。创作小戏《天涯有路》及舞蹈作品《我心飞扬》参加省第十五届五星工程奖片区选拔赛。创作小锡剧《太平洲上艳阳高照》、改编歌曲《因为有你》助力全民抗疫。积极发挥三馆阵地服务功能,图书馆进馆人次近10万人,人均藏书量达1.63册,公共图书流通册次40万册;博物馆打造"文化惠民 博物育人"品牌,举办各类临展、社教活动近20场,接待公众13万余人次;文化馆组建"文艺轻骑兵"下基层送文艺,开展各类演出、文艺辅导活动102场次。(马万鹏)

【卫生】 2022年,扬中市坚持疫情防控、医疗发展两手抓,科学应对新冠病毒疫情,高效处置"3·29""10·5""12·2"等10余起本土疫情,建成标准化救护车洗消中心和核酸检测基地,建立核酸采样检测、流调溯源、消毒消杀队伍。优化全市医疗资源布局,加快推进市人民医院华康院区改造,有序推进市中医院综合楼、市精神病防治院、八桥区域医疗中心3个抗疫国债项目建设,启动三茅街道社区卫生服务中心、油坊镇卫生院异地新建工作,扩大医疗资源供给。新建名医工作站(室)6个,委培23名农村订单医学生,引进卫生专业技术人才71名。启动市人民医院三级医院转设,建立上海市中西医结合学会肿瘤微创治疗合作基地、扬州大学附属医院心脏大血管中心扬中分中心,兴隆街道社区卫生服务中心通过优质服务基层行国家推荐标准,新建四级中医馆3个。做好"一老一小"健康服务,创建全国示范性老年友好型社区1家,江苏省老年友好型社区1家,江苏省老年友善医疗机构优秀单位1家,江苏省老年友善医疗机构合格单位3家。发展普惠托育,每千人口拥有3岁以下婴幼儿托位数2.94个。 (马万鹏)

【体育】 2022年,扬中市稳步推进全民健身设施建设,建成体育公园3个、健身步道5.05千米和健身路径12套。制定《扬中市全民健身实施计划(2021—2025年)》,依托各单项协会开展篮球、象棋、游泳、骑行、迷马等全民健身活动。举办江苏省老年人体育节扬中分会场开幕式暨全国老年人太极拳大联动和老体志愿者服务活动,积极参加新春网络健身大联欢活动,承办江苏省户外运动和太极拳一线社会体育指导员技能再培训活动,开展国民体质监测3000余人。 (马万鹏)

【城市建设】 2022年,扬中市交通功能稳步提升。实施523国道扬中段、238省道扬中段修复养护工程、长旺港口物流园区道路1.26千米维修工程;新改建农村公路16.6千米,危桥改造1座,安全生命防护工程94千米,在环岛公路和西环线各设置限高门架2处;开展农村公路养护体制改革试点,扬中大道入选全国2022年度"红色旅游路"最美农村路;优化群众出行方式。优化调整103路、105路、106路3条公交线路,新购置20辆新能源公交车,适老化改造4处公交站台,连续8年获得交通运输部城乡客运一体化发展水平评价最高AAAAA级,创成第一批"江苏省城乡公交一体化达标县"。

城市治理不断优化。科学布局非机动车停放区域,规范共享助力车管理,加强停车泊位建设,新增停车泊位500个。推进城乡生活垃圾分类和治理,建成9个省级垃圾分类达标小区,建成34个垃圾四分类小区,生活垃圾无害化处理率达100%。开展公厕管理专项提升行动,开展"星级公厕"评比,提升公厕管理服务水平。围绕创文要求,积极落实组团创建新机制,全年开展周五定期组团创建活动30次,解决各类问题1000余个。深入开展背街小巷整治等五大专项行动,全年组织各类整治189次。加强道路扬尘污染防治,规范渣土运输公司化运作,严格建筑垃圾处置审批流程,从源头上管控抛洒滴漏、带泥行驶等行为。 (马万鹏)

【生态环境】 2022年,扬中市生态环境质量稳定改善。建立涉气污染源责任清单,排查621家涉VCO_S(挥发性有机物)企业,启动3次错峰生产;推进大气重点工程,开展企业集群整治,检查302家餐饮油烟单位,实现$PM_{2.5}$浓度32.2微克/立方米,空气优良率76.7%。推进排污口分类整治,完成长江排口整治1862个;改善扬子桥断面水质波动问题,发放排污许可证750余户;加强水环境基础设施建设,修复、清淤污水管网25.4千米。省考断面和饮用水源地水质优Ⅲ比率连续3年保持100%。狠抓土壤治理,全面启动"无废城市"建设,回收废旧农膜176.71吨,完成13家土壤污染重点监管单位自行监测工作及扬中市合成化工厂有限公司地块土壤修复工程,净土保卫战落实有力。(马万鹏)

【人民生活】 2022年,扬中市居民收入持续增长。全体居民人均可支配收入56310.2元,比上年增长4.8%。其中,城镇居民人均可支配收入67926.5元,增长4.1%;农村居民人均可支配收入37935.7元,增长5.9%。居民消费保持增长,人均生活消费支出31585元,增长4.6%。其中城镇居民34558元,增长3.2%;农村居民26882元,增长7.3%。 (马万鹏)

【社会保障】 2022年,扬中市最低生活保障标准提高至每人每月820元,散居孤儿基本生活保障标准提高至每人每月1982元,全面落实残疾人"两项补贴"制度,惠及3031名困难残疾人和3469名重度残疾人。为1196名城乡低保对象、特困人员按照每人200元标准发放一次性生活补贴。做好60年代精简下放职工调标工作,城镇户口每人每月由1503元调整至1725元,农村户口每人每月由1230元调整至1412元。开展困难群众危房修缮项目,11户住房存在严重安全隐患的困难家庭住上安心房。实施急难愁盼"微心愿"项目,为

55户老弱病残家庭送去5.6万元“微心愿”物资。推进“幸福家园”村社互助工程建设,发布慈善项目95个,注册村民达3.1万人,累计筹款1085万余元。养老服务提质扩面,全市共建成各类养老机构28家、标准化及以上居家养老服务中心78家、农村区域性养老服务中心3家,其中医养融合型养老护理院4家。试点实施“慈善家庭养老床位”服务项目,为30户经济困难且无力入住养老机构的失能半失能老年人家庭提供家庭养老床位服务。 (马万鹏)

年度聚焦

【扬中大道入选全国2022年度“红色旅游路”最美农村路】 2022年,交通运输部公布2022年度“红色旅游路”最美农村路的名单中,扬中大道入选。扬中大道全长31.94千米,起自扬中大桥,终至八桥加油站,是贯穿扬中南北的重要通道,沿线连接扬中知名红色旅游景点渡江文化园、陈履生博物馆、新治村文化旅游驿站、园博园等多个生态、文化景观。 (融媒体中心)

扬中大道 (融媒体中心供图)

【扬中入选国家知识产权强县建设试点县】 国家知识产权局公布国家知识产权强县建设试点、示范县名单,全国151个县(市、区)被确定为国家知识产权强县建设试点县,扬中市榜上有名,入选首批试点县名单。近年来,扬中深入实施创新驱动发展战略,坚持党建引领、法治引领、服务引领,将知识产权与服务高质量发展紧密结合,促进企业创新创造,推进知识产权创造、运用、保护和服务,持续优化创新环境和营商环境,以知识产权“全链条保护”服务全市经济高质量输出。知识产权创造显著提升。以“拓增量、稳存量、保总量”为工作重点,确保有效发明专利拥有量稳步提升。知识产权强市建设工作扎实。通过政策引导、培训培育、定点帮扶,多维度提升企业知识产权能力。发展国家知识产权示范企业4家、优势企业7家;培育成功和成显示、大全集团、美科太阳能3家省级高价值专利示范中心,和成显示两获中国专利金奖,上迈新能源获第23届中国专利优秀奖;扬中高新区通过省知识产权示范园区验收;新增贯彻《企业知识产权管理规范》企业103家,拥有驰名商标9件、地理标志5个,各项工作走在高质量发展前列。知识产权执法保护不断强化。切实加强执法队伍能力建设,严厉打击商标侵权、假冒专利违法行为,强化维权援助,促进专利侵权纠纷快速解决。

(融媒体中心)

【扬中市位列中国县级市基本现代化指数第23位】 2022年12月8日,《中国城市基本现代化监测报告2022》(简称《报告》)在北京发布,《报告》揭晓2022年中国县级市基本现代化指数前100名,扬中以指数80.7位列榜单第23位。从2021年开始,竞争力智库开始开展中国城市基本现代化监测评价工作。《报告》构建涵盖经济发展和经济体系现代化、人民生活和公共服务现代化、文化建设和市民素质现代化、生产方式和生态环境现代化、治理体系和治理能力现代化的“中国城市基本现代化监测体系”,运用各城市2021年公开数据,经过对比、核实,完成了第二届中国城市基本现代化监测评价工作。中国县级市基本现代化指数前100名平均规模为常住人口90.69万人,城镇化率65.6%;地区生产总值突破千亿元,达1034.62亿元,同比增长8.6%,三次产业比为7.1∶49.2∶43.7;人均地区生产总值11.68万元;一般公共预算收入73.81亿元,增长12.3%;社会消费品零售总额346.98亿元,增长14.3%;进出口总额432.93亿元;城镇居民人均可支配收入5.30万元,增长8.2%;农村居民人均可支配收入2.94万元,增长10.4%;人均住户存款余额8.09万元;空气质量优良率达86.2%,地表水水质达到或好于Ⅲ类水体比例为86.3%,建成区绿化覆盖率达42.0%,城镇污水处理率达97.1%。 (融媒体中心)

中国河豚岛

综 述

【概况】 2005年11月18日，中国烹饪协会授予扬中市"中国江鲜菜之乡"称号。2010年11月15日，中国烹饪协会授予扬中"中国河豚美食之乡""中国河豚烹饪科研基地"牌匾。2012年12月17日，中国民间文艺家协会授予扬中"中国河豚文化之乡"称号。2016年2月16日，扬中河豚食俗入选江苏省第四批非物质文化遗产代表性项目目录。2004—2022年，扬中市连续举办18届河豚文化节，节庆名称从江鲜美食文化节、江鲜美食旅游文化节、江鲜旅游文化节、江鲜美食节逐步演变为河豚文化节，以文化发展助推经济繁荣，招商洽谈、对外推介、项目集中签约等形式的扬中"河豚经济"初步形成。2011年，28国驻华使节寻访"中国河豚岛"，各国驻华大使馆联合授予扬中"最值得驻华大使馆向使节推荐的中国河豚岛"称号，"中国河豚岛"城市品牌首次打响。2014年，扬中河豚（活品）获得国家农产品地理标志；2022年，扬中河豚（非活品）成功申报国家农产品地理标志，"中国河豚岛"品牌影响力进一步提升。 （史志办）

【河豚外宣】 扬中在宣传河豚文化上举措多样，举办国际河豚烹饪大赛、全国河豚烹饪精英赛以及长三角、江苏省河豚烹饪赛事等烹饪大赛，交流积累河豚烹饪经验；开发河豚包子、河豚水饺、河豚圆子、河豚真空包装、河豚香米、河豚化妆品、河豚酒、河豚字画等衍生产品。编辑出版《江鲜飘香》《扬中河豚菜谱》《芳菲河豚岛》《美味"杀手"》《清水扬中河豚情》《扬中二十一味》《扬中河豚记忆》等书籍，举办"放歌河豚岛"文艺晚会、河豚节摄影大赛，河豚文化逐步沉淀；央视《味道》《走遍中国》《地理中国》《消费主张》等栏目先后播出《河豚复活记》《河豚上餐桌》《夺命河豚热销的背后》《中华原产地——扬中河豚》《舌尖上的春天：长江江鲜》等节目，以河豚为主题的城市外宣专题片提升扬中河豚影响力。河豚文化使得"中国河豚岛"成为世界认识扬中、扬中走向世界的一个地域标识、城市品牌。 （史志办）

河豚·风俗

【河豚捕捞】 扬中渔民在长期捕捞实践中，逐步形成两类河豚捕捞法：卡钩法，钩尖处向内折弯且稍有撇斜，装小虾等饵料，河豚吞食饵料，钩身卡住其口腔；滚钩法（又称排钩法），滚钩不放饵料，贴近水底敷设，拦江设置两三道"回"字形钩帘，多钩共同发挥作用，游经的河豚触碰到滚钩时，出于习性鼓气而被多个钩子钩住。卡钩法、滚钩法渔具均由纲线、钩线构成。卡钩是正常在纲线上每隔1米挂1根钩线，滚钩是每隔10厘米挂1根钩线，钩线长度均在15厘米左右。春季河豚贴在水底游动产卵，使用坠子和浮子保证钩子投放至距

河豚观光塔 （融媒体中心供图）

离江底 4~6 厘米的位置，纲线两头用石块固定抛入江中。扬中老一代渔民制作纲线、钩线工艺独特，纲线、钩线由黄麻编织，制作时加入栲树皮，栲树皮浸泡捶碎，煮至发红析出胶状物，加入烧熟捏细的猪血，将编好的纲线、钩线放入栲树皮汁中浸泡，浸透后晒至发挺。此项工艺制作的渔具具有牢实、耐磨、防腐、入水变软变柔、离水变挺变硬的特点。

扬中渔民捕捞有固定习俗和禁忌。捕捞河豚等江鲜讲究时令，落潮时起钩、下钩。渔民出江要看日子、敬香、磕头、放爆竹，祈福多打点鱼，保佑太平无事。渔船由丈夫掌舵，意为一家之主；妻子在后面划桨或摇橹，头上扎一块“手捏子”(方巾)，意为“打鱼不能光头”。女人不能到船头、不能跨渔网，怀孕和来例假的女人不能上船。捕捞到很小的河豚直接放生，反映扬中先民朦胧的生态保护意识。 (文联)

【河豚宰杀】 宰杀河豚工具包括水桶、腰子盆、菜刀、剪刀、砧板、畚箕、草木灰等。水桶用来盛活河豚、装水；腰子盆用来漂洗杀好的河豚鱼体；菜刀和剪刀是剖杀河豚必备的刀具；砧板是杀河豚的案板；畚箕里装的草木灰则是拌污废弃物的主要材料。

开背宰杀法　也称古法。沿河豚脊背，由上而下轻轻切开，分为两片，依次取出河豚的肝脏、胃、肠、腮、气囊，雌性河豚的卵巢，雄性河豚的精囊、心脏，清除干净紧贴在脊骨两边的肾脏(扬中人称为“达子血”)，用剪刀刀尖挖出河豚眼睛，一对对放好，以备清点。河豚的内脏除精囊(扬中人称“肋”)没有毒，其他部位均有毒性。

扒皮剖肚法　宰杀的主要工具是剪刀，将河豚皮整张取下，刮尽皮刺。宰杀方法为挖眼、环切皮肤、切口、撕皮、剖肚、挖腮、取内脏、剔脊血、分拣、漂洗。环切河豚皮肤，经里皮插入腹鳍的窝眼，朝河豚尾柄方向拽，河豚皮被全具扒至尾鳍处或被整皮拉下。

宰杀的弃留　宰杀河豚的弃与留事关河豚食用者的生命安危。河豚的毒素是自然界最毒的神经毒素之一，主要分布在血液、眼睛、腮、肾、肝、卵巢以及其他内脏。扬中人宰杀河豚通常将河豚鱼体、肝、肋与河豚眼、腮、肠、籽、脊血等分两处存放。清点河豚眼珠，所有河豚废弃物，特别是河豚籽，用草木灰拌污，投入粪缸作无害化处理，抑制苍蝇和蛆虫繁殖，也可深埋或焚烧。

河豚肝含剧毒，去毒可食用。河豚肝的处理方法：摘去河豚胆，划“十”字刀去除河豚肝的结缔膜，剪去河豚肝的四周边角，排尽毛细血管血，剪断肝脏的主动脉血管，高温烹饪解毒、去腥。 (文联)

【河豚食用】 2004 年 8 月，扬中市河豚协会起草出台《河豚安全食用操作行业规范》，详细规定加工操作间、加工人员、原料、宰杀清洗、烹饪、卫生、质量检验管理和中毒应急措施等涉及河豚食用的各个环节。扬中食用河豚注意事项包括：河豚皮表面带有小毛刺，食用时应将皮反卷，不用咀嚼，直接吞服；要防止被河豚鱼骨刺破嘴及食道，河豚的骨刺含有毒素，骨刺坚硬，如不慎被刺，伤口较难愈合；吃剩的河豚鱼如再次食用，避免再次回锅，采取蒸、微波炉加热。按照扬中的风俗习惯，食用河豚讲究程序。河豚端上桌前，厨师得先尝，以示对客人的尊重；上桌后，主人先吃一口，数分钟后请宾客动筷，这是扬中人招待客人的规矩。品尝河豚时，主人将河豚最鲜美营养的部分夹给客人，即河豚肋、皮、嘴唇三部分。食用完河豚后，河豚汤加竹笋或秧草，拌米饭或煮面条。 (文联)

河豚·味道

【河豚焐秧草】 河豚焐秧草，也称明宫河豚，是江苏省级非遗保护项目“扬中河豚食俗”重要菜品之一，被评为“全国十大江鲜名菜”。据《明宫史》记载，食河豚是明朝宫廷里继上元节之后的一项重要活动，后来民间发现秧草与河豚同煮，风味绝佳，传入宫中，深得明太祖朱元璋喜爱，遂流行于宫廷。“明宫河豚”已有 600 余年历史。制作方法是洗净河豚肝熬油，放入河豚，烧煮 20 分钟放入砂锅，文火烧煮 30 分钟。起锅，煸炒秧草，放入砂锅。将砂锅里的河豚放入秧草砂锅，待秧草焐烂后，放调料起锅。河豚焐秧草，河豚甘美，肥而不腻，秧草鲜香，软糯可口。 (摘自《扬中二十一味》)

【红烧河豚】 红烧河豚是江苏省特色名菜。制作方法是炒锅上火烧热入油，放入葱结、姜片煸香，入河豚、五花肉、鲜笋片煸透后烹绍酒，入酱油、绵白糖，加入河蚌、火腿、蟹黄油、母鸡、五花肉吊制的膏汤，入虾籽、精盐，大火煮沸，小火焖透后收稠汤汁装盘。红烧河豚色泽微黄，鲜香肥嫩，具有味鲜甜、汁浓醇的特点。

(摘自《扬中二十一味》)

【白汁河豚】 白汁河豚由特级河豚烹饪大师蒋开和研制，属江苏菜。白汁河豚中的白，最能反映这道汤菜的实际观感和内在品质。制作方法是炒锅上火烧热入油，放入葱结、姜片煸香，入河豚、鲜笋片、火腿片、虾子，加入用河蚌、蟹黄油、母鸡、五花肉吊制的膏汤，大火烧开后放酒，煮透熟后加盐上桌。白汁河豚汤汁色泽白美，鲜腴润口，豚香中能品尝出阵阵奶香味，具有消肿、降血压、去胃疾、恢复体力、调节免疫系统等功效。

（摘自《扬中二十一味》）

白汁河豚　　（融媒体中心供图）

【河豚鱼丸】 扬中陈耿父子受福建知名小吃鱼丸启发，开发河豚衍生产品，制作河豚鱼丸。陈氏父子赴韩国考察鱼糕产品，学习其模式，打造河豚系列食品。经福建海洋研究所营养分析表明，河豚不仅味鲜，而且鱼肉中含蛋白质、维生素、锌、硒等多种营养元素，蛋白质含量极高，陈氏父子与研究所推荐的专业河豚养殖机构合作，研制便携食用的河豚鱼丸，就河豚产品提出创新，将扬中秧草融入河豚衍生品，制作三叶草馅河豚鱼丸。（新闻中心）

河豚·产业

【长江渔文化生态园】 长江渔文化生态园位于扬中三茅街道兴阳村。项目占地133.33万平方米，是一个集长江渔文化名贵鱼类繁育、养殖、销售、科普展示，长江渔文化研究，以及农业观光体验、旅游休闲、生态餐饮酒店等于一体的综合性新型农业项目，依托扬中"中国河豚美食之乡""万里长江第一岛"的文化优势和资源优势，以河豚为主题的长江渔文化科技园。园区分为河豚文化主题广场、长江渔文化生态餐厅、渔文化垂钓体验区、湖畔烧烤景观区、果蔬观赏采摘园五大区域，内设生态酒店、木别墅、智能大棚、苗圃基地等设施。（倪娜）

【江之源渔业科技有限公司】 镇江江之源渔业科技有限公司（简称江之源）成立于2011年9月，主要从事长江刀鱼、河豚、鲥鱼等特种水产养殖，年养殖刀鱼150万尾、河豚鱼200万尾、其他品种鱼400余吨。河豚鱼主要养殖品种为暗纹东方豚，是大海洄游长江的唯一品种。江之源连续十年承担政府的河豚鱼放流项目，每年放流各种规格河豚鱼苗100万尾左右，另有100万尾以不同规格走向市场，其中80万尾以河豚斑子（2两左右）出售，20万尾大河豚（7两以上）在河豚节销售。市场以扬中、靖江这两个全国最大的河豚集散地为主。江之源生态养殖面积1.3平方千米，河豚占有0.27平方千米。江之源生态园占地200万平方米，投资3.5亿元，专业从事生态农业，集高新农业研发与实验、名贵水产品养殖与销售、温泉度假休闲服务等于一体。园区依托独特的江滩湿地自然景观和江鲜资源优势，借助"中国河豚岛"的招牌，深度开发2250米深的温泉地热资源，加快发展生态度假游、休闲渔业游，建设温泉度假村，是江苏省四星级乡村旅游点。（朱雨佳）

【江苏豚岛食品有限公司】 江苏豚岛食品有限公司是扬中市首家规模化现代工艺的食品加工企业，是唯一一家经国家有关部门批准并取得品牌注册商标的河豚鱼深加工企业。生产的主要产品包括红烧河豚鱼、白汁河豚鱼、酸辣甜河豚鱼、金汁河豚鱼、剁椒河豚鱼、河豚鱼狮子头、河豚鱼排、红烧河豚酱、麻辣河豚酱、河豚鱼包子、河豚鱼皮丝、白汤河豚鱼、河豚鱼寿喜锅、河豚鱼佛跳墙。2021年，豚岛食品有限公司打开线上销路，让"云销售"变成一种趋势，总产值1218万元。（朱雨佳）

【"中国河豚岛·扬中"文旅（临安）推介招商会】 2022年8月17—19日，扬中市在浙江省临安区举办"中国河豚岛·扬中"文旅（临安）推介招商会，浙江省临安区文化和广电旅游体育局、临安区旅游协会及临安区30余家旅行社、景区负责人参会。活动现场，通过视频展播，重点项目发布等形式，全面推介扬中重点景区、优势资源、旅游政策等，向临安人民发出诚挚邀请，以期开创两地互惠共赢的新局面。两地文旅企业及旅行社代表对两地文旅发展模式，乡村运营特色经验合作前景等方面展开深入交流和探讨，临安旅行社与扬中部分景区、旅行社当场签订战略合作协议。（徐晶）

8月17—19日，扬中市举办"中国河豚岛·扬中"文旅（临安）推介招商会　　（文广体旅局供图）

中共扬中市委员会

综　述

【概况】 2022年，扬中市委坚决贯彻中央“疫情要防住、经济要稳住、发展要安全”的重大要求，团结带领广大干部群众迎难而上、克难奋进，经济社会发展取得新成效。全年实现地区生产总值585.99亿元，可比增长5%，同口径一般公共预算收入40.6亿元，工业应税销售实现1170亿元，跻身中国综合实力百强县市第27位。坚定不移抓项目、强投入，实体经济稳中提质。项目引建氛围热烈。突出主导产业集群招商，主动承接上海及环太湖等经济圈产业转移，开展双招双引“云签约”、金秋集中签约等活动，全年新签重点产业项目65个。蜂巢传动DHT二期、威腾储能、中畅金刚线一期等优质项目竣工投产。完成固定资产投资123亿元，增速13%。实体经济平稳向好。主导产业发展态势稳健，规上工业光伏行业产值增速1.2倍。“60强”工业企业应税销售同比增长25%。新增规模以上工业企业92家。大全集团获江苏制造突出贡献奖优秀企业，美科太阳能入选省“独角兽”企业，雷朋电气等3家企业入选省“瞪羚”企业，6家企业入选国家级专精特新“小巨人”企业。启动“智改数转”三年行动，完成177家规上企业免费诊断服务。围绕主导产业培育领军人才，入选国家重大人才工程5人，列镇江第1。创成国家知识产权强县建设试点县，帷幄创客空间获批国家级众创空间。营商环境不断优化。实施营商环境“五优化五提升”行动。落实国家和省市纾困惠企措施，累计留抵退税9.02亿元、缓征税费8.4亿元、减免税费2.33亿元。农房审批验收和不动产登记率先在全省实现“一窗受理”。“电力接入政企共担”模式走在全省前列。完成工业用地挂牌118.67公顷，获评省土地执法模范市。在全国纳税人满意度调查500多个县(区)中位列全国第4、全省第1。

坚定不移抓整改、强治理，生态环境持续优化。铁腕推进中央环保督察整改。全力规范长江岸线利用、解决违法违规占用江滩养殖等历史遗留问题，站位、决心、力度和成效得到了上级肯定。系统推进污染防治。实施突出生态环境问题整改攻坚行动。基本完成工业“散乱污”企业整治。预计$PM_{2.5}$年平均值31.5微克/立方米，地表水省考断面、饮用水水源地水质达标率100%。自然村农村生活污水治理覆盖率48.9%。积极践行“双碳”战略。建成并网工商业光伏项目53个，新增装机容量达47兆瓦。

坚定不移控风险、保安全，社会大局和谐稳定。疫情防控精准迅速。坚持以快制快、以快制胜，成功处置本土“3·29”及后续多轮疫情。慎终如始抓好常态化疫情防控，精准落实“第九版”“二十条”“新十条”优化措施，将疫情对经济社会发展、人民健康安全的影响降到最低。债务及平台管控坚强有力。积极推进“削峰计划”“破冰计划”，超额完成全年政府隐性债务化解目标任务，政府性债务率较上年末下降24%，2家债务主体隐性债务清零，牢牢守住了不发生流动性风险的底线。全力压降平台公司数量，取消乡镇平台，形成市属平台公司新格局。全面加强平台经营、对外投资等事项监管，成立专班强力推进追债挽损，全力挽回经济损失。安全形势总体平稳。统筹推进安全生产专项整治三年行动和重点行业领域隐患整治“百日攻坚”。完成太平洲洲头右缘段、丰乐桥段等应急护岸除险加固工程。建立金融领域风险防范四项机制，依法打击电信网络诈骗犯罪，全年诈骗案件同比下降11.8%。圆满完成全国两会、中共二十大等重大活动期间安保维稳任务，在镇江率先成立县域社会治理现代化指挥中心，群众安全感满意率保持99%以上。

坚定不移抓融合、提品质，城乡面貌不断改善。城市建设品质提升。科学划定“三区三线”，基本完成国土空间总体规划编制。南江路西延、永勤河路交付使用，祁家路基本建成。创新全域公交模式，创成省城乡公交一体化达标县，扬中大道成功入选全国2022年度“红色旅游路”最美农村路。文明创建深入推进。突出党建引领、党群共创，以“四全”理念推进组团创建，系统实施“十大提升行动”“五项普惠行动”，打造“四创建三表彰”“大众评审团”等惠民创建品牌,年终测评继续保持全省前列。乡村振兴提标扩面。压实粮食安全党政同责。扎实推进全国唯一“城乡基础设施一体化建设管护机制创新”试验任务,制度化开展农村人居环境星级评定和互看互评现场观摩,获得省督查激励、省工作评估第一等次。乡村旅游加速发展,“农文旅”业态不断丰富,成功举办社区(农民)文化艺术节。

坚定不移惠民生、解民忧,民生福祉稳步增进。深化富民增收。大力开展创业服务,持续推进稳岗就业,新增就业7160人。优化公共服务。落实义务教育“双减”政策,入围首批全国义务教育优质均衡先行创建市。有序实施人民医院、中医院、精神病防治院等新改建工程。率先构建医保三级服务网络,畅通全国范围内异地就医直接联网结算。创成镇江唯一“15分钟医保服务圈”省级示范市。建成2家标准化居家养老服务中心、1家农村标准化区域性养老服务中心。城乡居民基本养老保险基础养老金实现“十六连增”。持续健全完善残疾人托养机制。兜牢保障底线。强化特殊困难群体救助帮扶和妇女儿童权益保障,重拳打击群众反映强烈的养老诈骗等违法犯罪活动。逐步构建退役军人服务体系,连续9次蝉联省级“双拥模范城”。扎实做好保交楼、保民生、保稳定工作,稳妥有序处置“问题楼盘”,恒大项目保交楼首批216套房屋顺利交付。完成西来桥镇幸福花苑一期5幢楼加固维修。实施危房解危1.2万平方米。积极推进慈善事业高质量发展,成为“幸福家园”项目全覆盖县级市。

坚定不移抓党建、铸忠诚,从严治党走向深入。强化思想引领。围绕迎接中共二十大、学习宣贯彻中共二十大精神主线,广泛开展“强国复兴有我”群众性主题宣传教育,推进党史学习教育常态化长效化。精心组织对党绝对忠诚系列活动,创作出版纪实文学《永远的初心》,大型原创锡剧《郭克生》成功上演。筑牢基层堡垒。统筹实施“先锋领航”“向阳花开”“链上先锋”三大工程,高质量开展党建引领乡村治理国家级试点,探索推行“五化融合、村村善治”新模式,全面放大“党小组+”实践经验,打造新时代乡村治理“扬中样板”。激励实干担当。常态化开展干部赴一线活动,实施干部阳光心态塑造行动,评选实干担当先锋18名。深化正风肃纪。自觉接受、高标准配合省委巡视政治体检,按序时完成整改任务,集中整改进展情况向党内通报并向社会公开。深入开展重点领域和突出问题专项治理,精准运用监督执纪四种形态处理462人次。严肃查处融资、生态环保、土地收储等领域一批典型案件,挽回经济损失5400余万元,全面从严治党,群众满意度继续位居镇江辖市区前列。

(何绪伟)

【市委办公室工作】 2022年,中共扬中市委办公室坚持“党办姓党”政治属性,对标“一流机关、表率部门”,“三服务”水平不断提升,获评全省党委办公室(厅)、研究室系统先进集体。突出以文辅政,聚焦市委中心工作,提高参事谋事的主动性、前瞻性,高质量完成精品力作500余篇。强化调查研究,放大“四色智库”品牌效应,完成咨政课题20篇,为市委决策提供“智囊保障”。会务工作严谨高效,完成市委十三届四次全会等重要会议活动筹备组织80余次。发挥党委信息主渠道作用,被省委办公厅、镇江市委办采用信息150篇,信息考评位居全省前10、镇江第1。严格文件办理,规范签收、登记、传阅、归档等环节,各类公文处理实现“零差错”。发挥改革刺激作用,全面承接镇江市委深改委2022年工作要点,结合扬中实际,制定出台年度改革工作要点。完善“大督查”格局,以督查推动巡视整改、基层减负等重点工作落地,创新推出村级减负“码上办”小程序,为发展提质增效。规范党内法规,系统开展“立”“改”“废”“释”等工作,科学化、精细化水平不断提升。强化档案管理,治理、资源、利用、安全“四大体系”进一步健全。筑牢安全防线,OA系统全面应用,国产化替代工程深入推进,机关单位保密水平持续提升。

(何绪伟)

重要决策

【《关于做好2022年全面推进乡村振兴重点工作的实施意见》】 2022年5月25日,中共扬中市委、扬中市人民政府印发《关于做好2022年全面推进乡村振兴重点工作的实施意见》。提出做好全市“三农”工作,深入推进乡村振兴,落实国家重大战略,应对各种风险挑战,确保全市经济社会平稳健康发展。聚焦粮食安全,保障重要农产品有效供给,严守耕地保护红线。聚焦产业振兴,发展特色高效农业,推进一、二、三产业融合发展。聚焦乡村建设,着力打造生态宜居美丽乡村,推进农村人居环境整治提升行动,推进农村基础设施提档升级。聚焦治理有效,创新乡村治理模式,提升乡村文明水平,优化农村公共服务。聚焦富民强村,激发农业农村发展活力,深化富民强村帮促行动,持续壮大村集体经济,提升乡村金融服务,推进乡村人才振兴。坚持和加强党对“三农”工作的全面领导,健全乡村振兴体制机制,严格开展乡村振兴考核。

(何绪伟)

【《关于开展党建引领乡村治理试点工作的实施意见》】 2022年6月29日,中共扬中市委印发《关于在我市开展党建引领乡村治理试点工作的实施意见》。提出贯彻落实上级关于抓党建促乡村振兴相关要求,开展党建引领乡村治理试点工作。结合扬中农村实际,探索推行“五化融合 村村善治”党建引领乡村治理模式,全力抓好市、镇、村、网格组织联动建设,将党的组织优势转化成治理胜势,努力提升工作实绩实效。文件提出到2022年底,“党委领导、全民参与、法治保障、科技支撑”的现代乡村社会治理框架日益健全,上下贯通、执行有力的组织体系更加严密,镇、村两级党组织以及党员干部在乡村治理中的作用更加凸显,镇村网格化、党小组覆盖率动态保持100%,党员干部联系服务村(居)民实现100%覆盖,村(居)民急难愁盼问题答复率实现100%,基层形成一批可复制、可推广的经验做法。 (何绪伟)

【《扬中市市属国有企业重大事项管理意见》】 2022年8月26日,中共扬中市委、扬中市人民政府印发《扬中市市属国有企业重大事项管理意见》。要求全面加强党对国有企业的领导,坚持党对国有企业的领导不动摇。改革国有资本授权经营体制,健全落实“三重一大”内部决策制度,依法建立和完善市属国有企业法人治理结构,不得超越职权或者违反程序决定企业重大事项。明确分管领导、职能部门和专职人员,确保重大事项管理落实到位,任何单位和个人不得利用所获悉信息获取不当利益。 (何绪伟)

【《关于在全市党员干部中开展向郭克生同志学习的通知》】 2022年10月31日,中共扬中市委印发《关于在全市党员干部中开展向郭克生同志学习的通知》。提出在全市各级党组织和全体党员干部中开展向郭克生学习活动,精心组织安排部署,把开展学习活动与学习贯彻中共二十大精神结合起来,激励广大党员干部进一步提升“对党绝对忠诚”的理解和把握,引导广大党员干部将学习活动中激发出的热情转化为推动高质量发展和服务群众的动力,以更加饱满的精神状态和更加有力的奋进姿态,扛起新使命、谱写新篇章。 (何绪伟)

【《扬中市贯彻落实〈法治政府建设实施纲要(2021—2025年)〉实施方案》】 2022年12月12日,中共扬中市委、扬中市人民政府印发《扬中市贯彻落实〈法治政府建设实施纲要(2021—2025年)〉实施方案》。提出深入贯彻落实习近平法治思想,努力推进法治政府建设全面突破。促推政府职能转变,不断提升政府服务效能。完善依法行政制度体系,加快推进政府治理规范化程序化法治化。严格规范行政决策程序,提升行政决策公信力和执行力。建立健全行政执法工作机制,全面推进严格规范公正文明执法。提升突发事件应对能力,依法预防处置重大突发事件。完善矛盾纠纷行政预防调处化解体系建设,不断促进公平正义。强化行政权力制约和监督,促进行政权力运行规范透明。加大法治政府建设科技保障力度,全面推进数字法治政府建设。加强党的全面领导,完善法治政府建设推进机制,努力推动法治政府建设工作走在前列。 (何绪伟)

重要会议

【全市产业强市暨优化营商环境大会】 2022年2月7日,扬中召开全市产业强市暨优化营商环境大会。会议要求,全市上下凝聚起推进产业强市是必须长期坚持的“一号战略”,优化营商环境是永远在路上的“时代考题”的思想共识。会议强调,争先高质量发展、领跑现代化征程,要保持“稳”的总基调,稳字当头、稳中奋进;要拼出“进”的好态势,以进固稳、进中求优;要蓄积“新”的强动能,勇闯新路、开创新局;要激昂“干”的主旋律,苦干实干、干则必成。 (何绪伟)

【全市生态环境保护大会】 2022年2月10日,扬中召开全市生态环境保护大会。会议要求,要深刻吸取教训,高度警醒警觉,增强敬畏心、荣辱观、责任感,反省清醒加警醒,苦干实干加巧干。强化整改提升,全力做细做实,围绕高质量完成目标任务整改要更加高效、排查要更加全面、机制要更加完善,确保完成今年环境保护各项任务。完善保障措施,务求有力有效,进一步压实责任体系、增强环保力量、加大执法力度、强化督查考核,全力以赴、争雄当强做好各项工作,为“强富美高”现代化扬中建设提供坚强保障。 (何绪伟)

【全国文明城市创建推进大会】 2022年2月17日,扬中召开全国文明城市创建推进大会。会议指出,全市各层各级都要把过去一年高涨的热情、实干的劲头保持下去,确保新一年的创建工作从头抓紧、精彩开局、奠定胜势。会议强调,文明创建不能“停在纸上”,要解决实际问题;不能“只顾当前”,要实现常态长效;不能“唱独角戏”,要形成广泛参与。会议要求,全市各层各级、广大党员干部知重负重、苦干实干、真抓实创,将自我革命精神贯穿文明城市创建始终,上下齐心打赢文明创建的“攻坚战”。 (何绪伟)

【全市党建工作会议】 2022年4月21日，扬中召开全市党建工作会议。会议强调，全市各级要将“党的建设”作为头等大事，将2022年作为全市党建工作“提升突破年”，综合用力、融合发力，按照既定目标和思路抓好责任落实、工作落地。会议要求，全市各级党组织和广大党员干部要坚持以习近平新时代中国特色社会主义思想为指引，围绕一切立足于当前，一切立足于主动，深入推动党建引领提标扩面、提质增效、扬优成势、做强品牌，以党建提升突破推动发展提速奋进，为现代化新扬中建设注入更强动力。 （何绪伟）

【全市项目招引建设观摩推进会】 2022年5月13日，扬中召开全市项目招引建设观摩推进会。会议强调，各板块各部门要坚定信心、振奋精神，保持谋发展的战略定力；要咬定目标、求真务实，提升抓项目的成效质效；要担责尽责、真抓实干，营造激情跑的浓厚氛围。会议要求，全市上下坚定不移深入实施产业强市战略，进一步凝聚抓项目的思想共识，浓厚抓项目的工作氛围，稳字当头、稳中求进，知重负重、苦干实干，奋力夺取疫情防控和完成年度经济社会发展目标任务的双胜利。 （何绪伟）

【“对党绝对忠诚”系列活动启动仪式暨忠诚教育大讲堂】 2022年5月19日，扬中举办“对党绝对忠诚”系列活动启动仪式暨忠诚教育大讲堂。会议指出，对党绝对忠诚，是中国共产党人的首要政治品质和政治生命线，是我们党始终保持先进纯洁、不断夺取新胜利的红色密码。会议强调，忠诚是有标准的，只有忠诚如一，才能做到初心如磐、使命如山；忠诚是有纯度的，忠诚不绝对，就是绝对不忠诚；忠诚是有力量的，一勤天下无难事，要以实干担当彰显绝对忠诚；忠诚是可以传递的，每一个扬中干部都要争当对党忠诚、不负人民的先锋闯将。 （何绪伟）

【市委人才工作会议】 2022年5月20日，扬中召开市委人才工作会议。会议指出，要提高政治站位，牢牢把握人才工作的鲜明导向；要强化综合施策，全面提升人才工作的实际成效；要优化体制机制，持续营造人才工作的浓厚氛围。会议要求，全市上下要以更高的政治站位、更远的战略眼光、更宽的格局胸襟、更实的工作作风，推进人才工作提质增效，奋力打造产才融合发展先行区，为谱写“强富美高”新扬中现代化建设新篇章，提供坚强有力的人才支撑。 （何绪伟）

【市委农村工作会议暨乡村振兴现场观摩推进会】 2022年5月30日，扬中召开市委农村工作会议暨乡村振兴现场观摩推进会。会议强调，要着力增强政治意识、发展意识、群众意识三个意识，担起乡村振兴的历史重任。全力聚焦乡村产业、乡村旅游、党建引领三个重点，交出乡村振兴的高分答卷。坚持强化组织保障、政策保障、作风保障三大保障，凝聚乡村振兴的最强合力，高质量完成年度“三农”目标任务，奋力开创乡村振兴新局面，以实际行动迎接中共二十大胜利召开。 （何绪伟）

【全市党建引领乡村治理国家级试点工作暨“先锋”领航工程部署会】 2022年6月30日，扬中召开全市党建引领乡村治理国家级试点工作暨“先锋”领航工程部署会。会议指出，要将忠诚时刻装在心中、把责任坚定扛在肩上，在党建引领的旗帜下，坚定不移办好扬中自己的事。会议强调，唯有拿出一股踔厉奋发的攻坚斗志，保持一股勇往直前、坚毅前行的奋斗姿态，才能从危机中抢先机、从逆境中开新局，这样的作风状态才能配得上“对党绝对忠诚”这六个字，这样的干部队伍才能堪当党建引领、克难奋进的“中流砥柱”。 （何绪伟）

【中共扬中市委工作会议】 2022年8月11日，中共扬中市委工作会议召开。会议指出，上半年面对严峻复杂的宏观环境、接踵而至的风险挑战和艰巨繁重的发展任务，全市上下坚决落实中央“疫情要防住、经济要稳住、发展要安全”的重大要求，于危机中抢先机、在变局中开新局，交出了一份稳中奋进、难能可贵的成绩单。会议强调，在抓好中共二十大精神学习、宣传、贯彻的基础上，要重点抓好持续做大经济总量、狠抓项目招引建设、加快积蓄发展动能、稳步增进民生福祉、强化债务及平台管控、防范化解重大风险6个方面的工作。会议要求，要坚定必胜信念，用新思想凝心铸魂；要肩负发展使命，用新理念蓄能成势；要扛起责任担当，用新作为淬炼真金。 （何绪伟）

【中共扬中市第十三届委员会第四次全体会议】 2022年12月27日，中共扬中市第十三届委员会第四次全体会议召开。全会总结2022年扬中市经济社会发展情况，提出建设现代化新扬中的六大图景。全会要求，2023年重点围绕“五个聚力”，在现代化新征程上加速突破。聚力产业强市，筑牢现代化建设根基；聚力转型突破，汇聚现代化建设动能；聚力城乡融合，做强现代化建设支撑；聚力民生改善，共享现代化建设成果；聚力风险防控，夯实现代化建设保障。 （何绪伟）

组织工作

【概况】 2022 年，扬中市委组织部以学习宣传贯彻中共二十大精神为主线，紧扣“产业强市”一号战略，围绕“党旗‘镇’红 一线建功”工程，有力有序有效推动各项工作。在筑牢政治忠诚上彰显新高度，全面推进“对党绝对忠诚”系列活动，创排大型锡剧《郭克生》，开展“忠诚标准大讨论”，引导全市党员、干部、人才筑牢思想根基。在服务中心大局上展现新担当，深入实施“先锋”领航工程，开展“链上先锋”行动，深化“向阳花开”两新党建工作品牌，为推进中国式现代化扬中新实践提供坚强组织保证。在产才融合发展上蹚出新路径，探索建设卓越工程师发展中心，依托扬中(杨浦)飞地孵化中心等高质量人才载体，推进建强人才服务高地。在强化自身建设上树立新形象，制定《突出“五严五争”打造“忠诚纯粹”组工干部队伍若干举措》，开展“忠诚纯粹”淬炼行动，落实“三承三示”工作法(承接上级组工项目、承办上级组织部门会议、承接上级领导调研，实绩公示、述职展示、获奖批示)，持续锻造“忠诚可靠、清澈纯粹”的新时代扬中组工铁军。

(王磊)

2022 年扬中市中共党员基本情况一览表

表 1

项目		党员数 总数(人)	党员数 在岗职工(人)
总计		24270	13808
预备党员		282	249
女性		6308	4571
少数民族		24	20
年龄	35 岁及以下	4755	4171
	36~45 岁	4794	4126
	46~55 岁	5359	4048
	56~60 岁	2607	1463
	60 岁以上	6755	0
入党时间	1937 年 7 月 7 日至 1945 年 9 月 2 日	0	0
	1945 年 9 月 3 日至 1949 年 9 月	7	0
	1949 年 10 月至 1966 年 4 月	1026	0
	1966 年 5 月至 1976 年 10 月	1829	0
	1976 年 11 月至 2002 年 10 月	9922	4770
	2002 年 11 月及以后	11486	9038
学历	研究生	486	470
	大学本科	7215	6497
	大学专科	4735	3483
	中专	2137	999
	高中、中技	4096	1532
	初中及以下	5601	827

(耿婷)

【"做绝对忠诚的好干部"主题活动】 2022年,扬中市委组织部在全市党员干部中开展"对党忠诚"标准大讨论,通过广泛征求意见,召开专题座谈,提炼共性标准,制定忠诚表现正反向清单;在科级干部中全面开展"亮个性标准,作公开承诺"活动,积极搭建青年大讲堂、扬帆论坛、周末讲坛等平台,激发自主思考,碰撞思维火花,鼓励干部答好"忠诚之问"。研究制定《考准考实年轻干部政治素质实施方案(试行)》,根据年轻干部成长发展实际,细化政治素质考察指标,创新提出"四听四考、四看四问、四测四评"考察方法,扣好年轻干部对党忠诚的"第一粒扣子"。 (刘良忠)

【干部选拔任用工作】 2022年,扬中市委组织部全力配合做好省委巡视和选人用人专项巡视工作,把巡视整改作为全年工作的主线,强化整改落实,规范选任程序。坚持"精准识人、精准画像",构建干部考察研判信息链条,组建考察员人才库,创新实施分片联系制度,完善多部门日常沟通机制,落实干部实绩公示制度。开展综合研判,强化结果运用,持续调优配强领导班子。深化落实《关于激励干部在"产业强市、实干兴市"中担当作为的九项举措》,评选"实干担当先锋"18人,发现储备一批优秀年轻干部,对不适宜担任现职的干部坚决地"下",进一步树立鼓励担当、崇尚实干的良好导向。 (刘良忠)

【干部监督管理】 2022年,扬中市委组织部始终坚持严管厚爱的主基调,紧盯关键环节和关键少数,从严抓牢日常监督关爱。积极配合省委巡视巡察,开展全市科级领导干部社团(企业)兼职排查等工作。组织新提拔干部到社区报到,接受社会监督,开展领导干部家访监督试点。盯紧"重要领域",加强"一把手监督",对10家单位主要负责人开展经济责任审计和自然资源资产任中审计,结合市委巡察,对20家单位开展选人用人工作专项检查。用好提醒函询诫勉等措施,经常性"咬耳朵""扯袖子",全年与科级领导干部谈心谈话436人次,专题谈心谈话5名"下"的干部。全面实施"暖心容错"工程,注重及时发现和通报容错纠错典型案例。 (孟海潮)

【学习贯彻中共二十大精神】 2022年,扬中市委组织部聚焦政治引领,向全市各级党组织、广大党员发出先锋动员令,发放中共二十大报告、《中国共产党章程》等学习资料7万余册,发动各级党组织依托党小组阵地、"三长"工作室、党群议事亭、党员中心户等微阵地开展宣讲,通过中心组"示范学"、班子成员"带头学"、主题党日"集中学"等形式推动中共二十大精神入脑入心。 (陶菲)

【党建引领乡村振兴】 2022年,扬中市委组织部认真开展党建引领乡村治理试点工作,探索"五化融合村村善治"党建引领乡村治理模式,制度化开展相关工作;编印《党建引领乡村治理工作集锦》,在全市选取10个乡村治理示范村,全面提升党建工作成效和影响力。 (陶菲)

【"先锋"领航工程】 2022年,扬中市委组织部实施"先锋"领航工程,定期发布党小组重点任务清单;制定《基层党建重点项目管理办法》,开展"双十佳"党建项目评选,推动各党组织党建项目提优升级;在全市范围选树"三个一线"(一线优秀党员先锋、一线优秀基层干部、一线先进战斗堡垒),加大典型培育力度。相关工作做法先后被省委《信息专报》、《快报》、《组织人事报》、"学习强国"学习平台等刊登。 (陶菲)

【基层党建"强根本 焕活力"】 2022年,扬中市委组织部有序推进城乡基层党组织专项整顿,全面落实上级有关工作要求,扎实开展"村村到、户户进、人人访"集中走访。严格对照换届资格审查要求,高效完成全市85个村(社区)653名"两委"人员的联审联查工作,筑牢基层党建根基。从市级机关、市属企业选派8名干部到村任"第一书记",配强村级"头雁"。开展村书记专业化定级,覆盖全市71个村(涉农社区),依据定级后标准落实工资待遇。开展优秀村书记遴选相关工作,举办全市村(社区)党组织书记培训班,有效提升干部队伍综合能力,激发干事创业热情。 (陶菲)

【党员教育管理】 2022年,扬中市委组织部将忠诚可靠作为入党考察首要标准,探索"四早"模式(早发现、早选苗、早教育、早培养),精准划分指标、规范发展程序,精心组织开展教育培训和集中宣誓活动,全年发展党员282名。组织推进"对党忠诚、一线建功"主题党日活动,集成推出"我送亲人过大江""培根示范"等红色旅学线路12条,有效增强党员教育针对性和实效性。 (耿靖)

【"链上先锋"行动】 2022年,扬中市委组织部制定下发"链上先锋"工程实施意见,助力各镇(街道、经开区)

按照“1+1+N”党建联盟组织架构建成15条产业链，涵盖166家企业，初步实现将党组织建在链上、先锋力量聚在链上、服务保障抓在链上的建设目标。深化“两新”党务工作者专业化建设，全年评估认定初、中级党务工作者80人，另有10人被认定为高级党务工作者。制定《暖“链”惠企8项举措》，全力擦亮“中意百分百”营商环境服务品牌，相关经验做法被《新华日报》头版、《组织人事报》等媒体予以推介。 (耿靖)

【“向阳花开”党建品牌】 2022年，扬中市委组织部开展“百人万里行”沉浸式调研，做好新业态新就业群体信息收集和摸排梳理，在快递外卖、货运物流等领域成立行业党委2个、功能型党支部3个，设置“司机之家”“小哥驿站” 等服务阵地8个、“城市暖心角”12个、中共二十大精神“学习角”20个，全面提升新就业群体服务质效。精准制定出台《暖“新”关爱十条举措》，累计提供生活补给、学习教育等暖心服务970余人次，引导80余名快递员、外卖骑手组建6支“小哥先锋服务队”参与基层治理，共同推动城市向“新”而生、向阳花开。

(耿靖)

【高水平人才队伍建设】 2022年，扬中市委组织部组织召开市委人才工作会议，集中发布万人招引行动、江洲英才护航计划、电气工程师协同创新中心建设计划三大行动，高位推进人才发展战略布局。组织赴西南交通大学、武汉理工大学等高校，开展“线上+线下”人才对接交流活动30余场，启动第三批优秀青年人才选调招聘工作，牵头举办2022年扬中市高层次人才创新创业大赛4场，落地项目注册总资本超6000万元，获江苏省双创大赛三等奖、镇江市双创大赛二等奖等佳绩。全年入选国家重大人才工程4人，其中1人为扬中首位入选国家级创业领军人才；15人及1个团队入选镇江市“金山英才”计划。全年累计新引进培育高层次人才(团队)超70个，引进大专及以上学历人才5100余人，以高素质人才队伍赋能高质量发展。 (蔡亦男)

【高能级人才载体建设】 2022年，扬中市委组织部启动并有序推进卓越工程师发展中心建设，着力实现扬中(杨浦)飞地孵化中心等现有载体高质量运作，依托飞地产教融合联盟，解决企业关键技术难题100余项，获2022年度上海市高等教育优秀教学成果特等奖。激发企业创新主体作用，大全集团获镇江市首批关键核心技术人才攻关联合体认定，为实现高水平科技自立自强储备战略科技力量发展高地。持续建强优质人才服务阵地，多点布局设立人才公寓、青年人才驿站，智能化打造“江洲英才e卡通”线上服务平台，凝心聚力助人才圆梦江洲。 (蔡亦男)

【综合考核工作】 2022年，扬中市委组织部持续深化综合考核体制机制，制定《2022年度扬中市综合考核实施办法》《2022年度扬中市高质量发展绩效评价指标体系》等文件，采用“乘数计分法”，进一步放大高质量发展与党的建设同频共振的叠加效应。持续优化考核内容，设置“服务基层情况”考核，创新“质效评分”指标评价机制，持续深化综合考核“品牌培优”工程，考核指标任务的完成情况，鼓励各单位在工作中争先创优、打造精品。持续建强考核工作队伍，全覆盖、分批次开展全市考核工作培训，全年开展考核工作能力提升专题讲座12期，培训500余人次。 (刘良忠)

【“红色领航”党建联盟成立】 2022年4月29日，“红色领航”党建联盟成立，举办组织工作创新项目发布仪式。联盟由市委组织部机关党支部、大全集团党委、青商会党小组共同组建，坚持党建引领、实现部企联动、协同共建。发布考准考实年轻干部政治素质、实施“先锋”领航工程、探索建设电气工程师协同创新中心等组织工作创新项目14个以及打造干部教育实境课堂、升级打造党建工作综合体等“红色领航 惠企兴商”举措6条。旨在用项目的形式着力破解问题，创新党建惠企服务模式，优化政企沟通渠道，推动惠企政策落实，营造良好营商环境。 (融媒体中心)

4月29日，“红色领航”党建联盟成立 (组织部供图)

宣传工作

【概况】 2022年，扬中市委宣传部将迎接宣传贯彻中共二十大作为工作主线贯穿全年始终，以实绩实效开创宣传工作新局面。聚焦理论武装提升，坚持不懈用新思想武装头脑，逐级举办“新思飞扬”理论宣讲大赛，多形式开展读书研讨、分众宣讲，学习贯彻中共二十大精神。聚焦盛会氛围营造，开展“奋进新征程、建功新时代”“喜迎二十大 托举新荣光”主题采访，运用各类平台资源，推出融媒报道1200余篇。开展“强国复兴有我”群众性主题宣传教育活动，广泛开展“童心向党”万名少儿才艺展、“幸福舞起来”万人健身广场舞展、“奋进的扬中”万人手机摄影展、“永远跟党走”万名劳动者话奋斗“四个一万”群众性文化活动，持续激发家国情怀。 （马键俊）

【党委(党组)理论学习中心组学习】 2022年，扬中市委宣传部制发《2022年全市党委(党组)理论学习中心组学习计划》，市委理论学习中心组率先垂范，开展学习研究12次，深入基层对各地各重点部门开展理论学习中心组巡学旁听，推进全市各级党委(党组)理论学习中心组学习的制度化规范化，提高学习质量、提升学习效果。 （马键俊）

【党史学习教育】 2022年，扬中市委宣传部制发《关于推动党史学习教育常态化长效化的实施方案》，坚持理论武装同常态化长效化开展党史学习教育相结合，紧扣“六个坚持不懈”，引导党员、干部不断学史明理、学史增信、学史崇德、学史力行，传承红色基因，赓续红色血脉。 （马键俊）

【基层党员冬训】 2021—2022年度基层党员冬训期间，扬中市锚定全市“四件大事”“三大定位”，创新基层党员冬训“六联共建”新模式，在冬训资源上联享，在培训形式上联学，在学习过程中联动，在谋划发展上联谋，在示范镇(街道、经开区)、创新项目、优秀主讲人等评选上联建，在“我为群众办实事”上联办，推动党员冬训全覆盖、见实效。扬中市获评2021年度全省基层党员冬训工作示范县(市、区)；油坊镇获评2021年度全省基层党员冬训工作示范乡(镇、街道)。 （马键俊）

【理论宣讲】 2022年，扬中市委宣传部制发《关于开展“礼赞新时代，追梦复兴路”主题学习实践活动的通知》，举办“新思飞扬”扬中市第四届理论宣讲大赛、“喜迎二十大 强国复兴有我”——“学习强国”主题知识竞赛等活动，组织“理响江洲”优秀宣讲作品展播，通过线上、线下宣讲，让党的创新理论传播到千家万户。扬中市获评2022年镇江市“礼赞新时代追梦复兴路”主题宣讲竞赛优秀组织单位。 （马键俊）

【中共二十大精神宣讲】 2022年，扬中市开展中共二十大精神宣讲。制发《中共扬中市委办公室关于做好学习贯彻中共二十大精神宣讲工作的通知》，成立市委宣讲团，赴各镇(街道、经开区)、有关市直系统、金山学院和部分市属企业开展集中宣讲39场次。依托“新思飞扬”理论宣讲普及联盟，面向基层广泛开展对象化、分众化、互动化宣讲，切实推动中共二十大精神进机关、进企事业单位、进城乡社区、进农村、进校园、进各类新经济组织和新社会组织、进网站。 （马键俊）

【主题宣传】 2022年，扬中市以迎接中共二十大以及学习、宣传、贯彻党的二十大精神为主线，围绕学习贯彻习近平新时代中国特色社会主义思想、党的建设、产业强市、创建全国文明城市、乡村振兴、疫情防控等重大主题，组织市各媒体，开展“奋进新征程、建功新时代”“喜迎二十大 托举新荣光”主题采访报道。开设“在习近平新时代中国特色社会主义思想指引下——新时代 新作为 新篇章”“奋进新征程 建功新时代”“喜迎二十大”“强国复兴有我”“党代表话十年”“万名劳动者话奋斗”等专栏专题，统筹运用各类平台资源，推出融媒报道1200余篇。开展“强国复兴有我”群众性主题宣传教育活动，坚持线上、线下相结合，组织开展知识竞赛、文艺展演、快闪活动、百姓故事汇、网上展示等群众性宣传教育活动700余场次，吸引全市30余万名干群参加。 （罗欲凯）

【城市外宣】 2022年，扬中市委宣传部聚焦疫情防控、产业强市、创建全国文明城市、乡村振兴、双招双引等各项工作的新成就和新举措，加强与中央、省级主流媒体联系，推出一批对外宣传的精品力作。《扬中争分夺秒建设“智慧制造城”》《党建金钥匙开启城市文明门》等30余篇重磅稿件在《人民日报》、新华社、央视、《新华日报》头版、江苏新时空刊播，全年省级以上主流媒体用稿超 300 篇，新华社报道《江苏扬中：开门接桩化解老旧小区充电难题》单篇稿件浏览量达 123 万次，《江苏扬中："大众评审"进小区，走出文明共筹"新路子"》浏览量达 112 万次。（罗欲凯）

【新闻管理】 2022 年，扬中市委宣传部坚持移动优先，做优做强移动传播矩阵，"微扬中"微信公众号注册用户数超过 10 万户，全年推送微信 600 条，单条最高阅读量超 12 万次；"扬中发布"微信公众号全年推送微信 650 篇，单条最高阅读量超过 82 万次；"掌上扬中"客户端注册用户 7.9 万人，稿件上载总数 18000 多条，单日上载数平均 60 条左右。（罗欲凯）

【网络宣传】 2022 年，扬中市委网信办打造"1+N+2"理论宣讲新模式。推出"E 起学理"线上宣讲品牌，整合全市宣讲资源，建立理论宣讲矩阵，线下举办"学习强国"主题知识竞赛、青年新媒体从业者学习会等活动，线上推出"精品道德讲堂"视频展播等活动。突出迎接宣传贯彻中共二十大主线，围绕党建引领、产业强市、乡村振兴、全国文明城市创建等中心工作开展重大主题宣传，连续四年承办"网眼看镇江"走进辖市区采风活动，"学习强国"全国、省、市三级平台累计用稿 670 篇，用稿量位列镇江各辖市区第一。（艾愉翔）

【网络安全】 2022 年，扬中市开展网络安全宣传周活动，组织开展主题日、基层"六进"等活动，定期开展"两用一心"网络安全志愿服务活动，开展"清朗""净网"专项行动。全年约谈网站、自媒体负责人 3 次，发放整改通知 8 份，关停非法网站8 家，纠正不规范新闻表述 142 处。全面推进"网安 2022 扬中行动"和网络安全"飞行检查"，全面体检全市 41 家重点单位的信息系统，检测 IP 地址及域名 251 个，发现整改安全风险 43 个。推进网络安全特色示范社区建设，广宁社区怡景苑成功入选镇江网络安全特色示范社区。印发《扬中市做好党的二十大网络安全保障工作实施方案》等文件，举办全市网络安全培训会议，开展网络安全应急演练，推进全市电子显示屏安全隐患排查、弱口令整改等专项行动，完成中共二十大期间网络安全保障工作。（艾愉翔）

新时代文明实践工作

【概况】 2022 年，扬中市不断推动新时代文明实践工作向纵深推进。坚持高位推动，市委常委会专题研究布置相关工作 2 次，市委主要领导定期听取汇报、带头参与活动，以上率下纵深推进新时代文明实践工作。巩固实践阵地，对新时代文明实践中心、2 个实践所、12 个实践站进行提升改造，新建"郭克生事迹陈列馆"等文明实践基地 32 个。扩大志愿队伍，市志愿服务总队按照"8+N"模式，组建各类志愿服务队伍 782 支，累计开展各类新时代文明实践活动 8700 余场次。打造特色品牌，成立"乡贤说和团""两长工作室"，培育"红色物业"，形成"便民星期三""家门口的服务"等"党建+实践"红色品牌；策划举办"'三下乡'集中惠民服务""520 微心愿""一双球鞋的暴走"等文明实践活动，打造"麦苗儿童服务站""梦想小屋" 等一批新时代文明实践创新品牌。（周颖）

【新时代文明实践"三下乡"活动】 2022 年 1 月 26 日，扬中市文联、卫健委、文体广电和旅游局、农业农村局等 18 家单位联合开展新时代文明实践"三下乡"集中惠民服务活动。活动中，各单位"摆摊设点"，开展政策咨询、科普宣传、免费义诊等 50 余项集中服务，现场发放普法知识、农业技术、垃圾分类等宣传手册 2000 余份。春节期间，新时代文明实践"8+N"常备志愿服务队、新时代文明实践所(站)、"七彩"服务平台陆续开展 223 场新时代文明实践活动，增强群众获得感、幸福感。（周颖）

【镇江市道德讲堂总堂活动暨扬中市道德讲堂示范观摩活动】 2022 年 6 月 24 日，"礼赞新时代 追梦复兴路"镇江市道德讲堂总堂活动暨"对话耿月新 匠心向未来" 扬中市道德讲堂示范观摩活动在油坊镇新时代文明实践所举办。活动邀请省工艺美术大师、中国十大民间艺术家、竹编非遗传承人耿月新授课，通过视频画面、语言讲述以及与耿月新对话等方式，介绍、描绘耿月新老师的"竹"梦之旅。活动通过唱歌曲、学模范、诵经典、发善心、送吉祥五个环节，通过精美的文艺作品，展现匠心的力量，汇聚崇德向善的社会正能量。（周颖）

【移风易俗工作】 2022 年 8 月 31 日，扬中市召开移风易俗工作推进会，以"移风易俗主题宣传月"为契机，组织各地各部门积极开展移风易俗系列专题活动。指导各镇(街道、经开区)充分利用道德讲堂、宣传栏、乡村大喇叭、文化墙等公共服务阵地，开展直接面向群众的宣传，形成润物无声的育民氛围。民政局在婚姻登记场所进行固化宣传，面向登记的新人开展定向宣传，让"治理高额彩礼、抵制大操大办"的理念植入新人心。妇联依托“扬中女性”微信公众号，开设“移风易俗”宣传月专栏，倡导市民树立勤俭节约、文明健康的生活方式。通过持续开展移风易俗进农村、进社区、进学校、进企业、进机关、进家庭宣传教育活动，让移风易俗的一系列制度规范入脑入心。 （周 颖）

【江苏省暨镇江市“四仪”教育示范观摩活动】 2022年9月16日，江苏省暨镇江市“四仪”教育示范观摩活动扬中市外国语小学教育集团一年级新生入学仪式举行，镇江、扬中团市委和各市（区）文明办、教育系统的相关领导参加活动。活动以“萌芽·一起向未来”为主题，由“崭新起点、赋新希望”“幸福萌芽、最美绽放”“筑梦未来、放飞理想”3个篇章组成，师生通过节目，叙述文明礼仪基本规范，展现出一年级新生，从小学礼仪、知礼仪、行礼仪，争做新时代好少年的良好精神风貌。 （周 颖）

【“道德之光耀江洲”道德模范和身边好人先进事迹展】 2022年9月20日，扬中市新时代文明实践中心、市委宣传部、市文明办联合举办“道德之光耀江洲”道德模范和身边好人先进事迹展。近年来，扬中市大力培育和践行社会主义核心价值观，深化拓展新时代文明实践中心建设，持续放大“德润江洲”道德品牌，广泛开展道德模范和身边好人典型选树，先后有1人获“全国道德模范”提名奖，4人获评“中国好人”，1500余人（团队）获评各级道德模范、身边好人，奏响“小城大爱，德耀江洲”的文明强音。 （周 颖）

【“烟头不落地 扬中更美丽”活动】 2022年5月31日是第35个“世界无烟日”，扬中开展第三届“烟头不落地 扬中更美丽”主题活动。卫健系统开展“医站到底”控烟专题宣传及义诊活动，市人民医院、市中医院、市妇幼保健院、市疾控中心、市卫监所设置4个义诊台，通过摆放健康知识宣传展板、向社区群众和过往市民发放“禁烟知识”宣传单、医务人员提供免费咨询服务等方式向公众普及“世界无烟日”的知识。11月2日，扬中市召开新时代文明实践联席会暨“烟头不落地 扬中更美丽”志愿服务月推进会，启动“烟头不落地 扬中更美丽”志愿服务月活动。新时代文明实践志愿服务总队、市各有关部门、各镇（街道、经开区）迅速响应，推进各类“烟头不落地”志愿服务活动，累计发放宣传册2万余张，开展集中活动1260场，捡拾烟头520万个，让“烟头”不落地成为常态。 （周 颖）

【新时代好少年评选】 2022年，扬中市开展“新时代好少年”评选活动。经各镇（街道、经开区）、各有关部门、各中小学校推荐和组委会评选、审核公示、综合评定，分别于7月、12月推选出葛笑彤等32名先进典型。其中，王曦悦等12人获镇江市“新时代好少年”称号。通过评选活动的开展和各地、各学校学习宣传活动的深入，发挥新时代好少年示范引领效应，展示新时代好少年积极向上、文明进取的精神风貌。 （周 颖）

统战工作

【概况】 2022年，扬中统一战线认真贯彻落实习近平总书记关于做好新时代党的统一战线工作的重要思想，坚持稳中求进、守正创新总基调，围绕“大团结、大联合”工作主旋律，在打基础、抓提升上下功夫，在谋创新、创特色上求突破，提升统战工作全局贡献度。在全市统战成员中开展“统战‘我主播’喜迎二十大”主题系列活动，举办“江洲大家讲堂”活动，营造宣传贯彻中共二十大精神浓厚氛围。举办“同心同向一百年 携手奋进谱新篇”庆祝“党的统一战线政策提出100周年”主题展，共同回望统战百年征程，汲取统战百年经验，传承统战百年荣光。打造“1+7+N”统战工作新矩阵，开展“加好友·同心走”行动，拓宽统战“朋友圈”，实现资源的向内融合、向外联合。打造扬中民营经济统战工作“四季暖扬”助企惠企行动品牌，召开“议企想办法”座谈会，确保服务企业无“淡季”。制定下发《关于党外的干部队伍建设“蓄水·引渠”五年计划（2022—2026）的实施意见》，着力打造出一支政治坚定、素质优良、作用突出的党外后备干部队伍。高质量完成党外知识分子联谊会换届工作，在金山学院成立党外知识分子联谊会，高校党外知识分子统战工作实现“零”的突破。支持香港扬中同乡会换届，进一步凝聚爱国统一力量。实施侨界资源扩增计划，努力做到“侨在哪里，侨务工作就做到哪里”。深化民族团结进步宣传教育，推进红石榴就业行动。毫不动摇坚持宗教中国化方向，开展涉宗教领域风险隐患大起底、大排查、大整治行动。 （倪旭杰）

【双碳主题“地球一小时”骑行活动】 2022年3月26日，扬中市新的社会阶层人士联谊会举办双碳主题“地球一小时”骑行活动。活动秉持疫情防控不扎堆、不聚集的原则，一改往年“大众骑行”模式，组织50人的新联会骑行队,从华联广场出发,骑行至吾悦广场。开展线上捐步活动,鼓励市民在大街小巷漫步,领略风景时,享受“赠人玫瑰,手留余香”快乐,共同建设美丽扬中。

(倪旭杰)

3月26日,扬中市新的社会阶层人士联谊会举办“地球一小时”活动 (融媒体中心供图)

【“1+7+N”统战工作新矩阵】 2022年8月19日,扬中市委统战部牵头召开“1+7+N”统战工作新矩阵推进会。会议全方位解读“1+7+N”统战工作新矩阵:“1”即抓牢思想政治引领这一条主线,以迎接中共二十大、宣传贯彻中共二十大精神为主线,开展常态化浸润式教育,讲好统战故事,彰显统战作为,引导广大统战成员旗帜鲜明讲政治。“7”即发挥七类党派、团体联系广泛优势,支持和加强民主党派、知联会、新联会、欧美同学会、港澳台侨社团、民族宗教团体、工商联及商会组织七类党派、团体建设,打造工作品牌,延长统战工作手臂,形成统战标志性活动品牌,发挥党派、团体在凝聚人心、汇聚力量方面的重要作用。“N”即推动资源整合形成N个叠加效应,围绕中心大局发布主题项目,支持现有党派、团体合作,新成立功能组,鼓励成员跨党派、团体合作,聚智发力、合力攻坚、提升能效,让多重工作成果实现叠加延伸。民盟扬中总支与科技功能组合作,促成盟员企业与江苏大学开展校地合作,有效推动“重金属深度破除及能源化回收利用”项目;文体旅游功能组联合九三学社成员及无党派人士开展乡村旅游调研,形成《深化乡村休闲旅游 答好乡村振兴答卷》调研报告,实现统战资源的向内融合、向外联合。

(倪旭杰)

【“议企想办法”专题座谈会】 2022年9月1日,扬中市召开市民营经济统战工作协调机制“议企想办法”专题座谈会,搭建政府、企业会商沟通平台,切实为民营企业纾困解难,推动“四季暖扬”助企惠企行动产生更多实质性成果。市长贾晟,市委常委、统战部部长孙健,副市长林成春参加会议。座谈会上,5位企业家代表围绕推进产业强市、优化营商环境等议题,结合工作实际和平时的思考研究,提出建设性意见;经发局、科技局、人社局、市场监管局、地方金融监管局围绕助企惠企政策落实,强化对企业指导服务交流发言。会议强调广大民营企业家要聚焦主业不动摇,创新转型不停步,引育人才不懈怠,坚守底线不逾越。各地各部门要做到服务永无止境,用心用情、真心实意,让企业家切实感受到全社会的关心、关爱和尊重,营造支持创新、宽容失败、鼓励担当、服务企业的良好政治生态和社会环境。

(倪旭杰)

【庆祝“党的统一战线政策提出100周年”主题展】 2022年12月7日,扬中市委举办“同心同向一百年 携手奋进谱新篇”庆祝“党的统一战线政策提出100周年”主题展,贯彻落实习近平总书记关于做好新时代党的统一战线工作的重要思想,回望统战百年征程,讲好百年统战史,巩固和发展统一战线“团结、奋进、开拓、活跃”的良好局面,助力扬中高质量发展走在前列。市领导张德军、马家胜、于德祥、孙健、林成春、倪军参加活动。主题展以图文结合的方式全面介绍中国共产党领导的统一战线历史发展脉络,展示各个时期统一战线的工作重点、主要政策、重要论述等内容,全面回顾扬中统一战线开展的工作以及取得的成绩,全方位展现各领域统战成员的风采,并展出部分书画作品。主题展展期7天,展出书画作品近40幅,分为统一战线历史和理论政策、扬中统一战线工作成就、统战成员书画摄影作品展示3个板块,彰显统一战线大团结、大联合的鲜明主题,全方位展示广大统一战线成员始终与中国共产党同心、同向、同行的生动实践和光荣历程,是扬中统一战线学习贯彻中共二十大精神的具体行动。

12月7日,庆祝“党的统一战线政策提出100周年”主题展开幕 (统战部供图)

台湾事务

【概况】 2022年，扬中台湾工作办公室围绕主责主业，扎实推进各项工作。强化思想政治引领，坚持把学懂弄通做实习近平新时代中国特色社会主义思想作为首要政治任务，学习贯彻中共二十大精神。坚持以舆论宣传为先导的原则，利用一切宣传教育渠道，不断探索更加有效的宣传方法，在涉台宣传和教育上力求深入，推动祖国和平统一进程。依托扬中市统战系统干部锤炼计划，强化干部培训，提高对台工作整体水平。鼓励台属利用微信、书信等方式交流宣传，激发台胞回国回乡的桑梓情，强化"和平统一、一国两制"基本方针和有关政策的认同。 （印震震）

【服务台胞工作】 2022年，扬中台湾工作办公室夯实对台工作基础，加强组织领导，常态化开展服务工作。深入基层调研对台工作，走访调研在扬台资企业，积极主动靠前服务，送政策上门，多方位了解台资企业相关情况和存在的实际困难问题，并及时协调帮助解决问题。亚太金属有限公司原有两位台籍员工离开扬中，全程跟进公司台资转内资、变更法人手续。关注台商疫情防控常态化生产经营情况，同台胞亲切交流，倾听定居台胞建议和诉求，努力解决台胞台属最关心的问题，对在扬台商台胞通过电话、微信、上门走访的方式常联系、常沟通，了解其在工作和生活上的需求。发挥台商桥梁纽带作用，诚邀更多台湾新朋友交流、投资和创业。国庆期间，在扬台胞及香港同乡会会长参与"统战我主播""喜迎二十大——同心抒怀迎盛会"活动。持续做好台胞台属台商的调查统计工作，认真办实事、办好事。 （印震震）

机构编制工作

【概况】 2022年，扬中市委编办牢牢把握新时代机构编制工作的战略定位、目标任务、职责使命和实践要求，强化机构编制法治化建设，以法治思维和法治方式切实维护机构编制的权威性和严肃性。扎实抓好基层管理体制改革、综合行政执法体制改革、开发园区管理体制改革、公益类事业单位改革等工作，有效发挥机构编制基础性保障作用，积极规范编外用工管理，有序推进机关事业单位机构编制评估工作，做好机构编制统计工作、事业单位登记管理工作、市级机关服务高质量发展工作，进一步优化机构编制资源配置，加大统筹使用各类编制资源力度，持续强化体制机制保障。（范靖）

【深化基层"三整合"改革成效】 2022年，扬中市委编办科学规范"属地管理"，出台第四批属地管理事项主体责任和配合责任清单（涉及教育、经发、司法、文体广电和旅游4个部门和19项具体事项），明确市级部门与镇（街道、经开区）的权责边界，持续为基层"明责、减负、赋能"。截至2022年底，累计出台4批属地管理清单，涉及17个部门近160项具体事项。开展权力清单评估和动态调整工作，配合市司法部门全面分析评估已下放赋权事项（新坝镇245项，油坊镇、八桥镇、西来桥镇、三茅街道各102项）运行情况，形成专项评估报告，为动态调整提供有力依据。指导各镇（街道、经开区）对现有权力清单进行梳理更新，同步完善办事指南，并及时向社会公布，主动接受监督。扎实做好机构改革"回头看"工作，实地调研6个镇（街道、经开区），梳理汇总职能机构运行、人员力量配备、制度建设管理等4个方面、12条问题，在市委编委会议上进行专题汇报。根据会议精神指导督促各镇（街道、经开区）围绕加快落实局长（主任）负责制、提升职能机构履职成效等方面补短板、强弱项，扎实做好机构改革"后半篇文章"。 （范靖）

【综合行政执法体制改革】 2022年，扬中市委编办持续深化综合行政执法体制改革。积极贯彻落实中央、省、市相关要求，结合机构编制统计年报数据，全面梳理现有执法队伍情况，摸清执法机构数量及人员底数，进一步规范执法队伍编制管理。会同司法部门开展基层综合行政执法专项督查，全面检查5个镇（街道、经开区）综合行政执法局职能履行、人员力量配备、赋权事项承接、执法行为规范等方面，着力查短板、找差距、促整改，推动基层综合行政执法规范化建设提档升级。根据上级统一部署，加快推进应急管理综合行政执法改革，通过整合监管执法职责、完善监管执法体系、配齐配强执法力量、推进执法重心下沉、健全协调联动机制等举措，进一步提升应急管理综合能力水平。（范靖）

【市域社会治理现代化指挥中心建设】 2022年，扬中市委编办积极配合市委政法委、市政府办等部门，有序推进市域社会治理现代化指挥中心建设。推动机构职能整合到位、人员编制调整到位、隶属关系明确到位，加快构建职责清晰、分级负责、上下贯通、运行高效的市域社会治理现代化综合指挥体系。在前期综合行政执法改革暨指挥中心建设先行试点的基础上，整合社会综合治理、网格化服务管理、“12345”政府公共服务热线等机构和职责，组建市域社会治理现代化指挥中心，并对指挥中心平台软硬件提档升级，实现与镇(街道、经开区)指挥中心的上下贯通和相关部门业务平台的左右互联。归集涵盖人口、地理、党建、经济等领域的基础数据以及综合执法等专项数据，同步接入城市路面、交通要道、沿江等区域监控资源，在防台抗险、禁渔护鱼、秸秆禁烧、疫情防控、文明创建等工作中发挥重要作用。 (范靖)

【公益类事业单位改革】 2022年，扬中市委编办积极对接上级编办了解掌握最新政策口径，准确把握改革方向、改革重点和弹性空间，深入相关部门开展改革调研，听取意见建议，做好改革准备工作。详细摸排现有底数台账，全面掌握涉改事业单位机构、编制、经费渠道、人员、机构规格、分类结果等基础信息，“因地制宜”制定和完善改革方案。严格按照规范程序抓好落实，稳步推动水利局、行政审批局、机关事务管理中心等4个涉改部门、20个所属事业单位优化整合，全市减少事业单位13家，收回部分空余事业编制，实现机构总数的有序压减，编制资源的统筹调剂使用。 (范靖)

【机构编制保障】 2022年，扬中市委编办发挥机构编制基础性保障作用。按照“严控总量、动态平衡、保障重点、留有余地”的思路，统筹调配全市编制资源，树立向基层一线和项目招引、乡村振兴等关键领域倾斜的用人导向，以市级部门、镇(街道、经开区)急需专业岗位需求为主，统筹兼顾政策性安置用编，科学核定2023年行政(参公)用编计划；积极做好公益类事业单位用编保障，加强对公益性明显、用编需求较大的中小学校、乡镇卫生院、乡镇畜牧兽医站等事业单位的调研，在充分了解单位人员情况和用编需求的基础上，结合扬中市优秀青年人才选调培养计划、政策性用编安置、部门用编申请和全市事业编制总体空编情况，依照空编补录、职能匹配、总量控制和统筹兼顾等原则，下达2022年事业用编计划。为加强国防动员工作，在经济发展局新增挂牌；为强化国家安全、法治建设、法律服务、乡村振兴、安全生产等职能履行，分别调整市委办、政法委、司法局、农业农村局等6家部门以及6个镇(街道、经开区)的内设(职能)机构、编制、领导职数，统筹调剂1名行政编制用于保障市委办国家安全工作；为保障社会治理现代化、学前教育、水利工程等工作，新设(重新组建)市域社会治理现代化指挥中心、复旦上雅园幼儿园、水利工程管理与调度中心等事业单位6家；为加强职能履行，对人民法院司法综合服务中心、环境卫生管理服务中心、统战综合服务中心、财政投资和绩效评审中心、安全生产监察大队等18家事业单位开展机构编制事项调整；为加大对功能萎缩、分散重复设置、职能交叉重叠的“小散弱”事业单位的优化整合力度，撤销事业单位18家，撤销事业单位挂牌机构4个。 (范靖)

【编外用工管理】 2022年，扬中市委编办积极推进编外用工规范化管理。严格执行《扬中市机关事业单位编外用工管理办法》，认真规范编外用工使用程序，编外用工使用计划经市委编委会议审议后下达。会同人社局、财政局赴市级部门、镇(街道、经开区)对编外用工使用管理情况及超限额编外用工化解进展开展专项督查，针对农业农村局、文体广电和旅游局等编外用工化解任务较重单位开展调研，听取部门问题，化解难点，积极提出合理建议，加快完成超限额编外用工化解任务。督促各单位强化编外用工规范管理，加大日常考核力度，建立健全编外用工长效管理机制。 (范靖)

【机构编制评估】 2022年，扬中市委编办纵深推进机构编制评估工作。对人社局、交通运输局部分改革重点机关事业单位开展机构编制专项评估，将评估结果作为单位履职情况和机构编制调整依据。将评估范围延伸到平台公司，结合《扬中市国有企业公司制改革工作方案》，参照机关事业单位机构编制管理要求，分别对城投公司、绿洲新城2家市属国有平台公司开展评估，全面分析其履职、机构和人员情况，提出意见建议12条，为平台整合提供参考依据。全面做好被评估单位整改情况回头看工作，主动与2020年和2021年被评估机关事业单位沟通联系，开展被评估单位机构编制相关问题整改情况回头看，协助梳理问题整改的重点和难点，切实提升机构编制评估实效。 (范靖)

【机关赋码与事业单位登记管理】 2022年，扬中市委编办印发《关于做好2021年度事业单位年度报告报送和信用等级评价工作的通知》，全市237家事业单位按要求在网上提交年度报告，开展事业单位信用等级评价自评，年度报告提交率、审查通过率均达100%，并在江苏机关赋码和事业单位登记管理网对各事业单位2021年度报告予以公示。开展事业单位法人证书登记管理工作，对全市事业单位法人证书开展日常登记管理，全年事业单位设立登记5家、变更登记40家、注销登记14家。开展机关群团统一社会信用代码管理维护工作，统一社会信用代码证书信息变更11家。开展事业单位法人公示信息“双随机一公开”抽查工作，在全市事业单位中抽取7家事业单位，现场检查被抽取单位，抽查结果向社会公示，并根据核查记录要求单位开展问题整改。（范靖）

【市级机关服务高质量发展考核】 2022年，扬中市委编办根据市委考核办统一部署，全力做好市级机关服务高质量发展考核工作。印发《2022年度市级机关综合考核实施方案》，重点优化考核对象、考核形式、考核要求。依托《市级机关服务高质量发展考核任务分解表》，强化部门履职，全面分解细化常委会工作要点、十件实事百项重点工作和深改工作要点等市委、市政府重点工作，确保各项任务件件有落实。推进市级机关服务产业项目考核，以重大项目册和签约项目册为基础，推行项目建设清单化管理，以项目落地环节作为推进部门主动靠前服务的抓手，不断优化全市营商环境。（范靖）

7月21日，扬中市召开综合考核半年评估部署会（编办供图）

机关党建

【概况】 2022年，扬中市委市级机关工委在市委的坚强领导下，坚持以习近平新时代中国特色社会主义思想为指导，紧扣“围绕中心、建设队伍”工作主线，聚焦产业强市“一号战略”，落实“两在两同”建新功行动，争当三个表率、争创模范机关，机关党建和作风效能各项工作稳步推进有实效。扬中市委市级机关工委有基层党组织57个，其中机关党委2个、机关总支部10个、机关党支部45个；党员1956人，其中年内发展新党员46人，预备党员65人。（董军林）

80年党龄老党员交纳党费（融媒体中心供图）

【党员素质提升】 2022年，扬中市委市级机关工委健全完善巡学旁听机制，发挥领学促学作用，提高党组（党委）理论学习中心组学习质量。利用市级机关党员讲学平台、读书漂流分享会等宣传阵地，推动习近平新时代中国特色社会主义思想学习走深走实、入脑入心。加强对入党积极分子的教育和培养力度，严把发展党员入口关，提高党员发展质量，创新培训方式，首次采用1个主会场现场授课+2个分会场视频教学形式，举办市级机关入党积极分子培训班，400余名入党积极分子参加为期3天的集中封闭培训。5月，开展“旗帜引领加速跑、忠诚担当作表率”主题活动；6月，联合组织部举办全市公务员“立足岗位建新功”主题演讲比赛初赛和复赛，引领全体公务员以优良状态和业绩向中共二十大献礼。深化机关党员到居住地社区“双报到”制度，机关党员主动深入基层，参与文明交通执勤、路段长管理等志愿服务，争当志愿者。（董军林）

【支部建设】 2022年，扬中市委市级机关工委聚焦机关基层组织党建重点环节，着力解决党建领域存在的突出问题，继续深化小支部大联盟和片区联动互学互评制度两大党建抓手，扩大党建融合范畴，共享机关党建资源。深入推进党支部标准化规范化建设，强组织筑根基，进一步建强党组织战斗堡垒，实施“先锋领航”工程，放大“党小组+”功能，推动基层党建“书记项目”提优升级，开展基层党组织“固本强基”规范行动，深入开展“立足岗位建新功”行动、“平凡岗位、不平凡业绩”优秀公务员选树活动，窗口工作党员主动佩戴党徽，以党员先锋模范形象提升工作热情，全面推行窗口单位和一线党员岗位佩徽挂牌。注重选树典型，在机关各党组织中深化“服务高质量发展十佳品牌”等创建活动，集中表彰一批优秀党组织和优秀党员。开展市级机关“十佳”书记项目评比创建，着力增强政治功能和组织功能，打造一批有影响的党建工作品牌。（董军林）

【第六届“小支部大联盟”】 2023 年 11 月 27 日，扬中市举办“农商银行杯”市级机关第六届“小支部大联盟”暨片区党务干部趣味运动会。活动由市委组织部、市委市级机关工委主办，扬中农村商业银行冠名。运动会设置“鼓动人心”“手脚并用”“一心赶超”“趣味沙包投篮”等 6 个集体趣味项目，扬中市委直管的 5 个支部联盟、6 个片区以及人行和农商行联合代表队 12 支队伍参与比赛。（董军林）

11 月 27 日，扬中市举办市级机关第六届“小支部大联盟”趣味运动会（融媒体中心供图）

【效能提升】 2022 年，扬中市委市级机关工委强化机关党员政治意识和担当精神，发挥“红色效能”，提高履职能力，提升服务质效。围绕“市县联动聚合力，我为群众办实事”，7 月，开展“进乡村、送科技、助振兴”活动，现场为市民提供特色便民服务，通过面对面的交流宣讲，把政策法规送到群众身边，把便民服务送到群众身边。梳理 2021 年度社会评议问题线索和意见建议，原汁原味反馈给 16 家被评议单位，督促落实整改。依托“一员联一村（社区）”作风效能监督网格，着力解决一批群众身边的问题，根据“一员联一村（社区）”监督网格收集的问题线索和意见建议 42 条，对相关单位处理情况实地查看，跟踪督办。修订《市机关作风效能建设考核细则》，优化考核内容，科学设置分值权重。监督员分片联系镇（街道、经开区）和市级机关部门，开展常态明察暗访。全年效能办累计开展集中明察暗访 4 次，印发《督查通报》4 期，下发问题反馈函 42 个。（董军林）

老干部工作

【概况】 2022 年，扬中市老干部工作坚持以习近平新时代中国特色社会主义思想和习近平总书记关于老干部工作的重要指示为指导，围绕迎接中共二十大和学习贯彻中共二十大精神主线，聚力聚焦党建引领、作用发挥和服务管理。加强老干部政治教育，组织四套班子老领导参加市委会议和学习考察 9 次；举办政治培训 8 场，受众 800 余人次；为离休干部送学 30 余人次；印发学习资料 1000 余份。涵养老干部政治情怀，组织千名老党员走进渡江文化园等红色基地，开展“喜迎二十大 奋进新征程”等主题党日活动40 余场，评选“银发生辉志愿服务先进个人”10 人、“助力疫情防控先进个人”10 人；举办集中荣退仪式，为 30 余名退休干部颁发“光荣退休”纪念牌。传递组织关怀，春节走访慰问全市离休干部及副县处级以上退休干部 80 人，离休干部遗属 79 人，电话慰问居住在外地的离休干部 6 人。“三八节”慰问离休干部和四套班子退休女干部 6 名。高温期间，走访慰问全市离休干部和副县处级以上退休干部 76 人。重阳节前夕，慰问全市副县处级及以上老领导 40 人。组织全市 119 名老干部参加健康体检，为 15 名高龄多病、行动不便的离休干部提供上门健康检查。（韦庆燕）

【离退休干部党建质效提升】 2022 年初，扬中市委书记张德军对老干部工作作出批示，老干部局组织召开全市老干部工作会议，全面部署全年老干部工作，出台《关于开展“忠诚在线”银发先锋行动的通知》，扎实开展“忠诚在线”银发先锋行动。建立健全离退休干部党员“两在两同”建新功行动（同人民想在一起、干在一起，风雨同舟、同甘共苦，在现代化新征程上建新功）常态推进机制。开展“喜迎二十大”主题月活动，各支部以实际行动喜迎二十大。以集中组织和上门陪同等方式组织收看中共二十大，交流观看体会。用好“霞满江洲”离退休干部党建之家，基层支部开展主题党日等活动 60 余次。坚持线上、线下学习结合，开辟“冬训 e 学堂”，编印学习材料6期。巩固深化“五有一提升”(有领导班子、有组织活动、有作用发挥、有工作制度、有工作保障,提升组织力)工程创建成果,创建镇江市级“五有一提升”示范党支部31家。申报省级“六好”党支部1家。“涉老社团党建一体化项目”获评“赓续荣光·江苏老干部工作40年”宣传项目。 (韦庆燕)

【医疗待遇落实和困难帮扶工作】 2022年,扬中市老干部局以精准精细服务老干部为宗旨,着力提升离退休干部服务管理质量和水平。优化推进“三有一落实”工程(有就医绿色通道、有签约家庭医生、有医疗特困帮扶机制,落实好离休干部提高享受医疗待遇政策)。做好离休干部家庭医生签约服务。25名离休干部家庭医生服务签约,应签尽签率100%。与7名失能、半失能的离休干部和1名正处级退休干部签订家庭病床服务协议。家庭医生上门服务300余人次,转诊1次。畅通离休干部看病就医绿色通道,为行动不便的离休干部提供轮椅等服务。服务开放日接待老干部225人次,上门走访老干部300余人次,研究解决老干部诉求43起,探视生病住院老干部4次。对接民政局、财政局,启动离休干部家庭居家适老化改造工作。进一步提升离休干部居家生活便捷性、安全性,结合离休干部能力评估及家庭居住环境评估情况,“一户一册”分类实施适老化改造。完成离休干部家庭居家适老化改造6户。 (韦庆燕)

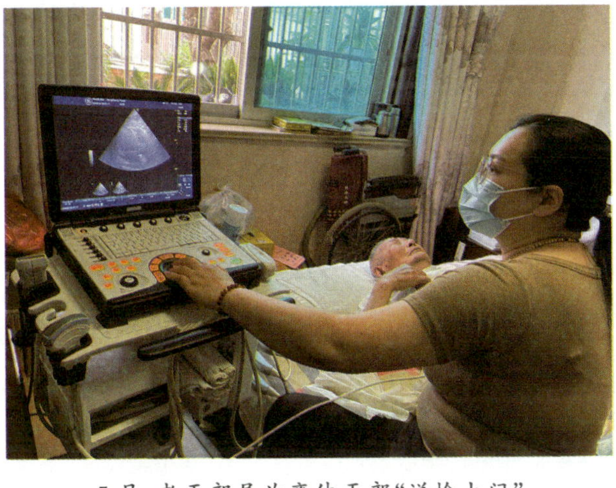

5月,老干部局为离休干部“送检上门”
(融媒体中心供图)

【银发志愿服务】 2022年,扬中市出台《扬中市离退休干部“银发生辉·霞满江洲”志愿服务活动实施办法(试行)》,引导老同志开展志愿服务活动。打造八桥镇“银耀八桥 五星增辉”特色志愿服务品牌,成立“五老”微治理“银辉”工作站11个。推广“暖心服务·你点我送”志愿服务模式,推送志愿服务“菜单”。擦亮老干部与共青团“牵手助跑”活动品牌,融入镇江“曦·夕”行动。镇江市“青年成长导师团”首批成员、原镇江市人大常委会副主任陆朝银与市城市管理综合执法大队青年干部结对,赴市场监督管理局传经送宝。防疫期间,全市200余名老干部参与疫情防控志愿服务。30位卫生系统退休老同志,主动请缨加入疫情防控队伍,为战“疫”前线充实力量。市法院退休干部“全国模范人民调解员”朱沪生,7次变身“大白”,树立老党员的光辉形象。油坊镇退休教师朱进龙创作快板作品《全民防疫保安康》,被“学习强国”学习平台报道。市老年书画协会老同志创作书画、剪纸等宣传抗疫作品100余件,组织网络书画展2期,喜迎中共二十大作品80余幅,大型书画展1次。 (韦庆燕)

【机关干部集中荣誉退休仪式】 2022年1月,扬中市举行机关干部集中荣誉退休仪式,为副科(局)级及以上离退休干部代表颁发“光荣退休”纪念牌。2021年6月,扬中市出台《扬中市规范干部荣誉退休制度实施方案》,切实增强广大退休干部的荣誉感、归属感和幸福感,引导离岗不离党、退休不褪色。 (韦庆燕)

党校工作

【概况】 2022年,扬中市委党校高举习近平新时代中国特色社会主义思想伟大旗帜,学习贯彻中共二十大精神,《中国共产党党校(行政学院)工作条例》和全国、全省及镇江市党校(行政学院)校(院)长会议精神,聚力政治巡察整改、全省党校系统办学质量评估、“五星”先进党支部创建,发挥县级党校干部培训、思想引领、理论建设、决策咨询等作用,较好地完成全年各项高质量发展目标任务。在全省党校系统办学质量评估中均位列“优秀”等次,校党支部获评镇江市五星党支部。 (蔡亚奇)

【培训工作】 2022年,扬中市委党校根据市委干部培训工作要求和全市干部培训计划,举办各类主体培训班6期,培训学员3000余人,学员满意率在98%以上。突出培训主题,坚持把习近平新时代中国特色社会主义思想作为干部培训的第一课、必修课,确保理论教育和党性教育不低于70%。深化教学改革,加大情景模拟、结构化研讨等互动式教学力度,主题班次运用互动式教学方法的课程比重突破 30%。打磨精品专题,强化落实集体备课、试讲、“教学大比武”等教研活动,“提升党员干部意识形态素养”课程入选省委党校系统专题库、“陈毅的统战艺术及其现实启示”课程被评为 2022 年度全省社会主义学院系统精品课程。拓宽办学渠道,探索开放式办学,全年累计承接 13 个班次外出教学和合作办班任务,其中主体班外出教学 4 期、到扬中考察班 6 期、外出异地教学培训班 1 期、到扬中培训班 2 期,累计培训学员近千人次。 (蔡亚奇)

【理论宣讲】 2022 年,扬中市委党校推出“微党课‘码’上学”系列,自主开发录制“喜迎二十大 强国复兴有我”党代会系列微视频 17 部、“盛会说 畅谈党的二十大精神”微党课 11 个,在“扬中党校”微信公众号和视频号同步推出。组织开展“‘行走党课’进基层”活动,社会宣讲 132 场次,受众万余人。“实现伟大梦想必须进行伟大斗争”微党课获“礼赞新时代 追梦复兴路”扬中市第四届理论宣讲大赛一等奖,党旗飘飘“365”志愿者服务队被评为 2022 年“新思飞扬”扬中市理论普及联盟优秀宣讲团队。“‘行走党课’进基层”活动被“学习强国”等媒体平台重点关注并宣传报道,获 2022 年度“扬中新闻奖”。 (蔡亚奇)

9 月 6 日,市委党校在同心社区开展“行走党课”进基层理论宣讲 (党校供图)

【科研调研工作】 2022 年,扬中市委党校紧扣“教研咨一体化”布局,推行“全生命周期”管理。精准课题立项,聚焦市委、市政府中心工作以及群众盼望解决的热点难点问题,精准设置选题,完成调研课题 20 项,其中省级课题 3 项,镇江市级课题 13 项,省、市立项课题占比近 88%,创历史新高;针对推进复工复产、优化营商环境等民生问题重点调研组稿,撰写《市情研究》3 期。扎实组织调研,开展“市情调研镇区行”活动,组织课题小组走进基层,深入镇(街道、经开区)、村(社区)调研 60 余场次,掌握第一手资料。注重成果转化,《扬中人口导入的现状、问题和对策研究》等 4 篇调研课题获镇江市党校联盟(镇江市情研究中心)一般课题结项一、二、三等奖;《郭克生精神及其时代价值》等 4 篇调研课题获市领导及镇江市委党校主要领导肯定性批示。关注理论创新和社会热点,撰写理论文章,全年在省级以上刊物发表政论文章 10 余篇。在《扬中日报》开设理论专版,刊发中共二十大系列理论宣传文章 9 篇。 (蔡亚奇)

【基地打造】 2022 年,扬中市委党校累计打造现场教学路线 4 条、现场教学点 21 个,重点围绕扬中高质量发展、“八位一体”乡村环境整治等特色亮点工作,开发打磨配套主题微党课,完善“基地+微党课”党性教育现场教学模式。“打造对党忠诚郭克生式好干部党性教育基地”书记项目作为“样板工程”,开发可复制的研学游一体化红色精品路线,推出“行走”的红色课堂。利用“县级党校发展联盟”平台,通过合作办班扩大影响,宣传扬中、展示扬中、推介扬中。“打造对党忠诚郭克生式好干部党性教育基地”书记项目被评为 2022 年度市级机关部门党组织“十佳”党建项目。 (蔡亚奇)

【《学习参考》《市情研究》编印】 2022 年,扬中市委党校针对基层党员干部时政学习需要,编发《夺取新时代中国特色社会主义新胜利的政治宣言和行动纲领——深入学习贯彻党的二十大精神》等 12 期《学习参考》。编印《健全党组织领导的自治、法治、德治相结合的城乡基层治理体系研究——以扬中为例》等 5 期《市情研究》,为党员干部学习习近平新时代中国特色社会主义思想和最新时政热点提供参阅资料。 (蔡亚奇)

【信息宣传工作】 2022 年,扬中市委党校在“学习强国”App、《镇江日报》等省、市级刊物发表宣传稿件 18 篇,及时发出扬中党校“好声音”;《江苏扬中:“行走党课”走新更走心》获 2022 年度“扬中新闻奖”。在《镇江信息专报》《扬中通讯》《决策参考》《扬中信息》等镇江市委、扬中市委刊物上发表信息稿件 10 余篇,完成全年信息考核任务,获评 2022 年度扬中市信息工作先进单位。 (蔡亚奇)

扬中市人民代表大会

综　述

【概况】 2022 年,扬中市人民代表大会召开常委会会议 6 次、主任会议 12 次,作出决定决议 21 个,听取和审议"一府一委两院"工作报告 18 项,开展专项评议和执法检查各 1 项、视察活动 3 次,依法任免国家机关工作人员 63 人次。扬中市十八届人民代表大会第一次会议有代表 199 人,其中女性代表 54 人。市人大常委会把保障经济发展、促进民生改善、发挥代表作用、提升履职能力作为工作重点,紧扣高质量发展大局,围绕推动产业强市战略实施、推进乡村振兴发展、推动创文创卫、代表议案建议督办等方面,依法行使职权,较好地完成市十八届人大一次会议确定的各项任务。

（刘天然）

【法律监督】 2022 年,扬中市人大常委会把推进法治扬中建设作为重要职责,以良法善治促进社会公平正义。首次听取市监察委员会关于开展民生领域突出问题专项监督工作情况的报告,推动市监委紧盯民生难点,着力整治群众身边腐败和作风问题。加强司法监督,专题审议市法院诉调对接工作,调研市政府社区矫正和市检察院深化检察体制改革情况,组织代表参加"请代表监督、让人民满意"法检两院行活动,促进社会和谐稳定和法治环境持续优化;完善规范性文件备案审查,有效维护法治统一;坚持做好涉法涉诉信访工作,加强交办、督办和协调处理,维护公民合法权益。上下联动开展《中华人民共和国长江保护法》执法检查,增强生态保护合力,推动落实"长江大保护"。（刘天然）

【经济监督】 2022 年,扬中市人大常委会高度关注风险防范,依法审查国民经济和社会发展计划执行、财政预决算、国有资产管理等,持续推动审计发现问题整改和人大预算联网监督,保障财政经济平稳运行。以"稳住经济大盘"为主题,专项评议 8 个部门服务经济发展情况,专题调研供电公司服务经济发展情况和部分政府性投资重点项目绩效情况,督促政府及相关部门补短板、强弱项、固根基。

（刘天然）

【代表作用发挥】 2022 年,扬中市人大常委会坚持创优服务,发挥代表主体作用,常态化邀请代表参与调研、视察、评议、专题询问等活动,提高人大代表参政、议政、督政的积极性。加强履职平台规范化建设,提档升级 6 个、新建 11 个代表联络工作站,打造 10 个"代表议事园""代表工作室""代表议事室"。组建财政经济、农业农村、城乡建设 3 个代表专业小组,聚焦电力服务经济发展、金融服务乡村振兴、文明城市创建等主题开展活动,以专业履职强化专业监督。召开"代表小组建支部 党旗引领迈新步"活动动员会,为市人大代表联合党委和 12 个功能型党支部授牌,坚持以政治建设统领全市人大工作。开展"助力三件大事 实施三大行动"活动,密切代表与选民、选区、企业的联系,助力产业强市、乡村振兴和文明城市创建。创新推行"全链条"代表建议办理模式,人大代表"全程介入",建议交办更精准、答复更对路、办理更务实。组织统一接待选民日活动,388 名四级人大代表在 45 个选民接待点,接待选民 1325 人次,现场解答问题 456 条,收集民情民意 693 条,均按要求交办处理。（刘天然）

1 月 13 日,第十八届人大常委会领导亮相

（融媒体中心供图）

重要会议

【十八届人民代表大会第一次会议】 2022年1月10—13日，扬中市第十八届人民代表大会第一次会议召开。会议听取和审议市人民政府工作报告、市人大常委会工作报告、市人民法院工作报告、市人民检察院工作报告，审查和批准市2021年国民经济社会发展计划执行情况和2022年国民经济社会发展计划的报告(书面)、市2021年财政预算执行情况和2022年财政预算(草案)的报告(书面)，审议市政府关于市十七届人大五次会议代表建议办理情况的报告，审议通过市第十八届人民代表大会财政经济、法制和社会建设委员会组成人员名单。会议选举马家胜为新一届市人大常委会主任，蒋相根、黄成刚、文层耕、周春燕为副主任，其他28名同志为委员；选举贾晟为市政府市长，张永意、林成春、周勇、刘永利、姚建华、孙小华为副市长；选举巫晓辉为扬中市监察委员会主任；选举朱晓军为扬中市人民法院院长，康珺为扬中市人民检察院检察长；选举出席镇江市第九届人民代表大会代表39名。

(刘天然)

【十八届人大常委会第一次会议】 2022年3月8日，扬中市第十八届人大常委会召开第一次会议。会议审议通过市政府关于2021年度国有资本经营预算调整(草案)的报告；表决通过相关人事任免和名单；决定撤销扬中市选举委员会、各镇选举委员会；审议通过市人大常委会2022年工作要点，作出相应决定。人大常委会主任马家胜就更好地加强人大“四个机关”(政治机关、国家权力机关、工作机关、代表机关)建设，更好地建强人大工作队伍作专题讲座。 (刘天然)

【十八届人大常委会第二次会议】 2022年5月10日，扬中市第十八届人大常委会召开第二次会议。会议审议通过市政府关于2021年度环境状况和环境保护目标完成情况的报告，审议通过市政府关于行政事业性国有资产管理情况的报告，审议关于2021年度全市国有资产管理情况的综合报告。 (刘天然)

【十八届人大常委会第三次会议】 2022年6月30日，扬中市第十八届人大常委会召开第三次会议。会议作出关于建立市人大工作咨询专家库的决定、关于接受薛军辞去扬中市第十八届人民代表大会代表职务请求的决定，听取和审议市政府关于“加强城市小区便民惠民设施建设，提升群众创文工作获得感”重要建议办理情况的报告、市法院诉调对接工作开展情况的报告。会议通过相关人事任免事项。

(刘天然)

【十八届人大常委会第四次会议】 2022年8月31日，扬中市第十八届人大常委会召开第四次会议。会议作出关于接受潘早云辞去镇江市第九届人民代表大会代表职务请求的决定，关于批准扬中市2021年财政决算的决定。听取和审议市政府关于上半年国民经济和社会发展计划执行情况的报告、关于2021年财政预算执行和决算草案及其他财政收支审计工作的报告、关于“进一步推进‘双减’工作，确保相关政策措施落实落地”重要建议办理情况的报告、关于“完善长效管理体制，全面提升污水治理效能”重要建议办理情况的报告，关于残疾人权益保障工作情况的报告、关于2021年市人大常委会相关审议意见落实情况的报告。会议修订市人大常委会有关制度，通过相关人事任免事项。

(刘天然)

【十八届人大常委会第五次会议】 2022年10月27日，扬中市第十八届人大常委会召开第五次会议。会议作出关于任命陈顺志为扬中市人民政府副市长的决定，关于接受张永意辞去扬中市人民政府副市长职务请求的决定，关于接受郭建中等辞去扬中市第十八届人民代表大会代表职务请求的决定。听取和审议市政府关于“强化要素配置，打造兴隆港产城融合发展区”重要建议办理情况的报告、关于“发挥光伏产业优势，推进绿色低碳发展”重要建议办理情况的报告、关于市十八届人大一次会议代表建议办理情况的报告、关于医防融合工作情况的报告，听取市监察委员会关于整治群众反映强烈问题工作情况的报告。会议通过相关人事任免事项。

(刘天然)

【十八届人大常委会第六次会议】 2022年12月23日，扬中市第十八届人大常委会召开第六次会议。会议作出关于召开扬中市第十八届人民代表大会第二次会议的决定，关于表彰2022年优秀代表议案、建议的决定，关于表彰2022年市人大代表建议办理工作先进单位和先进个人的决定，关于任命巫晓辉为扬中市人民政府副市长的决定，关于骆俊为扬中市监察委员会代理主任的决定，关于接受马建生等辞去镇江市第九届人民代表大会代表职务请求的决定，关于接受刘湘琴辞去扬中市人民政府副市长职务请求的决定，关于接受巫晓辉辞去扬中市监察委员会主任职务请求的决定，关于接受黄勇等辞去扬中市第十八届人民代表大会代表职务请求的决定，补选潘昌锋、巫晓辉、孙丽君为镇江市第九届人民代表大会代表，听取和审议市政府关于2022年财政预算调整(草案)的报告、市政府关于“加强沿江水利建设，确保江堤‘生命线’安全”议案办理情况的报告，批准扬中市2022年市财政预算调整的决定(草案)。会议审议市人大常委会工作报告，讨论决定市十八届人大二次会议有关事项，通过相关人事任免事项，专题宣讲中共二十大精神。 (刘天然)

重要工作

【市委人大工作会议】 2022年6月2日，扬中市委人大工作会议召开。会议印发《中共扬中市委关于以政治建设统领全市人大工作的意见》《扬中市人大常委会党组关于开展“代表小组建支部 党旗引领迈新步”活动的意见》《市人大常委会在全市人大系统开展“助力三件大事 实施三大行动”活动的意见》。会议解读3个文件，就加强和改进全市人大工作提出具体要求。 (刘天然)

【政情通报会】 2022年8月17日，扬中市人大常委会组织召开市政府工作情况通报会。市长贾晟代表市政府通报政府工作。部分市人大代表分别围绕农村危房解危、八位一体、农文旅融合发展、义务教育优质均衡、地下停车空间有效利用、企业用工短缺难题等专题进行发言。 (刘天然)

【专项工作评议】 2022年11月8日，扬中市人大常委会召开“稳住经济大盘”专项评议大会。会议听取市政府专项工作综合报告和市人大常委会综合评议报告，8个被评部门和各评议组作书面报告。代表专题询问，被评部门回应作答。参加会议的市人大代表对8个部门工作情况开展满意度测评。 (刘天然)

【统一接待选民日活动】 2022年11月18日，扬中市人大常委会开展“各级人大代表统一接待选民日”活动，全市388名各级人大代表深入各镇(街道、经开区)的45个选民接待点，集中接待选民，面对面听取意见和建议，详细了解群众关注的热点问题和合理诉求。镇江市委常委、政法委书记许文，镇江市人大常委会副主任卜晓放，扬中市领导张德军、马家胜、于德祥、蔡萍、巫晓辉、孙丽君、吴玉青、蒋相根、黄成刚、文层耕、周春燕，市人民法院院长朱晓军，市人民检察院检察长康珺，市人大常委会领导祝寒冰及各级人大代表参加活动，部分市级机关负责人现场答疑解惑。各镇(街道、经开区)的其他选民接待点相关市领导及人大代表倾听民声，了解民情。活动接待选民1325人，收集民情民意693条，现场解答问题456条。 (刘天然)

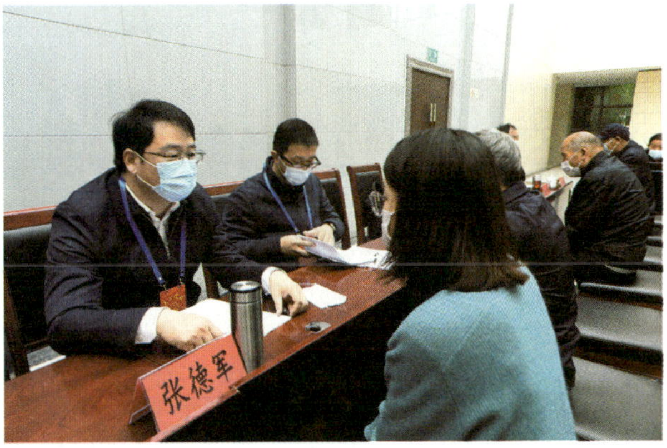

11月18日，扬中市人大常委会开展“各级人大代表统一接待选民日”活动 (融媒体中心供图)

议案建议办理

【概况】 2022年，扬中市十八届人大一次会议期间，收到代表提出的议案和建议203件。其中代表10人以上联名提出的议案53件，被确定为大会议案1件，重要建议5件，即“加强沿江水利建设，确保江堤‘生命线’安全”议案，“加强城市小区便民惠民设施建设，提升群众创文工作获得感”“进一步推进‘双减’工作，确保相关政策措施落实落地”“完善长效管理体制，全面提升污水治理效能”“强化要素配置，打造兴隆港产城融合发展区”“发挥光伏产业优势，推进绿色低碳发展”。从答复情况看，在规定期限内均已书面答复代表。从反馈意见看，代表对建议书面答复情况表示满意的193件，表示基本满意的7件，不满意的3件，经有关单位再次与代表沟通或重新办理，代表表示满意的上升到203件。从办理结果看，代表建议中所提问题已经解决、基本解决的61件；所提建议已列入计划，正在实施或近期将实施的133件；所提建议受客观条件制约暂时难以办到，有待创造条件解决的9件。 (刘天然)

【议案办理情况】 对于“加强沿江水利建设，确保江堤‘生命线’安全”议案的办理。市政府主要领导、分管领导多次通过看现场、听汇报、召开协调会议等形式推进议案办理工作。科学编制《扬中市“十四五”水利发展规划》《扬中市水利基础设施空间布局规划》《扬中市城市"防洪"规划》等六项水利专项规划，提出水利改革发展的总体思路。结合近年来防洪保安形势，重新完善修订防洪应急预案、防御台风应急预案、城市强降雨应急预案等，切实增强防洪减灾救灾和应急处置能力。开展水下地形监测，实施应急治理工程，提升长江堤防标准，打造防洪安全屏障。强化工程监管，推进水利工程进度，抓实风险隐患排查，利用"大数据+智慧分析"，加速实现水利信息数字化，全力做好防汛工作。加强综合整治，完善河长制工作细则和考核方案，扎实开展河长巡河工作，有序做好长江岸线整治，持续开展河道清淤疏浚工作。梳理全市175座通江涵洞，对急需翻建改造的，逐一制定除险改造计划，并分步落实。全市14座通江水闸，已完成改(新)建8座。（刘天然）

【重要建议办理情况】 对于"加强城市小区便民惠民设施建设，提升群众创文工作获得感"重要建议的办理，市政府立足职能，建立市领导挂钩联系村(社区)制度，定期以视察、督查、座谈等形式，指导创建、了解困难、协调问题、推进工作。坚持精准施策，持续补齐基础短板，有效整合各类资源，推进住宅小区改造提升。坚持从严整治，持续改善居住环境，加强水环境治理、油烟整治和违法建设查处。有序推进建筑安全、燃气安全、用电安全的排查整治工作，持续提高发展韧性。广泛开展共商共议，制定出台《城区住宅小区物业服务提升行动方案》，坚持共治共享，持续凝聚全员合力。全市城市小区共完成杆线整治41个，楼道出新改造757个，充电桩(棚)建设250组，打造集中晾晒区300个，设置快递柜26个，实施画线停车15.8千米，设置精品公益景观小品14处，发布新公益广告411则，打造特色楼道文化163处，设特色阵地22个。

对于"进一步推进'双减'工作，确保相关政策措施落实落地"重要建议的办理，市政府及相关部门高度重视，出台《关于进一步减轻义务教育阶段学生作业负担和校外培训负担的实施意见》，聚焦"课堂转型"，建立"实学"课堂新范式，健全三级责任研训体系，优化学业质量评价路径，提升教学质量。聚焦"作业革命"，统筹作业管理实现"减量"，制定《扬中市加强义务教育学校作业管理措施》，优化作业设计实现"提质"，推广监管平台实现"增效"，减轻作业负担。聚焦"服务升级"，推行课后服务，全市2.3万名中小学生参加"5+2"课后服务模式，关注身心健康，拓展社会实践，科学推进幼小衔接，促进全面发展。聚焦"严管严治"，深入全面核查，对学科类校外培训机构全部注销办学许可证，压减率为100%，稳妥推进学科类校外培训机构注销、转型，开展多部门联合检查，检查机构152家，查处违规机构20家，严肃规范校外培训。

对于"完善长效管理体制，全面提升污水治理效能"重要建议的办理，市政府坚持精准施策、长治长效，统筹抓好水环境治理"后半篇文章"。坚持补短补缺，科学编制方案，制定《扬子桥断面溯源整治工作方案》，加快工作节奏，扎实开展已建治水工程"回头看"，回应群众关切，完成城区片区排水设施整治，积极推进问题整改。坚持规范运维，坚持一体化、规范化、制度化，确保管护质效。坚持长治长效，开展动态监测，推进排水许可，优化补水体系，提升河道水质。2016年以来，累计完成治水投入超22亿元，建成区范围内累计新建雨污水管网585.4千米，雨污分流面积906公顷，整治内涝片区10个、303公顷，新建雨污水泵站9座，建成并智能化运行河道排口截污设施64座，基本完成城市建成区、城郊接合部和规划发展村庄雨污分流，城乡水环境显著改善。

对于"强化要素配置，打造兴隆港产城融合发展区"重要建议的办理，市级层面成立"兴隆港产城融合发展区"建设领导小组，由书记、市长担任组长，引进专家团队，认真编制发展规划。腾出土地空间，加强资金保障，提升服务环境，做好要素保障。相关部门协同发力，招商部门连通经开区进一步拓宽招引渠道，水利、住建、生态环境等职能部门积极做好项目落地相关审批服务工作，优化服务配套，努力推动产业聚集。兴隆港产城融合发展区核心区拥有40余家规上企业，已初步形成以汽车零部件、新能源、智能电气、临港等产业为主，核级阀门、管材管件等新兴产业为辅的"4+X"产业体系，基本形成"三横三纵"骨干交通布局，城镇生活基础设施基本完备。

对于"发挥光伏产业优势，推进绿色低碳发展"重要建议的办理，市政府研判发挥扬中光伏产业发展整体优势，持续引导鼓励服务光伏产业做大做强。突出政策激励，引导新能源生产和消费模式；编制全市主导产业链发展规划，梳理光伏产业"五图""六清单"，推动光伏产业制造、应用智能化发展。实施产业强链行动，紧抓"双碳"政策机遇，做大集群规模，彰显链群效应；持续提升技术水平，成立新型电力(新能源)装备产业联盟，组建电气工程师协同创新中心，推动产业链技术互联、资源互补；实施扬帆领航计划，加快企业上市步伐。近年来，市政府将光伏产业纳入主导产业链发展规划，积极拓展光伏应用场景，推进能源结构调整，不断加快绿色能源转型。（刘天然）

扬中市人民政府

综 述

【概况】 2022年，扬中市实现地区生产总值585.99亿元，可比增长5%；完成同口径一般公共预算收入40.6亿元，比上年增长4.5%；工业应税销售1116亿元，增长18%。位列全国综合实力百强县市第27位、全国科技创新百强县市第36位、中国县级市基本现代化指数第23位。

稳步经济发展，增强内生动能。工业经济提档升级，工业应税销售实现1116亿元，增长18%。大全集团、美科新能源销售突破百亿元。制定《主导产业链发展规划》，全面启动"智改数转"三年行动，免费为177家规模以上企业提供诊断服务，新增国家智能工厂1家、省智能工厂2家、两化融合贯标企业6家。创新发展成效明显，认定国家高新技术企业104家、科技型中小企业460余家，新增国家级专精特新"小巨人"企业6家、省独角兽企业1家、瞪羚企业3家，全社会研发经费支出占地区生产总值比重超3%。加速释放"才聚江洲"政策红利，放大科技镇长团外联优势，新增产学研合作项目60个，入选国家重大人才工程5人，引进大专以上学历毕业生4100余人，集聚产业工人4900余人，创成国家知识产权强县建设试点县，帷幄创客空间获批国家级众创空间，上迈新能源荣获中国专利优秀奖。现代服务业提速发展，新增规上服务业企业20家、千万级网络零售企业3家，完成进出口总额46亿元，实现社会消费品零售总额159亿元，入选国家电子商务进农村综合示范县创建名单。开辟精品旅游线路5条，举办"扬中市第十七届社区(农民)文化艺术节"系列活动。

加速城乡融合，打造宜居城市。科学划定"三区三线"，新增建设用地73.33公顷，盘活存量273.07公顷。改造自来水管网124千米、燃气管网1.7千米，更新老旧路灯1.2万盏，完善"一主六次"(一个公交客运总站主枢纽，新坝镇、明珠广场、文景广场、经开区、八桥镇、西来桥镇六个公交次枢纽)公交体系，创成省城乡公交一体化达标县，农村客货邮融合发展案例在全国推广。解危既有建筑1.2万平方米，加快幸福花苑一期加固维修，交付使用城西安置房。有效处置问题楼盘，顺利交付恒大首批216套房屋。拆除违法建设3万平方米，获评省土地执法模范市。实施"十大提升行动"，推进联盟路、博联市场等重点片区综合治理，改造公共广场4个、农贸市场6个，整治背街小巷9条、弱电线缆1.1万余户。深化"四创建三表彰"(创建星级楼道、优秀住宅小区、优秀自建房小区和文明创建示范村，表彰优秀业委会、优秀物业企业和优秀个人)，实施"五项普惠行动"，打造优秀管理小区41个。拓展新时代文明实践中心建设，选树培育市级典型140人，城市文明指数居镇江首位。完成136个自然村、2300户农村生活污水治理任务，治理覆盖率48.9%。农村生活垃圾分类设施实现全覆盖，打造生态河道8条，创成省特色田园乡村2个，获评省农村人居环境督查激励、工作评估第一等次。

增进民生福祉，凸显均衡发展。落实精准帮扶、创业扶持举措，新增就业7160人，扶持自主创业2150人，创业带动就业5000人。实施医保惠民行动，"15分钟医保服务圈"省级示范市通过验收，145个医保服务点"同城同质"办理。退役军人服务体系有效构建，发放各类优抚对象补助金2242万元，省级"双拥模范城"创建获"九连冠"。"双减"政策加速落地，学科类培训机构全面清零，完成第一幼儿园异地新建，丰裕小学综合楼交付使用，文化新村幼儿园、城西小学完成主体施工，连续五年蝉联省教育现代化建设监测首位，入围首批全国义务教育优质均衡先行创建市。深入推进健康扬中建设，顺利通过国家慢性病综合防控示范区复评，被评为国家爱国卫生运动70周年先进集体。原创锡剧《太平洲上》参加省喜迎中共二十大作品巡演。新建体育公园3个、健身步道5.05千米、健身路径12条。 (吴涛)

2022年扬中市十件实事进展情况一览表

表2

序号	项　目	1—12月进展情况	主办单位	协办单位	完成情况
1	长江扬中河段应急护岸工程，对太平洲左缘丰乐桥、洲头右缘险工段已建护岸进行除险加固，落成洲右缘新建护岸，加固护岸长度1714米，新建护岸长度505米，护岸面积12.89万平方米	已完成	水利局	新坝镇	已完成
2	弱势群体关爱服务工程，新建2家标准化居家养老服务中心，为100名困难残疾人家庭提供居家托养服务，建成25个事实孤儿“梦想小屋”	已完成	民政局 残　联 团市委		已完成
3	六圩港闸站移址新建工程，拆除原六圩港闸，在原址下游240米处新建闸站	主体结构完工，正在进行内外装饰装修、推进电气自动化设备制造及安装	水利局	油坊镇	达序时
4	文化新村幼儿园改建工程，建筑面积约5600平方米，按3轨9班规模进行设计	主体封顶，正在砌筑墙体	教育局	住建局 自然资源和规划局	达序时
5	便民健身设施提升工程，新建体育公园3个、健身步道5千米，新(改)建健身路径10条以上	已完成	文体广电和旅游局		已完成
6	文明创建惠民工程，对昌盛路、绿扬路、金苇中路、柳竹路、田园路、友谊路6条背街小巷进行专项整治；对34个小区及57个重点点位内部及周边弱电线缆进行专项整治；对利民、中八桥、彩凤桥、南园、翠竹园、博联6个农贸市场进行改造提升；对三茅街道小区、城中村整体设施进行改造提升；对38个居民小区分精品打造、改造提升和完善基础设施配套三类进行整治	已完成	文明办 城管局 住建局 市场监管局 三茅街道	供电公司 电信公司 移动公司 联通公司 广电网络公司	已完成
7	三茅街道社区卫生服务中心新建工程，位于翠竹北路东侧、建中河南侧，占地面积1.34万平方米，总建筑面积1万平方米	已开工	卫健委 三茅街道	财政局 住建局 自然资源和规划局	达序时
8	城区道路照明出新工程，将城区1.2万盏老旧钠灯更换为新型LED路灯	已完成	住建局 供电公司	三茅街道 城投公司	已完成
9	西来桥幸福二桥卡口异地新建工程，建设西来桥幸福二桥治安卡口业务用房，加强对货运车辆监管，实现扬中治安防控体系的全覆盖	正在进行土建施工	公安局	绿洲新城公司	达序时
10	永勤河及园博大道周边道路维修工程，提升此路段的路况通行品质	已完成	交通运输局 三茅街道		已完成

（吴涛）

【“大数据资源管理中心及城市运行管理平台”项目基本建成】 2022年，扬中市数字扬中一期“大数据资源管理中心及城市运行管理平台”项目基本建成并通过专家组初步验收。项目总投资1497万元，作为数字扬中“1+1+N”总体架构中起基础性作用的“1中心、1平台”，通过建设政务云、数据共享交换平台、城市运行管理平台，实现资源集约利用、数据汇聚共享、城市精细化管理。 （吴涛）

重要会议

【市政府全体（扩大）会议】 2022年7月21日，扬中市政府召开全体（扩大）会议。会上，各副市长围绕分管领域部署下半年重点工作；三茅街道、经开区、经济发展局、税务局、城投公司分别围绕拆迁扫尾工作、兴隆港产城融合示范区建设、项目建设和园区发展、税收征管、平台转型发展表态发言。会议强调，要做到“蹄疾步稳”，办好自己的事。政府承诺要坚决兑现，确保完成民生实事和百项工作；疫情防控要万无一失，严格落实防控政策，优化预警监测机制，加快推进疫苗接种；经济发展要稳中有进，聚焦关键指标、智改数转、园区整合、项目建设、纾困暖企，全力以赴抢时间、抓进度、快推进；生态环保要标本兼治，交出中央环保督察反馈问题整改合格答卷，写精写美“后半篇文章”；城市更新要“小”中见大，突出城市设计、城市功能、城市颜值，让城市宜居更舒心，群众满意更放心；乡村振兴要多元赋能，用科技赋能、品牌赋能、旅游赋能做强乡村产业；安全底线要牢不可破，守住金融风险、安全生产、社会稳定底线。会上，通报2022年以来全市经济社会发展情况，就贯彻好会议精神提出具体要求，强调各镇（街道、经开区）、各部门要主动领责、恪尽职守，积极作为、善作善成，真督实查、不打折扣，确保全年目标任务高质高效完成。 （吴涛）

【市政府常务会议】 2022年，扬中市人民政府召开常务会议14次。

2月19日，市政府召开第一次常务会议。会议内容包括，学习习近平总书记在2022年世界经济论坛视频会议上的重要讲话，研究疫情防控相关工作，听取近期信访工作形势汇报、全市重点突出生态环境问题整改情况汇报，审议《扬中12345政务服务便民热线（平台）运行管理办法》《农村集体经济组织财务管理办法（试行）》等文件。

3月11日，市政府召开第二次常务会议。会议内容包括，学习习近平总书记在《求是》杂志发表的重要文章《坚持走中国特色社会主义法治道路更好推进中国特色社会主义法治体系建设》，研究省委、镇江市委涉粮巡察反馈问题整改工作，审议2022年项目建设、招引考核奖惩实施细则、危房解危工作意见等文件。

4月24日，市政府召开第三次常务会议。会议内容包括，学习习近平生态文明思想和《中央生态环境保护督察整改工作办法》，审议《扬中市江堤外企业整治工作方案》《扬中市占用长江江滩违法违规养殖项目清理整治工作方案》等文件。

5月8日，市政府召开第四次常务会议。会议内容包括，学习习近平总书记在《求是》杂志发表的重要文章《促进我国社会保障事业高质量发展、可持续发展》、习近平总书记对长沙居民自建房倒塌事故重要指示精神以及李克强总理重要批示精神、《关于更加有效发挥统计监督职能作用的意见》，审议《关于持续深化提升安全生产专项整治三年行动的实施方案》，市委、市政府一号文件及配套文件，《关于加强突出生态环境问题整改的实施意见》及五大专项行动方案等文件。

5月14日，市政府召开第五次常务会议。会议内容包括，学习习近平总书记在海南考察时的重要讲话精神、《信访工作条例》，审议《关于进一步推进资本市场扬帆领航计划的实施意见》、《扬中市高标准农田建设规划（2021—2030年）》《扬中市“十四五”残疾人事业发展规划》和水利相关专项规划等文件。

5月23日，市政府召开第六次常务会议。会议内容包括，学习习近平总书记在庆祝中国国际贸易促进委员会建会70周年大会暨全球贸易投资促进峰会上的致辞、《国务院安委会关于进一步强化安全生产责任落实坚决防范遏制重特大事故的若干措施》文件精神，听取省“安全生产月”活动安排和相关工作建议，审议2022年度冬春水利建设任务等。

6月17日，市政府召开第七次常务会议。会议内容包括，传达学习省长许昆林调研扬中讲话精神、省政府参事室2022年第11期参事建议《我省行政败诉案件分析及对策建议》《2021年镇江市网络安全态势综述》文件精神，研究了2022年苏陕协作相关事项，审议2016—2020年全市普法依法治理工作先进集体和先进个人拟授予名单。

7月24日，市政府召开第八次常务会议。会议内容包括，学习习近平总书记在中共中央政治局第四十次集体学习时的重要讲话，审议《关于进一步厉行节约保重点支出的通知》《扬中市安全生产重大风险防控责任体系建设方案》《扬中市自然灾害和事故灾难应急救援责任体系建设方案》《扬中市市长质量奖管理办法(修订版)》《扬中市铁皮港应急水源地保护区划分方案技术报告》,听取食品安全相关工作的汇报,研究西来桥幸福花苑一期加固维修方案。

8月30日,市政府召开第九次常务会议。会议内容包括,学习《习近平谈治国理政》第四卷第四专题的重要文章《不断增强进行伟大斗争的意志和本领》以及《关于印发部分省份违法违规举债融资及地方政府隐性债务化解不实案例的通知》,审议《关于扬中市融资平台问题的整改方案》《扬中市镇(街、区)财政管理体制调整方案》《扬中市妇女发展规划(2021—2025)》《扬中市儿童发展规划(2021—2025)》《扬中市饮用水水源地安全保障规划(2020—2035)》《扬中市人民政府与镇江海关关于共同促进地方经济开放发展的合作协议》,听取统计造假不收手不收敛问题专项纠治工作的汇报,研究路灯维护、绿化养护资金拨付事项。

9月27日,市政府召开第十次常务会议。会议内容包括,学习习近平总书记重要讲话《新发展阶段贯彻新发展理念必然要求构建新发展格局》以及《"过紧日子"的历史经验》,审议异地购买占补平衡指标相关事项、《扬中市深化应急管理综合行政执法改革实施意见》、《扬中市长江岸线利用项目清理整治工作方案》、《扬中市贯彻落实〈法治政府建设实施纲要(2021—2025)〉实施方案》、《扬中市地方政府储备粮管理办法》,听取中共二十大信访工作情况汇报、2022年1—8月全市安全生产形势和消防安全形势的分析汇报,研究近期疫情防控相关工作。

10月9日,市政府召开第十一次常务会议。会议内容包括,学习习近平总书记重要讲话《坚持和发展中国特色社会主义要一以贯之》,审议《关于调整〈关于强化市级财政预算追加管理的实施意见〉的补充通知》《扬中市融资平台公司整合方案》《关于公布扬中市行政许可事项清单的通知》《扬中市使用财政性资金信息化项目管理办法》《扬中市政务信息资源共享管理办法的通知》《扬中市制造业智能化改造和数字化转型三年实施方案(2022—2024)》《扬中市"十四五"养老服务发展规划》《2022年第一批扬中市市长质量奖获奖企业名单》《扬中市电子商务进农村综合示范工作实施方案》《关于进一步完善扬中市严重精神障碍患者监护以奖代补政策的实施办法》,研究调整被征地农民社会保障养老金方案。

11月5日,市政府召开第十二次常务会议。会议内容包括,学习贯彻中共二十大精神、《关于贯彻信访工作条例的实施意见》,审议《扬中市国有粮食企业改革方案》《扬中市扬子江文化传媒有限公司股权改造和工程建设方案》,研究基层社工站(室)建设事宜等。

12月19日,市政府召开第十三次常务会议。会议内容包括,学习中央经济工作会议精神以及习近平总书记对做好安全生产工作重要指示精神和省委省政府主要领导批示要求,审议扬子新村二期统购商品房相关事项、扬中现代农产品(水产品)批发市场建设相关事项、2023年度重点水利工程建设任务、《扬中市"十四五"教育事业发展规划》、《扬中市深化农村公路管理养护体制改革实施方案》、《扬中市2022年财政预算调整(草案)和2023年财政预算(草案)》,听取全市安全生产工作情况汇报。

12月26日,市政府召开第十四次常务会议。会议内容包括,学习习近平总书记在中央经济工作会议上微镜头"关键是提振信心"重要讲话精神,审议《扬中市2022年国民经济和社会发展计划执行情况与2023年国民经济和社会发展计划草案的报告》,听取2023年民生实事候选项目形成情况汇报、《政府工作报告》起草情况的汇报,研究香江数字扬中相关事项。 (吴涛)

政务服务工作

【概况】 2022年,扬中市政务服务中心各窗口受理各类政务服务(公共服务)事项18.26万件,其中即办件15.44万件,承诺件2.82万件;政务服务分中心受理各类政务服务(公共服务)事项138.88万件,其中即办件138.8638件,承诺件162件;各镇(街道、经开区)便民服务中心受理各类政务服务(公共服务)事项4.69万件,其中即办件2.43万件,承诺件2.26万件。公共资源交易中心共完成各类招投标项目148个,交易金额46.19亿元。其中,建设工程项目31个,控制价3.12亿元,中标价2.37亿元,节约资金7442万元,节支率23.89%。政府采购项目5个,控制价1769万元,中标价1595万元,节约金额174万元,节支率9.8%。国有房屋出租项目53个,起始价2424万元,成交价2531万元,溢价107万元,溢价率4.41%。国有建设用地使用权交易项目57个,起始价43.22亿元,成交价43.31亿元,溢价910万元,溢价率0.21%。农村产权项目2个,起始价966万元,成交价966万元,无溢价。"12345"热线受理话务业务10.33万件,直接办结6.56万件,三方通话5026件,派送工单3.26万件,办结3.26万件,办结率100%,回访市民满意率99.98%。深化"一件事"改革,实现审批服务流程更简、环节更少、服务更优。落实

“一窗通办 收审分离”改革，全市20个部门的477项事项统一收件、出件，推进医保分中心、税务分中心、公安出入境及人社分中心部分业务进驻，实现企业群众“只进一扇门、办成所有事”。推进“网上中介超市”改革，依托镇江市网上中介超市，上线工程咨询、技术审查等中介服务事项35项，入驻中介服务机构20余家，发布采购公告676条，完成交易552笔。 （肖瑶）

【企业开办环境优化】 2022年，扬中市行政审批局延伸企业开办服务链条，整合客企、商业银行、人社等部门进驻企业开办专窗，全面打通企业登记、公章刻制、税务登记、银行开户、社保登记等企业开办各环节堵点。迭代升级企业开办全程电子化登记功能，部署推广“全链通”2.0系统，实现材料压减、一表填报、数据跨部门推送，企业开办0.5天办结成为常态化。 （肖瑶）

【“项目管家”帮办代办】 2022年，扬中市行政审批局推行“项目管家”帮办代办服务，搭建市镇两级帮办代办服务网络。按照“一企一策”原则，针对省市108个重大产业项目，量体定制审批事项清单和流程图，实行“一项目一团队、一项目一清单、一项目一方案”，提供从设立登记到不动产登记的全生命周期帮办代办服务。制作《2022年省、市重大产业项目审批进度表》，实施挂图作战、节点管理、责任到人，动态更新、全面跟踪项目审批进度，助力项目落地“加速度”。 （肖瑶）

2月21日，政务服务中心大厅设立企业开办帮代办专区 （行政审批局供图）

【“拿地即开工”审批提速】 2022年，扬中市行政审批局常态化推行“拿地即开工”，牵头协调资规、住建等部门，针对新增用地项目，提前介入、联合会商、前期策划生成，全程协调指导方案设计、联合审查、深化设计和开工前条件准备等工作，实现上飞高速工具钢、万洋众创等项目一天内“五证齐发”（“建设用地规划许可证”“不动产权证书”“建设工程规划许可证”“江苏省房屋建筑和市政基础设施工程施工图设计文件审查合格书”“建筑工程施工许可证”），审批速度刷新镇江纪录。 （肖瑶）

【“一件事”改革】 2022年，扬中市深化“一件事”改革，推出电水气联合报装、开烟草零售店、开音乐餐厅、毕业生落户、引进高层次人才子女入学、外来务工子女入学、公租房申请等27项“一件事”主题套餐服务，方便企业群众高效办成“一件事”，切实提升企业群众满意度、获得感。行政审批局牵头制定印发《扬中市2022年深化“一件事”改革实施方案》（简称《方案》）。“一件事”套餐即企业群众需办理的一个事项，涉及一个以上政务服务项目，需要到一个部门不同窗口、多个部门或需跨层级部门办理的“一揽子事”，通过系统联动、部门协同、流程再造后，实行“一表申请、一套材料、一次提交、限时办结”，实现更高水平的“减环节、减材料、减时限、减费用、减跑动次数”。《方案》明确，在深入推进企业开办、企业注销、不动产登记、工程建设项目审批、不动产和动产抵押登记5个省定精品“一件事”及新生儿出生、就业登记、结婚、退休、丧葬、军人退役和开便利店、开药店等8个省定标准“一件事”改革工作的基础上，结合扬中实际，梳理确定11个地方探索“一件事”，具体包括开汽车修理店、开烟草零售店、开音乐餐厅、特种设备使用、道路营运、危化品经营、毕业生落户、买房落户、引进高层次人才子女入学、外来务工子女入学、公租房申请等。“一件事”改革是提升政务服务效能、优化营商环境、助力高质量发展的实招硬招，市行政审批局践行换位思考、群众视角理念，发挥牵头协调作用，全力推进“一件事”改革落地落实落细。将高标准深入推进13项省定“一件事”改革，按照“最小颗粒度”原则，梳理地方“一件事”办事指南，再造办事流程，优化系统配置，争取尽早实现“一件事”集成服务成效，形成可复制、可推广的扬中经验。 （融媒体中心）

【规范全市政务服务场所名称】 2022年，根据国家、省市政务服务标准化规范化便利化要求，扬中市协调办统一部署全市各镇（街道、经开区）、村（社区）政务服务场所更名工作，将原“为民服务中心”调整为“便民服务中心”，原“便民服务中心”调整为“便民服务站”，实现政务服务场所名称全国统一。 （肖瑶）

【公共资源交易管理委员会成立】 2022年,扬中市印发《关于成立扬中市公共资源交易管理委员会的通知》,成立扬中市公共资源交易管理委员会,明确由公共资源交易管理委员会负责全市公共资源交易重大问题、重大事项的指导和协调及领导全市公共资源交易监管工作,审议决定公共资源交易领域重要规范性文件的制定,推进完善公共资源交易运行机制,明确管委会组成人员名单和议事规则,进一步规范公共资源交易市场秩序。 (肖瑶)

【公共资源交易中心改造提升】 2022年,扬中市公共资源交易中心完成改造提升工程,重新规划开标区、评标区等场所分布,提档升级交易设备和网络设施,优化功能布局,补足硬件设施短板,公共资源交易平台服务效能大幅提升,促进"互联网+公共资源交易"方式转变升级,公共资源交易领域营商环境进一步优化。(肖瑶)

【热线平台管理】 2022年,扬中市行政审批局持续加强热线平台管理,开展业务技能竞赛,强化话务员业务知识培训,提升热线管理能力和服务水平。推进"12345"热线"线上线下"融合,开设"一企来"企业服务专窗,提供前台"专窗服务"+后台7×24小时不间断"热线服务"。推进"热线百科"建设,组织各部门知识点审核和入库。3月底,面对全市突发新冠疫情,第一时间启动应急预案,及时梳理群众反映集中的热点问题、意见建议和重大敏感性信息,高效处置涉疫相关诉求。 (肖瑶)

【24小时自助服务区设置】 2022年,扬中市升级改造政务服务中心原自助服务区,设置24小时自助服务区,配置自助终端服务器9台,业务涵盖人社医保信息查询、企业信用报告打印、营业执照打印、房产证及房产证明打印、发票申领、缴纳违章罚款等多项高频政务服务事项,填补非工作时间和节假日期间的服务盲点,解决办事群众"上班时间没空办、下班时间没处办"的难题。 (肖瑶)

机关事务工作

【概况】 2022年,机关事务管理中心提升管理水平、优化服务质量,较好地完成各项目标任务。会议中心以会务流畅、零差错、零疏忽,无盲点为目标,主动满足举办方的个性化需求,完成大小型会议232场。组建江洲车队,车队以周到服务、安全及时接送为己任,全年出车1800次,行驶里程17.3万千米。 (蔡淼)

【公务用车管理】 2022年,机关事务管理中心落实企事业单位公务用车信息化管理工作。按照公务用车信息化平台"全省一张网"建设的目标,全市实施非参公事业单位业务用车和工作用车(特种车除外)和国有企业行政管理车辆(特种车、生产经营用车除外)GPS安装工作,对企事业公务用车实施信息化管理,累计安装101辆,完成党政机关、企事业单位公务用车信息化管理安装工作,转入常态化管理。强化公务用车监管检查。年初,市车改办印发《关于进一步做好公车管理的工作提示》《关于有序推进企事业单位公务用车信息化管理工作的通知》等文件,完善公务用车管理制度,加强公车监督检查,由事务管理中心牵头,联合市纪委、市财政局对全市公务用车通过日常后台监管、专项检查等方式,累计检查单位34家,检查176车次,下发整改通知书13份,均已完成整改。 (蔡淼)

【公共机构节能】 2022年,机关事务管理中心以节能宣传倡导低碳新生活。中心联合生态环境局、水利局、经济发展局、麦田慈善基金会等机关和公益组织通过举办节能宣传周、"地球一小时"活动、公民节约用水主题征文等活动,引领和倡导绿色低碳的生活理念,扩大公共机构节能工作的全社会影响力。开展示范创建以点带面提升节能管理水平,截至2022年底,除5个乡镇不参与创建外,57家党政机关创建为国家级节约型机关,组织开展省节能示范单位(兴隆中心小学)复核工作,通过以点带面的示范效应,提升本市的节能管理水平。开展专项检查工作促使单位规范用能,联合市级机关工委等单位组成专项检查组,专项检查全市公共机构节能工作,发现问题6起,发放整改通知书15份,通过整改提升,提升各单位对此项工作的重视程度,规范用能,节约能耗支出。 (蔡淼)

【办公用房管理】 2022年,机关事务管理中心开展办公用房专项巡检,重点检查各单位办公用房管理、规范使用以及闲置用房处置利用等情况。针对各单位对办公用房腾退工作拖而不决、进展缓慢、观望等待现象,中心会同机关工委开展全市党政机关办公用房专项巡检2次。制定办公用房统筹调配方案,会同财政、城投、交投等单位,对海关大楼、科技广场、边检大楼、水务大楼进行实地勘测,初步商定全市党政机关办公用房调整方案,预计每年可为市财政增收6000万元。做好办公用房维修改造审批工作,前置审批各部门报送的办

公用房维修改造方案，从源头上把关，进一步压缩经费，减少浪费。（蔡淼）

【安全保卫】 2022年，机关事务管理中心与驻园区29家单位及中心3家下属单位签订安全责任状，签约率100%，健全消防安全联络员制度，告知率、承诺率100%，构建消防安全网络，实现压力层层传递、安全责任落实无缝覆盖。组织开展2次应急演练活动，培训园区各单位安全员，人数达180人次。中心以提升消防安全建设为抓手，提高安全生产的管理水平，全年未发生安全事故。（蔡淼）

【餐饮服务】 2022年，机关事务管理中心按照公开、公平和“非盈利性经营”的原则，规范食材采购流程，健全规章制度，纪检组推进廉洁采购。动态监管入库名录，根据供应商入围标准，在中心纪检组的监督下，对所有入库的食材供应商进行实地调研，从资质、配送、服务等多方面对入库名录评估更新。完善招标流程，食堂采购工作小组在实际采购中总结经验，优化采购食材的分类和频次，按照报价最低的原则，最大限度降低个人自由裁量权，根据实际情况将部分原来单一来源采购的项目纳入统一招标，使部分食材供应价格更加合理。严把食材检查验收，每天安排专人对食材的品相、数量查验和现场清点，对不符合招标样品要求的立即退换，每周邀请市场监管局检测中心不定期开展食材抽样快检，切实抓好源头管控，确保“舌尖上的安全”。通过口味的搭配，改良出每周一次的创新菜，推陈出新，做到荤素搭配，营养均衡。全年发出意见征询表404张，收回意见征询表404张，满意率87.38%。（蔡淼）

信　访

【概况】 2022年，扬中市以“信访突出问题攻坚化解年行动”为主线，以维护群众合法权益为落脚点，强化责任担当、狠抓工作落实，全力做好听民声、护民利、保稳定、促发展各项工作。制定《关于认真学习宣传贯彻落实〈信访工作条例〉活动方案》，加强条例宣传贯彻。聚焦重点领域、重点时段，着力加强矛盾滚动排查、信息综合研判、问题攻坚化解、突发事项应急处置和重点工作督查督办等。安保经验和积案化解做法获得镇江市委书记马明龙批示肯定。（于洁）

【信访工作机制完善】 2022年，扬中市委、市政府切实将信访工作放在重要位置。完善包案接访机制，牵头制定《关于进一步加强市党政领导挂钩联系和包案接访工作的通知》，党政“一把手”带头接访、重点约访、主动下访，市委常委会会议6次、市政府常务会议5次研究推动“信访突出问题攻坚化解年”行动、《信访工作条例》学习贯彻、中共二十大安保等工作。通过市委领导包联系地区、政府领导包分管领域、各级领导包疑难案件，妥善处置沿江化工企业整治、恒大事件等疑难信访事项。完善信息研判机制，定期开展综合研判，组织信访情况分析，准确掌握突出问题和风险隐患。适时开展专题研究，针对涉房、涉教、涉环保等重点领域问题，及时组织相关部门联合会商，研究化解措施。联合开展战时研判，敏感节点市级每周组织“四办”专题研判，落实落细相关措施，形成工作闭环。完善应急处置机制，坚持数据赋能，建立单位联动机制，强化警信联动、路地联勤。细化应急预案，市级层面及各板块均相应成立应急队伍、备足应急车辆。（于洁）

【案件办理质效提升】 2022年，市信访局接待来访260批、687人，其中批示交办162批、425人，分别比上年下降9%和13%。阳光信访系统信访事项及时受理率、按期办结率均为100%，一次性化解率97.9%，重复信访下降19.8%。着力抓好初信初访，基本形成“1112”工作机制（所有信访事项1天内完成受理、一般信访事项1周内实体解决、复杂信访事项1个月内处理到位、一时难以解决的疑难事项2个月内出具书面答复）。宣传网上信访，开展业务标准化培训3次，提高办理质效。严格落实领导包案制度，对未化解的重点案件均实行提级包案，即原来由一般领导包案的由主要领导包案，原来由镇主要领导包案的，由市委、市政府领导包案。信访局主动向前，牵线搭桥会商、会办；属事、属地共同参与，成立工作专班，各尽其责、互补优势，实体推动化解。发挥“党建+”引领功能，各类风险隐患发现在早、处置在小。（于洁）

政协扬中市委员会

综 述

【概况】 2022年，扬中市政协围绕"推进城市精细化常态化管理""加快人口导入 激发城市活力"召开专题议政性常委会会议。就国家电子商务进农村示范县创建、"一主六次" 城乡公交体系建设、企业合规改革试点、发挥产业联盟作用做大做强传统产业、乡村旅游发展、居家养老服务工作召开专题协商会6次。就中小学生生命安全和心理健康教育、残疾人权益保护、农业产业化发展、农村生活污水治理工程建设、沿江防洪保安基础设施建设、医保、数字经济发展组织协商座谈会7次。听取市政府关于全市上半年经济社会发展情况、市政协十一届一次会议以来委员提案办理情况以及全市纪检监察工作情况的通报。认真做好提案和反映社情民意信息工作。2022年，扬中市政协委员195人。其中，中共界29人，民主党派界12人，无党派代表人士界11人，经济界35人，工商联界24人，工会界5人，共青团界8人，妇联界4人，科协界2人，文体艺界7人，科学技术界10人，教育界8人，新闻出版界4人，医药卫生界8人，农业农村界8人，社会福利和社会保障界11人，侨台界5人，少数民族宗教界4人。(卢伟)

2022年各地政协考察扬中情况一览表

表3

时间	考察单位	交流内容
2月18日	江西省赣州市宁都县政协	学习考察"项目招引建设"工作
4月26日	江苏省镇江市政协	开展"春风暖企"大走访
5月6日	江苏省镇江市政协	调研"协商议事融入基层社会治理"工作
5月16日	江苏省镇江市政协	开展中央政协工作会议精神"回头看"暨中办《关于加强和改进新时代市县政协工作的意见》贯彻落实情况专题调研
5月26日	江苏省镇江市政协	开展"富民强村"帮促行动
5月31日	江苏省镇江市政协	调研"发展促进会"工作
6月17日	江苏省镇江市政协	调研2022年省、市重大产业新建项目情况
6月24日	江苏省镇江市政协	专项考察中央生态环保督察反馈问题整改工作进展情况
6月29日	山东省菏泽市成武县政协	学习考察"城区交通秩序管理"工作
8月17日	江苏省镇江市政协	参加"整合多元资源 共抓长江大保护"协商议事会
8月19日	江苏省镇江市丹阳市政协	学习考察"政协模范机关建设"工作
9月2日	江苏省淮安市淮安区政协	学习考察"发挥乡贤作用"工作
10月11日	江苏省南通市如皋市政协	学习考察"中小学生健康教育"工作

(卢伟)

重要会议

【市政协十一届一次会议】 2022年1月9—13日，扬中市政协十一届一次会议召开。会议听取和讨论市委书记张德军所作的《知重负重共谱现代化建设新篇章》的讲话；赞同市长贾晟所作的政府工作报告；赞同市人民法院工作报告、市人民检察院工作报告以及其他报告；赞同市政协主席于德祥所作的常务委员会工作报告和副主席倪军所作的提案工作报告；审议通过提案审查委员会关于十一届一次会议提案初步审查情况的报告；选举市政协十一届委员会主席、副主席、秘书长、常务委员；通过《选举办法（草案）》和《民生实事项目票决办法（草案）》；印发代表议案和建议办理情况的报告，2021年国民经济和社会发展计划执行情况及2022年各项计划安排意见的报告，2021年财政预算执行情况和2022年财政预算（草案）的报告，2021年民生实事完成和2022年民生实事形成情况的报告；通过大会决议。 （卢伟）

1月10日，扬中市政协十一届一次会议开幕
（融媒体中心供图）

【市政协常委会会议】 2022年，扬中市政协十一届常务委员会举行5次常委会会议。

1月13日，举行十一届一次常委会会议，协商决定市十一届政协工作机构设置和人事事项。

4月28日，举行十一届二次常委会会议，传达学习全国“两会”和中共中央办公厅《关于加强和改进新时代市县政协工作的意见》精神；通报市政协全年重点工作；动员部署开展“乡村振兴——政协委员在行动”主题履职活动。

7月26日，举行十一届三次常委会会议，听取市政府关于上半年全市经济社会发展情况的通报；围绕“推进城市精细化、常态化管理”协商议政，审议通过《关于推进城市精细化、常态化管理的建议案》；协商决定有关人事事项。

10月28日，举行十一届四次常委会会议，围绕“加快人口导入，激发城市活力”协商议政，审议通过《加快人口导入激发城市活力的建议案》；听取市政协十一届一次会议以来委员提案办理情况的通报；协商决定有关人事事项。

12月20日，举行十一届五次常委会会议，听取2022年度全市纪检监察工作的情况通报；协商决定委员请辞增补和人事事项；协商决定市政协十一届一次会议以来的优秀提案，提案承办先进单位、先进个人，优秀社情民意信息员，先进委员小组；讨论修改市十一届政协常委会工作报告和提案工作报告；协商决定市政协十一届二次会议召开的时间、地点、参加对象和议程等。 （卢伟）

【市政协主席会议】 2022年，扬中市政协召开12次主席会议。

1月12日，召开十一届一次主席会议，协商讨论市十一届政协工作机构设置和人事事项；协商决定召开十一届一次常委会会议相关事项。

2月22日，召开十一届二次主席会议，讨论确定2022年重点协商议题；讨论确定提请市党政领导领衔督办的重点提案；审议《扬中市政协2022年工作要点》；研究决定市政协主席、副主席、党组成员、秘书长工作分工。

3月24日，召开十一届三次主席会议，协商决定召开十一届二次常委会会议相关事项；审议《政协扬中市委员会委员履职管理考核办法》《扬中市政协委员小组活动实施办法》《政协扬中市委员会专门委员会通则（试行）》《政协扬中市委员会重点提案遴选与督办办法》《关于开展“乡村振兴—政协委员在行动”主题履职活动的意见》《关于进一步加强市政协提案办理工作的意见》等。

5月11日，召开十一届四次主席会议，专题协商国家电子商务进农村综合示范县创建工作。现场察看江苏大航电子商务有限公司、镇江欧麦伦食品有限公司、江苏蔚来咖啡有限公司，听取市商务局工作情况通报，并开展协商议政。

6月21日，召开十一届五次主席会议，专题协商“一主六次”城乡公交体系建设。现场察看市公交客运总站、城北公交客运站，听取市交通运输局工作情况通报，并开展协商议政。

7月1日，召开十一届六次主席会议，集中学习省政协主席张义珍在全省市县政协主席座谈会上的讲话精神以及省政协理论研究会在《新华日报》发表的《发挥独特优势,推进政协协商高质量发展》文章;协商决定十一届三次常委会会议相关事项;讨论《关于推进城市精细化、常态化管理的建议》;研究7月重点工作。

7月18日,召开十一届七次主席会议,专题协商企业合规改革试点工作。分别听取市检察院、税务局工作情况通报,并开展协商议政。

9月15日,召开十一届八次主席会议,专题协商发挥产业联盟作用做大做强传统产业。现场察看大全集团凯帆开关、默勒电器生产车间,实地了解龙头工程电气企业本土元器件研发、生产、经营情况。听取市经发局、新坝镇关于产业联盟的筹建、运行以及今后的工作设想,并开展协商议政。

9月30日,召开十一届九次主席会议,协商决定召开十一届四次常委会会议相关事项;讨论《关于加快人口导入激发城市活力的建议》;协商讨论人事事项;学习镇江市政协《2022年度各辖市区政协工作绩效评价办法》;研究10月重点工作。

10月25日,召开十一届十次主席会议,专题协商乡村旅游发展工作。现场察看新坝镇立新村、三茅街道营房村,听取市文体广电和旅游局工作情况通报,并开展协商议政。

11月29日,召开十一届十一次主席会议,专题协商居家养老服务工作。现场察看中桥社区居家养老服务中心、扬中市智慧养老服务平台,听取市民政局工作情况通报,并开展协商议政。

12月15日,召开十一届十二次主席会议,协商讨论召开十一届二次会议相关事项、委员请辞增补和人事事项以及市政协十一届一次会议以来的优秀提案,提案承办先进单位、先进个人,优秀社情民意信息员,先进委员小组建议名单;协商决定召开十一届五次常委会会议相关事项;讨论市十一届政协常委会工作报告和提案工作报告。

此外,4月27日,市政协召开主席办公会,研究5月份重点工作。6月7日,市政协召开主席办公会,研究6月份重点工作。8月1日,市政协召开主席办公会,研究8月份重点工作,讨论"加快人口导入激发城市活力"调研方案。8月26日,市政协召开主席办公会,研究9月份重点工作。11月1日,市政协召开主席办公会,听取提案和委员联络委关于今年以来提案工作情况的专题汇报,研究11月份重点工作。12月1日,市政协召开主席办公会,听取反映社情民意信息工作的专题汇报,讨论《2022年度市政协各镇(街道、经开区)联络委工作绩效评价办法》,研究12月份重点工作。

(卢伟)

1月12日,政协扬中市十一届一次会议举行第二次全体会议。选举产生新一届政协领导班子

(融媒体中心供图)

【市政府、市政协重点工作交流会】 2022年3月16日,扬中市政府、市政协召开2022年重点工作交流会。市政协主席于德祥通报2022年市政协主要工作安排,其中包括围绕"推进城市精细化、常态化管理""加快人口导入激发城市活力"召开2次专题议政性常委会会议;围绕国家电子商务进农村示范县创建、"一主六次"城乡公交体系建设、企业合规改革试点、发挥产业联盟作用做大做强传统产业、乡村旅游发展、居家养老服务等工作召开6次专题协商会;就中小学生生命安全和心理健康教育、残疾人权益保护、农业产业化发展、农村生活污水治理工程建设、沿江防洪保安基础设施建设、医保、数字经济发展等组织7次协商座谈会;听取市政府关于全市上半年经济社会发展情况的通报、关于市政协十一届一次会议以来委员提案办理情况的通报、全市纪检监察工作情况通报;民主评议市住建局提案办理工作;认真做好提案和反映社情民意信息工作;在全体委员中开展"乡村振兴——政协委员在行动"主题履职活动等。市委副书记、市长贾晟通报市政府年度重点工作。

(卢伟)

建言献策

【概况】 2022年,扬中市政协提案和委员联络委员会征集到委员提案227件。其中,集体提案21件,委员个人提案和联名提案206件。经审查,立案161件,并案53件,不予立案13件。所立提案中,属于经济建设方面的23件,农业水利方面的14件,城乡建设方面的37件,科教文卫方面的35件,政法民政方面的31件,人才和社会保障方面的15件,其他方面的6件。交由

52家承办单位办理，所立提案在规定时间内全部办复，从委员反馈情况看，提案答复的满意率为100%、提案办理落实的满意率为96.3%。聚焦“提得好”，面向社会公开征集提案线索，编发提案选题参考，加强提案撰写辅导，为委员写好提案打好基础；着眼“办得实”，提请市委、市政府印发《关于进一步加强市政协提案办理工作的意见》，进一步优化提案办理机制，健全完善市领导领衔督办重点提案制度，市委主要领导带头督办《关于推进兴隆港产城融合发展区建设的提案》，14名党政领导和6位主席领衔督办20件重点提案，切实发挥重点提案办理的示范引领作用；注重“评得准”，完善考核指标体系，围绕办理形式、答复方式、办结反馈等6个方面组织综合评价，确保提案办理考核公正客观。全年向市委、市政府报送社情民意信息12篇，向镇江政协报送36篇，其中《医保大市统筹后群众获得感不强》得到镇江市政府主要领导批示，《基层反映长江十年禁渔工作需攻破四个难点》被省政协转报全国政协。姚毅、郭伟英、胡张林、杨阳、吴荣凤被市政协评为2022年度优秀社情民意信息员。（卢伟）

【关于推进城市精细化、常态化管理的建议案】 2022年4—7月，扬中市政协就推进城市精细化、常态化管理进行专题调研。在总结扬中城市精细化、常态化管理取得成效的基础上，指出城市管理的理念有待进一步提升、机制有待进一步优化、合力有待进一步加强等问题，并提出3点建议：更新观念，提升城市管理品位。强化全局观念，推进城市系统管理，强化法治观念，推进城市依法管理，强化民本观念，推进城市共同管理。优化机制，形成城市管理常态。在全面梳理现有各项制度的基础上，立足现实，着眼长远，高质高标完善制度体系，动真碰硬强化督查考核，常态长效推动制度落地。整合资源，凝聚城市管理合力。构建高位协调的指挥机构，在市级层面建立常态化的城市管理联席会议制度，加强物联网、云计算、大数据、人工智能等技术在城市管理中的应用，做到城市管理问题的快速发现、快速反应、快速处置、快速解决。（卢伟）

【关于加快人口导入激发城市活力的建议案】 2022年7—10月，扬中市政协就加快人口导入激发城市活力开展专题调研。在全面分析全市人口发展现状、影响的基础上，针对产业发展不充分、周边城市“虹吸效应”明显、出生人口显著下降、本土大学生外流、高层次人才引进困难、外来人口回流等问题，提出3点建议：鼓励“生”。将婚嫁、生育、养育、教育一体考虑，更好地释放生育潜能，推动实现适度生育水平，促进扬中市人口基数和结构的持续优化和均衡协调发展。积极“引”。依托扬中自然人文资源、特色优势产业和科技项目，紧扣重点行业和产业需求，统筹推进产业工人、高端人才、乡土人才等的引进培养。悉心“留”。围绕“吸引人、留住人、成就人”，构建系统完备的政策体系、服务体系与生活环境，让各类到扬中人员能够“沉下心”“留得住”。（卢伟）

委员工作

【市政协专题协商国家电子商务进农村示范县创建工作】 2022年5月11日，扬中市政协专题协商国家电子商务进农村示范县创建工作。实地察看江苏大航电子商务有限公司、镇江欧麦伦食品有限公司、江苏蔚来咖啡有限公司，听取市商务局工作情况通报。提出注重农村电商发展的顶层设计，促进实体店与网络销售同步发展；夯实市、镇、村三级物流配送体系，打造综合服务平台；通过金融信贷、整合资源等举措，全力扶持本地企业、农村“散户”发展电子商务；引导企业增强品牌意识，促进农产品标准化，打造本地特色品牌等建议。（卢伟）

【市政协考察全市残疾人权益保障工作】 2022年5月25日，扬中市政协考察残疾人权益保障工作。实地察看三茅街道“残疾人之家”、市残疾人综合服务中心，听取市残联工作情况通报。提出丰富助残举措，加强助残专业人才培养引进，推动“残疾人之家”建管并重，落实闭环管理、扫除助残服务盲区等建议。（卢伟）

【市政协民主监督加强中小学生生命安全和心理健康教育工作】 2022年6月27日，扬中市政协民主监督加强中小学生生命安全和心理健康教育工作。实地了解省扬高中、崇德小学、市一中等三所学校的生命安全和心理健康教育开展情况，听取市教育局工作情况通报。提出创新心理健康教育形式，提高趣味性，增强实效性；重视心理教师队伍建设，优化环境、提高待遇；注重党建带团建、团建带队建工作，通过形式多样的活动加强青少年思想道德教育；完善家访制度，及时掌握中小学生的家庭生活状况，为有需求的儿童家庭提供针对性服务等建议。（卢伟）

【市政协专题协商“一主六次”城乡公交体系建设工作】 2022年6月21日，扬中市政协专题协商“一主六次”

城乡公交体系建设工作。现场察看市公交客运总站、城北公交客运站,听取市交通运输局工作情况通报。提出借助大数据和人工智能技术的发展,实现公交资源优化配置;增加厂车经营业务,满足部分企业职工上下班需求;分时间、分路段设置"公交专用道",在节假日、上下班高峰期,增加公交班次等建议。(卢伟)

6月21日,扬中市专题协商"一主六次"城乡公交体系建设。图为现场察看市公交客运总站(政协供图)

【市政协专题协商企业合规改革试点工作】 2022年7月18日,扬中市政协专题协商企业合规改革试点工作。分别听取市检察院、税务局关于企业合规改革试点工作的情况通报。提出健全第三方监督评估机制配套制度,确保第三方机制依法运行;全面收集和分析企业经营发展中面临的合规方面问题和难点,提供针对性、科学性的"一对一"解决方案,打造一批合规示范样板;严格企业合规案件的监督审查、评估标准和工作流程,防止涉案企业利用合规制度,以假合规换取不起诉或免予刑事处罚等建议。(卢伟)

【市政协考察农业产业化发展情况】 2022年7月19日,扬中市政协考察全市农业产业化发展情况。实地参观立新村高效农业园、营房村稻鸭共作基地,听取市农业农村局工作情况通报。提出多渠道、多方式支持一二三产业融合发展,提高现代农业的发展品位和内在品牌建设水平,提高特色农产品知名度;培育一批新型农业产业化联合体,支持农业企业加大科技投入和引进先进技术等建议。(卢伟)

【市政协专题协商发挥产业联盟作用做大做强传统产业】 2022年9月15日,扬中市政协专题协商发挥产业联盟作用做大做强传统产业。实地察看大全集团凯帆开关、默勒电器生产车间,听取市经发局、新坝镇关于产业联盟筹建、运行以及今后的工作设想,提出发动联盟企业深化拓展与央企及"链主"企业合作,引导上下游企业来扬落户、协作配套;加强产业联盟常设机构建设,开展联盟企业之间的交流活动;产业联盟要引导企业正确、合理处理好"竞争"与"合作",坚持团结协作、互惠互利,避免恶性竞争等建议。(卢伟)

【市政协考察全市农村生活污水治理工作】 2022年9月20日,扬中市政协考察全市农村生活污水治理工作。现场察看市农村生活污水处理监控平台指挥中心,三茅街道锦程村、兴华村等处,实地了解污水处理设施远程监控管理、污水处理资源化利用、截污纳管改造等情况。听取镇江市扬中生态环境局关于全市农村生活污水治理工作的情况通报,委员从因地制宜确定治理模式、加强项目施工监管、尽快推动项目竣工验收、做好设施运行管护、确保河道水系畅通等方面提出意见建议。(卢伟)

【市政协考察沿江防洪保安基础设施建设工作】 2022年10月21日,扬中市政协考察全市沿江防洪保安基础设施建设工作。实地察看改建后的兴隆港闸站和正在翻建的六圩港闸站,了解通江闸站的除险改造情况。听取市水利局工作情况通报,提出进一步认真排查防洪设施存在的风险隐患,分清轻重缓急,抓好消险除患工作;集中力量抓重点,保障防洪保安重点工程建设,补齐设施短板;积极与上级部门沟通对接,加强项目谋划,争取多方支持,以高质量的防洪设施守护人民群众生命财产安全和经济社会稳定发展等建议。(卢伟)

【市政协专题协商全市乡村旅游工作】 2022年10月25日,扬中市政协专题协商全市乡村旅游工作。实地察看新坝镇立新高效农业园、三茅街道营房村,听取市文体广电和旅游局工作情况通报。提出根据乡村特点和具体条件,按照不同季节、不同时间段、不同文化场景策划,设计具有互动性、体验性、趣味性、娱乐性、知识性的文化产品;深入挖掘乡村文化底蕴,提炼让村民认同、让游客感知的文化符号,推动文化创意更多融入旅游业;持续开展农村人居环境整治提升,强化城乡公共设施配套,加快旅游功能区建设;突出宣传营销,精心策划旅游节庆活动,放大江岛河豚文化符号等建议。(卢伟)

【市政协考察数字经济发展工作】 2022年11月10日,扬中市政协考察数字经济发展工作。听取市经发局关于全市数字经济发展情况的通报,提出激发市场主体的内生动力,引导企业“愿意转”;根据企业发展实际,做好长远规划,量力而行,分阶段、逐步推动智能化改造和数字化转型;因企制宜、精准施策,帮助企业摸索出适合的“转法”,切实降低企业数字化转型的门槛和成本等建议。 (卢伟)

【市政协考察全市医疗保障工作】 2022年11月18日,扬中市政协考察医疗保障工作。实地察看三茅街道为民服务中心的医保窗口,了解“15分钟医保服务圈”建设情况。听取市医保局关于医保工作开展情况的通报,提出进一步加大医保新政的宣传力度,创新方式方法,不断提高群众对医保新政的知晓率;切实发挥医保基金杠杆作用,推动医联体建设,让优质的医疗资源和服务惠及更多群众;不断加强和改进基金监管,运用大数据在智能监管上做文章;持续深化医保“向日葵”服务品牌建设,努力在全国打响扬中医保服务品牌等建议。 (卢伟)

【市政协专题协商居家养老服务工作】 2022年11月29日,扬中市政协专题协商居家养老服务工作。实地察看中桥社区居家养老服务中心、扬中市智慧养老服务平台。听取市民政局工作情况通报,提出加强居家养老需求调查研究,强化顶层设计,制定适合全市居家养老服务工作相关扶持政策;加快推进长期护理险制度,缓解照护费用的压力;增加养老管理人员、养老储备人才、失能(失智)家庭成员照护等培训;加强对第三方公司运营的有效监管和规范,让各类活动定期、真实、持续地开展等建议。 (卢伟)

【有事好商量协商议事活动】 2022年,扬中市政协发挥“有事好商量”协商议事平台服务群众“零距离”、为民解忧“有温度”的优势,紧扣群众关切精准选题,精心组织协商议事月活动,参与委员150余人次,社会各界群众近200人次,为助力化解信访突出矛盾、推动长江大保护、整治农村杆线等提出建议30余条,助推解决福源村农旅项目瓶颈、西来桥学校图书馆扩建、新安村联组道路建设等问题。利用界别协商贴近基层、亲近群众的渠道优势,针对农村生活污水治理、优化村卫生室设置等召开协商座谈会,为深化农村人居环境整治,打通健康服务“最后一米”出点子、想办法、谋实招。 (卢伟)

【“乡村振兴—政协委员在行动”主题履职活动】 2022年3月,扬中市政协党组研究决定在市政协委员中开展“乡村振兴—政协委员在行动”主题履职活动;5月28日,举行“乡村振兴—政协委员在行动”主题履职活动启动仪式。主题履职活动重点围绕乡村旅游发展动员和组织全市广大政协委员深入农村、联系群众,深度融入、示范引领,通过牵线村企共建、助力乡村治理、积极建言献策等,把履职触角植入乡村振兴主阵地,把为民尽责融入富农增收主战场。 (卢伟)

5月28日,扬中市政协举行“乡村振兴—政协委员在行动”主题履职活动启动仪式(融媒体中心供图)

【“书香政协·同心筑梦”读书活动】 2022年,扬中市政协依托新坝镇梓阳园打造政协同心书院,搭建委员读书群,积极构建“线上+线下”“自读+共读”的多元读书格局。围绕统一战线史、扬中民俗、中国古典文学等主题,开展“书香政协”进民主党派、进中小学校园、进基层联络委等活动。一年来,向委员推荐《梁家河》《诗词里的家国天下》等各类书目10本,组织“奋进新征程 同心向未来”主题读书分享会8场。近百名委员参与其中,分享收获、交流感悟,努力将读书学习的成果转化为资政“金句子”、建言“金点子”、履职“金钥匙”。 (卢伟)

【政协委员履职能力提升培训】 2022年8月28—31日,扬中市政协十一届第一期委员履职能力提升培训班在东南大学苏州研究院举办。市政协主席于德祥作开班动员,市政协副主席陆国平、宫金生,以及45名市政协委员参加培训。培训采用课堂教学与现场教学相结合的形式,安排习近平总书记关于加强和改进人民政协工作的重要思想、中共十九届六中全会精神解读、城市人口导入、数字时代下的产业变革等理论讲座,组织参训委员实地考察苏州新城区以及平江路历史文化街区,感受苏州文蕴醇厚、文脉绵长的历史文化和繁荣富庶、开放包容的现代活力。赴常熟市沙家浜红色教育基地参观沙家浜革命历史纪念馆,感悟革命精神、坚定理想信念。 (卢伟)

纪检监察

综　述

【概况】 2022年，扬中市纪委监委在镇江市纪委监委和扬中市委的坚强领导下，全市纪检监察组织忠实履行党章和宪法赋予的职责，紧紧围绕中心、服务大局，知责担责，砥砺前行，持之以恒正风肃纪反腐，努力建设廉洁扬中，全面从严治党，群众满意度继续保持镇江各市、区前列，为扬中现代化建设提供坚强保证。 （陈彩云）

【审查调查】 2022年，扬中市纪委监委处置问题线索462件，立案240件，留置18人，移送检察机关12人，立案审查调查行贿人员17人，挽回经济损失5700余万元。运用“四种形态”处置分别占比为56.9%、33.5%、1.7%、7.9%。有序推进智慧纪委监委“四大平台”建设运用，着力提升工作效率。探索建立信访件办理“三色”预警、问题线索处置“三单”管理、案件质量管控“三项”评查的“3+3+3”工作模式，全过程实施办件质效的监督管控，案件质量评查跃居镇江各辖市区前列。在融资领域，果断查处城投公司王某、大航集团罗某某权钱交易、幕后交易、违规收取融资中介费等腐败问题，累计追赃挽损1亿余元。在土地领域，严肃查处土地收储中心刘某政商勾结、任性用权、扰乱市场等问题。在生态环保领域，从严从速查处生态环境局景某、蔡某某等环境污染背后的“黑手”。常态化开展“扫黑除恶”专项斗争，完善“打伞破网”长效机制，立案查处政法系统3人，重点查处市公安局刘某收受贿赂、徇私枉法等问题。针对案件暴露的短板漏洞，制发纪检监察建议15份，推动出台《扬中市市属国有企业重大事项管理意见》等制度机制21项。协助市委召开全市领导干部警示教育大会，拍摄警示教育片《吹响忠诚的号角》、廉政微电影《“校霸”的跌宕人生》，用身边事警醒身边人。稳步推进廉洁扬中建设，积极推动各镇(街道、经开区)按照“一镇一品”的思路，打造郭克生事迹陈列馆、“四千四万”精神展示馆等一批廉洁文化阵地。 （陈彩云）

重要会议

【中共扬中市第十三届纪律检查委员会第二次全体会议】 2022年2月8日，中共扬中市第十三届纪律检查委员会第二次全体会议在市行政中心会议中心江洲厅举行。全会深入学习贯彻习近平总书记在十九届中央纪委六次全会上的重要讲话和中央纪委、省市纪委全会精神，审议通过巫晓辉代表市纪委常委会所作的《努力建设人民满意的廉洁扬中 以优异成绩迎接党的二十大胜利召开》工作报告。会议表决通过市纪委十三届二次全会工作报告和决议。 （陈彩云）

2月8日，中共扬中市第十三届纪律检查委员会第二次全体会议召开 （融媒体中心供图）

【全市领导干部警示教育大会】 2022年1月15日，扬中市召开领导干部警示教育大会。与会人员观看警示教育片《底线》，会议要求，各级党员干部要开展彻底的自我革命，增强全面从严治党永远在路上的政治自觉，决不能滋生已经严到位的厌倦情绪。要拿出彻底的自我革命精神抓好管党治党“头等大事”，坚决扛起“两个责任”。要抓紧责任“闭环”，层层发力，倒逼责任在肩、任务落地。要握牢反腐“利剑”，确保不敢腐、不能腐、不想腐一体推进，以风清气正的政治生态，保障扬中高质量发展走在前列。（陈彩云）

【党史学习教育总结会议】 2022年1月27日，扬中市纪委监委召开党史学习教育总结会议，深入学习贯彻党中央和省、市党史学习教育总结会议精神，全面总结党史学习教育工作成效，部署巩固拓展学习教育成果。会议指出，自党史学习教育开展以来，市纪委监委迅速行动、系统推进，示范引领、上下联动，领办难题、办好实事，党史学习教育预期目标显现，纪检监察干部受到全面深刻的政治教育、思想淬炼、精神洗礼，达到学党史、悟思想、办实事、开新局的目的，取得明显成效。会议强调，党史学习教育是一项长期政治任务，要继续把党史总结、学习、教育、宣传引向深入，引导纪检监察干部大力弘扬伟大建党精神，坚守初心、勇担使命，奋力谱写扬中纪检监察事业新篇章。持续深化以“理”化人，坚决捍卫“两个确立”、践行“两个维护”。持续深化以“信”育人，时刻坚定信仰信念、厚植为民情怀。持续深化以“德”立人，不断锤炼坚强党性，锻造过硬作风。持续深化以“行”树人，切实强化使命担当，护航发展大局。（陈彩云）

【首次向市人大常委会报告专项工作】 2022年10月27日，在扬中市十八届人大常委会第五次会议上，监委主任巫晓辉代表市监委作关于整治群众反映强烈问题工作情况的报告，是监委首次向市人大常委会报告专项工作。报告指出，监察体制改革以来，市监委在上级纪委监委和扬中市委的坚强领导下，在市人大及其常委会的监督支持下，依法履行宪法和法律赋予的职责，坚持以人民为中心的根本政治立场，持续整治群众身边的腐败和作风问题，让群众真正感受到全面从严治党就在身边，监察监督就在身边。全面从严治党群众满意度连续多年保持镇江前列。市监委将始终坚持以习近平新时代中国特色社会主义思想为指导，深入贯彻党中央决策部署，认真落实上级纪委监委和市委工作要求，围绕解决群众反映强烈的突出问题抓监督、严问责、促落实，通过“加强党的领导，健全问题治理机制”“主动接受人大监督，有效推动标本兼治”“聚力做好主责主业，持续深化正风反腐”“充分运用数据赋能，构建长效监管机制”，推动整治工作向纵深发展。（陈彩云）

党风廉政建设和反腐败斗争

【政治监督】 2022年以来，扬中市坚决落实市纪委常委会“第一议题”制度，及时跟进学习习近平总书记最新讲话精神23次，深刻理解党中央、省市委重大决策部署，自觉用以武装头脑、指导实践、推动工作。特别是中共二十大召开后，引导全市纪检监察干部深入学习贯彻全面从严治党新部署新要求，更加坚定捍卫“两个确立”，坚决做到“两个维护”。坚持围绕中心大局，找准政治监督的切入点、关键点，制定监督工作清单，明确6个方面29条工作举措，监督检查发现各类问题473个。专班化跟进监督“3·29”及后续多轮本土疫情，开展一线督查46次，督促整改问题65个，查处涉疫违规违纪问题3起，党纪政务处分5人。重点推进中央环保督察反馈问题问责调查，对相关人员提出问责建议，采取留置措施2人。持续深化粮食购销领域腐败问题专项整治，立案查处9人，其中留置1人，党纪政务处分8人。协助市委制定“两个责任”清单及《关于加强对“一把手”和领导班子监督的实施细则》。用好廉情通报、交办和反馈制度，共通报廉情22条，创新设立“廉情码”，强化跟踪问效，有力推动主体责任落实，相关经验做法被《中国纪检监察报》深度报道。坚持审慎问责，问责管党治党主体责任缺失、监督责任缺位等履责不力的7名领导干部和1个党组织。深化运用容错纠错机制，研判并上报2起容错纠错案例，激励干部担当作为。严格党员干部党风廉政意见回复审核把关，累计回复2306人次。（陈彩云）

【执纪为民】 2022年，扬中市纪检监察组织接收信访件236件，其中检举控告件94件，比上年下降45.7%。推广运用基层小微权力“监督一点通”平台，累计访问16万余次，受理投诉事项74条，按期办结率100%，群众满意率99.4%。聚焦群众关注的国有资产、养老社保、教育医疗等10个领域开展专项监督，查处群众身边腐败和不正之风问题23起、31人，通报典型案例11起、11人。紧盯国有资产租赁管理，深入核查资产项目不全面、台账管理不规范、租金收缴不及时、资产管理制度不健全4类、17个问题，立案查处7人，运用“第一种形态”处置5人，累计推动收回欠缴租金2340余万元。紧盯村级小微工程监管，发现问题线索6起，立案查处3人。持续推进特殊困难群体救助帮扶和妇女儿童权益保障问题专项排查整治，立案查处10人。靶向施治医疗机构可能存在的过度检查、乱收费等问题,监督推动建立健全诊疗项目收费监管等机制 4 项,有效维护群众基本医疗保障权益。嵌入式监督推进低保注销工作,清退不符合条件的低保对象 213 户、287 人,特困对象 51 人。市监委以整治群众反映强烈问题工作情况为主题,首次向市人大常委会作专项工作报告,主动接受人大监督。　(陈彩云)

纪委基层小微权力"监督一点通"平台

(融媒体中心供图)

【作风建设】 2022 年,扬中市纪委监委开展"清风行动",成立 8 个专项工作组,针对违规公款吃喝、违规接受宴请、违规收送礼品礼券购物卡等问题开展联合检查,坚决狠刹"歪风"。与公安机关创新建立现场联合查处、问题线索移送、处置和综合治理等"四项机制",持续推进党员干部酒驾醉驾问题专项治理。查处违反中央八项规定精神问题 22 件、34 人, 党纪政务处分 33 人,印发专项通报 11 期,查处党员干部酒驾醉驾问题 25 人,形成有力震慑。坚持把移风易俗作为纠治"四风"的重要内容,严肃整治大操大办、铺张浪费等不良社会风气,制定出台《关于规范党员干部操办婚丧喜庆事宜的暂行规定》,在全市发出移风易俗倡议,引导党员干部自觉抵制讲排场、比阔气的陋习,努力营造风清气正、向上向善的良好氛围,积极培树新风正气。围绕统筹协调、查处问责、通报曝光、整改评价等方面,形成纠治"四风"工作闭环。针对村组存在的财务管理薄弱环节,督促财政和农业农村部门联合制定《扬中市农村集体经济组织财务管理办法》,堵塞违规支出等漏洞。监督推动涉粮专项巡视巡察发现问题整改, 督促制定完善公务接待和财务管理制度,从源头防止"四风"问题反弹回潮。　(陈彩云)

【政治巡察】 2022 年,扬中市纪委监委制定下发《十三届市委巡察工作规划》。以系统化推进的模式,分别围绕国有企业、民生领域和群团组织等 20 家党组织开展两轮常规巡察。首次同步开展选人用人专项检查,突出对"一把手"的精准画像。两轮巡察发现各类突出问题 207 个,提出意见建议 75 条,推动解决立行立改问题 8 个,移交问题线索 36 件,推动巡中立查立处 6 人。协助市委制定巡视整改方案和 "问题清单""任务清单""责任清单"。建立健全重点难点问题月度研判、现场调度,"问题清单"适时提醒、督办通报等工作机制,发出提醒函 8 份,印发《督查专报》4 期。省委巡视反馈的 26 个问题中,已完成整改问题 5 个,按计划持续推进整改问题 21 个, 其中由市纪委监委牵头的 7 个问题已完成整改 3 个。构建贯通联动、齐抓共管的巡察工作格局,"面对面"向分管市领导反馈巡察情况 9 次,向被巡察单位主要负责人发放落实督查整改责任提醒函 7 件次。强化"纪巡联动""巡审协作",对十二届市委巡察"回头看"及十三届市委第一轮巡察的 12 家党组织开展巡察整改专项督查, 推动反馈问题真改实改。　(陈彩云)

【队伍建设】 2022 年, 扬中市纪检监察系统坚持常态化开展"对党忠诚"系列活动,通过举办"行走党课"、开展对党忠诚标准"大讨论",教育引导纪检监察干部锤炼忠诚政治品格。积极配合做好疫情防控、文明城市创建等志愿服务, 彰显纪检监察干部良好形象,1 人获扬中青年五四奖章,1 人获评一线优秀党员先锋。实行"青蓝结对+导师帮带"的"1 对 1"培养模式,用好"青年新语"座谈会、清风讲堂业务培训班等载体,通过专家讲学、骨干领学、交流互学等形式,组织纪检监察工作实务讲学研讨,助力固强补弱。选派 40 余人次参加巡视巡察、信访接待和专案办理,一批年轻干部在实践锻炼中崭露头角。着力强化村级纪委书记队伍建设,通过印发履责清单、举办专题培训班等方式,巩固村级监督"前沿阵地"。召开全市纪检监察系统自身建设大会,通报纪检监察干部违规违纪违法问题和自身建设问卷调查结果,强化刀刃向内的自我革命。严格落实非工作时间"五倡导五规范十严禁"要求,教育引导纪检监察干部心存敬畏、知止知改。坚持严管与厚爱结合,先后为 3 名受到不实举报的纪检监察干部澄清正名。　(陈彩云)

民主党派·工商联

民主党派

【概况】 2022年,扬中市各民主党派发挥人才智力优势,履行参政议政职能,切实加强自身建设,主动参与民主监督,组织开展社会服务活动,不断增强各党派基层组织的凝聚力和战斗力。各民主党派成员在各条战线全力以赴、主动担当,坚决服从市委市政府部署安排,贡献民主党派力量。民主党派与党和人民勠力同心、共克时艰,继续发扬“出主意、想办法、做好事、做实事”的优良传统。截至年末,扬中民盟、民建、农工党、九三学社4个民主党派有成员102人,其中民主同盟会盟员54人、民主建国会会员10人、农工民主党党员23人、九三学社社员15人。有镇江市人大代表3人,镇江市政协委员4人,扬中市人大代表2人,扬中市政协委员22人。 (倪旭杰)

【民主党派代表参与督查推进文明创建工作】 2022年10月20日,扬中市委书记张德军带队督查推进文明城市创建工作,民主党派代表受邀参加。张德军要求各地各部门要持续在创建细节上入手,完善长效管理机制,高标准高水平推进全国文明城市创建工作。活动过程中,民主党派成员代表纷纷就全市创文工作提出意见建议,帮助市委、市政府更精准、更有效地履行职责,使民主监督真正落到实处,取得实效。 (倪旭杰)

【庆祝民盟扬中基层组织成立八周年暨主题教育推进会】 2022年6月20日,民盟扬中总支“庆祝民盟扬中基层组织成立八周年暨主题教育推进会”在扬中市农业技术推广中心举行。扬中市委统战部副部长、台办主任张俊,结对共建、对口联系单位代表扬中市城管局副局长赵启生,民盟扬中总支全体盟员参加会议。会议学习2022年全国两会精神,传达民盟镇江市委“矢志不渝跟党走,携手奋进新时代”主题教育动员部署会相关文件精神,总结回顾民盟扬中基层组织成立8年以来的工作,并对下阶段工作提出要求,表彰烛光行动、支教工作先进个人、2021年度民盟镇江市委先进个人、民盟扬中总支2022年度先进个人。会上,部分受表彰代表结合盟务工作上台发言,新盟员自我介绍,并举行宣誓仪式。 (倪旭杰)

【九三学社科技服务进企业活动】 2022年5月20日,镇江市政协副秘书长、九三学社镇江市委专职副主委何锦润,带领九三学社镇江市委会社会服务调研组成员以及镇江市九三学社科技服务团队,走进扬中开展“科技服务助力产业强市”活动。九三学社一行参观新坝镇华北电力大学扬中智能电气研究中心,详细了解扬中人才工作情况和校地共建产学研合作情况。镇江九三学社科技服务团与扬中市科技局签订科技转化合作框架协议,双方围绕如何发挥科技创新在扬中经济发展中的助推作用,扮演好高质量发展加速器角色等有关主题深入交流。 (倪旭杰)

工商联

【概况】 2022年,扬中市工商业联合会新增扬中经开区新星村商会和双跃社区商会2家商会,有基层商(协)会29家,会员总数2970个。扬中市安徽商会获评全国“四好”商会,扬中市青企会、扬中市装潢业商会和扬中市油坊镇同德村商会获评江苏省“四好”商会。实施“四季暖扬”助企惠企专项行动,组合机动服务团队,切实发挥统一战线民营经济协调机制作用。开展江洲大家讲堂暨“四千四万”精神宣讲会,分享老一辈企业家创业经验,激发年轻一代企业家实干敢干热情。持续实施“创二代”培育工程,推动“新时代企业家精神师承计划”,新结成新型“师徒关系”5对。与扬中市检察院联合下发《关于建立服务非公有制经济发展协作执法的实施意见》,与扬中市法院联合下发《关于民营经济领域纠纷诉调对接工作的意见》,持续优化营商法治环境,保障民营企业健康发展。与扬中市农商行开展党组织共建暨战略合作签约仪式,携手服务实体发展、助力稳住经济大盘。组织扬中市青企会、扬中市安徽商会以及大全集团、威腾集团等企业,共同参与西来桥镇东来村帮扶工作,成立镇江市联兴生态农业有限公司,助力乡村振兴。 (温剑)

【民企(商会)挂钩帮促东来村】 2022年10月26日,“村企联建 富民强村”镇江市民企(商会)挂钩帮促东来村活动在西来桥镇文体中心举行。会议举行镇江市联兴生态农业有限公司揭牌仪式、村企联建签约仪式、民营企业捐赠仪式、荣誉奖牌授牌仪式以及座谈交流。7月,镇江市工商联、扬中市工商联牵头协调6家商会(镇江南通商会、镇江安徽商会、镇江浙江商会、镇江市青企会、扬中市安徽商会、扬中市青企会)和4家民营企业(大全集团、威腾电气、西斯工业、瑞祥科技集团)共同筹集启动资金80万元,帮扶东来村成立村办企业——镇江市联兴生态农业有限公司,所有经营生产利润全部用于促进村集体增收、助力公益事业、推动乡村振兴。 (温剑)

10月26日,镇江市民企(商会)挂钩帮促东来村活动 (西来桥镇供图)

【“四季暖扬”助企惠企行动】 2022年5月17日,扬中市民营经济统战工作协调机制暨“四季暖扬”助企惠企行动工作会议召开。会议宣读扬中市委书记张德军关于做好扬中民营经济统战工作的“批示”,部署“四季暖扬”助企惠企行动,并为“四季暖扬”助企惠企行动“监督评估员”颁发聘书。会议举行“扬中市非公经济综合服务中心”揭牌仪式,为“第二批镇江市民营企业文化建设示范单位”“镇江市民营经济人士理想信念教育基地”授牌;宣读新时代新型企业家精神师承计划结对名单并颁发结对证书。“四季暖扬”助企惠企行动是在“两个健康”(非公有制经济健康发展和非公有制经济人士健康成长)促进行动的框架下,对2021年服务民营企业活动的延续和深化。搭建政企沟通协商议事平台载体,专题召开民营经济统战工作“议企想办法”座谈会,梳理汇总助企惠企走访行动五大类、156项问题现场交办,为民营企业纾困解难,做到把企业家当家人,把企业事当家事。加强青年企业家队伍培养锻造,举办“江洲大家讲堂”首期活动,以传承发扬“四千四万”精神为主题,邀请老一辈党员、企业家为青年一代创业者传道授业。 (倪旭杰、温剑)

【党建共建暨战略合作】 2022年10月31日,扬中市工商联与扬中市农商行举行党建共建暨“携手服务实体发展,助力稳住经济大盘”战略合作签约仪式并召开银企座谈会。双方将以党建共建为契机,发挥党建乘数效应,促进双方持续健康发展,做好服务“三农两小”(农村、农业和农民,小微金融,小区金融)事业,善作善为,实现地方经济、普惠金融、政银企对接互利共赢,在服务地方经济发展中找到最大公约数,画出最大同心圆,奏出时代最强音。 (温剑)

【江洲大家讲堂活动】 2022年12月9日,扬中市工商联举行江洲大家讲堂启动仪式暨“四千四万”精神宣讲会,深入学习贯彻习近平新时代中国特色社会主义思想和中共二十大精神,弘扬“四千四万”精神。会上,邀请扬中原市委书记陆朝银、老一辈企业家代表宜禾股份有限公司董事长马金芳为年轻一代企业家分享“四千四万”精神的由来以及创业故事。 (温剑)

12月9日,江洲大家讲堂启动仪式暨“四千四万”精神宣讲会 (统战部供图)

群众团体

扬中市总工会

【概况】 2022年，扬中市有基层工会组织755家，其中独立建会企业630家，村(社区)联合工会82家，行业工会7家。6个镇(街道、经开区)全部建立总工会，局(公司)工会工作委员会22家，直属基层工会27家。市总工会以中共二十大召开为契机，将深入学习贯彻习近平新时代中国特色社会主义思想作为首要政治任务，开展"双进"活动(劳模精神进校园，思政教师进企业)，联合多部门开展"新时代 新思想 新理论"主题宣讲活动。推进文化聚力工程，开展职工创意主题微视频征集行动、职工"书画献礼"行动，推进"小工会大舞台"文化品牌建设，开展职工"竞技嘉年华"行动。做好各类先进典型的推荐评选工作，组织推荐全国工人先锋号、省工人先锋号各1个，省"五一劳动奖章"、省"五一劳动荣誉奖章"、省"五一巾帼标兵"各1人。命名扬中市"五一劳动奖状（章)""十佳新市民""五一巾帼标兵(岗)"等先进集体和个人。落实小微企业工会经费返还政策，返还工会经费399万余元，减轻小微企业负担。持续推进产业工人队伍建设改革工作，开展"双领双争"(党政领航，争做产改引路人；名匠领军，争当产改先锋队)主题活动。常态化开展劳模创新工作室创建活动，培树扬中市级劳模创新工作室3家，镇江市劳模(工匠)创新工作室2家。开展"8+X"("8"为健康服务、专项保险、入会服务、暖"新"礼包、困难帮扶、能力提升、法律服务、心理咨询，"X"为各级总工会根据自身实际加载的特色服务项目)综合服务集市活动。开展夏季"三送"活动，向快递小哥、外卖配送员、货车司机等新业态群体赠送防暑降温物资420余份，慰问户外劳动者1000余名。开展"工会常伴 贴心送温"慰问活动，向全市百余家企业900余名职工发放送温暖资金及物资43.611万元，联合市餐饮协会为100名困难职工送年夜饭。为8名困难职工发放2.1万元医疗救助金。职工互助保障累计赔付慰问189人次，慰问金额90.8万元。实施女职工康乃馨服务计划，新建女职工康乃馨服务站16家，开展康乃馨志愿服务活动8场次。分别举办"七夕"汉服主题派对和"扬中有你才精彩，此心安处是吾乡"青年职工交友联谊活动。开展"尊法守法·携手筑梦"服务农民工公益法律服务行动，开展"和谐发展 法治护航""五一" 劳动法治宣传暨民法典宣传进企业活动，赠送《中华人民共和国民法典》《中华人民共和国劳动法》等书籍资料750余份。推进"两新"组织(新经济组织和新社会组织)规范建会，全面开展小微企业集中建会行动。新建基层工会41家，发展会员1771名，其中"四群八链"[高端装备制造、生命健康、数字经济、新材料四大产业集群；Θ新型电力(新能源)装备、汽车及零部件(新能源汽车)、高性能材料、医疗器械和生物医药、新一代信息技术、航空航天、海工装备、智能农机设备八条重点产业链]规模以上企业及小微企业、社会组织工会29家。推动新业态群体及相关企业工会组织成立扬中市外卖配送行业工会联合会和道路货运行业工会联合会，发展会员500余名。深化非公企业党建带工建"三创争两提升"(创争先进党支部、创争模范职工之家、创争工人先锋号，提升政治引领力、提升群众组织力)活动，星河集团获江苏省非公有制企业党建带工建"三创争两提升"活动示范单位。威腾集团获镇江市十佳模范职工之家。扬中市总工会代表队在"互助保障杯"集体协商业务技能竞赛中获团队一等奖。市总工会获"江苏省文明单位"荣誉称号。 (朱艳)

【庆祝"五一"国际劳动节大会】 2022年4月28日，扬中市召开庆"五一"先进代表座谈暨复工复产推进会。市长贾晟主持会议。会议要求各级党组织要全力支持工会开展活动，做好党政所需、职工所急、工会所能的事情；各级工会组织强化服务意识、改进工作作风，努力打造广大职工群众的"温馨之家""幸福之家"；全社会要用劳模精神引领风尚，用劳动精神激发干劲，用工匠精神凝聚力量，让每一个劳动者都能"跑起来""干起来"，合力共创"江中明珠"新荣光。4月27—28日，扬中市举行庆"五一"先进代表授荣仪式，向一批先进个人

和先进集体授荣。（朱艳）

【"8+X"综合服务集市】 2022年8月31日,扬中市总工会举行苏工暖"新"行动——"8+X"综合服务集市走进扬中暨扬中市道路货运行业工会联合会揭牌仪式。"8+X" 综合服务集市活动是2022年全省新就业形态劳动者工会工作的重点内容,旨在对货车司机、网约车司机、快递员、外卖配送员等新就业形态群体劳动者提供精准服务。"8"为健康服务、专项保险、入会服务、暖"新"礼包、困难帮扶、能力提升、法律服务、心理咨询等项目,"X" 为各级总工会根据自身实际加载的特色服务项目。道路货运行业工会联合会的成立将进一步扩大工会组织覆盖面,让更多的新就业形态劳动者找到"娘家"。活动中,320余名外卖小哥、货运司机等新就业形态劳动者加入道路货运行业工会联合会,扬中专场活动为期两天,省总工会派出9名医护人员及流动体检CT车为此次活动"保驾护航",以"新"形式为现场320余名货车司机、外卖小哥等提供贴心体检服务,包含肝功肾功(抽血)、CT(胸、肺)、骨密度、血压等检查项目。（朱艳）

8月31日,扬中市总工会举行苏工暖"新"行动
（总工会供图）

【扬中市工会第十五次代表大会】 2022年10月26日,扬中市工会第十五次代表大会召开。扬中市委书记张德军出席会议并讲话,镇江市总工会党组书记、副主席、二级巡视员胡云霞致辞,扬中团市委书记陈健代表群团组织致贺词,扬中市人大常委会党组成员、市总工会主席祝寒冰代表扬中市总工会第十四届委员会作题为《踔厉奋发、勇毅前行——引领全市职工为扬中现代化建设团结奋斗》的工作报告,镇江市总工会党组成员、副主席吕毓蕾,扬中市委常委、组织部部长孙丽君,副市长汪少华出席会议。大会审议通过扬中市总工会第十四届委员会工作报告、财务工作报告、经费审查委员会工作报告。选举产生扬中市总工会第十五届委员会委员、经费审查委员会委员。扬中市委常委、组织部部长孙丽君出席闭幕式并讲话。扬中市总工会第十五届委员会第一次全体会议选举产生扬中市总工会第十五届委员会主席、副主席、常委,经费审查委员会主任、副主任。（朱艳）

共青团扬中市委员会

【概况】 2022年,扬中市有基层团组织986个,其中基层团(工)委42个,团(总)支部890个。下有团员1万余人,其中新发展团员322人。扬中团市委贯彻落实习近平总书记关于青年工作的重要思想,紧盯共青团重点工作,压实压紧责任,聚焦目标任务。县域共青团基层组织改革试点获评全国"优秀"等次,改革经验入选《团中央县域改革案例选编》,3家青年集体被认定为"一星级全国青年文明号"。以庆祝建团100周年为契机,评选首届"扬中青年五四奖章",组织全市各级团组织收看庆祝中国共产主义青年团成立100周年大会,举办扬中市学习贯彻习近平总书记在庆祝中国共产主义青年团成立100周年大会上的讲话精神座谈会。开展扬中团史、青年运动史、少先队史资料征集活动,举办团史展览。依托"党群服务中心""农家书屋""党员活动室"建成"青年之家""青年学习社""清凉补给站""青春驿站"等青年阵地9处,设立"青年议事厅"和"青年会客厅",开展学习教育等宣讲36场、联青服务等活动10余次。持续开设 "马克思主义·岛城青年说"专栏,发布80期。建好用活红色"青年学习社"和线路。打造三茅街道"初心学堂"、八桥"红船""红旗"等3家红色青年学习社和新坝镇"我送亲人过大江"青年学习社线路,开展"青春礼赞新时代 青年追梦复兴路"等主题教育实践活动。召开共青团扬中市第二十次代表大会,完成团组织换届,产生委员21名、候补委员9名,配齐配强团市委"3专1挂2兼职"班子。联合市委组织部开展"对党绝对忠诚"专题青年论坛,启动老干部与共青团"牵手助跑"第三季活动。推进行业系统团的建设,建立 "快递物流行业团工委""外卖行业团工委",设立"青年微驿站"。制定《共青团扬中市委关于贯彻落实〈全面从严治团实施纲要〉的实施意见》。拍摄录制《扬中市"喜迎二十大 永远跟党走 奋进新征程"新团员入团仪式参考流程》视频,举办2022年示范性入团仪式。下发《关于进一步加强学校发展团员工作的通知》,排查团员档案100余份。服务青年创新创业。承办扬中市第二届青年人才大会,启用扬中市"青年人才驿

站”，发布“青雁归巢”青春大礼包，开展“千名学子看扬中”活动，开展大学生暑期实践活动，促进大学生毕业回乡就业创业。联系服务新兴领域青年，拍摄青年星推官招募视频，打造吾悦广场“团团直播间”，举办新媒体从业者代表座谈会。引导青年建功立业。联合安委办开展“青年商会杯”全市青年安全新媒体作品征集活动，贯彻落实团省委“四进四促”（推动青年人才进乡村、推动青商企业进乡村、推动“青字号”金融资本进乡村、推动青年风尚进乡村和促进乡村青年人才发展、促进乡村困难学子成长、促进乡村文化生活丰富、促进乡村社会治理提升）乡村振兴青春行动。举办青年企业家“智改数转”信息化沙龙，开展“青商进税务 共话发展路”优化营商环境税企活动，开展“镇”好遇见你——扬中“红色文化”专场相亲活动。发布《关于号召全市团员青年、少先队员开展“青春战疫行动”的倡议书》，组织2000余名青年志愿者、300余支青年突击队常态化投身疫情防控，组织青商会企业、青联委员捐款捐物140万元，发挥生力军和突击队作用。希望工程“梦想改造+”关爱计划纳入2022年民生实事，完成26间“梦想小屋”建设。开展希望工程“圆梦行动”，助力12名困境学子圆梦大学。联合消防救援大队赴特教中心开展“爱在扬中，伴您成长”学雷锋志愿行活动，关爱慰问特殊儿童。在“禁毒日”等关键时间节点做好普法宣传工作。夯实少先队基础组织体系。召开扬中市少工委五届二次会议，推行“少先队员证”，下发《2022年度学校共青团、少先队工作评估细则的通知》。标准化、规范化建设“六有”（有班子、有制度、有场地、有师资、有课程、有经费）中学团校，联合教育团工委赴全市中学中职检查发展团员工作。完善“红领巾奖章”评价体系，做好市级二星章评比。拓展社会化实践育人体系。印发《关于推进镇（街道、经开区）、村（社区）少先队组织建设的实施意见》，成立6个镇（街、区）少工委，发布《扬中市校外少先队实践教育地图》，组建扬中市“校外辅导员资源库”，增强少先队社会工作力量。建强校外辅导员队伍。组建扬中市“校外辅导员资源库”，聘请120余名优秀党员、团员、团干部、青联委员和各条战线先进人物、“五老”、优秀家长等担任少先队校外辅导员。团市委位列全省96个县（市、区）第六位，获评2021年度全省共青团工作先进单位，团扬中市委书记陈健获2021年度全省共青团工作先进工作者称号，扬中市代表队获得“2022年镇江市少先队辅导员基本功大赛”团体金奖。 （戴颖）

【共青团扬中市委十九届五次全会】 2022年3月9日，共青团扬中市委十九届五次全会召开。市委常委、组织部部长孙丽君出席会议并讲话。会议回顾总结2021年工作，分析当前工作形势，研究部署2022年任务，动员全市各级团组织和广大团员青年青春向党，勇毅前行，在创造“江中明珠”更大荣光的新征程上谱写更加绚丽的青春篇章。会议通报2021年度全市共青团工作综合评估结果，并为2021年度全市共青团工作先进单位及先进个人颁奖；三茅街道团工委、新坝镇团委、市场监管局团委、市一中团委分别围绕主题作交流发言。会议传达团省委、团镇江市委全会精神；专题宣讲中共十九届六中全会精神。 （戴颖）

【首届“扬中青年五四奖章”评选】 2022年4月，扬中市启动首届“扬中青年五四奖章”评选，集中展示新时代扬中青年的精神品格和价值追求，发挥青年典型的模范带头作用。经过组织推荐和个人自荐、综合评议、集体研究、人选公示等程序，5月，团市委授予王琦等15人首届“扬中青年五四奖章”，授予大全集团有限公司信息中心数字智造团队等15个青年集体首届“扬中青年五四奖章集体”称号。 （戴颖）

【快递物流行业团工委成立】 2022年6月6日，扬中市快递物流行业团工委揭牌成立，发布“团建联盟”系列服务项目，涵盖在快递物流站点建立维权服务站、与扬中农商银行合作创建青春驿站，提供休憩服务场所、举办职业技能提升培训班等暖心项目。“团建联盟”系列服务项目，旨在协同多方力量，汇聚定向服务资源，切实为快递物流从业人员办一批实事，解决一批实际困难，提升快递物流行业青年的获得感和幸福感。团市委引导团工委提高认识，全面推进行业团建工作，加快组织覆盖，提升服务精准度，把更多的行业青年纳入治理体系中，引领行业青年加强行风建设、展示服务水平、促进职业文明，在快递员学习成才、权益维护、职业技能、婚恋交友、人文关怀和心理疏导等方面提供咨询和服务，增强共青团的影响力、凝聚力。 （戴颖）

【“老青牵手话忠诚”现场展示暨老干部与共青团“牵手助跑”第三季活动】 2022年6月28日，“老青牵手话忠诚”现场展示暨全市老干部与共青团“牵手助跑”第三季活动启动仪式举行。第三季“牵手助跑”首场活动——“老青牵手话忠诚”展示活动同日举行。经过前期初赛选拔，经开区、教育局、税务局、医保局、财政局、电信公司、自然资源和规划局、卫健委8家单位的选手参加决赛。活动现场，8组选手围绕主题，通过演讲、微宣讲、朗诵、访谈等形式，讲述履职感悟、工作思考、使

命担当,奋力发出"对党绝对忠诚"誓言,展现新时代青年在党言党、在党忧党、在党为党的精神风貌。(戴颖)

6月28日,"老青牵手话忠诚"现场展示暨全市老干部与共青团"牵手助跑"第三季活动启动仪式举行
(融媒体中心供图)

【"青春护苏 青安岗在行动" 安全生产月系列活动】2022年6月,全国第21个"安全生产月",江苏省第29个"安全生产月",扬中团市委组织镇(街道、经开区)联动开展"青春护苏 青安岗在行动"安全生产月系列活动。活动邀请各镇(街道、经开区)安监办负责人以及部分青联委员、青商会员代表,共同走进青安岗代表企业,深化青安岗"千岗走千企"行动。(戴颖)

【共青团扬中市委十九届六次全会】 2022年8月26日,共青团扬中市第十九届委员会第六次全体会议召开。会议传达学习共青团江苏省委关于做好2022年市县和基层团组织换届工作的部署要求,通过关于召开共青团扬中市第二十次代表大会的决议。全会决定共青团扬中市第二十次代表大会于2022年9月下旬召开。(戴颖)

【中国共产主义青年团扬中市第二十次代表大会】2022年11月25日,共青团扬中市第二十次代表大会召开。大会听取并审议通过由共青团扬中市第十九届委员会《永葆初心跟党走,勇挑大梁敢担当,为创造"江中明珠"更大荣光贡献青春力量》工作报告。大会选举产生共青团扬中市第二十届委员会委员21人、候补委员9人,出席共青团镇江市第十八次代表大会代表24人。召开共青团扬中市第二十届委员会第一次全体会议,选举产生共青团扬中市第二十届委员会常务委员会委员13人,陈健当选为团市委书记,赵文浩、徐嘉莲、季成辰(挂职)、徐美玲(兼职)、张群(兼职)当选为团市委副书记。(戴颖)

扬中市妇女联合会

【概况】 2022年,扬中市直属妇联组织27个,其中有镇(街道、经开区)妇联5个,经开区妇工委1个;市级机关妇工委1个;其他机关部门妇联组织20个,14个改建妇联,6个妇委会;村(社区)妇联组织85个。获评全国家庭工作先进个人1名,省级巾帼文明岗和巾帼建功先进集体各1个、省级最美家庭5个,妇联组织建设和改革工作受到省妇联高度评价,30余篇工作案例和报道被"学习强国"学习平台、《中国妇女报》、"江苏女性"微信公众号选用。新坝镇"企业党建带妇建"工作生动开展,三茅街道"亲子研学"传承家庭文明,八桥镇巾帼微宣讲深入人心,西来桥镇率先开展产业链妇联建设,油坊镇集镇妇联建设获得上级妇联肯定,经开区妇工委创新人才联谊服务;市教育局、市农业农村局、市住建局、市交通局、市自然资源和规划局等单位妇建工作各有特色。(周云)

【妇联轮值交流计划】 2022年5月12日,扬中市妇联策应市委组织部"三强三比加速跑 奋楫争先建新功"主题活动,结合妇联年度重点工作安排,以轮值交流形式,由各级妇联组织轮流当值,牵头开展特色工作点位观摩学习和座谈研讨活动,上下联动、一体推进重点工作项目和阵地建设。轮值交流活动首站在新坝开启,参观位于立新村高效农业园的"镇江市'田妈妈'田间课堂打造点",新安村大浪集团非公企业妇建工作打造点和新坝镇妇儿活动中心文明实践巾帼志愿阳光站打造点。(周云)

【"岛城荣光·巾帼有为"项目发布暨扬中市女科技工作者联盟成立仪式】 2022年3月7日,扬中市妇联"岛城荣光·巾帼有为"项目发布暨扬中市女科技工作者联盟成立仪式在金陵大酒店举办。市领导、各镇(街道、经开区)和相关单位领导,各级妇联组织负责人和女科技工作者代表等参加活动。活动现场,市领导共同启动"岛城荣光·巾帼有为"项目,为参与项目的基地、团队授牌;为扬中市女科技工作者联盟政策顾问和科研导师代表颁发聘书。"岛城荣光·巾帼有为"项目重点开展"强国复兴有我"巾帼宣讲行动、女性人才创新促进行动、乡村振兴巾帼助农行动以及"在你身边"文明实践

巾帼志愿阳光行动。女科技工作者联盟由市委组织部人才办、市妇联、市人社局、市科协等部门共同组建，有会员30余人，来自生物医药、新能源、机械制造、生态环境、农业种植养殖等多个行业。联盟活动包括举办巾帼科创论坛、研讨会，为女性科技人才搭建成长交流平台；组织开展进高校、进企业、进乡村，推动产学研融合发展；参与市妇联公益课堂学习，助力会员自我提升，对接养老托幼家政、家庭婚姻咨询等服务，助力女性创业就业。第一届会长由江苏美科太阳能科技股份有限公司扬中工厂总经理、浙江大学硅材料国家重点实验室硕士冯琰担任。（周云）

3月7日，扬中市女科技工作者联盟成立

（融媒体中心供图）

【“巾帼领秀”环岛行】 2022年5月20日，扬中市妇联组织女企业家协会会员、巾帼创客联盟会员、女科技工作者联盟会员、暖企顾问团成员开展“巾帼领秀”环岛行。先后参观镇江江之源渔业发展科技有限公司、兴阳村永乐圩以及宜禾股份有限公司，在参观点工作人员的介绍下，进一步了解鱼类养殖、渔业文化、特色农家乐和服装发展演变历史、生产设计等领域，拓宽眼界。会员们分享参与市妇联“99公益日”活动的经验感悟、交流直播新业态对企业运营带来的影响和机遇。活动中，妇联向会员企业征集发展需求，后期汇总梳理、协助对接相关部门，助力企业解忧纾困。（周云）

【“慈善赋能 巾帼芬芳”鲜花种植项目】 2022年5月23日，扬中市慈善总会、市妇联携手开展的“慈善赋能巾帼芬芳”鲜花种植项目启动。项目位于八桥镇红旗村的种植基地内，在建好一个基地（庭院增收实训基地）、培育两支队伍（打造专业助农队伍和女农人队伍）、实现三大目标（掌握技能、带动就业、激发创业热情）三方面着手，实现农村妇女的增收、增能、增效。项目由“花”开启，依托红旗村已有的润裕种养殖合作社，打造鲜花种植养护实训基地，培育兼具药用和花茶功效的杭白菊2.67公顷。（周云）

【女大学生来扬“云招引”活动】 2022年5月29日，扬中市举行女大学生来扬创业就业“云招引”活动。活动由市委组织部、市妇联主办，油坊镇党委、市人才办、市人社局、镇江豚宝网络科技有限公司协办。市委常委、组织部部长孙丽君通过视频为应届毕业生送上毕业寄语。活动主要围绕市人才和大学生就业政策、大学生“荟扬”计划、“心安是吾乡”人才服务项目等主题，通过线上视频展示、连线交流发布千余个岗位信息，与南京理工大学、南京农业大学、南京林业大学3所高校应届毕业生云端相会，分享扬中部分企业情况以及创业就业现状等，针对毕业生具体问题答疑解惑。（周云）

【扬中市快递物流行业妇联成立】 2022年7月4日，扬中市快递物流行业妇联成立暨“巾帼暖新驿站”揭牌，召开第一次妇女代表大会。镇江市妇联副主席陈海虹、镇江市妇联组织部部长周广甲、镇江市妇联发展部部长黄钰凯、扬中市妇联主席耿晓晴、市交通运输局党委副书记、邮政管理局副局长孙军、市妇联副主席奚彩、市委“两新”工委办公室主任、组织部组织科副科长耿靖参加。快递物流行业妇联的成立作为深化关心关爱快递员新就业群体的有力抓手，坚持“党建带妇建妇建服务党建”，努力打造行业党建统领妇建的“新样板”，提升行业女性从业人员的“新形象”。妇联依托妇儿中心和各级妇儿阵地打造“巾帼暖新驿站”，为快递物流行业女性从业人员提供包括停靠休息、维权调解、公益课堂、家庭服务、慰问帮扶和典型选树在内的“一站式”综合服务。（周云）

【“心安是吾乡”人才联谊活动】 2022年8月4日，扬中市举办“心安是吾乡”人才联谊活动——“七夕汉服主题派对”，活动由妇联主办，市级机关工委、总工会、团市委、民政局联办，吸引120余位青年人才报名。未婚男女身着传统汉服，通过爱的抱抱、爱的传递、爱的守护、爱的音符等游戏环节，加强交流沟通。现场展演走秀、舞蹈、乐器等节目，引领更多人才关注扬中、扎根扬中，织密“交友联谊网，架设“人才连心桥”，优化人才发展和生活环境。（周云）

【基层妇女干部成长营开班】 2022年9月9日，扬中市妇联主办的基层妇女干部成长营活动开班。全市镇（街道、经开区）和村（社区）、机关部门的妇联负责人参与成长营。培训采取“小班化、小课时”教学模式，分为

8个小组，实行“9月学习月、周五学习日”的实践安排，其间通过专题授课、实景模拟和拓展训练等，并留出充足的时间思考研究、消化吸收、探索实践，进一步提高广大基层妇联干部的水平和能力，努力打造一支政治理论素质高、综合服务能力强的巾帼队伍。11月，基层妇女干部成长营结业，评出优秀学习小组4组和优秀学员10人。结业仪式上，各组代表结合培训班收获，围绕“对党忠诚跟党走、立足岗位建新功”主题，通过演讲、视频及其他形式，全面展示学习成果、体验感悟等。（周云）

【“亲子研学”公益项目和田园“小时光”家庭教育实践项目】 2022年9月17日，扬中市妇联启动“亲子研学”公益项目和田园“小时光”家庭教育实践项目。市妇联结合全市特色领域推出“美好一家养成线路”，打造涵盖家风家教示范点、红色教育基地、党史教育基地、家庭教育实践基地、美丽乡村等主题的亲子研学线路8条，让家长和孩子走进大自然，领略岛城最美风景、解锁岛城幸福密码，在旅途中学习、成长。田园“小时光”家庭教育亲子实践项目是市、街道、村妇联三级联动，依托营房村“一亩菜地”打造田园“小时光”家庭教育实践基地，通过开设各类亲子体验、农事体验、农事学习分享等田间管理活动，引导和鼓励父母知晓、重视和参与家庭教育。（周云）

9月17日，妇联主办“亲子研学”公益项目

（融媒体中心供图）

扬中市科学技术协会

【概况】 2022年，扬中市科学技术协会（以下简称科协）履行“四服务一加强”（服务科技工作者、服务创新驱动发展战略、服务公民科学素质提高、服务党委政府科学决策，加强自身建设）工作职责，整合资源、创新载体，科协组织的凝聚力、服务力持续增强。被中国科协表彰为2022年“全国科普日”活动优秀组织单位，被省科协表彰为2022年科技活动周暨江苏省第34届科普宣传周活动优秀组织单位和2022年度全省“4+1”（“4”指吸纳“四长”进入县乡镇科协领导机构兼职挂职、发挥作用，“1”指加强上级科协指导）工作质效评估优秀单位。（郭明霞）

【人才服务机制完善】 2022年，扬中市科协以“红色科技咖啡馆”为依托，开展“传承院士精神、点燃科学梦想”主题活动，组织青少年科技辅导员赴茅以升纪念馆、镇江科技馆和梦溪园参观研学，举办2场科学家精神宣讲报告会、科协系统中共二十大精神宣讲报告会，弘扬科学家精神，引导科协工作者牢记使命担当。培养选树基层一线的优秀科技工作者，全年举荐2人获省科协表彰，22人次获镇江市科协表彰。8月，科协与组织部、人社局开展第十届优秀科技论文评选，征集论文99篇，评选出59篇优秀论文并给予奖励。开展第六个“全国科技工作者日”系列活动，四套班子领导带队慰问10名优秀科技工作者，向广大科技工作者发送节日祝福短信3万余条，在《扬中日报》专版宣传一批优秀科技工作者，营造崇尚科技、尊重人才的良好氛围。（郭明霞）

【科普服务体系优化】 2022年，扬中市科协组织编印《扬中市科普研学指南》，将各类科普阵地串点连线，以图文并茂的形式，集中推介20多家科普场馆的服务信息，科普资源的社会供给更加精准有力。全年新建扬中市级科普教育基地2家（陈履生博物馆、同德中学）、“江洲科普书屋”4家（陈履生博物馆、同德中学、八桥镇利民村、经开区恒跃村）。兴隆中心小学创成“十四五”省科学教育综合示范学校，油坊镇长旺街社区创成省优秀科技志愿服务点；陈履生博物馆创成镇江市科普教育基地，扬中（同德中学）院士风采馆创成科学家精神教育基地，三茅街道新胜社区创成优秀科普示范社区，创成科普惠农服务站5家（西来桥镇活力北胜科普惠农服务站、兴隆街道恒跃村科普惠农服务站、八桥镇利民村科普惠农服务站、油坊镇油坊村科普惠农服务站、油坊镇会龙村科普惠农服务站），农村科普先进单位3家（立新村高效农业产业园、兴隆街道福源村科普基地、西来桥镇北胜村科普助力乡村振兴基地）。举办扬中市第34届“科普宣传周”活动，重点策划了7个系列、95场次科普惠民活动。“全国科普日”期间，集中开展科普宣传活动和科普志愿服务154场次，为基层配送科普挂图、科普手册、科普书籍2000余份，形成上

下联动、广泛参与的科普宣传新格局。以“四长”(基层医院院长、中小学校长、农技站站长和科技型企业家)为引领,整合中小学校、科普场馆资源,通过“一校一村一企”“一校一村一场馆”等模式,在6个镇(街道、经开区)分别打造科普联合体,签订科普共建协议,形成一批科普资源共享、优势互补、特色鲜明的科普集群,引导以“四长”为代表的关键人物和优秀科技工作者积极参与科普,发挥自身优势和特长,为群众提供不同形式、不同层次的科普宣传、科普志愿服务。深入推进青少年科技教育“领航行动”,指导中小学校开展“金钥匙”科技知识竞赛、科技创新大赛、校园科技节、科普研学等活动,资助市二中、长旺中心小学开设机器人、编程、无人机和动手做培训项目。组织参加省青少年人工智能活动编程创客挑战赛,市实验小学4人获特等奖,2人获一等奖;在2022年“领航杯”江苏省中小学生信息素养提升实践活动机器人项目竞赛中,市二中8人获一等奖;在江苏省青少年科技创新大赛中,2人获二等奖;省扬高中、市一中、外国语小学代表队获江苏省金钥匙团体赛线上比赛二等奖;长旺中心小学获镇江市第九届青少年机器人科技竞赛优秀组织奖。(郭明霞)

【科技交流平台搭建】 2022年,扬中市科协印发企业科协工作指南,推动企业科协规范化建设。赴江苏银佳、裕兴电器等企业,开展企业科协工作专题调研,总结推广企业科协工作经验,在《江苏科技报》刊发《扬中市合力提升企业科协集成创新能力建设》文章。指导江苏荣鑫环保设备科技有限公司依托企业科协工作站,与哈尔滨工业大学设计研究院达成产学研合作协议。指导蜂巢易创扬中产业园申报产教融合国际交流项目。老科协在三茅街道设立助力企业技术创新工作站,引导会员发挥自身科技专长,助力企业创新。继续在高新技术企业中推行专利信息资源库系统的账号申办和实际应用,并设立信息资源库应用激励制度。(郭明霞)

【建言献策渠道畅通】 2022年,扬中市科协与市委组织部人才办、妇联共同组建女科技工作者联盟,市七届科协代表中妇女比例35%,委员和常委人选中妇女比例分别为40%、46%,女科技工作者的作用日益彰显。注重发挥老科技工作者力量,围绕全市重大决策开展专项调研,形成调研报告12篇、建言献策课题3篇。开展“推动‘十四五’发展,我为扬中建言献策”活动,收集整理创新驱动发展等方面建议38条。申报资政研究课题,1篇入选扬中市智库课题,3篇入选镇江市“建言献策”研究课题。发挥省级科技工作者状况调查站点作用,及时整理形成站点信息,上报6篇。创办“科技工作者之声”内刊,鼓励建言献策,精选优秀调研成果,定期向四套班子领导和相关部门报送,为党委、政府科学决策提供服务。(郭明霞)

【全国科普日活动启动】 2022年9月15日,“喜迎二十大 科普向未来”——2022年扬中市“全国科普日”启动暨科普授牌、签约仪式在陈履生博物馆群举办。“全国科普日”是2003年由中国科协发起,每年9月全国统一开展的一个群众性、社会性科普活动。9月15—21日,各镇(街道、经开区)和相关单位紧扣“喜迎二十大 科普向未来”主题,重点围绕“弘扬科学精神,激发创新活力”“聚焦重点领域,服务高质量发展”“深化文明实践,培育时代新风”“立足群众所需,赋能基层治理”4项内容,聚焦乡村振兴、生态文明建设、碳达峰碳中和、数字经济、疫情防控、安全生产等重点领域,依托新时代文明实践中心(所、站)、党群服务中心、科普教育基地、科普场馆等阵地,发挥科技志愿组织的作用,深入农村、社区、企业、学校,开展形式多样、内容丰富的系列科普联合行动。市科协为各镇(街道、经开区)和村(社区)配送系列科普挂图、科普手册。活动授予陈履生博物馆、同德中学“科普教育基地”牌匾,授予陈履生博物馆、同德中学、八桥镇利民村、经开区恒跃村“江洲科普书屋”牌匾;陈履生博物馆、新坝中心小学、新治村、成城电气签订科普共建协议。(融媒体中心)

9月15日,扬中市“全国科普日”启动暨科普教育基地授牌仪式在陈履生博物馆举办(融媒体中心供图)

【基层科协组织建设】 2022年,扬中市科协深入实施“4+1”基层组织建设,与市委组织部等部门共同印发《关于进一步发挥“四长”作用,持续推进基层科协组织建设的实施意见》,成立扬中市提升基层科协组织力“4+1”工作领导小组,举办专题交流培训会,出台基层科普员目标管理和激励措施。定期召开学会工作例会,督促所属学会按时年检、按期换届。鼓励专业学会开展科技创新研讨,6月,医学会参与承办2022第四届“中国河豚岛”消化和消化内镜学术研讨会,促进全市消化道疾病防治水平不断提升。开展“第三个作风效能提升月”系列活动,通过“查摆作风问题、举办专题党课、学习先进典型、开展志愿服务”四项行动,推动科协机关作风持续向好,提升服务效能。 (郭明霞)

扬中市归国华侨联合会

【概况】 2022年,扬中市归国华侨联合会(以下简称侨联)发挥组织作用,为凝侨心、汇侨智、护侨益、聚侨力搭建平台、提供支持、完善服务、营造环境,侨务工作有载体、有声音、有效能。开展特色活动、共建活动,加大引才引资,发挥侨界优势。凝聚侨心侨力侨智,营造知侨情、暖侨心、解侨困的工作氛围,增强侨联组织的凝聚力。春节、中秋等节点开展侨眷慰问活动,走访慰问生活困难的归侨侨眷、有突出贡献及重大影响力的归侨侨眷优秀代表人士。拓宽侨务工作基地,搭建文化新桥梁,优化“关爱老侨眷”特色服务品牌,推动侨界志愿者队伍建设。 (陈薇)

【“亲情中华”海外夏(春)令营】 2022年3—6月,扬中市侨联与省、市侨联以及市教育局联合举办“亲情中华”海外夏(春)令营,以直播形式建立中外中小学生的沟通渠道,讲好“扬中故事”、传播“扬中声音”。百余名海外参营机构负责人、华裔青少年通过现场直播在线上参加活动。线上云游陈履生博物馆,参观竹器博物馆,以问答形式介绍生活馆和生产馆,扬中中专老师陈晶晶线上执教扬中“三宝”之一的竹子,介绍竹子的特点,竹子象征的“七德”,理解扬中人对竹子特有的感情,解读清朝郑板桥的《竹石》;云游江岛剪河豚,认识扬中“三鲜”之一的河豚,了解河豚的特点,习性,烹饪技术,各类河豚美食,特邀扬中民间艺术传承人孙永青教授剪纸河豚、五角星。活动进一步拓展海外联谊,弘扬中华文化工作,加深海外华侨对中华民族传统文化的理解,促进扬中与海外华侨学生之间的交流,更好地宣传推介中华民族传统文化。 (陈薇)

【侨界资源扩增计划】 2022年5—8月,扬中市实施侨界资源扩增计划,开展新一轮侨情调查。侨联集中四个月时间在全市实施侨界资源扩增计划,进一步及时、全面把握海外侨情新特点和新趋势,探索扬中侨务工作新的组织模式、新的工作机制、新的联系渠道。按照“条块结合、上下协同、内外结合、相互印证”的原则开展,分收集资料、入户调查、汇总分析三个阶段实施完成。此次侨情调查的对象包括扬中籍华侨华人、归侨侨眷和侨资企业。收集市发促会、省扬高中、第二高级中学、科技局、人才办、商务局等部门现存相关侨情数据或资料,与市侨联现有数据一一比对,剔除重复部分,将新增侨情补充入库。市侨联、侨办会同各镇(街道、经开区)统战委员以及各村(社区)侨情联络员参与工作。初步筛选分析数据库数据,开展入户调查,精准对接侨眷,对原有数据库中信息进一步核实更新,对前期部门对接走访中发现的新侨情,采取主动登门拜访、线上联系等方式,发放并填写“扬中市侨情信息登记表”“扬中市涉侨企业情况调查表”,补充登记入库。截至2022年末,数据库收录信息310条,增长40.9%。 (陈薇)

【侨联第七次代表大会】 2022年7月20日,扬中市侨联第七次代表大会召开,大会回顾总结市第六次侨代会以来开展的各项工作,明确今后五年全市侨联工作主要任务。副市长林成春,市人大常委会副主任周春燕,市政协副主席宫金生出席大会。侨联“六代会”以来,始终紧紧围绕工作大局,高处站位、大处着眼、实处发力,各项工作取得成效。2016年,市侨联被省侨联命名为首批“江苏省‘双五有’侨联组织”;2017年被省人社厅、省侨联联合授予“全省侨联系统先进集体”称号;2021年被中国侨联评为“全国侨联系统抗击新冠肺炎疫情优秀集体”。广大归侨侨眷和海外侨胞发挥独特优势,支持和参与“强富美高”新扬中现代化建设,涌现出一批侨界先进个人。市侨联拓展海外工作和新侨工作,在加强自身建设等多方面着力,发挥凝聚侨心、汇聚侨智、发挥侨力、维护侨益的独特作用。大会听取并审议市侨联第六届委员会工作报告,选举产生侨联第七届委员会委员和新一届领导班子,朱秋敏当选市侨联第七届委员会主席,陈薇当选为副主席,王炎、吴美蓉、周桂根、鞠亦男当选为副主席(兼职),吴华春当选为秘书长。大会聘请10名海外人士担任市侨联第七届委员会顾问,为扬中侨联事业提供智力支持。 (陈薇)

【“爱侨助老服务日”活动】 2022年9月29日,扬中市侨联开展“爱侨助老服务日”活动,市委常委、统战部部长孙健率队慰问老龄侨眷。活动中,侨联工作人员详细了解询问侨眷家庭成员、身体生活情况以及在海外亲属情况,为老龄侨眷发放爱心联系牌,并送上节日祝福和慰问品,向海外亲人转达家乡的关心和节日的祝福,鼓励侨眷继续发挥好桥梁纽带作用，引导海外的亲人发挥优势为家乡"双招双引"牵线搭桥，为扬中高质量发展添砖加瓦。活动现场，结对家庭医生和志愿者开展健康体征监测和日常随访。各级侨联组织秉持为侨服务理念，持续优化"关爱老侨眷"特色服务品牌，推动侨界志愿者队伍建设，做到"侨有所呼，我有所应"，争做侨界群众"贴心人"，侨务工作"实干家"。（陈薇）

扬中市文学艺术界联合会

【概况】 2022年，扬中市文联有作家协会、书画家协会、音乐舞蹈家协会、戏剧曲艺家协会、摄影家协会、民间文艺家协会、电影电视家协会7个专业协会，会员总数400余人，其中国家级会员29名，省级会员100余名，镇江市级会员170余名。全年新增国家级会员2名，省级会员8名；赵蔚入选中国书协会员，奚彩军入选中国民协会员，姚毅入选省作协会员，钱金荣入选省美协会员，张纪龙、孔凡璟、王晓红、陈兰华、贾碧玉、姚生贵入选省民协会员。文联有公安文联和西来桥镇文联2家团体会员。文联围绕中心、服务大局开展文艺活动。4月，开展"疫"线有我，"艺"心同行——扬中市抗疫主题网络书画作品展，用文艺力量助力抗疫；6月，端午期间举办榴花忽已繁——"我们的节日·端午"主题文艺作品展并组织"新时代颂·江洲荣光"主题美术创作采风活动；7月，举办"大爱扬中"慈善主题诗书画作品展；9月，开展"喜迎二十大 筑梦向未来"摄影采风活动；11月，在省委宣传部、省文联、省文旅厅的统一指导下，举办"新时代颂 江洲荣光"扬中市摄影图片展和美术书法作品展；12月，由作家协会牵头采写的纪实文学集《乡村荣光》出版。文联深化文艺"六进"，开展各类文艺惠民活动30余场。坚持打好文艺精品创作和文艺人才培养的"组合拳"，壮大文艺人才队伍，强化创作扶持，40余件文艺作品在省级以上发表、参展、获奖。（王雨童）

【"翰墨书香迎新春"送文艺下乡活动】 2022年1月22日，扬中市文联组织市书画家协会骨干会员在新坝镇联合村开展"翰墨书香迎新春"送文艺下乡活动，为村民们义务写春联。1月23日，文艺志愿者在市图书馆开展"翰墨溢书香 新春送祝福"活动，为读者写春联、送福字。1月26日，赴三茅街道民主村参加新时代文明实践"三下乡"服务，为村民写春联、送福字、创作并赠送新春剪纸。现场为广大群众赠送《扬中家族故事》《"美在扬中"文学作品集》等文艺书籍。3场"义务写春联"活动赠送春联福字800余副，剪纸100余幅，文艺书籍200余册。（王雨童）

【抗疫主题网络书画作品展】 2022年4月，扬中市书画家协会与市博物馆共同主办"疫"线有我，"艺"心同行——扬中市抗疫主题网络书画作品展。活动组织书画家及广大书画爱好者以抗疫为主题创作40余幅优秀的书法、美术、篆刻、剪纸作品，并在"镇江文联"及"扬中市博物馆"微信公众号线上展示，为打赢疫情防控阻击战凝心聚力、加油鼓劲。（王雨童）

【"我们的节日·端午"主题文艺作品展】 2022年6月3—10日端午期间，扬中市文联与市博物馆合作开展榴花忽已繁——"我们的节日·端午"主题文艺作品展。百余件作品投稿，精选70余件优秀文艺作品展示，作品涵盖文学、书法、美术、摄影、剪纸、玉雕、编织等多个艺术门类。以"线上+线下"两种形式呈现，分上下两期在"扬中市博物馆"微信公众号平台开启线上展；入展作品制作成展牌形式在新坝镇首届枇杷文旅节现场展出，以独具魅力的文艺形式，弘扬博大精深的传统文化，倡导健康文明的时代风尚，为传统佳节注入新的生机活力。（王雨童）

【《江岛恋歌》首发式】 2022年9月21日，扬中市举办《江岛恋歌》首发式，并举行赠书仪式。该书为扬中籍乡贤、江苏省公安厅交通管理局原副局长、中华诗词学会会员奚必芳个人诗集，由江苏凤凰文艺出版社出版发行，收录400余首优秀诗作，集中展现扬中城乡的风貌、风景，风俗、风情，风味、风物。奚必芳向市博物馆捐赠4幅名家书法作品和书籍手稿。（王雨童）

【"新时代颂 江洲荣光"扬中市摄影作品展】 2022年11月14日，"新时代颂 江洲荣光"摄影作品展在市行政中心一楼大厅开幕。展览展出扬中各级党组织、本市摄影团体以及摄影爱好者作品近200件，作品主题鲜明、表现生动，通过可见可感的艺术形式，全方位、全景式地展现新时代改革发展新面貌新气象。鄂启桂、耿云的作品获得此次作品展一等奖，朱秋华等4人作品获二等奖，宦荣等10人作品获三等奖。"新时代颂 江洲荣光"美术书法作品展和摄影展首展结束后，先后在三茅街道、新坝镇联合村、市崇德小学、西来桥镇、吾悦广场巡展，覆盖乡村、社区、学校、企业等场所，将优秀文化成果送到群众家门口;通过《扬中日报》、“扬中博物馆”微信公众号线上展示作品,扩大活动影响范围,激发广大群众爱党爱国爱家乡的热情。 (王雨童)

【“新时代颂 江洲荣光” 扬中市美术书法作品展】 2022年11月7日,“新时代颂 江洲荣光” 美术书法作品展在市行政中心一楼大厅开幕。展览展出书画艺术家和爱好者创作的主题作品约80件,作品以文艺工作者为人民创作、为时代讴歌作为艺术导向,描绘江洲美景,讲述扬中故事,充分抒发对党和人民的无限深情,全面展示扬中“非凡十年”各行各业取得的巨大成就,彰显全市干部群众踔厉奋发、笃行不怠的精神风貌。

(王雨童)

11月7日,“新时代颂 江洲荣光”美术书法作品展开幕

(融媒体中心供图)

【“书画进乡村 笔墨话振兴” 书画创作活动】 2022年11月21日,扬中市文联、书画家协会共同组织“书画进乡村 笔墨话振兴”书画创作活动走进三茅街道指南村,通过书画创作反映乡情村貌,激发乡村振兴的文化动力。书画家协会的6名书画家即兴创作出以“行稳致远”“党建引领 乡村振兴”“踔厉奋发 勇毅前行” 等为内容的书画作品,体现对乡村振兴的赞美、对美好生活的向往。 (王雨童)

【纪实文学集《乡村荣光》首发式】 2022年12月23日,纪实文学集《乡村荣光》举办首发式。该书由扬中市委宣传部、文联、农业农村局、作家协会联合采编,由团结出版社出版发行。收录20余位作者采写的80个乡村振兴先进典型,全书分上下两册,包含“如画乡村”“情系乡村”“逐梦乡村”3个篇章,全书40余万字。该书以文学创作的形式,全景式展示扬中乡村振兴所取得的重要实践成果,书写产业兴旺、生态宜居、乡风文明、治理有效、生活富裕的乡村振兴新篇章。首发式向镇(街道、经开区)、扬中市档案馆、文化馆、图书馆及采写单位代表赠书。 (王雨童)

【文艺志愿服务活动】 2022年,扬中市文联持续擦亮志愿服务品牌。主动对接乡村振兴,赴三茅街道指南村开展“书画进乡村 笔墨话振兴”书画创作活动。市作家协会编辑出版纪实文学集《乡村荣光》;市书画家协会先后在新坝镇联合村、三茅街道民主村开展“义务写春联”活动,定期开展书画笔会、点评、辅导;市音乐舞蹈家协会参与组织“第十七届社区(农民)文化艺术节”开幕式等惠民服务演出;市戏曲家协会开展6场“周末戏相逢”送戏下乡活动,把传统戏曲送到群众家门口;民间文艺家协会配合镇(街道、经开区)开展集民俗表演、传统文化体验、文艺演出等于一体的文旅节、文化艺术节等活动,进一步弘扬传统文化。文艺志愿服务手臂持续延伸,市书画家协会先后走进市崇德小学、八桥中心小学开展书画艺术推广,现场创作示范,提供专业指导,成立崇德小学文联书画艺术推广示范点。市戏曲家协会常态化开展“戏曲进校园 经典共传承”活动,全年在中小学校开展传统戏曲演出15场。民间文艺家协会在八桥中学开展非遗项目《九狮图》传承体验课,组织剪纸、竹编、糊塑等传统艺术走进中小学课堂。通过与有一定文艺基础的中小学结对共建,进一步拓展校园文艺服务阵地。志愿服务活动深入人心,常态化送文艺进农村、进社区、进学校、进企业、进军营、进机关,组织开展 “义务写春联”“周末戏相逢”“书画进军营”“我们的节日” 等文艺惠民活动。主动参与新时代文明实践“三下乡”服务活动,写春联、送福字、创作剪纸,向三茅街道新扬社区阅览室赠送文艺书籍,为广大群众奉献精神食粮。 (王雨童)

扬中市残疾人联合会

【概况】 2022年,扬中市残联围绕残疾人基本民生需求,落实残疾人基本服务项目。出台扬中残疾人事业发展“十四五”规划,组织开展助残日活动;落实为残实事项目,健全“寄宿制+居家服务+日间照料”为核心的残疾人托养机制,困难残疾人居家托养服务新增102人;加大残疾人集中就业、按比例就业力度,全面完成残疾人实名制培训任务150人,新增实名制就业30人;定点机构康复训练残疾儿童103人,完成省“自闭症儿童康复全覆盖”民生实事项目,困难家庭白内障患者人工

晶体植入手术92人,全面开展精防工作和精神残疾人困难需求排查整治调查,为435名精神残疾人提供免费服药;组织对八桥镇20户低收入家庭进行无障碍改造,核查贫困残疾人适配辅具需求数150人;探索“互联网+”模式,在三茅大桥、浩云湾建设智能化、公益性辅具租赁点2个,依托华康医药公司,建设残疾人辅具服务定点机构8家。第十一届江苏省残运会,扬中籍残疾人运动员斩获11枚金牌、1枚银牌和1枚铜牌。

(韩传会)

【《扬中残疾人事业发展“十四五”规划》出台】 《扬中残疾人事业发展“十四五”规划》(简称《规划》)贯彻落实国家、省市残疾人事业发展规划意见和精神,与教育、民政、人社、卫生健康等部门专项规划相链接,与扬中现有相关助残政策相衔接,共分发展现状、总体要求、重点任务、主要措施等四个部分。《规划》广泛征求市领导,各镇(街道、经开区)、各残工委成员单位、部分残疾群众等意见,由市司法局审查文件行文理由、行文依据、文种格式,于2022年5月14日经市政府第5次常务会议审议通过,经镇江市残联审核,于11月28日印发,成为指引扬中残疾人事业发展的纲领。(韩传会)

【扬中市残疾人联合会第七次代表大会召开】 2022年11月9日,根据《中国残疾人联合会章程》规定和《省残联关于印发各级残联换届工作意见的通知》精神,经扬中市委同意,扬中市残疾人联合会召开第七次代表大会,开展换届选举。会议回顾总结市残联第六次代表大会以来全市残疾人工作的成绩与经验,研究确定今后一个时期残疾人事业发展目标、主要任务和工作重点;选举产生市残联第七届主席团;主席团第一次会议聘请主席团名誉主席,选举产生主席团主席、副主席,推举产生执行理事会理事长、副理事长,通过各专门协会主席、副主席、秘书长和主席团执行理事会理事名单;会上举行表彰活动,与人社部门联合表彰扬中市“自强模范”5人、残联系统“先进工作者”10名,残工委表彰“优秀助残服务项目”若干。大会召开前,各镇(街道、经开区)残联、各村(社区)残协分别按规定换届。

(韩传会)

【困难残疾人家庭居家托养服务】 2022年,“为100名困难残疾人家庭提供居家托养服务”被列为扬中市民生实事项目。扬中市残联与财政部门联合出台《扬中市残疾人居家托养服务工作实施方案》等系列文件;建立“智慧残联”信息化服务软件综合平台,实现对居家托养服务人员和服务对象的实时跟踪监管;加强服务人员队伍建设,举办服务人员的业务培训班,进一步提高服务人员的业务能力和服务水平;不断完善考核机制,根据考核得分情况和服务对象的满意度给予服务资金的兑付,实现残疾人居家服务提升质效。残联按照循序渐进、分步实施的原则,优先对低保家庭中符合条件的残疾人开展居家托养服务。年初,组织低保对象筛查2次,初步确认符合条件的低保对象60人;5月,对接民政数据,再次筛选出符合条件的“一户多残”以及低收入对象46人。7月,将符合条件的51名(原60名低保初筛对象中,9人放弃服务)低保对象全部纳入服务范围;8月,新增符合条件的特困及低收入对象纳入居家托养服务14人;另有35名困难对象(含原建档立卡残疾人)选择原机构居家托养服务。截至9月,即实现残疾人实名制居家托养服务102名,提前超额完成全年目标任务。 (韩传会)

【第32次全国助残日活动】 2022年第32次全国助残日,扬中市残联围绕“促进残疾人就业,保障残疾人权益”主题,邀请市四套班子主要领导走访36户困难残疾人家庭和特教中心、康复院区等残疾人服务机构。联同市人社局、教育局、税务局等部门组织“扬中市首届残疾人职业技能竞赛”,开展残疾人辅助性生产劳动项目和产品资源征集;动员残工委成员单位开展“助残一件事”等系列有影响、有规模、有实效的活动,营造扶残助残的良好氛围。 (韩传会)

【扬中市首届残疾人职业技能竞赛】 2022年6月6日,扬中市残联、税务局、人社局、教育局等单位联合举办“展职业技能 秀别样风采”扬中市首届残疾人职业技能竞赛活动。比赛涵盖成人组盲人按摩,学生组洗车、茶艺、书法、手工皂制作、中式摆台、绘画等比赛项目12个,61人参加比赛。盲人按摩项目,选手在规定时间完成整套保健按摩操作手法,展示对保健按摩基础知识的理解能力以及保健按摩手法的运用能力。学生组的比赛中,特教中心学生比拼烹饪、摆台、手工皂制作、书法等技艺。项目展能区,选手展示钢琴演奏、美甲技艺、细工花盘扣技艺。活动中,5个“学生实训基地”揭牌。通过比赛,搭建残疾学生和技能人才相互学习交流的平台,引导广大残疾人努力学习各类技能、刻苦钻研生活生产技术,挖掘培育一支具有较高水准的残疾人职业技能人才队伍。 (韩传会)

【困难家庭白内障患者“复明工程”五年行动】 2022年,扬中市实施困难家庭白内障患者免费复明手术民生实事项目,全面启动困难残疾人家庭白内障患者“复明工程”五年行动,计划五年安排400例患者进行手术治疗,平均每年80例左右。残联与扬中市人民医院签署协议,将扬中市人民医院确定为“白内障复明工程定点医院”,市残联安排专项资金,为每例超声乳化并人工晶体植入手术提供2500元救助费用。全年完成白内障人工晶体植入手术92例。 (韩传会)

【智能化公益性辅具租赁点建设】 2022年9月16日,扬中市举行智慧辅具共享空间启用暨辅具捐赠仪式,为“扬中市残联‘有爱无碍’志愿服务队”授旗并举行辅具服务定点机构授牌。活动启用首批建设的市区辅具共享空间2个,镇(街道、经开区)适配点8个。残联持续推进形成市、镇、村联动的服务网络,实现“辅具共享,爱心流动”。创新辅具服务“互联网+”模式,试点建设智能化公益性辅具租赁点,实现辅具服务多点、多形式覆盖。在三茅大桥、浩云湾建设智能化、公益性辅具租赁点2个,各镇(街道、经开区)为民服务中心设置辅具免费租赁点,依托华康医药公司,建设8家残疾人辅具服务定点机构。 (融媒体中心)

扬中市红十字会

【概况】 2022年,扬中市红十字会有基层组织26个,团体会员单位5家,会员6000余人,注册志愿者250人,志愿服务组织10个,总服务时长1.8万小时,应急救护培训基地1个,冠名红十字医院1家,应急救护培训师资33人。“博爱送万家”“爱心一元捐”“爱相髓——白血病关爱项目”为红十字传统品牌救助项目,常年开展募捐筹资、人道救助、应急救护培训、造血干细胞捐献、遗体器官捐献、红十字青少年等工作。新建油坊镇同德村、经开区德云村2个“博爱家园”。 (刘彩霞)

【人道救助工作】 2022年,扬中市完成募捐筹资330.67万元,发放人道救助款304.82万元。其中抗疫募集资金235万元,筹物计27万元,所接收的款物已第一时间送达防疫一线。开展“5·8”人道公益日和“99公益日”网络筹资活动,募集资金10万元,用于项目实施。实施“博爱送万家”救助项目,下拨5个镇1个区救助金21万元,配套发放省、市红十字会下拨的救助物资3.7万元。将平时困难群众救助工作纳入常态化“博爱送万家”活动,全年救助大病困难群众32人次,发放救助金6.5万元。实施“爱心一元捐”救助项目,救助全市17所学校患病师生18人,发放救助金4.9万元。实施“大爱相‘髓’”——白血病关爱”救助项目,救助白血病患者3人,1人获得“小天使基金”项目资助。开展扬中、白水两地交流共建活动,完成对口扶贫支援陕西白水县红十字会,拨付扶贫款12万元。 (刘彩霞)

【救护培训工作】 2022年,扬中市继续实施公益性应急救护百万培训项目,开展初级救护员和CPR+AED(心肺复苏以及自动体外除颤器)持证培训工作。全年开展应急救护培训60余场,培训初级救护员66人,CPR+AED持证培训1011人,数普培训8061人。持续深入开展“救在身边·校园守护”行动,实现大一新生军训期间救护培训全覆盖。选派4名师资参加镇江市应急救护师资复训班,1名师资参加省会师资提高班,2名师资参加总会师资提高班。组织师资参加第四届镇江市应急救护技能大赛。 (刘彩霞)

【造血干细胞捐献工作】 2022年,扬中市着力宣传捐髓“无损健康,救人生命”的理念,举办培训18场次,发放宣传资料3000余份,制作宣传展板14块,媒体宣传稿件5篇,接受宣传人次1.8万余人。开展“喜迎二十大 强国有你我”——“世界骨髓捐献者日”联谊暨宣传活动,制作《捐髓救人 与爱同行》宣传小视频。全年完成血样采集68份,再动员11人,实现成功捐献1人,10位志愿者实现配对捐献。全市参与无偿献血3714人次,采血121.4万毫升。 (刘彩霞)

【遗体器官捐献工作】 2022年,扬中市做好遗体器官捐献的宣传咨询、接待和登记工作,组织遗体捐献亲属参与“博爱传承,生命永恒”缅怀公祭活动,全年开展遗体器官捐献宣传活动8次。8位志愿者捐献遗体,线上线下报名登记遗体捐献志愿者600余人。 (刘彩霞)

【红十字会组织建设】 2022年,扬中市抓好省级红十字示范学校的创建复审工作,市实验小学、省扬高中通过复审。联合冠名红十字医院——市人民医院打造“博爱送健康”品牌项目,融入健康扬中战略。组织冠名红十字医院开展送医送药送健康志愿服务活动,开展义诊咨询、医疗志愿服务7次,服务群众900余人次。

(刘彩霞)

军　事

人民武装部

【概况】 2022年，扬中市人民武装部(简称人武部)党委坚决贯彻党中央、中央军委决策部署，在镇江军分区党委和扬中市委的坚强领导下，围绕学习宣传贯彻中共二十大精神主线，坚持在抬高站位中正步导向、在厚基固本中谋变立新、在稳中求进中提质增效、在涵养元气中焕发活力，人武部全面建设呈现新气象，全市武装工作再上新台阶。　　(朱伟华)

【思想政治工作】 2022年，扬中市人武部围绕学习宣传贯彻中共二十大精神，采取集中学习、研讨交流、参观见学、知识竞赛等形式，深入学习中共二十大精神，增强捍卫“两个确立”、做到“两个维护”、贯彻军委主席负责制的政治自觉。深入开展“忠诚维护核心、矢志奋斗强军”主题教育、“三心两争”(思想安心、工作尽心、守纪入心，争创一流、争当先进)专题教育、“四严四整”(严抓政治意识、严防政治风险、严实政治担当、严格政治淬炼，整顿思想、整肃纪律、整饬作风、整治队伍)教育整训，向“时代楷模”张连印、“国动先锋”典型群体学习活动，着力夯实担当使命、建功岗位的思想根基。创新教育形式，用好辖区红色教育资源开展“七一”主题党日和集体政治生日活动，民兵政治教育授课比赛获军分区第一名。以九创“双拥模范城”为契机，挖掘宣传“江中古城 鱼水情浓”“双拥在基层 大家齐行动”等典型事迹，先后在《解放军报》《中国国防报》《中国民兵》《中国双拥》等省级以上媒体刊发报道11篇。(朱伟华)

【练兵备战工作】 2022年，扬中市人武部以专项任务国防动员准备为牵引，修订日常战备演练、非战争军事行动等方案计划，优化指挥编组，常态组织拉动，始终保持规范良好的战备状态。拓展创新首长机关“3+X”组训模式，坚持军事理论网上常态学训、基本技能精细自训、课题训练集中强训。落实《民兵军事训练大纲》，分批次组织民兵开展基地化轮训，参加全市军地抗洪抢险综合演练，组织民兵参与疫情防控任务，检验提升应急应战能力。组织专武干部参加省军区、军分区集中培训暨资格认证，选送民兵骨干参加“四会”(会讲、会做、会教、会做思想政治工作)教练员封闭拓展式训练，基层武装工作队伍训练水平不断跃升。　　(朱伟华)

【国防动员工作】 2022年，扬中市人武部把住规模、布局、编兵单位、保障等关键要素，核查适编人员，完成全市应急、支援两类基干民兵编组任务，民兵编组质量走在全省前列。对接经济发展局、统计局等部门，协同完成潜力数据采集核查工作，精准发动大学生特别是大学毕业生入伍，组织征兵宣传进校园、进企业、进社区，为应征青年提供“一站式”服务保障，完成新兵征集任务。　　(朱伟华)

武警扬中中队

【概况】 2022年，武警扬中中队官兵深入学习贯彻习近平新时代中国特色社会主义思想和习近平强军思想，大力学习宣传贯彻中共二十大精神，深入学习贯彻三级党委扩大会议和总队第五次党代表大会精神，对照基层建设“三个过硬”(听党话、跟党走的过硬基层，能打仗、打胜仗的过硬基层，法纪严、风气正的过硬基层)标准，坚持固强补弱，稳中求进，着力夯实中队全面建设根基，完成以执勤为中心的各项任务。　　(华斐)

【执勤战备工作】 2022年，武警扬中中队严格贯彻新时代执勤安保规范化网上集训会议精神，积极学习法规文件，落实支队指示要求，中队完成执勤方案修改、职责牌悬挂、资料柜规范等工作，在支队范围内率先完成“鹰眼AR”实景地图、远程门禁控制等执勤部署，提升规范执勤信息化水平。立足中共二十大政治大年,结合春节、两会、“五一”、国庆等重要时期节点,搞好形势任务战备教育,扎实抓好应急战备演练。多次与目标单位组织联席会议,解决执勤隐患。完成30起押解勤务及4个时段武装巡逻勤务。6月20日,中队参与处置1起地方火情,受到上级和地方高度赞扬。 (华斐)

【军事训练工作】 2022年,武警扬中中队始终把军事训练作为经常性中心工作和提高战斗力的根本途径。适时组织军事体育竞赛,将军事训练与评先争优、技术学兵、骨干集训和立功受奖等挂钩,使官兵既有动力又有压力,逐步提升官兵技能体能水平,营造训练有功、训练有为、训练有位的良好氛围。在支队2022年群众性岗位练兵竞赛中,中队取得总评成绩排名第二。 (华斐)

【宣传教育工作】 2022年,武警扬中中队始终以习近平强军思想铸魂育人,把迎接保卫中共二十大、学习贯彻中共二十大精神作为头等大事,聚焦“忠诚维护核心、矢志奋斗强军”深化主题教育,常态抓好党史学习教育、基础教育和季度专题教育,扎实开展内部关系和基层风气整治专项教育,统一思想、凝聚共识。发挥网络育人新功能,持续做好优良传统教育,组织官兵看望慰问烈士遗属,相关内容被《解放军报》《武警报》“共青团中央”“央视军事”微信公众号,新华社等近百家军地媒体机构转发,累计阅读2000余万次。 (华斐)

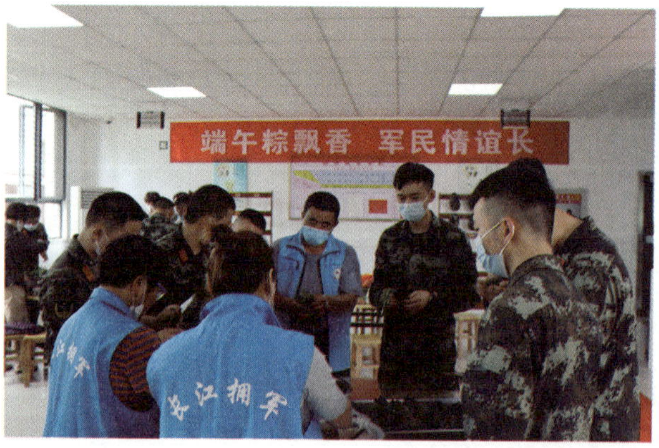

6月1日,双拥活动走进武警扬中中队

(融媒体中心供图)

【安全管理工作】 2022年,武警扬中中队深刻理解“安全靠建、以建促安”理念,始终把安全工作摆在最紧要位置。注重安全员培训成果转化,通过开展“安全管理领域重难点问题整治”“聚力迎盛会、扎实保稳定”建安创安等活动,牢固树立官兵的安全意识,落实“中队—班排—安全员”责任链条,体系抓好“人车枪弹酒、水火电毒密、贷赌黄游群”预防管控。严格落实上级防疫指示要求,紧盯在外人员管理、勤务防控、包裹洗消、副食品采购、物资储备、营区消杀等重点环节内容,坚持疫情不放松,确保中队绝对安全稳定。8月8日,中队迎接武警部队安全综合检查,情况反馈较好。(华斐)

人民防空

【概况】 2022年,扬中市人防办围绕建设强大巩固的现代人民防空体系,强化备战打仗,聚焦核心能力,聚力“铸就护民之盾”战略目标,持续推进人防事业高质量发展。加快人防工程建设,加强人防工程维护管理,发放“人防工程平时使用证”,确保人防工程维护管理主体责任明确。全市人防工程标注标识率100%。完成《扬中市防空袭方案》的修订工作,提升城市战争潜力。完成人防专业队的整组工作,提升人防专业队履行使命任务能力。制定帮办代办制度,确定帮办代办服务范围和内容,推进行政审批服务的便民化。结合“5·12”防灾减灾日、“9·18”警报试鸣、国家公祭日等重要时间节点针对不同群体开展形式多样的人防宣教活动,开展人防宣传教育进企业、进社区、进机关、进学校、进网络、进乡镇“六进”工作,在全市乡镇(街道、经开区)、8所学校、18个社区开展宣传教育工作,增强国防观念和防空意识。宣传扩大化、基地化、常态化,提升市民的防灾减灾意识。 (刘芳)

【“3·1”国际民防日宣传】 2022年3月1日是国际民防日,扬中市人防办在丰裕小学、长旺街社区开展人防进校园、进社区活动,让人防教育走进课堂、走进社区。人防办发放小学生人防知识读本,班主任老师讲解防空减灾知识,宣传《中华人民共和国人民防空法》(简称《人民防空法》),增强青少年的国防意识和自救互救能力。社区宣传活动中,工作人员以走村入户的形式,向居民发放人防知识读本、宣传手册,普及防空警报的识别、人防工程的作用以及防空减灾自救互救知识等,增强广大民众灾害风险防范意识,提高应对各类突发事件的能力。 (刘芳)

【防灾减灾宣传周】 2022年5月12日是第14个全国防灾减灾日,5月7—13日为防灾减灾宣传周,主题为

"减轻灾害风险,守护美好家园"。11 日,扬中市 2022 年全国防灾减灾宣传周主题活动启动仪式暨防内涝应急演练在新坝中学举行,市领导向市抗洪抢险应急队等 6 支应急救援队伍代表授旗;现场模拟防内涝应急演练,检验应急抢险救援实战能力。宣传周期间,人防办在实验小学、江洲小学、外国语中学、江洲中学开展防空减灾宣传,累计发放中小学生人防知识读本约 4000 本,各学校结合自身实际,通过主题班会、学校广播、国旗下讲话、出黑板报等活动形式开展人防知识、自救互救技能普及。长旺街社区、公信社区、永和村更新社区(村)人防宣传栏,科普防灾减灾知识,通过横幅、电子宣传屏、宣传图板向社区(村)居民开展防空减灾宣传,各社区(村)向居民发放人防知识读本约 1000 本。供销社在月星家居开展防空减灾宣传,通过家具城超大电子屏向过往市民宣传防灾减灾内容,工作人员向商铺业主发放人防知识读本约 300 本。新坝镇、八桥镇、西来桥镇、经开区、三茅街道开展防空减灾宣传活动,通过主街道展板宣传、横幅宣传、乡镇宣传栏宣传,向乡镇所在的社区(村)发放人防知识读本约 4000 本。

(朱江)

5 月,防灾减灾知识宣传进社区　(融媒体中心供图)

【"9·18"警报试鸣】 2022 年 9 月 18 日 10 时,扬中市所有防空警报点同时响起防空警报声。10 时 00 分"预先警报":鸣 36 秒,停 24 秒,反复 3 遍。10 时 08 分"空袭警报":鸣 6 秒,停 6 秒,反复 15 遍。10 时 16 分"解除警报":一长鸣声(3 分钟)。根据《人民防空法》有关规定和省、市通知要求,各地开展的爱国主义宣传教育活动,铭记"9·18"事变,缅怀抗战先烈,警示广大市民勿忘国耻、警钟长鸣、吾辈自强。警报试鸣进一步增强人民群众的国防观念,检验防空警报设施技术性能,使人民群众了解和熟悉防空警报信号,更好地应对突发灾害。

(刘芳)

【人民防空疏散演练】 2022 年 9 月 14 日,扬中市围绕"9·18"开展人防疏散演练活动。16 时,人防办机动指挥车拉响防空警报,第二高级中学数千名学生快速有序地从不同方向往校园预定疏散地点紧急疏散。这是以未来可能遭受强敌空袭为设想,以市人防办指挥通信系统为演练平台,以城市人民防空减灾应急预案为依据,以检验并增强市民应急疏散能力为目的,组织的一次校园学生演练。演练由应急疏散、消防救援、紧急医疗救护 3 部分组成:演练开始时学生处于上课状态,听到防空警报后,迅速带上简要的防烟、防毒气用的毛巾和水,在各班主任的带领下,快速奔向就近疏散集合点;消防救援专业队随即展开人员救援与灭火;针对未来得及离城且"受伤"的学生,医疗救护人员对其头部、腿部和手臂等多个部位紧急包扎救护。人防工作人员向师生们宣讲防空减灾知识和应急逃生自救互救技能,学生参观人防移动指挥车及各专业队装备。(朱江)

【人防知识进校园宣传活动】 2022 年 9 月 9—18 日,扬中市人防办组织全市高中、初中、小学、幼儿园、省扬中专、体校、特教等 29 所学校开展"人防知识进校园"宣传活动,增强青少年国防观念和防空减灾意识。各学校结合实际,开展特色宣传。扬中市实验小学围绕"9·18"警报试鸣开展国旗下讲话,普及人防知识。外国语小学开展勿忘国耻主题班会活动,发放《小学生人防知识读本》,开展防空减灾教育和自救互救技能培训。兴隆小学、三跃小学通过完成手抄报、绘画、作文等形式,引导学生铭记历史,增强爱国情怀,提升防灾减灾意识;组织学校老师参观人防教育体验馆,学习人防知识。机关二园组织小朋友观看《扬扬说人防》动漫片,以通俗易懂的方式教育幼儿防灾减灾。扬中市第二高级中学组织开展校园应急疏散演练,发放人防知识读本。

9 月,人防办开展人防知识进校园活动　(融媒体中心供图)

通过开展疏散演练、发放人防宣传物资和现场讲解人防应急知识、防空防灾警报等相关知识,受教育师生约3万人,发放人防知识读本约5000本及部分宣传小纪念品。 (朱江)

【人防工程防护设备检测工作】 2022年,扬中市人防办委托第三方检测机构,对辖区内2022年度竣工且投入使用人防工程的防护设备专项检测,加强人防工程防护设备检测机构事中事后监管,规范人防工程防护设备检测机构行业标准。此次检测市内结建人防工程,检测项目包含人防工程防护设备门的外形尺寸、门扇上下铰页受力均匀、门扇与门框贴合严密性、门扇关闭后密闭胶条压缩量均匀度、钢筋保护层、密闭性能、阀板启闭力等。检测结果表明合格率达96%以上。(朱江)

双拥共建

【概况】 2022年,扬中市以"让退役军人获得感成色更足"为主线,坚持稳中求进工作总基调,统筹推进退役军人事务各项工作,完成年度各项任务,第九次蝉联江苏省"双拥模范城"称号。创新开展"青蓝工程",提升服务退役军人工作实效;凝聚爱心力量,开展"镇爱优抚·尊戎圆梦"关爱困难退役军人行动,点亮退役军人"微心愿";联合镇江豚宝网络科技有限公司着重打造"e路戎耀"品牌项目,实现"家门口"就业创业。推进全市村级退役军人服务站星级服务站建设;按时发放各类优抚对象优待抚恤定期定量补助金、义务兵家庭优待金、退役军人一次性经济补助金等,做好优抚工作;规范开展建档立卡和优待证制发工作;做好烈士纪念设施维护和烈士褒扬工作;完善军休管理系统,做好服务保障工作;加大宣传力度,营造浓厚的双拥氛围。开展常态化帮扶援助活动,发挥上级退役军人关爱基金作用;完成转业军官和转业军士安置工作。 (陶慧萍)

【优待抚恤工作】 2022年,扬中市及时准确发放各项抚恤补助金,按时下拨市财政负担各类抚恤和生活补助经费,督查各镇(街道)按时足额打卡发放到位。春节、"八一"期间开展走访慰问活动,普惠慰问优抚对象。入户走访慰问困难退役军人,向各类优抚对象发放荣誉性慰问品。坚持敲锣打鼓送喜报制度,向三等功和二等功的现役军人家庭敲锣打鼓送喜报,发放立功奖励金。开展重点优抚对象短期疗养,组织开展优抚对象免费体检,使优抚对象切实感受到党和政府的关怀。为退役军人和其他优抚对象申领和发放优待证,整合社会资源拓展持"优待证"人员免费乘坐公交车、免费游园,优惠食宿,优惠购物等叠加优待。 (陶慧萍)

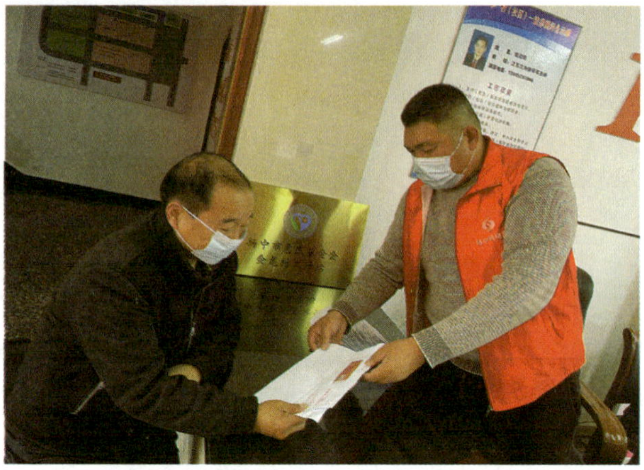

退伍军人优待证发放工作 (融媒体中心供图)

【双拥共建工作】 2022年,扬中市出台双拥工作实施意见,明确各级各单位的任务目标,春节、"八一"期间各镇(街道、经开区)、相关部门履行双拥职责开展双拥活动。春节期间,配合市委、市政府慰问驻扬中各部队,组织志愿者到军营共建联欢,丰富官兵节日生活;"兵妈妈"等社会拥军组织在端午节、中秋节走进军营,融洽军政军民感情。市文联、市文广体旅游局、市图书馆、市科协等机关部门走进军营开展送书画、送图书、送法律、送科普知识等特色拥军活动。双拥典型友谊集团,继续慰问驻苏、驻镇、驻扬各部队。长江拥军服务社开展"关爱老兵行""扬中21味进军营"等系列主题拥军活动。利用微双拥微信公众平台,及时发布双拥活动动态、政法宣传以及社会优待等。完成部队办实事项目,协调市经发局、海晟集团、扬中青企会完成武警中队户外军民鱼水情雕塑竖立项目。 (陶慧萍)

【e路"戎"耀品牌建设】 2022年,扬中市开展直播实训助力退役军人"家门口"就业创业活动。扬中市退役军人事务局联合镇江豚宝网络科技有限公司着重打造并推出e路"戎"耀品牌项目,带动对互联网创业感兴趣的退役军人加入直播行列,实现在"家门口"就业创业。培训内容涵盖运营岗位的定义和进阶、开店策划、活动策划、官方活动报名流程、运营规划、CRM管理、电商产品对接等内容。新创建的e路"戎"耀抖音号,通过运营,粉丝数5000人,播放量30万次。 (陶慧萍)

【"微心愿"关爱行动】 2022年,扬中市开展"微心愿"关爱行动,点亮退役军人"微心愿",采取入户走访、电话咨询等多种形式，征集整理困难退役军人和其他优抚对象的“微心愿”。扬中市爱心企业积极响应，以自行认领、购置心愿物品形式，向困难退役军人、优抚对象家庭表达一份由衷敬意，解决困难退役军人家庭的燃眉之急。全年开展四期“微心愿”关爱活动，帮助困难退役军人圆梦。 （陶慧萍）

5月，退役军人事务局开展“镇爱优抚·尊戎圆梦”关爱行动 （融媒体中心供图）

【转业军官暨转业军士选岗会】 2022年9月16日，扬中市召开2022年转业军官暨转业军士选岗会，转业军官和转业军士现场选岗，并签字确认。会上宣读《2022年市军转干部、安排工作退役士兵安置计划》，详细解读选岗的相关程序，强调选岗纪律和规则。邀请镇江市退役军人事务局、扬中市委组织部、编办、纪委派驻纪检组相关领导对选岗过程全程监督，邀请相关部门、部分央企单位、省属企业负责人事的相关领导见证此次选岗会，确保“公开、公平、公正”的原则执行不走偏，群众更信服，“阳光安置”政策落到实处。退役军人事务局根据转业人数，及时与组织部、编办、人社部门对接，召开安置岗位协调会，筹集多家行政事业单位、市属国有企业单位岗位用于转业安置。退役军人事务局在选岗会后完善移交安置手续，送岗报到，建立回访制度和后续跟进服务，对转业军人的岗位安置、福利待遇落实、合同签订、社保缴纳等情况集中开展检查，及时发现和解决存在的问题，做好转业军官和转业军士安置保障。 （陶慧萍）

【退役军人返乡欢迎大会】 2022年9月19日，扬中市举行2022年退役军人返乡欢迎大会暨退役军人适应性培训动员会。返乡欢迎大会现场，副市长孙小华代表市政府向全体光荣返乡的退役军人表示热烈欢迎，为退役军人代表佩戴红花、绶带。寄语退役军人，在今后的工作和生活中要珍惜从军经历，坚守军人初心，继续发扬忠诚担当、严格自律等优良传统，继续保持“特别能吃苦、特别能战斗、特别能奉献、特别守纪律”的军人作风，以积极进取的干事心态，续写光荣篇章；要始终听党话、跟党走，争当遵纪守法、发展经济服务社会的模范，展示新时代退役军人的风采，在积极投身扬中经济社会高质量发展的火热实践中展现作为、奋发有为、建功立业。举行2022年退役军人适应性培训暨创业培训开班仪式。培训为期9天，设置民法典讲座、职业道德讲座、职场礼仪讲座、创业培训（电商）以及各类实地参观学习活动，详细解读退役军人就业创业的各项政策，助力退役军人加快角色转换、适应新环境，了解就业形势，选准自身发展方向，增强自信心，实现由部队建设的主力军向地方发展生力军的顺利转变。

（融媒体中心）

【烈士公祭活动】 2022年9月30日，扬中市在烈士陵园举行公祭活动，追寻英雄足迹、传承革命精神，追思不朽忠魂、凝聚奋进力量，在高质量发展赛道上加速奔跑、奋力冲刺，以实际行动迎接中共二十大胜利召开。市委书记张德军整理花篮缎带并宣读祭文，市长贾晟主持烈士公祭活动。公祭仪式上，奏唱中华人民共和国国歌；少先队员代表献唱《我们是共产主义接班人》；武警官兵向革命烈士敬献花篮；全体人员向烈士纪念碑行三鞠躬礼。参加活动有市四套领导班子，各镇（街道、经开区）、市级机关各部门党政主要负责人，以及离退休老干部、烈士家属、青年团员、党员义工、社会团体和学生代表。公祭结束前，所有人员瞻仰烈士纪念碑，在散葬烈士墓区向烈士献花。 （陶慧萍）

9月30日，扬中市在烈士陵园举行公祭活动

（融媒体中心供图）

法　治

政法委及综述

【概况】 2022 年,扬中市政法系统围绕中共二十大维稳安保主线,以接续打造"平安幸福洲"为主业,全面落实"疫情要防住、经济要稳住、发展要安全"重大要求,深入推进平安建设、法治建设、基层建设、队伍建设,全力以赴防风险、保安全、护稳定、促发展,为谱写"强富美高"新扬中现代化建设新篇章提供坚强政法保障。

(朱国培)

【综治平安建设】 2022 年,扬中市坚持创新和发展新时代"枫桥经验",完善基层平安创建标准和创建模式,从源头防范化解矛盾风险。油坊镇、三茅街道高分创成镇江市"社会治理现代化先进镇(街道、经开区)",对 2021 年首批创成的 10 个市级"平安法治先进村(社区)"实施一次性"以奖代补",率先出台资金管理办法,夯实社会治理现代化的基层基础。推进党建引领乡村治理国家级试点工作,推进"红色网格"建设,扎实开展社会矛盾风险隐患拉网式大排查大起底、大化解专项行动,98%以上的安全隐患和矛盾纠纷在网格内得到发现和处置。在镇江率先建成县级市域社会治理现代化指挥中心。八桥镇利民村村委会被民政部评为全国先进基层群众性自治组织。海川社会工作服务中心"'五社联动'聚合力,社会治理新样板"、麦田义工服务社"儿童服务站助力困境留守儿童关爱"获江苏省社会组织协同基层治理优秀案例。纵深推进常态化"扫黑除恶"斗争,多渠道宣传《中华人民共和国反有组织犯罪法》,承办镇江市重点行业领域整治暨系列平安建设活动现场观摩推进会,相关工作经验在会上交流并推广。强化"三书一函"(监察建议书、司法建议书、检察建议书、公安提示函)跟踪问效作用,关于拆除违建"毒瘤"、打造安全人居环境的司法建议获评全省优秀"三书一函"一等奖。推进夏季治安打击整治"百日行动",加大电信网络诈骗犯罪打防力度,电诈案件发案数比上年下降 8.5%,破案数增长 28.75%。完善整岛防控体系,全市刑事案件发案数下降 7.84%。加快智慧版技防城建设,并通过省专家组预评审,智治赋能进一步彰显。

(朱国培)

【法治建设】 2022 年,扬中市发挥法治固根本、稳预期、利长远作用。优化法治营商环境,法院率先在镇江市建立经营异常企业公益强制清算退出机制,优化司法涉税协作机制,创新运用预重整机制助力兴隆港务脱困重生。建立失信名单分级分类管理和信用修复、正向激励等机制,帮助 123 家企业修复信用。检察院推进企业合规改革,探索建立增值税专项企业合规标准化指标体系。公安局深化"警企一警通"品牌创建,派出所实现综合服务窗口"全覆盖"。司法局持续推进"律政先锋公益行"志愿行动,探索"公证+企业"新型办证模式。持续推进法治建设,开展基层综合执法规范化建设、防止干预"三个规定"(《领导干部干预司法活动、插手具体案件处理的记录、通报和责任追究规定》《司法机关内部人员过问案件的记录和责任追究规定》《关于进一步规范司法人员与当事人、律师、特殊关系人、中介组织接触交往行为的若干规定》)执行和普法责任制落实情况三大专项检查,建成习近平法治思想专题宣传场馆 2 个,新创成国家级民主法治示范村 1 个、省级民主法治示范村(社区)5 个,实现"法律明白人"网格全覆盖。市委依法治市办获评依法治省工作成绩突出单位。政法惠民展现新作为。扎实开展三大专项行动,排查纳入保障和服务对象 5335 人,严重精神障碍患者监护"以奖代补"政策全面落实,依法审结"康都健"网络传销案、"老妈乐"非法吸收公众存款案,挽回经济损失 3045.96 万元;在全省范围内率先出台《关于建立未成年人监护监督暨家庭教育指导工作合作机制的意见》,提供全方位家庭教育指导服务。深入推进省委巡视反馈问题整改,牵头维护群众权益,成立整改工作专班,形成整改措施 8 个,建章立制 5 个,提升群众政法获得感。

(朱国培)

【政法队伍建设】 2022年，扬中市坚定不移巩固深化政法队伍教育整顿成果，持续锻造忠诚干净担当的政法铁军。筑牢政治忠诚，坚持把学习宣传贯彻中共二十大精神作为首要政治任务，开展政法系统专题宣讲，开设“学习贯彻中共二十大精神·我们在行动”专栏，推动中共二十大精神在政法系统落地生根。严格执行重大事项请示报告、政法委派员列席政法单位民主生活会和重要会议、政治忠诚剖析等制度，组织开展政治轮训48场次，实现全覆盖。提升业务水平，政法各单位组织开展专题式、观摩式、复合式等多种形式的业务技能培训，政法干警综合素质进一步提升。法院1篇学术论文获最高院二等奖，1篇案例入选《最高法院刑事审判参考》，1场庭审入选全省法院“百场优秀庭审”。检察院办理的4件案件入选全国、全省典型案例或被公开发布。公安局构建执法生态“三化”(打击办案合成化、执法监督协同化、日常监管规范化)工作法被省公安厅评为精品工作法。司法局探索扩大刑事法律援助覆盖范围，法律援助中心获评全省法律援助“十佳十优”办案单位。净化政治生态，严格执行《新时代政法干警“十个严禁”》，加强日常管理和“八小时外”监督，做到抓早抓小、防微杜渐。对公安局开展新一轮政治督察，全年推动政法单位副科级以上领导干部交流轮岗15人，切实推动党管政法原则落到实处。严肃查处群众身边的不正之风和腐败问题，一体推进不敢腐、不能腐、不想腐，全力维护风清气正的政治生态。 (朱国培)

12月20日，扬中市政法系统开展中共二十大精神专题宣讲 (政法委供图)

【政法工作会议暨政法队伍教育整顿总结会议】 2022年2月17日，扬中市委政法工作会议暨政法队伍教育整顿总结会议召开。市委书记张德军出席会议并讲话，强调全市政法战线要勇担使命、负重奋进，围绕建设“平安幸福洲”的目标定位，拿出教育整顿磨砺出的血性和担当，为现代化新扬中建设保驾护航，以实际行动迎接中共二十大胜利召开。会上，举行平安法治先进村(社区)颁奖仪式；法院、公安局、人社局以及八桥镇分别作表态发言。 (朱国培)

【政法系统10件重点惠民实事】 2022年2月17日，扬中市委政法工作会议暨政法队伍教育整顿总结会议召开。政法系统发布10件重点惠民实事，包括建成集信访和矛盾多元化解、社会治理事件处置、社会风险研判三个平台于一体的市社会矛盾纠纷调处化解中心(社会治理中心)。深度融合“党建+网格”，实现“红色网格”全覆盖，打造市平安法治文化展示馆，切实提升城乡居民的知晓率和满意度。聚焦涉法涉诉信访案件化解，精准实施司法救助，着力化解一批涉法涉诉信访积案。加快市法院诉讼服务中心现代化、智能化改造，全方位对接江苏诉讼服务网、微解纷、微法院等线上服务平台，加大诉前调解力度，延伸诉讼服务边界，扩大诉讼服务范围。开展“失信企业信用修复”专项行动，对符合条件的企业及时修复信用，重塑形象；加大执行力度，实现当事人胜诉权益和民营企业正常经营权益、生存权益的有机统一。推进涉案企业合规改革，建立“模块化”“专而精”的涉案企业合规整改及认证标准，以及覆盖事前、事中、事后的全链条工作机制。完善“警企一警通”服务，健全服务保障入企法治宣传、法律援助等机制，推行涉企案件快速办理机制，加快办案进度，缩短办案周期，依法打击惩治。扎实推进派出所“综窗”建设，力争年内实现派出所综合服务窗口全覆盖，探索进一步下放审批职能。深度优化法治乡村建设，部署开展“法律明白人”提质扩面工程，吸收社会各类专兼职法律人才，组织开展法律培训，形成“建、管、用”一体化法律服务队伍。高质量推进市、镇、村(居)三级社工站建设全覆盖，加强持证社工培训，探索“五社联动”(社区、社会组织、社工、社会资源及社区自治组织的联动)基层社会治理新模式。 (朱国培)

【未成年人监护监督暨家庭教育指导工作】 2022年5月29日，扬中市委政法委聚合公检法司等12家职能部门，在全省范围内率先出台《关于建立未成年人监护监督暨家庭教育指导工作合作机制的意见》，促进未成年人司法保护工作全面发展。在检察院设立未成年人司法保护中心，组建专业人才队伍开展监护监督暨家庭教育指导工作。各职能部门以成立未成年人司法保护中心为起点，探索开展未成年人监护监督工作，推动未成年人家庭监护、国家监护落地落细，为未成年人营造更加安全、健康的成长环境。 (朱国培)

【巩固政法队伍教育整顿成果推进全面从严管党治警暨政治轮训动员会】 2022年8月4日，扬中市召开巩固政法队伍教育整顿成果推进全面从严管党治警暨政治轮训动员会。市委书记张德军出席会议并作动员讲话，强调要鼓足“自我革命”的精神，更加坚定自觉地把教育整顿推向纵深；要拿出“抓铁有痕”的韧劲，系统锻造党和人民信得过、靠得住、能放心的政法铁军；要落实“动真碰硬”的举措，合力打好从严管党治警的整体战、持久战。会议邀请江苏科技大学教授郭昭昭以“对党忠诚的丰富内涵与实践要求”为主题作专题讲座。

(朱国培)

【综合治理执行难工作联席会议】 2022年12月1日，扬中市综合治理执行难工作联席会议召开。32家成员单位参加会议。会上，法院通报2022年以来全市综合治理执行难工作开展情况。会议强调，各成员单位要牢固树立“一盘棋”思想，深化思想认识，深化综合治理执行难工作；创新工作举措，强化协调谋划、抓源治本，推动执行工作由“后端强制执行”向“前段自动履行”延伸；强化责任落实，着力构建前端多元化解、中端协同联动、末端有效衔接的现代化执行联动机制，构建完善齐抓共管的工作格局，为全市高质量发展贡献智慧和力量。

(朱国培)

公 安

【概况】 2022年，扬中市立刑事案件1598起，破刑事案件502起，破案率31.4%；查获刑事作案成员774人，公诉463人，抓获网上在逃人员74人，查处治安行政案件2388起、治安行政处罚507人。严厉打击各类经济犯罪，全年经济犯罪立案32起，抓获犯罪嫌疑人30人。开展矛盾纠纷滚动排查调处工作，配合相关部门有效化解劳资纠纷、安全事故、环境污染等引发的各类矛盾1700余起。

(朱昌盛)

2022年扬中市暂住人口情况统计表

表4 单位：人

	合计	性别		暂住时间				来自地区				居住处所						
		男	女	半年以下	半年至一年	一年至五年	五年以上	省内		省外		租赁房屋	单位内部	工地现场	旅店	居民家中	自购房屋	其他
								乡村	城镇	乡村	城镇							
合 计	48134	30979	17155	10722	29982	7166	264	14687	659	30645	2143	13989	2369	1128	2	29608	262	776
务 工	39979	26583	13396	9775	23621	6404	179	12015	558	25719	1687	10303	2046	1127	1	25953	82	467
录(聘)用	6	4	2	1	5	0	0	5	0	1	0	0	1	0	0	5	0	0
投资经商	1509	884	625	141	1176	175	17	475	15	915	104	715	5	0	1	646	57	85
务 农	1920	1113	807	86	1693	101	40	656	33	1091	140	803	209	0	0	859	13	36
服 务	1309	588	721	117	1049	133	10	362	11	855	81	595	27	0	0	664	23	0
就 读	1848	1037	811	434	1266	140	8	562	17	1223	46	1015	1	1	0	692	61	78
随迁学龄前子女	152	84	68	37	92	23	0	41	1	109	1	55	24	0	0	46	0	27
治病疗养	11	8	3	1	6	4	0	7	0	3	1	5	0	0	0	6	0	0
投靠亲属	353	168	185	54	229	69	1	162	6	175	10	103	46	0	0	167	7	30
探亲访友	212	57	155	9	181	22	0	71	6	120	15	48	2	0	0	156	0	6
其 他	835	453	382	67	664	95	9	331	12	434	58	347	8	0	0	414	19	47

说明：本表统计时点为2022年6月30日24时

(朱昌盛)

【道路交通事故情况】 2022年,扬中市接报道路交通事故类警情1.42万起,其中受理6467起,死亡33人,伤1270人,直接经济损失80.99万元,与上年相比,事故起数下降9%,死亡人数下降10.81%,伤人数上升11.6%,直接经济损失下降5%。事故特点:肇事者以青中年为主,受害人以中老年为主。交通肇事者中,31~40岁、41~50岁年龄段为交通肇事人员年龄集中段,致19人死亡,占到总死亡人数的57.58%。其中31~40岁年龄段交通肇事致人死亡10人,占到总死亡人数的30.3%,41~50岁年龄段交通肇事致人死亡9人,占到总死亡人数的27.27%。交通事故受害者中,51~60岁年龄段交通事故死亡人数13人,占到总死亡人数的39.39%;61岁以上年龄段交通事故死亡人数18人,占到总死亡人数的54.55%。从车辆角度分析,汽车、非机动车肇事情况较为突出。驾驶汽车肇事发生交通事故26起,致26人死亡。驾驶非机动车肇事发生交通事故4起,致4人死亡。从道路角度分析,238省道、县道是引发交通死亡事故的重点路段。238省道发生道路交通事故25起,死亡事故7起,死亡7人,分别占总数的0.25%、21.21%、21.21%。县道发生道路交通事故1790起,死亡事故6起,死亡6人,分别占总数的12.56%、18.18%、18.18%。从交通违法行为角度分析,机动车肇事违法行为中不按规定让行、观察疏忽、醉(饮)酒驾驶等重点违法行为是致人死亡的主要原因。非机动车肇事违法行为中闯红灯、路口不按规定让行、横过机动车道未下车推行等重点违法行为是致人死亡的主要原因。 (朱昌盛)

7月18日,公安局举行夏季治安打击整治“百日行动”保安驻巡启动仪式 (公安局供图)

【车管业务】 2022年,扬中市公安局车管所办理注册登记汽车2993辆、“三小车”(电动车、燃油助力车、摩托车)314辆,检验汽车2.63万辆、“三小车”903辆,新办“三小车”驾驶证537本,汽车驾驶人补、换证1.13万本,审验驾驶人1584人。截至2022年底,全市机动车保有量8.17万辆,登记机动车驾驶人14.4万人。 (朱昌盛)

【公共安全专项整治】 2022年,扬中市公安局组织开展道路交通、群租房、危险物品、寄递物流、重点目标等安全隐患专项整治行动,全市未发生重大安全事故。排查整改各类道路交通安全隐患122处,现场查处各类道路交通违法行为7.77万起。排查群租房127户,发现整改安全隐患100处。检查涉危单位750家次,发现整改安全隐患52处。检查寄递业网点100余次,发现整改治安隐患67处。检查重点目标单位500余次,发现整改安全隐患35处。严格校园安全监管,发现整改安全隐患26处,在52所中小学校和幼儿园设立护学岗。 (朱昌盛)

检 察

【概况】 2022年,扬中市检察院坚持“创新引领、以精取胜”总基调,忠实履行宪法和法律赋予的职责,为谱写扬中高质量发展新篇章提供法治保障。办理检察监督案件893件,4件案件入选全国、全省典型案例或被公开发布。获镇江市级以上集体和个人荣誉27项。依托“六色党建”(红色忠诚、紫色强基、金色品牌、绿色服务、橙色暖心、青色廉政)工程,开展“为民办实事”活动、重温入党誓词、警示教育等活动80场次。开展“三个精品”(精品案例、精品法律文书、精品事例)业务竞赛活动,评选出27项精品案事例。建立青年干警职业导师制,8名拔尖人才和骨干尖兵培养对象与院内业务骨干结对。邀请代表委员和社会各界代表视察、座谈、观摩庭审以及参与听证100余人次,主动走访40余人次,寄送每月工作综述2000余份,提升检察工作透明度。 (张晋毓)

【企业合规路径探索】 2022年,扬中市检察院审慎、稳妥推进改革试点工作,总结办案经验,深化理论研究。经层报江苏省人民检察院批准,办理企业合规案件3件。在扬中某电气公司开展合规试点,该公司涉嫌虚开增值税专用发票罪,检察院通过试点,推动其全面完善内部管控制度,实现良性规范经营,当年销售额比上年增长100%,纳税额较合规整改前翻倍增长,通过第三方组织评估。该案是镇江市首批适用第三方机制的案件,并作为典型案例在镇江市人民检察院“检察开放日”活动上公开发布。结合办案实践深化探索研究,承

担的省级课题“基层检察机关企业合规路径探析”顺利结项。 (张晋毓)

【未成年人司法保护】 2022年,扬中市检察院联合青航法治服务中心出台《未成年人司法社会服务评估考核实施细则》。通过支持起诉,帮助一名困境儿童申请宣告监护人失踪,解决其“事实孤儿”身份认定及社会保障问题,实现精准救助。通过涉未成年人公益诉讼检察,推动市场监管部门整顿校园周边盲盒乱象,促使14家商铺及时下架违规商品;推动公安机关全面排查违规接纳未成年人留宿的浴室、足疗店等场所,7名服务人员受到行政处罚,2家违规经营场所停业整顿。会同11家单位成立扬中市未成年人司法保护中心,在全省率先出台《监护监督暨家庭教育指导工作合作机制的意见》,促进“甩手家长”依法带娃。 (张晋毓)

5月,检察官走进社区普及未成年人强制报告制度 (检察院供图)

【社会矛盾化解】 2022年,扬中市检察院持之以恒落实“群众信访件件有回复”制度,妥善处理群众来信来访141件次,答复率100%。针对重点案件、特殊人群,充分落实领导包案制度,院领导累计包案办理信访案件13件。发挥刑事和解平台作用,推动9件案件双方当事人达成和解。全面推行案件公开听证,从不同行业聘任22名听证员,参与听证会32场次。切实保障律师依法执业权利,及时为辩护律师提供阅卷服务84次。深化司法救助工作,传递检察温度,办理国家司法救助案件24件,为因案致贫、返贫的困难群众31人发放救助金35万元。 (张晋毓)

【民事行政检察】 2022年,扬中市检察院办理各类民事、行政检察监督案件98件。持续打击虚假诉讼,监督纠正“假官司”2起,捍卫司法权威。支持起诉道路救助基金追偿案件11件,支持仲裁拖欠农民工工资案件56件,挽回国有资产和劳动报酬30万余元。推进行政非诉执行监督工作,纠正不规范执行行为2项。监督纠正的一起行政机关履行行政登记职责不当案件入选江苏省人民检察院示范案例。发挥行政检察“一手托两家”在推动法治政府、和谐社会建设中的独特功能,通过纠正违法、主持调解等形式,实质性化解行政争议案件3件,实现案结事了政和。 (张晋毓)

【公益诉讼检察】 2022年,扬中市检察院办理民事公益诉讼案件13件、行政公益诉讼案件67件,对于诉前不能及时整改,或发布诉前公告后公益损害尚未消除的,依法提起刑事附带民事公益诉讼7件。开展江河湖海生态环境和资源保护领域公益诉讼专项监督活动,办理的2件案件分别入选最高人民检察院典型案例、全国检察机关“千案展示”案例。针对少数人员违规领取救济费、失业保险金等情形,督促行政主管部门核查,追回流失的国有财产4万余元。针对近2公顷基本农田被违法使用、严重破坏的情况,推动行政主管部门和属地政府依法核查、强化监管,截至年末涉案耕地均已复垦。 (张晋毓)

【民生民利护航】 2022年,扬中市检察院全力守护群众“舌尖上”“头顶上”的安全,起诉危害食品安全犯罪4件、6人,办理《中华人民共和国刑法修正案(十一)》生效后镇江首例高空抛物案件。围绕“养老”焦点开展护航民生民利专项活动,推动行政主管部门督促全市养老服务机构落实整改。聚焦生活区消防安全,推动相关乡镇建设消防站并配备专职队伍,督促燃气公司及时更换破损燃气表箱。深化公民个人信息保护,推动主管部门督促快递企业定期销毁快递面单,从源头防范泄露、倒卖用户信息。围绕群众关心、代表委员关注的“带病”健身器材、高层住宅窗户脱落、238省道占道经营、小区电动车管理、“加拿大一枝黄花”物种入侵等问题、建议,均一一调查核实,推动问题整改。 (张晋毓)

【普法宣传活动】 2022年,扬中市检察院常态化开展“三官一律”进网格、“检察好故事”宣传等活动,发放社情民意卡、宣传资料500余份,提供法律服务53次,化解矛盾纠纷20余件。24名法治副校长,开展“线上+线下”菜单式法治教育30余场次,受教育人数达1万余人次。开设《小豚说案》普法微视频栏目,结合打击整治养老诈骗、"断卡"行动、司法救助等题材制作的普法作品陆续被省级以上主流媒体转发，累计播放量突破30万次。获评全国检察宣传先进集体、镇江市"七五"普法工作先进集体，《小豚说案》栏目获评扬中市"2022年度优秀新媒体"。 （张晋毓）

6月，"三官一律"进网格活动 （检察院供图）

【检察官助理聘任上岗】 2022年5月，检察院举行行政机关专业人员兼任检察官助理聘任仪式，13名特邀检察官助理正式上岗。2021年6月22日，最高人民检察院印发《行政机关专业人员兼任检察官助理工作办法（试行）》，检察院贯彻最高人民检察院有关工作部署，向自然资源和规划局、生态环境局、税务、水利等行政机关发出邀请函，聘请13名行政机关专业人员为该院特邀检察官助理。13名特邀检察官助理聘期一年。受聘后，特邀检察官助理将当好检察办案的"外脑"和"智库"，运用各自的专业知识和专业技能，在检察官的主持下协助开展询问、查询、勘验、检查、鉴定、调取证据材料等工作，解读专业性较强的法律法规、分析研判专业性较强的案件线索、提出专业性的意见建议，推动检察机关更好履职尽责。 （融媒体中心）

法 院

【概况】 2022年，扬中市人民法院围绕"努力让人民群众在每一个司法案件中感受到公平正义"目标，坚持服务大局、公正司法、司法为民。全年受理各类案件7648件，比上年下降2.07%；审结6732件，法官人均办案217件。八项审判质效核心指标中，结案率、一审民事案件调撤率等五项指标优于省均值，稳居镇江法院第一方阵。助优营商环境。依法审结涉企案件2511件，涉案金额21.44亿元；畅通企业破产通道，深入推进府院联动，审结破产案件102件，化解不良债权4.82亿元，盘活资产1.32亿元。发挥人民法庭前沿阵地作用，审结案件1371件，以"乡土司法"促进乡风文明强化民事权益保护。开展"为群众办实事示范法院"创建活动，集中推出14项为民实事项目，审结各类涉民生案件656件。及时兑现胜诉权益。加强案件执行综合施策，在市委政法委牵头协调下，联合30家单位建立健全"查人找物""打击拒执犯罪""失信联合惩戒"等执行联动机制，推动执行难源头治理、综合治理。执结案件2196件，增长8.23%，执行到位标的额6.52亿元。

（何维玉）

【打击整治养老诈骗宣传活动】 2022年5月27日，扬中法院联合检察院在博联农贸市场开展打击整治养老诈骗宣传活动。向老年人及家属宣传养老诈骗犯罪特点，提醒广大老年人在日常生活中要提高警惕，守住"钱袋子"。结合司法办案实际情况，详细解答老年人提出的相关法律问题。针对涉及养老诈骗领域的"老妈乐"非法吸收公众存款罪案，发出司法建议书，建议市场监督管理局对扬中市"老妈乐"日用品商行依法作出处理，堵塞行业监管漏洞，从源头预防养老诈骗犯罪的滋生，维护广大老年群众的合法权益。 （何维玉）

【公益强制清算退出机制】 2022年7月7日，扬中法院联合检察院、市场监督管理局和行政审批局会签《关于构建经营异常公司公益强制清算退出机制的实施意见》，率先在镇江市建立经营异常企业公益强制清算退出机制。全年对66家吊销未注销企业启动公益强制清算。法院、检察院、市场监管局、行政审批局畅通信息交流，共同搭建公司登记信息动态共享机制。市场监管局定期提供经营异常公司名单和吊销未注销公司名单，行政审批局定期将经营异常公司和吊销未注销公司电子登记档案移送市检察院及市法院筛选审查。检察院、法院确定公益强制清算的公司名单，检察院向市法院提出公益强制清算申请。法院依法独立行使公司强制清算、破产审判权，依照法定程序规范开展强制清算、破产审判活动。法院受理检察院提出的强制清算申请后，及时书面通知市检察院、市行政审批局及市市场监管局，依法履行通知、公告、清算以及宣告破产等程序。市检察院、法院、市场监管局、行政审批局探索建立市场主体违法失职行为联合惩戒机制。对被吊销营业执照公司违法行为负有个人责任的公司法定代表人，以及对不依法办理清算、注销登记的市场主体，依法纳入不良记录。构建强制清算公司相关人员任

职限制登记制度。 (何维玉)

7月7日,公益强制清算文件签约仪式 (法院供图)

【“扬威亮剑”执行攻坚行动】 2022年,扬中市开展“扬威亮剑”执行攻坚行动,执结案件2058件,比上年增长4.95%,执行到位标的额6.33亿元。强化执行威慑力度,采取限制高消费、司法拘留、拘传、罚款等强制措施1986人次,以涉嫌拒执罪移送公安机关3人次,发出律师调查令、执行悬赏令43份。创新网络司法拍卖方式,VR看样、法官“带货”让被执行财产展示更鲜活具体。全年网拍成交额5843.6万元,溢价率平均6.38%。 (何维玉)

【巡回审理进乡村】 2022年,扬中市构建常态化巡回审判机制,在17个村(社区)设立巡回审判点,将巡回审判、判后答疑、法治宣传有机结合,扩大庭审的综合效果,促进矛盾源头化解。8月30日,扬中法院新坝法庭通过开设巡回法庭的方式,在新坝镇联盟村文化礼堂开庭审理一起赡养纠纷案,50余名村民参加现场旁听。通过开展巡回法庭方式向社会弘扬正确的价值观,营造“孝老爱亲”的文明乡风,切实将“我为群众办实事”落到实处,将司法服务送到百姓身边。 (何维玉)

【代表联络工作室】 2022年,扬中市人民法院围绕镇江市人大常委会关于开展“请代表监督、让人民满意”法检两院行工作部署,创新开展“听、看、行、评”四项活动,推动在人民法庭设立“代表联络工作室”,拓宽代表监督履职渠道。10月11日,新坝人民法庭设立“代表联络工作室”,打造“代表履职、接受监督、汇聚民意、协同解纷”四位一体平台。 (何维玉)

【妇女儿童维权联动机制】 2022年,扬中市人民法院联合妇联建立妇女儿童维权联动机制,深化家事审判改革。坚决对家暴行为“零容忍”,为婚后未生育遭受经常性侮辱、威胁的受害人,签发镇江首份“升级版”人身安全保护令。履行家庭教育司法保护责任,针对审判中发现的监护失职、教育缺位等问题发出家庭教育指导令8份,督促“依法带娃”,审结婚姻家庭案件235件。 (何维玉)

【企业信用修复专项行动】 2022年,扬中市人民法院开展企业信用修复专项行动。坚持惩戒失信与褒奖诚信并重,建立失信名单分级分类管理和信用修复、正向激励等机制。345名失信被执行人自动履行生效法律文书确定的义务,及时为173家企业修复信用。区分失信与经营风险,办理个人破产类案件3件。 (何维玉)

【“执行干警访百企”活动】 2022年,扬中市人民法院启动“执行干警访百企”活动。组织干警深入企业问需解难,全年走进中小微企业开展“法律体检”43场次。畅通代表委员反映意见建议、开展监督工作的渠道,邀请代表委员见证执行。办理孔某某等12名代表关于加大老赖执行力度的议案,办理率、回复率和满意率均为100%。走访镇江市人大代表29人,走访扬中市人大代表46人。 (何维玉)

司　法

【概况】 2022年,扬中市司法局紧扣高质量发展主线,聚焦高效能法治保障和高品质法律服务两个“核心要求”,融合推进“法治扬中”“法治政府”“法治社会”一体化建设,全面开展各项工作。扬中市法律援助中心被江苏省司法厅表彰为全省法律援助“十佳十优”办案单位,扬中市委依法治市办被江苏省委全面依法治省委员会办公室评为2021年度依法治省工作成绩突出单位,扬中市司法局被国家机关事务管理局、中共中央直属机关事务管理局、国家发展改革委、财政部授予“节约型机关”称号。扬中市司法局全面推进依法治市,深化法治镇(街道、经开区)建设,开展基层综合执法规范化建设、防止干预“三个规定”(《领导干部干预司法活动、插手具体案件处理的记录、通报和责任追究规定》《司法机关内部人员过问案件的记录和责任追究规定》《关于进一步规范司法人员与当事人、律师、特殊关系人、中介组织接触交往行为的若干规定》)执行和普法责任制落实情况“三个专项行动”，健全完善基层法治建设体制机制；持续推进行政复议规范化建设，提升行政争议实质性化解率；服务市政府依法决策，对多项重大行政决策、提请市政府常务会议审议议题和权力清单进行审核。聚焦基层法治需求，全面推进“八五”普法，开展国家级、省级民主法治示范村（社区）创建工作；推进“法援惠民生”工程，开展“律政先锋公益行”品牌志愿活动；调动全局法制专业力量，成立案件审查委员会，打通为民服务“最后一公里”。筑牢安全稳定防线，推进社区矫正“一地一品牌”建设，设立社区矫正教育帮扶工作站；开展矛盾纠纷“大排查、大调解、促和谐”专项活动，健全多元共治矛盾纠纷化解机制。

（胡张林）

【队伍建设】 2022年，扬中市司法局持续强化思想政治建设，学习贯彻习近平新时代中国特色社会主义思想，专题学习研讨中共二十大精神、习近平总书记关于加强政法队伍建设的重要指示和训词等，学懂、弄通、悟透习近平法治思想。贯彻落实省市“新时代干部现代化建设能力提升工程”，开展司法行政法治能力和法律服务水平提升培训，加强行政执法、人民调解、社区矫正等业务培训，开展政治轮训15次，提升司法行政队伍法治思维和法治素养。调动全局法制专业力量，成立案件审查委员会，综合研判行政复议、行政应诉、社区矫正等疑难复杂案件，提升办案质量。优化人才配备和人才梯队培养机制，提拔股级干部2人，中层干部岗位交流7人，在省司法厅挂职锻炼1人，提拔为副科级干部1人；1名司法干警获评首届镇江市“最美公务员”，被人社部、司法部表彰为全国司法行政系统先进工作者。

（胡张林）

【习近平法治思想学习馆建成】 2022年12月，习近平法治思想学习馆开馆。该馆位于新坝镇新宁村委会院内，由五个板块构建而成，围绕习近平法治思想核心要义内容展开，重点展示二十大报告关于全面依法治国的相关部署要点、法治社会、乡村治理、关于《中华人民共和国长江保护法》的执法案例和书画艺术作品以及国家宪法日等相关内容。呼吁广大法律工作者肩负起习近平法治思想研究阐释宣传的光荣职责，打造习近平法治思想研究阐释宣传高地，为更高水平法治扬中建设提供有力理论支撑。

（胡张林）

【社区矫正工作规范化建设】 2022年，扬中市司法局开展社区矫正规范化提升年活动，细化社区矫正对象教育、管理、登记制度，统一社区矫正工作档案标准，实行全过程记录。探索推进“一市一品牌、一县一特色”工程，在丰裕、永勤等4个村（社区）设立社区矫正教育帮扶工作站，指导村（社区）参与管理、教育，帮助矫正对象解决实际困难。扎实开展中共二十大安保工作。推行社区矫正“一三三”模式（围绕“促进融入社会、预防减少犯罪”一个目标，落实“精细管理、精准矫治、精心帮扶”三项机制，统筹“力量保障、科技支撑、阵地建设”三大要素，高质量推进全省社区矫正工作依法、规范、创新发展），针对重点社矫安帮对象，分类别、分批次开展预防重新犯罪针对性教育。配合镇江市检察院对扬中市社区矫正开展巡回检察工作，完成整改销号工作，促进扬中社区矫正工作开展。

（胡张林）

【法律援助工作站建设】 2022年，扬中市法律援助中心新建妇联、安徽商会、交通事故处理中心、信访局4个法律援助工作站，延伸公共法律服务“末梢”，让更多有需求的群众就近获得法律服务。工作站安排专业律师、心理咨询师助阵，提供预约上门、现场调解等服务，致力以“小站点”托起“大民生”。截至年末，法律援助中心受理法律援助案件398件，办理刑事法律帮助案件413件，探索扩大刑事法律援助覆盖范围，提升法律援助工作覆盖面。扬中市法律援助中心被江苏省司法厅表彰为全省法律援助“十佳十优”办案单位。（胡张林）

【民主法治示范村（社区）创建】 2022年，扬中市在民主法治示范村（社区）创建和管理工作上持续发力。新创成国家级民主法治示范村1个，省级民主法治示范村（社区）5个，其中扬中市八桥镇利民村获评“全国民主法治示范村”，扬中市油坊镇振华村、三茅街道中华村、兴隆街道恒跃村、三茅街道普济村获评省级“民主法治示范村”，扬中市三茅街道新民社区获评省级“民主法治示范社区”。截至年末，扬中市创成4家国家级、53家省级民主法治示范村（社区）。

（胡张林）

【“法律明白人”培育工程】 2022年，扬中市以打通法治惠民“最后一公里”为目标，创新法律服务惠民方式，发挥“法律明白人”作为基层法治“连心桥”的作用，助力实现乡村治理共治共建共享。市法宣办推进“法律明白人”提质扩面工程，制定《法律明白人操作指南》，健全市、镇、村三级“法律明白人”培育工作网络，加强对新增人员的遴选、培训工作，提升“法律明白人”的法治意识和法律素养。扬中市培育“法律明白人”642 人,培训率 100%,实现每网格 2 人目标。扬中市“农村‘法律明白人’培育提质扩面”项目获评镇江市 2022 年度“优秀法治惠民实事”。(胡张林)

【“百所千人助万企”专项行动】 2022 年 5 月,扬中市司法局开展“百所千人助万企”专项行动。以法律顾问为“支撑点”,对 200 余家企业在企业设立、经营管理、合同管理、劳动人事等方面开展“法治体检”,帮助企业健全法律风险预警防范机制,确保企业在法治的轨道上健康、良性发展。以普法实体为“切入点”,组织法律服务团依据普法需求调查情况,对企业销售部门、人资部门开展合同、劳动及社会保障等方面内容的专项法治讲座 70 余场。以纠纷化解为“突破点”,主动介入处理各类涉民营经济纠纷,依托商会法律服务中心,满足民营企业纠纷多元化解、快速化解和有效化解的实际需求,为民营企业创新创业营造良好法治环境。(胡张林)

2 月 14 日,司法局开展农民工学法活动周普法宣传活动(司法局供图)

【矛盾纠纷调解工作】 2022 年,扬中市持续开展矛盾纠纷“大排查、大调解、促和谐”专项活动。常态化开展矛盾纠纷网格化排查化解,加大对农民工讨薪、涉疫等重点领域,春节和两会等重要节点的矛盾纠纷排查力度,做到早预测、早介入、早调处。规范、完善网格化排查预警和分析研判机制,坚持每月召开全市矛盾纠纷联调会议,推动群众关注的社会治安、食品药品安全等突出问题的联动化解。全年开展矛盾纠纷排查 4405 次,受理调解矛盾纠纷 3711 件,调解成功 3675 件,调解成功率 99.02%,防止矛盾纠纷激化 394 件,100%的矛盾纠纷均在镇村以及行业性专业性、企事业调解组织调解。(胡张林)

【未成年人司法保护中心揭牌】 2022 年 5 月 29 日,扬中市举行未成年人司法保护中心揭牌仪式,召开未成年人监护监督工作推进会。现场,市检察院副检察长姚俊解读《关于建立未成年人监护监督暨家庭教育指导工作合作机制的意见》;宣读《关于组建扬中市未成年人司法保护中心监护监督员暨家庭教育指导师人才库的通知》;与会领导为首批监护监督员颁发聘书。以未成年人司法保护中心为依托,构建党委领导、政府负责、部门协同、社会参与的新时代未成年人保护工作格局,切实保护未成年人身心健康、保障未成年人合法权益。各职能部门在开展监护监督和家庭教育指导工作时,要始终坚持最有利于未成年人的原则,制定有针对性的监护干预方案及家庭教育指导方案,最大限度体现政法温度,确保未成年人依法得到特殊、优先保护。聚力社会广度,强化宣传引导,各职能部门要切实将思想统一起来,把宣传未成年人监护监督暨家庭教育指导工作纳入“八五”普法的重要工作日程,营造全社会关心支持未成年人保护工作的良好氛围。(融媒体中心)

【“普法责任制”落实集中评议】 2022 年 7 月,扬中市法宣办组织评委集中评议六家普法成员单位 2021 年以来“普法责任制”落实情况,经过工作陈述、现场打分等环节,6 家参评单位均被评议为优秀等次。根据省、镇江市要求,从 5 月下旬起,市法宣办通过组织各普法成员单位开展自查自评、集中评议等方式,开展全市各普法成员单位“普法责任制”落实情况专项检查。法宣办随机抽取新坝镇、西来桥镇、检察院、教育局、住建局、水利局 6 家参评单位集中评议,邀请市人大代表、市政协委员、新闻媒体代表、法学会成员、基层代表等 7 名评委,对参评单位展现的普法成果现场点评打分。开展“普法责任制”落实集中评议是督促各单位做好法治宣传教育工作的有力抓手。法宣办贯彻落实省委依法治省委员会《关于进一步健全普法责任制的意见》,结合新修订的“谁执法谁普法”责任制考核等级评定办法,通过《普法重要工作提示单》《普法重点任务督办单》督促日常工作,通过年底集中评议各普法成员单位等措施将法治宣传教育工作落细落实,助推“八五”普法工作全面实施。(融媒体中心)

经济管理

财 政

【概况】 2022年,扬中年完成全口径财政收入113.31亿元,完成调整预算的100.3%,比上年下降6.89%。其中,一般公共预算收入36.08亿元,完成调整预算的100.04%,下降5.08%;政府性基金预算收入50.38亿元,完成调整预算的100.72%,下降6.16%;社会保险基金预算收入6.65亿元,完成调整预算的99.55%;国有资本经营预算收入640万元,完成调整预算的100%,下降99.08%。全口径财政支出134.03亿元,完成调整预算的93.02%,增长4.24%。其中,一般公共预算支出59.56亿元(含省转贷一般债券安排的支出4亿元),完成调整预算的89.68%,下降0.64%;政府性基金支出为67.85亿元(含省转贷专项债券安排的支出29.05亿元),完成调整预算的95.48%,增长9.85%;社会保险基金支出6.61亿元,完成调整预算的99.98%;国有资本经营支出91万元,完成调整预算的100%,下降99.05%。一般公共预算支出中,民生支出超47亿元,占一般公共预算支出比重为78.91%。

坚持财税政策靠前发力,落实国务院稳经济33条和“苏政40条”“苏政办22条”等政策措施,涵养税基。延续落实制造业中小微企业缓缴税费政策和小微企业“六税两费”减免政策,实现惠企政策直达快享、应享尽享。新增留抵退税9亿元、减税降费2.3亿元、缓缴税费8.4亿元,惠及各类市场主体7124户。根据《关于减免2022年国有房屋租金操作实施细则的通知》要求,减免国有房屋租金500万元。降低失业保险费率,减收4392家企业失业保险费1823万元。对受疫情影响较大的企业,允许阶段性缓缴养老、失业和工伤保险费、住房公积金。在全省首家上线“苏采云”政府采购不见面开标系统,不见面开标率100%,为投标人节约投标文本制作费、差旅费等非生产性支出1200余万元。政府性融资担保费率降至1%。及时兑现2021年度经济高质量发展奖励资金1284万元,促进本地企业发展外向型经济,加大人才招引和科技创新力度。支持企业“智改数转”,主动协助开展项目申报工作,争取扶持资金2.66亿元。强化政府采购政策效能,中小微企业中标政府采购项目比例88%,创新产品购置数量增加200%。探索普惠金融发展“政银担”合作新路径,为企业提供多元化、低门槛、低成本信贷支持,政策性融资规模45亿元。

克服财税收入阶段性下行压力,坚持开源、节流相向而行,实现预算平衡。依托实体经济强大韧性,推动财税收入逐步恢复到合理区间,同口径一般公共预算收入突破40亿元“关口”。将党政机关厉行节约作为常态化纪律要求,提请市政府出台《关于进一步厉行节约保重点支出的通知》,切实用政府的“紧日子”换取人民群众的“好日子”。对“三公”经费和一般性支出实行限额管理,分别下降3%、7.7%。硬化预算刚性约束,严禁违规发放津贴补贴,违规装修改造非危房类办公场所等。做到勤俭办一切事业,推动临时性、应急性增支事项优先通过调整支出结构解决,剔除政策性因素,全年预算追加资金下降30%。出台《扬中市国库存款保障水

10月9日,扬中市举行预算编制工作部署会

(财政局供图)

平监测方案》《扬中市市本级预算执行管理流程》,提前审核部门用款计划,切实压减各类非必要、非急需开支,根据当月库款保障倍数实行"四色预警",明确不同保障倍数区间内的支出政策,有效防范资金支付风险。完成新一轮市镇财政管理体制调整,推动可用财力进一步下沉,助力基层兜牢"三保"底线。盘活存量资金3亿元,规范财政专户间隙资金存放管理,集中力量保障上级党委、政府重大决策部署落地见效。

扎实保障和改善民生,实现民生支出47亿元。争取新增债券资金1.36亿元,支持三茅街道和油坊镇卫生院异地新建,提升基层公共卫生服务能力。完成核酸检测实验室建设,建成园博园方舱医院和洗消中心,在主城区范围内开展13轮全员核酸检测,迅速切断"3·29"疫情传播链。对受疫情影响较大的困难人员和养老托育机构发放一次性纾困补贴,救助各类困难群众9.51万人次。坚决落实就业优先战略部署,顶格执行失业保险稳岗返还政策,发放稳岗返还资金1988万元、就业创业补助资金1926万元。城乡居民基础养老金、困境儿童和优抚对象生活补助、被征地农民生活保障继续提标。出台《扬中市储备粮财政补贴资金管理办法》,明确储备粮收购、补贴标准,扎紧粮食购销领域资金"笼子",兑付补贴资金616万元。发放稻谷补贴、耕地地力保护补贴、实际种粮农民一次性补贴等涉粮资金1972万元,支持高标准农田建设,掌握粮食安全主动权。加大政策性农业保险推广力度,有效抵御连续高温等恶劣天气对农业的冲击。安排农林水资金4亿元,实施28个农村"一事一议"公益性项目,支持农村人居环境进一步提升和各类水利基础设施建设,"三农"领域投入连续多年保持正增长。坚定不移贯彻"长江大保护"战略,推进沿江1千米化工企业整治,搬迁或关停相关企业5家。安排资金4225万元,加快农村生活污水治理。支持"校安工程"建设,新建城西小学,迁建市第一幼儿园,改扩建文化新村幼儿园,完成三跃小学回迁。为6145人次学生发放助学金408万元。接续实施"才聚江洲"计划,拨付各类人才资金1100万元。支持政法机关公正司法、严格执法。落实"房住不炒"要求,出台契税补贴政策,调整优化住房公积金政策,提取公积金4.22亿元,发放公积金贷款2.1亿元。

结合当前和长远,统筹发展和安全,完善财政监督各项体制机制,连续第六年获评全省法治财政标准化管理先进单位。围绕"全方位、全过程、全覆盖"预算绩效管理目标,构建以《扬中市全面实施预算绩效管理实施方案》为主导的"1+N"政策体系,统筹运用"反馈与整改""报告与通报""向社会公开""与考核挂钩""与问责挂钩"五项机制,对所有预算部门、所有类别项目和"四本预算"开展绩效管理,实施绩效评价和绩效监控项目1158个,涉及资金109亿元,分别增长265%、414%。评审重点工程类项目投资概算和竣工结算,节约财政资金1232万元。首次在省预算管理一体化系统编制和执行市本级预算,实现预算信息"线上"贯通。以"确保不发生政府性债务风险、确保不新发生违法违规融资行为、确保债务规模和债务率得到有效控制"为原则,提请市委、市政府印发《扬中市2022年度债务管控工作方案》,明确全年各项目标任务,纳入各责任主体综合考核范围,实行"一票否决制"管理。完成债务化解目标任务的122%,政府性债务率下降27%,2家债务主体实现隐性债务清零。持续压降融资成本,存量融资综合成本下降0.92%,对新增融资实行分级管控,严格落实审批程序。严格控制融资平台公司负债水平,杜绝"举债发展"。完成"国企改革三年行动",实现国有企业董事会应建尽建,改制全民所有制企业75家。对国有企业经理层成员全面实行任期制和契约化管理,落实末位调整和不胜任退出考核机制。集中统一监管全市国有企业。提请市委、市政府出台《扬中市市属国有企业重大事项管理实施意见》,制定"负面清单",规范国有企业运营管理。实施二轮国有企业优化整合,厘清管理层级,压降国企数量,清理退出低质低效国有企业(含下级子公司)60家。（严瑾）

【国有资产管理】 2022年,扬中市贯彻执行省市关于行政事业单位下属全民所有制企业公司制改革工作部署,率先在镇江对所委托监管企业实行审计,委托11家主管部门监管企业18家;关停注销不运营或僵尸型全民所有制企业5家,全面完成改革任务。持续做好向人大报告国有资产管理情况,5月10日,在第十八届人大常委会第二次会议上代表市政府作《关于2021年度全市国有资产管理情况的综合报告》和《关于2021年度全市行政事业性国有资产管理情况的专项报告》。贯彻落实国家、省、市疫情期间国有房屋租金减免政策,帮助服务业小微企业和个体工商户纾困解难,减免国有房屋租金637万元,涉及服务业小微企业84家、个体工商户341户。协助纪委开展全市行政事业单位国资专项督查,清查全市行政事业单位国有资产(土地、房产),有效防止国有资产流失,加快推进低效资产处置,促进国有资产保值增值。（左鹏）

【住房公积金管理】 2022年,扬中市住房公积金新开户人数3686人,归集资金6.3亿元,提取资金4.2亿元。向655户职工发放个人贷款2.1亿元，个贷比率75.6%，个贷逾期率0.14‰。截至2022年底，全市缴存总额53.07亿元，缴存余额21.1亿元，发放贷款35.2亿元，贷款余额15.95亿元，公积金覆盖率70%以上。

（童晓燕）

7月，公积金业务宣讲及现场咨询活动 （财政局供图）

【住房公积金业务改革】 2022年，扬中市加强住房公积金业务改革，网厅业务实现服务零距离。通过在网络媒体、广播、电视、报纸等媒体宣传，在楼盘、企业、社区、银行现场宣传，在中心业务大厅宣传等多种形式宣传推广网厅业务，推动账户签约率及办理率。截至2022年年底，有628家企业开通单位网厅业务，全年汇缴资金2.86亿元，通过个人网厅申请个人业务4327件，办理2661件，提取资金3927万元。网上业务的开通节约职工的时间，进一步深化不见面审批服务改革，实现“让信息多跑路，让职工少跑腿”的零距离服务，按揭贷款抵押惠及更多职工。全市有17家楼盘与中心签约，发放按揭贷款193笔，金额5966万元。 （童晓燕）

税 务

【概况】 2022年，国家税务总局扬中市税务局深化以案促改、以案促治，优化税收营商环境，提升纳税人满意度，推动各项工作全方位提升，税务形象变革性重塑。全年累计组织税费收入101.99亿元，比上年增长38.10%。其中，税收收入46.79亿元，一般公共预算收入26.91亿元，还原留抵退税后完成一般公共预算收入31.42亿元，增长3.36%；耕地占用税入库8498万元，是上年的7.6倍。全力推进组合式税费支持政策落实落地，累计完成增值税留抵退税9.03亿元，减免税费2.33亿元，缓缴部分税费8.4亿元。稳妥推进社保费征收体制改革，国有土地出让权等4项非税收入平稳划转，全年社保费和非税收入5.52亿元，增长177.84%，占收入总额五成，初步完成优化高效统一的税费征管新格局。开展风险应对，全年风险应对直接入库成效1.65亿元，增长近1倍，户均入库成效99.7万元，增长97%，均列镇江市税务系统前茅。深化部门涉税涉费数据共享，全面形成台账，涉及26个部门、52类涉税涉费数据，共享数据60万条。在税款追征、破产清算等涉税领域与法院建立协作机制，实现司法协作12次。突出“我们真心服务，愿您非常满意”服务理念，持续改进税费服务质效，在2022年度全国纳税人缴费人满意度调查中，位列全国第四、全省第一。坚持守正创新，在改革转型中实现突破提升。坚决贯彻上级部署，纵深推进税收征管改革，有关风险管理和精诚共治的经验做法得到上级部门的肯定性批示。坚持标本兼治，在全面从严中优化政治生态。部署“深化以案促改建设法治税务”专项行动，推出18项工作举措，树立全面从严的鲜明导向，释放执纪从严的强烈信号。坚持忠诚担当，在文化浸润中推进队伍建设。通过“请进来、走出去”，加强党务干部政治能力培训，坚持“每个节日一个活动”，以党建带动群团建设。打造“一党委一品牌、一支部一特色、一小组一亮点、一党员一旗帜”党建工作格局，“党旗领航·税韵江洲”品牌被组织部授予“双十佳党建项目”。 （施雯雯）

办税服务厅 （税务局供图）

【战“疫”纾困举措】 2022年4月，国家税务总局镇江市税务局发布《关于疫情防控期间有关税费征管事项的通告》，支持全市疫情防控工作大局，确保纳税人缴费人平稳有序办税缴费。镇江市税务局依扬中市税务局申请，在对扬中市以及现阶段全市疫情防控形势充分了解的基础上，第一时间向江苏省税务局报告，推出战“疫”纾困征管6条举措，明确相关征管事项，涉及延长纳税申报期、简化认证办税流程、“不见面”简易调整个体定期定额、免予因疫情影响逾期申报的行政处罚等,集中解决办税“急难愁盼”问题,多纬度多渠道提升办税服务的便民度和体验感,为纳税人缴纳人办实事。政策出台后,扬中税务局第一时间在当地主流媒体和管理分局“税企交流群”转发,确保纳税人缴费人对办税政策应知尽知。(融媒体中心)

【组合式减税降费政策】 2022年,扬中市税务局落实组合式税费支持政策,确保政策“红利”应享尽享。全年累计完成增值税留抵退税1535户,退税9.03亿元;减免“六税两费”1.66万户,减免2.33亿元;落实中小微企业缓缴部分税费,缓缴金额8.4亿元,给市场主体注入强劲发展动能。(施雯雯)

审 计

【概况】 2022年,扬中市审计局完成审计项目26个,查出违规和管理不规范金额20.4亿元,促进整改金额9.7亿元,移送案件线索6个。报送审计结果报告15篇,上报审计专报3篇,均被市领导批示。撰写审计要情、专报11篇,均被批示。获全省审计机关“五个强审”先进集体、2019—2021年江苏省文明单位等省级以上荣誉称号3个,局党支部被评为先进基层党组织,5人次获得各级表彰。1个民生类项目被评为镇江市优秀审计项目。(陈颖)

【财政预算执行审计】 2022年,扬中市审计局关注“过紧日子”“三保”(保基本民生、保工资、保运转)和坚持厉行节约、反对浪费情况,“三公两费”[因公出国(境)经费、公务接待费、公务用车购置及运行费,培训费、会议费]等公用经费压降情况。开展重点民生资金审计,如疫情防控支出、涉粮专项、公共自行车建设、数字扬中等重点资金,关注资金使用的合规性和绩效性,揭示问题23个,查处管理不规范金额7.1亿元,提出审计建议4条,促进实现增收节支及减少损失浪费金额1120.5万元,审计期间促进市财政清理非税不明款2.6亿元,有效盘活存量资金。结合预算执行审计、政策措施落实情况跟踪审计,做到“一审多项”,将乡村振兴资金、政府债券发行使用情况、土地储备资金管理及使用情况纳入同级审计范围,延伸部分非税收入执收单位,查出1200余万元污水处理费、公租房租金等未足额收取到位问题。本级预算执行审计工作报告获人大全票通过。(陈颖)

【政府投资审计】 2022年,扬中市审计局结合市委、市政府民生工程,紧抓政府投资审计工作。安排3个公共投资审计项目,聚焦群众重点关注、反映强烈的热点问题,审计工程总投资额4.7亿元。在水环境综合治理项目竣工决算审计项目中,加大对群众重点关注工程的审查力度,审计单项工程105个,涉及全市6个镇(街道、经开区),现场开挖隐蔽工程16处、钻芯57孔,累计核减工程造价3942.29万元。完成政府临时交办事项3件,分别为扬中市西来桥镇幸福花苑一期维修加固工程情况审计调查项目、扬中市城西路网工程竣工决算审计及农村生活污水治理情况跟踪监督。(陈颖)

4月21日,渡江文化园项目审计现场(审计局供图)

【民生领域审计】 2022年,扬中市审计局聚焦加快补齐民生短板,着力解决人民群众切身利益问题,统筹人力资源开展人居环境审计,抽查农村人居环境资金3.09亿元,涉及项目41个,督促10户改厕达标,11条河道完成水面漂浮物清理,18个村规范垃圾堆放,帮助村(社区)修订完善人居环境相关管理制度10余项。开展慈善总会、防疫资金等多个社会热点的审计调查,发现问题30余个,提出审计建议7条。开展养老服务体系专项审计调查,调查了解全市30家养老机构、4家居家承包运营机构及70家标准化社区机构的设施建设、人员配备、资金使用等情况,促进出台制度文件2个。(陈颖)

【经济责任审计】 2022年,扬中市审计局开展退役军人事务局经济责任审计等8个机关事业单位领导人员审计和2个平台公司主要领导经济责任审计项目,赴句容开展公安局局长经济责任审计。11个项目累计排查问题174个,发现问题金额4.3亿元,提出审计建议11条,被采纳11条,开展离任交接工作1个。在平台公司审计过程中，关注企业经营管理、资产保值增值等方面情况，促进被审计单位追回财政资金260.95万元，收回房租59.56万元，收回借款100万元，制定内部管理制度4个。发挥好审计监督专员作用，结合调研情况撰写审计专报1篇，获市主要领导批示，促进市级层面出台制度文件1个，推动国有资产保值增值。参加国有企业清收挽损工作，助力挽回经济损失12.01亿元，有效维护国有资产安全。 （陈颖）

【重大政策措施落实跟踪审计】 2022年，扬中市审计局关注年度重大政策措施落实情况，重点关注产业转型升级、推进生态文明建设、保障和改善民生、实施乡村振兴等方面相关政策措施的落实情况，按季度向上级报送审计报告。全面核查扬中市平台公司经营性债务，聚焦摸清债务底数、规范投融资行为、严控债务规模、压降平台数量和融资成本，坚决守牢不发生区域性系统性风险底线的目标。配合省委巡视组专项审计盱眙县债务情况。 （陈颖）

【村(社区)的财务收支审计】 2022年，扬中市审计局出台《2022年村级财务审计工作方案》。将永和村、营房村、友好村村级财务收支审计项目与人居环境审计调查深度融合，切实提高审计效能，关注村级财务双代理政策、新修订的农村集体经济组织“三资”(资金、资产、资源)管理制度落实情况，及时揭示村级固定资产管理、政策落实方面存在的各类问题。全年完成6个村级财务收支审计，查出问题70个，查处管理不规范资金1.1亿元，提出审计建议6条。 （陈颖）

统 计

【概况】 2022年，扬中市统计局准确把握新时代统计工作职责使命，以提高数据质量为中心，聚焦主责主业，高质量推进普查调查，持续强化监测分析，改进方法制度，全面加强法治监督，切实夯实基层基础，推动各项工作争先创优。编印统计专报10篇，《扬中统计》12期；国家、省、市宣传平台均有扬中统计声音，“扬中统计微讯”微信公众号多次入围全国区县级统计系统公众号排行榜综合影响力50强榜单。提档建设统计法治公园，“打造统计法治主题公园2.0版”入选镇江市法治惠民十大实事项目。统计局被评为全省县级统计基层基础规范化建设成绩显著单位，局机关党支部获市级机关“先进基层党组织”称号，“党建红心引领统计匠心——构建企业高质量发展评价体系”获评扬中市2022年度基层党建“十佳书记项目”。 （吴蓓其）

【统计分析服务】 2022年，扬中市统计局强化经济运行预测预警，按照应统尽统原则，协同指标责任部门加强对基础指标的监测分析。持续强化统计分析服务，精准发布解读数据持续做好绩效指标的动态分析研判，全力抓好数据采集、审核、测算、评估、汇总报送等阶段。协助指标责任部门有侧重的推进、有重点的对接，合力推动指标争先进位。常态化开展“三十强”、“六十强”工业企业、“十强”服务业企业和重点产业项目的运行监测和走访调研，修订突出贡献企业评选办法，为全市经济高质量发展建言献策。做好工业电子台账试点组织筹备、企业动员、业务培训、督促指导工作，完成规上工业电子台账试点验收工作。发挥统计调研优势，围绕数字经济、“智改数转”、电商经济、战略性新兴产业、“双碳”目标等重点课题开展调查研究，加快推动高技术产业、战略新兴产业、数字经济产业培育，促成香江“数字扬中”的入库列统。探索基层统计工作政府购买服务新模式，在三茅街道率先开展全省基本单位名录库政府购买服务试点，15家单位作为“准四上”单位(规模以上工业企业、资质等级建筑业企业、限额以上批零住餐企业、国家重点服务业企业四类规模以上企业)培扶入库。 （吴蓓其）

【统计数据质量管理体系建设】 2022年，扬中市统计局推动建立部门统计数据质量管理体系，健全部门统计工作信息交流机制。开展统计基层基础专题调研，摸清全市统计“家底”，督促指导各镇(街道、经开区)健全各项统计工作制度，完善统计台账和原始记录，形成稳定的报送渠道和完善的统计网络。压实各镇(街道、经开区)和各部门防范和惩治统计造假、弄虚作假主体责任。增强统计监督与纪律监督、监察监督、巡察监督、派驻监督合力，健全信息沟通、线索移送、结果共享等工作机制，发挥统计监督职能作用。 （吴蓓其）

【统计协管员队伍建设】 2022年，扬中市统计局健全协管员制度，联合财政局、人社局印发《关于加强全市村(社区)统计协管员队伍建设的通知》，在全市83个行政村(社区)配备统计协管员。在全市范围内推进统计工作网格化管理，制定统计协管员考核办法，签订责任聘书。创新基层统计管理模式，应用大数据、无人机遥感测量等新技术手段，为基层统计干部减负增效，提升统计业务水平。保障统计协管员补贴按时足额发放，打通统计服务“最后一公里”。聚焦精准培训，锻造业务本领，创新推出贸易服务业统计“红宝书”，全方位开展专业知识、实操技能、法规素养培训。（吴蓓其）

金融服务

【概况】 2022年，扬中市地方金融监督管理局出台并实施《关于进一步推进资本市场扬帆领航计划的实施意见》，健全企业上市“分层次培育、全流程服务、全要素保障”机制。12月，美科股份顺利通过深交所上市委审议；长江能科成功挂牌“新三板”；万宝电气、荣诚管业、宏明电气等21家企业在江苏股交中心挂牌展示，多层次资本市场发展格局逐步形成。金控集团按照“整合资源、产融结合、错位竞争、循序推进、稳健经营”的部署要求，持续攻坚抓改革突破，创新思路抓投资增效，靶向施策抓助企纾困，持续深化对全市实体经济的金融服务和资金支持，取得主营业务有建树、新兴业务快速成长的新成效。实现综合业务收入2.9亿元，经营性收入5826万元，利润总额1725万元，担保余额9.35亿元，还贷周转规模首次突破40亿元，小额贷款累计放款1.54亿元，融资租赁新增投放8803万元，集团总资产规模达21亿元，净资产总额12.6亿元。金控集团获江苏省地方金融监督管理局颁发的最新年度融资担保公司监管评级A级，“金润江洲行”服务品牌获评扬中市级机关“服务高质量发展十佳品牌”称号，获扬中市金融系统“防范化解风险贡献奖”。（徐子国、李娜）

【经营业务】 2022年，金控集团常态化对接各镇（街道、经开区）推荐项目，通过股权投资，提高国有企业股权的背书作用，寻求银行贷款与金控形成投贷联动。向外地投资机构和证券公司，推送企业股权融资需求，开展多层次融资对接活动。深入实施“资本市场扬帆领航计划”。综合利用各种金融工具，采取“股权+债权”、融资租赁、股权融资、投贷联动、直投等方式，满足落地扬中的项目和企业的融资需求。管理的基金完成尽调入库项目13个，项目落户扬中5个，涉及新材料、新能源、智能制造等多门类和行业。2月22日，所投项目江苏纽泰格科技股份有限公司首次公开发行股票并在深交所创业板成功上市；12月，美科股份创业板上市审核正式过会。（李娜）

【金融服务】 2022年，金控集团持续开展好惠企纾困系列行动，联合“政银担”协同发力，推进“园区保”“小微贷”“微企易贷”产品落地。引导金融机构向小微企业发放低成本、低门槛、高效率的贷款，支持企业创新创业和转型升级，改善小微企业融资环境。“小微贷”全年放款额度4.43亿元，惠及小微企业137家；“微企易贷”担保金额达3700万元，担保数18家；首笔“园区保”业务于11月初放款落地，有效缓解经营主体融资难融资贵问题，业务备选白名单企业135家。集团利用政府性担保机构的优势，加大落实与合作金融机构风险共担的机制，推进区域内金融机构的全覆盖合作，在转贷服务、银行存款等方面优先予以支持。转贷公司为663家企业和商户提供周转金服务，还贷周转规模首次突破40亿元。（李娜）

【“微企易贷”合作协议签约】 2022年5月17日，“微企易贷”业务合作协议签约仪式在金控集团举行，构建银担风险共担机制，提高金融服务质效。会上，金控集团下属公司融资担保公司与江苏扬中农村商业银行签订“微企易贷”业务合作协议。“微企易贷”业务是由省联社与省信保集团联合推出，聚焦于单户有效信贷需求500万元以内的“三农”、小微、“双创”以及战略性新兴产业等公司及个人客户群体，具有免抵质押、受众面广、快速高效等特点，担保公司采取见贷即保、见保即贷方式，通过银担风险共担机制，切实提高金融服务质效。（李娜）

5月17日，“微企易贷”业务合作协议签约仪式
（融媒体中心供图）

【“园区保”业务】 2022年11月2日，扬中市“园区保”业务800万元成功放款，成为金控集团下属公司融资担保公司首笔“园区保”业务。探索将“小微贷”与“园区保”1000万元以下的业务相融合，进而统一资金池，放大授信业务规模。通过不断优化白名单机制，将更多企业纳入“园区保”业务中，扩大业务覆盖面，提升业务规模。梳理担保公司在各个合作银行的担保额度，同步推

进担保公司评级工作，加强与江苏省再担保集团镇江分公司的业务对接与互补，取长补短。通过降低担保费用、优化反担保方式，服务中小微企业、打破信息壁垒，切实解决企业遇到的瓶颈难题。加强与政府、金融机构和省再保公司四方联动合作，坚定不移服务地方企业、服务地方经济。 （李娜）

自然资源管理

【概况】 2022年，扬中市自然资源和规划局以“优空间、护资源、促发展”为工作主线，围绕资源开发利用、资源保护、规划编研、改革创新等方面开展工作。划定、严守耕地和永久基本农田、生态保护、城镇开发边界三条控制线，统筹推进自然资源科学合理开发和节约集约利用。提高资源保障工作的主动性、超前性、有效性。严格把关土地节约集约利用，提升造林绿化，全速推进用地报批，提升审批效率。发布第三次全国国土调查主要数据公报，扬中城市国土空间监测成果通过省级核查。 （孙柳燕）

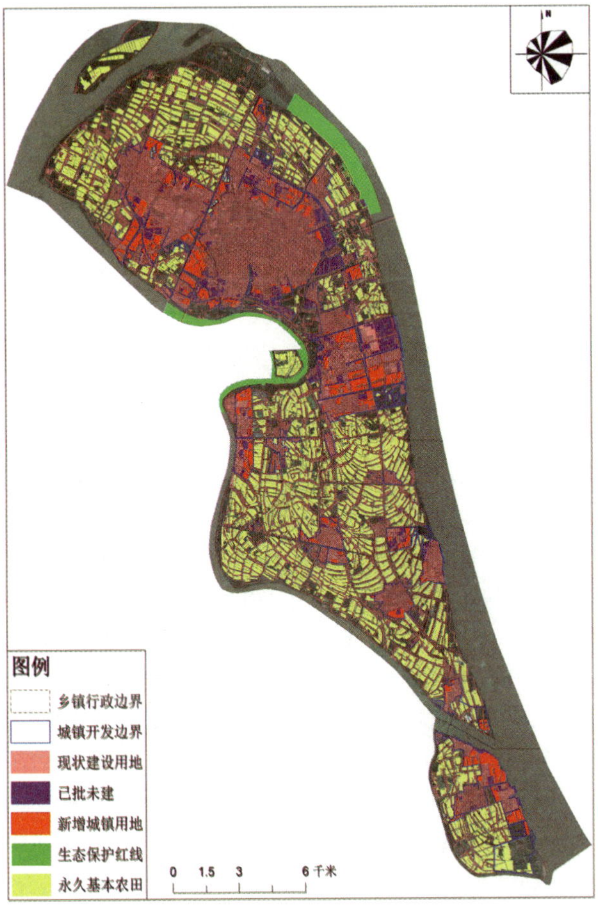

扬中市三线划定图（自然资源和规划局供图）

【土地节约集约利用】 2022年，扬中市完成土地报批6个批次，获批新增建设用地68.07公顷，保障通灵、威腾、标龙等重大项目的用地需求。土地挂牌出让58宗、191.51公顷，出让金收入43.62亿元，其中工业用地收入7.05亿元，经营性用地收入35.51亿元。完成闲置土地处置76.73公顷，低效土地再开发69.13公顷，批而未供土地127.2公顷。全年放样、验线98个项目，参与40个项目的竣工核实，审查项目方案70个、56万平方米。 （孙柳燕）

【自然资源保护】 2022年，扬中市持续推进耕地保护督查和卫片督查整改，强化耕地整体保护，耕地流出整改52.26公顷，“严保严管”的耕地保护整体态势基本形成。推进绿色矿山建设，创成首个省级绿色矿山。开展美国白蛾监测工作，全市设置监测点44个，对有害生物进行及时有效测报。完成造林面积30.33公顷，新建农田林网66.67公顷，更新完善农田林网533.33公顷，四旁植树8万株。创成省级绿美村庄5个、省级“互联网+全民义务植树”基地1个，修复湿地13.33公顷，建成2个湿地保护小区1596.13公顷。 （孙柳燕）

【违法用地整改三年行动】 2022年，扬中市持续开展违法用地整改三年行动。全年完成整改用地46宗、42.31公顷，整改率92.7%。处理违建拆除11起，实现违法用地“零增长”。受理各类问题291件，按时办结率100%，群众满意率100%。 （孙柳燕）

【自然资源审批服务效能提升】 2022年，扬中市在全省率先实现农房审批验收和不动产登记“一窗受理、集成服务”，获省自然资源厅发文推广。一般性工业项目“三证齐发”（建设用地规划许可证、建设工程规划许可证、不动产权证）迈入“小时制”，实现“五证齐发”（建设用地规划许可证、建设工程规划许可证、不动产权证、江苏省房屋建筑和市政基础设施工程施工图设计文件审查合格书、建筑工程施工许可证）“一次办成”常态化。“交地即发证”13次，涉及土地20.5万平方米，“交房即发证”全年服务8个楼盘，399户购房者收房、拿证“零时差”。推行法定工作日“午间不间断”和“周六我在岗”延时服务，服务群众415人次，办理不动产权证126件。建设“线上苏小登·扬中中e办”平台，实现常见不动产登记业务全省、全国通办。实现通常类型不动产登记0.5个工作日办结，企业登记办件1个工作日内办结，办理登记业务2.53万件。整理出台《不动产登记历史遗留问题若干意见》，推广电子证照使用，在全

市13家银行设立便民服务网点。 (孙柳燕)

【首家省级绿色矿山获批】 2022年12月14日，江苏省自然资源厅发布《关于2022年第四批认定省级绿色矿山的公告》，镇江江之源渔业科技有限公司地热井获批省级绿色矿山称号，成为扬中市首家绿色矿山。自然资源和规划局牢固树立和践行“绿水青山就是金山银山”理念，督促矿山企业将生态优先、绿色发展导向贯穿于规划、勘查、开发利用与保护全过程，通过优化资源开发利用方式、加强节能减排管理、着力科技智能创新、提升矿区环境建设、树立企业管理形象等手段，全力推进绿色矿山建设，以实现资源开发与环境保护并举，资源效益、生态效益和社会效益相统一。绿色矿山(GreenMines)是指在矿产资源开发全过程中，实施科学有序开采，对矿区及周边生态环境扰动控制在可控制范围内，实现环境生态化、开采方式科学化、资源利用高效化、管理信息数字化和矿区社区和谐化的矿山。 (孙柳燕)

市场监督管理

【概况】 2022年，扬中市创成全国首批国家知识产权强县建设试点县，高分通过省食品安全示范市复评，食品安全“三化”(规范化、系统化、创新化)监管推动“守查保”走深走实工作经验被国家市场监管总局专刊向全国推介，涉老诈骗网格化管理工作负责人受邀在全省作经验交流，并被江苏省市场监管局在打击整治养老诈骗专项行动专刊向全省推介，小微企业质量提升工作成效明显，其负责人受邀在全省作经验交流。完成高质量考核各项指标，“双随机一公开”监管覆盖率和两类信息部门归集率100%，创新举措作为典型案例得到镇江市市场监管局肯定，“市场监管”指标考核排名镇江第一。坚决守牢食品药品、特种设备、重要工业品质量安全底线，全年未发生重大安全生产事故和较大影响的负面舆情事件。 (王海燕)

【质量强市建设】 2022年，扬中市加大培育质量发展标杆企业，助力扬中企业争创各级质量奖，宜禾股份创成江苏省省长质量奖提名奖(镇江唯一)，通灵电气获评镇江市市长质量奖(镇江共3家)，江苏美科太阳能科技股份有限公司通过2022年省第一批“江苏精品”认证(镇江共2家)，江苏亿阀股份有限公司、威腾电器集团有限公司通过2022年省第二批“江苏精品”认证(镇江共3家)，凯帆开关高分通过国家级标准化试点项目验收，海纬集团钢质电缆桥架企业标准荣获江苏省企业标准“领跑者”荣誉称号，共为企业争取120万元上级资金支持。扬中市小微企业质量提升工作成效明显，成为全国首批试点县市，其负责人受邀在全省作经验交流。 (王海燕)

【标准领先战略】 2022年，扬中市推进标准领先战略，指导凯帆开关高分通过国家级标准化试点项目验收，大全集团智能化工程电气技术标准创新基地通过中期评估。市人社局“十心+”基层人社平台建设项目获批省级社会管理和公共服务标准化试点。江苏海纬集团钢质电缆桥架企业标准获江苏省企业标准“领跑者”荣誉称号。锋芒材料、大全集团主导参与国家标准制修定。 (王海燕)

【知识产权强县工作】 2022年，扬中市创成全国首批国家知识产权强县建设试点县，新增发明专利授权244件，比上年增长22%；发明专利拥有量2039件，增长13.59%；PCT专利申请11件，万人发明专利拥有量64.63件。雨润中央商场获批创建省级“正版正货示范街区”项目，美科新能源获批承担省高价值专利培育升级项目以及市企业专利转化运用促进项目，亿能、大全凯帆获批2022年度市商标品牌培育和保护项目，红星美凯龙获批镇江市级“正版正货”示范街区项目，上迈新能源荣获第二十三届中国专利优秀奖，共为企业争取525万元上级资金支持。指导18家企业完成知识产权质押融资贷款3.169亿元。加强知识产权保护，有1例商标侵权案件入选2022全国市场监管系统十大典型案例，1例假冒专利案件获得镇江分管市长批示。 (王海燕)

【放管服改革工作】 2022年，扬中市在镇江率先在银行网点投放证照登记自助一体机，全力推进开便利店“一件事”改革，形成“线上一网通办、线下一窗受理”的一体化集成服务模式。建立完善个体工商户“线下、线上、掌上”三位一体登记模式，拓展企业简易注销适用。开辟外资企业“绿色服务通道”，实现外资设立登记0.5个工作日完成，推进企业信用在线修复便利化改革，帮助441家失信企业重塑信用。“双随机、一公开”监管覆盖率和两类信息部门归集率均达100%，创新举措作为典型案例得到镇江市市场监管局肯定，“市场监管”指标考核排名镇江第一。精准落实各项减费政策，减免特种设备检验费用55.6万元，免收计量器具强制检定等费用46.53万元。 (王海燕)

【食品安全监管】 2022年,扬中市加强食用农产品产地源头管控,加大对蔬菜、猪肉、禽蛋、水产品等重点产品农残抽检力度、频次,完成农产品速测2.95万批次、定量检测936批次、监督抽检75批次,查处农产品违法案件14起;认真开展"守查保"专项整治行动。检查食品生产经营主体4878家,检查覆盖率100%,发现问题2.44万个,问题发现率499.7%,完成处置个数24377个,完成处置率100%;强化检测技术支持作用,及时排查内在质量问题。开展春秋季学校及校园周边食品安全抽检、夏季高温专项抽检、守查保专项抽检等各类专项抽检工作,共抽检1603批次,不合格101批次,合格率为93.7%,问题处置率为100%,其中食用农产品抽检417批次,占比26%。组织开展各类食品快检服务活动,重点对农批市场、农贸市场、小作坊、餐饮店等进行现场抽样,共抽样经营户4226户次,快检4.08万个批次,疑似不合格23批次,合格率为99.9%;加大案件查处力度,严厉打击违法行为,查处各类食品案件201件,移送公安案件3件。2022年3月,扬中市高分通过省食品安全示范城市验收,扬中市食品安全总体形势良好。 (王海燕)

【药械安全监管】 2022年,扬中市扎实开展涉疫药品稳价保质专项行动,重点对人民群众反映强烈的哄抬价格、囤积居奇、虚假宣传、假冒伪劣等违法行为展开检查。加强疫情防控药品医疗器械经营环节质量监管,关注退热药、新冠抗原检测试剂、医用防护口罩、呼吸机、血氧仪等重点产品。扎实开展药品不良反应监测和药品监督抽样工作,2022年共监督抽样药品110批次,化妆品8批次,收到化妆品不合格报告1例,累计报告药械化不良反应报告700余例,并及时开展分析评价。深入推进化妆品监管工作,全局年内查办化妆品违法案件8件,医疗美容机构药械违法案件2件,总罚没款近13万元。保持打假治劣高压态势,先后组织开展新冠病毒疫苗专项、新冠病毒检验检测试剂专项、药品经营和使用专项检查、医疗器械质量安全风险隐患排查治理等专项整治工作,全年检查药械化经营企业300余家次,医疗机构50余家次,出动执法人员1286人次,责令限期整改9家次,监管移送案件线索7起,查办药械化违法案件30起。全市药械安全整体水平稳步提升。 (王海燕)

【特种设备安全监管】 2022年是推动安全生产专项整治"三年大灶"的收官之年,扬中市坚持"严"的总基调,开展特种设备安全隐患排查治理和安全生产专项整治行动,检查特种设备使用单位366家,检验各类特种设备2595台(套),查办各类特种设备案件28件,全市未发生一般及以上特种设备事故,市场监管领域安全生产态势总体平稳可控。 (王海燕)

【重点工业品质量安全监管】 2022年,扬中市配合做好国家、省、市级监督抽查和处理工作,形成闭环。以"发现问题、消除隐患、提升质量"为目标,对扬中市工程电气产品、消费者注度高的等重点产品,组织开展本级产品质量监督抽查,不断提升产品质量监督工作的有效性。开展电动三四轮车、危险化学品包装物、燃气具及配件、成品油等产品质量安全监管专项整治,加大机动车安全技术检验机构监督管理,推进检测机构危险废物整治,全市排查各类销售单位300余家。 (王海燕)

【规范市场秩序】 2022年,扬中市以"提振消费信心"为主线,深化放心消费创建工作,在全市范围内推广线下实体店无理由退货承诺制度,进一步优化消费环境。畅通拓宽投诉举报渠道,高效处置投诉举报,2022年共受理投诉举报3285件,办结3242件,回访满意率97.2%,切实维护消费者合法权益。坚持公正审慎执法,持续提升执法办案质效,共查办各类案件429件,未有执法信访、行政复议撤销和行政诉讼败诉案件。全面贯彻落实《江苏省市场监管领域轻微违法行为不予处罚和从轻减轻处罚规定》,为市场主体提供更具温情的法治营商环境,全年适用从轻减轻处罚案件98件,从轻减轻罚没金额707.13万元。免罚案件19件,免罚金额106.2万元。对一家超市抽奖违法行为实施轻微免罚案例获得江苏省第一批助企纾困稳企强链措施落地典型实例,并被《人民日报》刊发。 (王海燕)

【市场监管局行政执法制式服装换装仪式】 2022年9月2日,扬中市市场监督管理局举行行政执法制式服装换装仪式。新式制服以晴空蓝为主,搭配国徽、肩章、臂章等元素,标志标识文字统一使用"中华人民共和国市场监管执法"字样,标志着市场监管队伍法制化、规范化、标准化、正规化迈上新台阶。 (融媒体中心)

农 业

综 述

【概况】 2022年，扬中市粮食播种面积1.04万公顷，产量7.4万吨，蔬菜播种面积3953.33公顷。全面推广高效绿色节本技术，全年新增高标准农田面积333.33公顷，全市高标准农田面积6573.33公顷。特种水产养殖规模持续壮大，河豚、刀鱼、鲥鱼等工厂化养殖面积达18.8万平方米，螃蟹标准化养殖面积526.67公顷。加快生猪恢复生产，推进规模养殖场补栏增养计划，生猪存栏1.54万头、出栏2.89万头。组织开展长江渔业资源增殖放流活动，全年放养各类鱼苗约150万尾。

（郭润琦）

【乡村振兴工作】 2022年，扬中市加快推进农业农村重大项目建设，通过农业项目推介会、以商引商、网上发布、拜访客商等形式，引入2个农业农村重大项目成功签约并落地，总投资达5.59亿元，依托现代农业园区，围绕特种水产、特色蔬果、粮油加工、休闲观光等农业产业，以农业一、二、三产业融合为导向，开展农业招商和宣传推介，提升综合效益。累计建成高效设施大棚171公顷。继续深化农村改革，激发“三农”发展活力，加强农村宅基地管理与改革，严格落实《扬中市农村宅基地建房管理办法》。持续推进农村承包地“三权分置”改革，进一步规范土地经营权流转行为。稳步推进“政经分开”改革试点，强化集体经济组织服务功能，完善内部治理结构，规范农村各类产权交易进场入市，推动农村集体资产保值增值。积极推动村集体经济组织增收，通过资源利用、资产运营、提供服务等多渠道发展壮大村集体经济。巩固拓展脱贫攻坚成果同乡村振兴有效衔接，针对经济相对薄弱村，因村制宜排定拟建项目，落实富民强村行动“六个一”挂钩。严格落实“四个不摘”要求，持续开展脱贫攻坚“回头看”，健全防止致贫返贫监测帮扶机制，做到动态清零。将农村人居环境整治作为实施乡村振兴战略的最重要抓手，系统谋划、精准施策、纵深推进，全面实现乡村环境由干净整洁有序向生态美丽宜居转变，群众幸福感显著增强。扬中市农村人居环境整治工作被评为江苏省第一等次，获省政府真抓实干督查激励表彰，入选促进乡村振兴、改善农村人居环境成效明显地区名单。 （郭润琦）

2022年扬中市重点农业项目表

表5　　单位：万元

项目地点	项目名称	项目实施单位	建设内容及规模	开工时间	竣工时间	计划总投资	2022年计划目标	
							完成投资	项目进度
三茅街道	镇江市扬中市长江特色水产品高效养殖、稻鱼综合种养示范区建设	镇江江之源渔业科技有限公司	利用永和村土地资源，打造刀鲚、河豚、鲥鱼等长江特色水产品高效养殖示范区66.67公顷、稻鱼综合种养示范区13.33公顷	2021.6	2022.12	15000	8000	竣工投产

（蒋文杰）

【高质量发展及涉农奖扶政策】　2022 年 2 月 7 日，扬中市召开全市产业强市暨优化营商环境大会，扬中市拿出 2453.06 万元，奖励符合 2021 年度各项经济社会发展政策标准的企业（个人）、村（社区），包括高质量发展政策兑现奖励资金 1283.61 万元，农业农村奖励扶持政策兑现奖补资金 1169.45 万元。此次 2021 年度高质量发展政策兑现奖励，主要体现“三个支持”：支持企业发展的决心越发坚定，其中支持产业项目建设 252.37 万元，支持企业质效提升 273.74 万元，支持企业增强科技创新能力 757.5 万元；支持产业升级的导向更加鲜明，16 家企业升档进位获奖励 62 万元，11 家符合项目投入的企业、8 名对项目引进落地起关键作用的个人分别获奖励 174.65 万元、77.72 万元；支持创新引智的力度持续加大，99 家企业通过国家高企认定，合计奖励 495 万元，和成显示获得国家专利金奖、大全集团获得省级科技三等奖分别奖励 20 万元、10 万元，42 家重大创新平台及企业研发机构奖励 202.5 万元，6 家引进国家级人才的企业共奖励 60 万元。兑现涉农两项奖补资金总计 1169.45 万元，其中乡村振兴示范村、乡村振兴示范村金银铜奖、人居环境整治优胜村、人居环境整治优胜村金银铜奖、农业产业发展先进村在内的农业农村 5 类创建奖补资金 802.7 万元，现代农业发展奖补资金 366.75 万元。（融媒体中心）

【农副产品展示展销中心、探宝岛仓储店开业】　2022 年 9 月 10 日，扬中市农副产品展示展销中心、探宝岛仓储店开业仪式举行。农副产品展销区以展示展销扬中各村（社区）优质农副产品以及西藏、陕西、新疆等镇江对口支援地区的农副产品为主，通过专业化、规范化、标准化的经营理念，发挥“供销”渠道优势，拓宽优质农副产品销路，破解优质农副产品滞销卖难问题。农副产品展示展销中心、探宝岛仓储店由市供销社筹建实施，集展示、展销、电商平台及网络直播于一体。

（融媒体中心）

【长江禁捕退捕工作】　2022 年，扬中市交通运输局围绕长江禁捕退捕工作，采取划分责任区域、严格执法监督、细化渔船检验、推动联合执法等措施，依法禁捕退捕，按规保渔护渔。自禁捕退捕工作开展以来，市交通运输局严把执法监督“现场关”，以开展“三无”船舶整治为抓手，与属地、海事、渔政等部门形成联动机制。成立由主要领导任组长、相关部门和单位负责人为成员的专项领导小组，并设置工作专班，明确责任区域、工作要求和联络人员，推进常态化日常巡查和联合集中执法等相关工作。各小组紧密配合公安、海事、水利、农业农村等部门加强港口、船闸、渡口等设施和场地的管控，严格落实港航设施和场地的管理主体责任，禁止船舶和个人在码头港池、通江闸区等水域从事垂钓、捕捞等行为。维护水上交通秩序，会同相关执法部门，通过“全方位、立体化、拉网式”的联合巡查清船行动，持续打击“三无”船舶进行非法捕捞、运输等影响水域环境、通航安全等各类违法行为。该局利用日常巡查、微信公众号和微信工作群等平台，宣传禁捕退捕重大意义，解读禁捕退捕相关政策措施，及时回应群众关切，营造“不敢捕、不能捕、不想捕”的社会舆论氛围。

（融媒体中心）

种植业

【概况】　2022 年，扬中市粮食总产量 7.4 万吨，其中水稻总产 4.79 万吨，单产 632.1 千克；三麦总产 2.14 万吨，单产 359.5 千克。实施省级水稻绿色高质高效创建，建立千亩示范片 6 个，集中育秧比例 100%，完成机器插秧面积 4053.3 公顷，占全市水稻面积的 80.3%。主推南粳 3908、南粳 5055、宁香粳 9 号、武运粳 31、镇麦 12、镇麦 15 等优良品种，扩大良种覆盖面，全市良种覆盖率 95%以上。重点技术推广机插秧技术、秸秆全量还田技术、精确定量栽培技术、病虫害绿色防控技术和测土配方施肥技术。推广优质食味品种、集成应用绿色高效技术、示范稻田综合种养模式、探索粮食产业开发和融合发展等关键环节。全年园艺种植面积稳定在 1853.33 公顷，其中蔬菜种植面积稳定在 1133.33 公顷，果树、花卉种植面积稳定在 720 公顷。蔬菜播种面积 5.93 万亩次，新增蔬菜连栋大棚面积 3.47 公顷，果树新增连栋大棚面积 3.33 公顷。（沈静、王华）

【蔬菜种植业】　2022 年，扬中市引进推广扬中秧草、黑龙 3 号长茄、金蔬 105 甜椒、千禧樱桃小番茄、金珠小番茄、洛椒巨早 306 中椒等多个蔬菜新品种，示范推广秧草水旱轮作技术、玉米秸秆还田技术、地膜减量替代技术、穴盘、营养钵育苗技术等多项蔬菜种植新技术，累计推广面积 200 公顷。扬中市八桥镇利民村农地股份专业合作社的“鑫惠农”牌甜瓜获得第四届江苏“好西（甜）瓜”评比金奖。（王华）

【果树产业】　2022 年，扬中市继续引进推广果树新品种新技术。推广新品种 3 个（白玉枇杷、红美人柑橘、翠冠梨),新技术4项(病虫害绿色防控技术、枇杷设施防寒技术、梨开心形整形修剪技术、果园生草栽培技术)。累计推广面积93.33公顷。扬中市利源家庭农场、扬中市润福家庭农场获“2022年镇江市优质秋熟水果品鉴推介”银奖。 (王华)

【地膜残膜回收利用】 2022年,扬中市积极推进废旧农膜回收利用工作,结合实际情况成立3家废旧农膜回收点,开展农膜集中治理。共回收废旧棚膜162.8吨,废旧地膜13.91吨,农膜回收率达91.276%。完成地膜减量替代技术试验示范及地膜土壤残留原位监测。市农业农村局与市场监督管理局联合执法2次,各乡镇与市场监督管理局分局各联合执法1次,与扬中市生态环境局开展农膜联合执法监督1次。 (王华)

【病虫害专业化防治】 2022年,扬中市农药使用量为182吨,比2020年(193吨)下降5.7%。稻麦统防统治覆盖率71.98%,绿色防控覆盖率54.03%。大力推广病虫害绿色防控技术,新建省级水稻病虫绿色防控示范区2个,核心面积66.67公顷,辐射面积666.67公顷,示范区内绿色防控产品使用面积占比100%,核心区内化学农药使用量较常规区下降20%以上。 (常琳)

【测土配方施肥技术推广】 2022年,扬中市主要农作物测土配方施肥技术覆盖率90%以上,完成土样采测105个,更新土壤有机质、pH值、氮磷钾中微量元素等基础数据,结合主推品种开展稻麦侧深施肥、缓控(释)肥、种肥同播、微量元素单因子、肥料利用率等试验8个,优化作物氮磷钾中微量元素营养配方比例和田间运筹。为扩大测土配方施肥技术的应用效果和示范带动作用,建立“测土配方施肥示范区”6个,实行试验、示范、对比“三田”配套,并竖牌标识。集成推广侧深施肥、机械化施肥、减量施肥等技术,控肥、增效、提质效果明显。 (吴文军)

养殖业

【概况】 2022年,扬中市生猪存栏总数1.54万头,比上年下降31.75%,其中能繁母猪0.25万头;累计出栏2.89万头,下降27.87%;家禽存栏总数35.71万只(蛋鸡存栏总数16.50万只),下降7.15%;家禽出栏总数81.69万只,上升4.95%;山羊存栏总数0.38万只,下降13.78%;山羊出栏总数1.33万只,下降5.56%。猪规模养殖比重70.4%,其中生猪大中型规模养殖比重50%;蛋鸡规模养殖比重93.69%;肉禽规模养殖比重84.83%。水产养殖面积为1280公顷,其中特种水产养殖面积1141公顷;新增池塘生态化改造面积135公顷;河豚、刀鱼、鮰鱼等工厂化养殖面积达18.8万平方米,螃蟹标准化养殖面积达526.67公顷,水产品总产量7702吨,其中养殖产量7581吨,捕捞产量121吨;渔业总产值5.99亿元。“扬中河豚”“扬子”2个水产品牌获2022年首届镇江市农产品“十大品牌”。“扬中河豚”获2022年“江苏红”名优水产品“十佳区域公用品牌,渔业总产值5.79亿元。 (沈明华、高峰)

【长江增殖放流活动】 2022年5月20日,扬中市在长江扬中段暗纹东方鲀刀鲚国家级种质资源保护区开展渔业增殖放流活动,放流河鲀夏花50万尾(暗纹东方鲀);青鱼、草鱼、鲢鱼、鳙鱼鱼苗100万尾。

(高峰、顾明荣)

【恢复生猪生产】 2022年,扬中市围绕省、镇江市下达的目标任务积极开展恢复生猪生产工作,生猪存栏1.54万头,比上年下降31.75%。全市有生猪养殖场户665个,其中大中规模场10个、小规模场56个,生猪存栏0.88万头,小散户599个,存栏0.65万头。镇江思建新建项目于10月全面投产,存栏种猪959头,预计2023年可实现出栏0.5万头。 (沈明华)

【养殖污染治理】 2022年,扬中市建立养殖场巩固提升清单,制定《扬中市畜禽粪污资源化利用台账管理实施方案》《扬中市畜禽养殖场养殖污染治理和资源化利用检查认定办法》及《扬中市畜禽养殖污染防治规划》,对全市14个规模养殖场和41个小规模养殖场重新开展检查认定工作。规模养殖场和小规模养殖场重新治理认定率均为100%。全年畜禽粪固体污产生总量1.24万吨,畜禽液体粪污产生量2.58万吨,全市畜禽粪污综合利用率97.51%。全市规模养殖场粪污处理设施装备配套率100%。 (沈明华)

【重大动物疫病防控】 2022年,扬中市畜禽养殖户按免疫程序免疫实行集中强免和补免制度,确保全市应免畜禽免疫密度达100%,做到应免尽免。全年免疫猪瘟3.55万针次,猪口蹄疫免疫3.32万针次,猪蓝耳1.8万针次,禽流感22.72万羽份,鸡新城疫27.3万羽份;羊口蹄疫0.84万针次,小反刍0.7万针次。持续做好非洲猪瘟等重大动物疫病防控工作,建立重大动物疫病防控网格化监管机制,开展网格化排查。加大非洲猪瘟

监测，实行非洲猪瘟监测全覆盖，实现“外防输入，内防发生”的目标。全年未发生重大动物疫情。 （沈明华）

农业机械

【概况】 2022年，扬中市贯彻落实省政府《关于加快推进农业机械化和农机装备产业转型升级的实施意见》《关于做好2022年全面推进乡村振兴重点工作的实施意见》等文件精神，加快实施农机“两大行动”（农业生产全程全面机械化推进行动、农机装备智能化绿色化提升行动），大力推进农业机械化由主要粮食生产环节向设施农业、林果业、渔业、畜牧业、农产品初加工等农业生产其他领域拓展延伸，不断满足现代农业生产日益增长的农机需求。主要农作物耕种收水平稳定在96%，特色农机化率达68%，农机装备水平和农机服务能力进一步增强。 （朱凌）

【农机购置补贴政策】 2022年，扬中市新增85马力以上拖拉机32台，插秧机47台（侧深施肥装置2台），联合收割机17台，高效自走式植保机30台，植保无人机25台，其他各类农机具100余台（套）。享受中央省级补贴资金273.62万元。加快老旧农机的淘汰和报废，大力发展先进适用、高效低耗的农机装备。完善农机报废更新补贴政策，促进农机装备提档升级。全年办理报废更新机具10台，发放补贴资金15.55万元。推进农机综合保险，对纯农用作业的拖拉机、联合收割机各级财政给予80%的保费补贴。参保农机综合保险的各类农业机械375台。 （朱凌）

【秸秆机械化还田】 2022年，扬中市采取“行政检查、社会监督和第三方核查相结合”的监督机制，完成省级秸秆机械化还田补助工作任务。全年完成稻麦秸秆机械化还田面积1.01万公顷，其中夏季5093.33公顷，秋季5040公顷，补助资金139.79万元，秸秆机械化还田率96.45%。 （朱凌）

【农机教育培训】 2022年，扬中市有100余人次的农机基层人员参加省、市、县组织的各类农机化专业知识业务培训。通过岗位业务知识和技能培训，农机管理队伍的工作能力和业务水平得到提升，全市农机专业技术人才队伍逐步增加，为推进农机化高质量发展提供人才保障。 （朱凌）

【农机安全生产】 2022年，扬中市贯彻落实省、市关于农机安全生产专项整治工作要求，以农机合作社、家庭农场、农机大户等为重点，严格农机安全生产主体责任的落实。开展“铁牛卫士”“两打一清”等农机执法行动。全市年检拖拉机378台；期满换证31本，注销驾驶证136本（年龄超过70周岁）；联合收割机117台；登记注册联合收割机11台；登记注册拖拉机32台；核发跨区作业证74张；开展各项农机执法检查55次，出动126人次，检查机具503台，纠正违法行为12起。做出简易处罚警告7次、罚款3台（200元），普通案件1次、罚款（300元）。 （朱凌）

农业经济体制与经营管理

【概况】 2022年，扬中市继续深化农村改革，激发“三农”发展活力。加强农村宅基地管理与改革，严格落实《扬中市农村宅基地建房管理办法》，强化业务指导和督查检查，推进农村宅基地线上审批，规范宅基地建房监管，开展闲置宅基地和闲置住宅流转交易，推动宅基地建房审批、验收与不动产登记发证“一窗受理、集成服务”。积极推进农村土地“三权分置”改革，按照“落实集体所有权、稳定农户承包权、放活土地经营权”的要求，规范土地流转行为，进一步细化和落实农户承包地“三权分置”办法，持续推进土地股份合作，提升农业适度规模经营水平。持续推进农村集体产权制度改革，用好农村集体产权制度改革成果，探索赋予农民对集体资产股份更多权能，稳步推进“政经分开”改革试点，强化集体经济组织服务功能，完善内部治理结构，规范农村各类产权交易进场入市，推动农村集体资产保值增值，让群众共享更多改革红利。 （陈劲旭）

【农村宅基地管理和改革】 2022年，扬中市农业农村局会同市纪委监委、自然资源和规划、城管等部门对全市的宅基地建房管理工作开展检查，指出整改问题，落实责任要求，有力推动宅基地建房管理工作规范有序开展。审批宅基地建房906宗，审批面积12.2公顷，其中使用新增建设用地298宗，基本上按照审批要求有序建设，有效解决群众的建房需求。按照省“建立宅基地审批‘网上办、掌上办’一站式为民服务机制，线上与线下有机结合，纸质档案与数字档案同步建设”要求，结合实际，采用竞争性磋商的方式确定系统服务商，深化农村宅基地管理信息系统定制，推动宅基地建房审批、验收与不动产登记发证“一窗受理、集成服务”，实现申请、审核、审批、建房监管、信息公示、数据上报、电子档案等业务信息管理功能全市规范化、同口径，同时基本完成新坝镇宅基地基础信息补充调查及数据建库工作。截至年末，扬中市农村宅基地管理信息系统发起申请 124 宗，受理申请 13 宗，完成审批 1 宗，完成新坝镇 14 个村(社区)1.49 万宗宅基地的基础信息调查工作。制定出台闲置宅基地和闲置住宅使用权流转交易办法、合同示范文本等文件，并开展法律政策和业务知识培训，实现闲置宅基地使用权流转线上交易。(陈劲旭)

【农村土地"三权分置"改革】 2022 年，扬中市加强土地承包和流转管理，组织镇村农经人员学习《中华人民共和国农村土地承包法》《农村土地经营权流转管理办法》等农村土地承包法律政策，准确把握法律政策要求，强化管理和服务，严格落实土地承包法律政策，进一步规范土地经营权流转行为。鼓励和引导农户将土地经营权转化为股权，采取"保底收益+按股分红"等方式，组建以村集体为经营主体的土地股份合作社，发展农业适度规模经营，新增土地经营权入股面积 133.33 公顷。指导长旺村土地股份合作社开展股份分红，长旺村土地股份合作社成立 4 年来，实现盈余 51 万元，农户分红 23 万元(入股农户除保底收益外，新增股份分红每股 240 元)，取得农户收入和集体经济双提升，成为扬中首家实现"二次分红"的合作社。(陈劲旭)

【农村集体产权制度改革】 2022 年，扬中市稳步推进"政经分开"改革试点工作。开展农村集体经济组织和村民自治组织职能分开、事务分离是深化农村集体产权制度改革的一项重要内容。选定三茅街道新民社区开展"政经分开"试点工作，在社区党组织的统一领导下，实行组织职能、组织成员、议事决策、资产管理、财务管理等"五个分开"，实现社区居民委员会自治组织和股份经济合作社集体经济组织职责事务分离、财务管理核算分开，为全市有序推开提供经验做法。(陈劲旭)

【家庭农场培育】 2022 年，扬中市开展示范家庭农场创建活动，下发《关于开展 2022 年扬中市级示范家庭农场认定工作的通知》。经自主申报、镇级调查、市级核实，17 家家庭农场被认定扬中市级示范家庭农场，做好镇江市和省级示范家庭农场申报推荐工作，新增镇江市示范家庭农场 4 家，省级示范家庭农场 2 家。加强家庭农场名录信息管理，按照家庭农场名录管理制度要求，及时把符合条件的种养大户、专业大户纳入家庭农场名录系统，并做好家庭农场名录系统信息填报和动态更新工作，在乡村振兴实绩考核中，家庭农场名录信息录入率 104.6%、示范家庭农场占比 30.4%。加大财政扶持力度，引导财政资金通过以奖代补、先建后补等方式，支持家庭农场改善生产条件、提升经营水平，增强市场竞争力，全年有 5 家家庭农场获得中央农业生产发展专项资金支持，奖补资金 45.8 万元。(陈劲旭)

5 月，永和村向农户普及小麦赤霉病防控知识
(融媒体中心供图)

【农村集体"三资"管理】 2022 年，扬中市完善制度，强化农村集体"三资"管理。农业农村局会同纪委、审计、财政等部门对农村集体"三资"管理制度修改和完善，出台《扬中市农村集体经济组织财务管理办法(试行)》《扬中市农村集体经济组织财务管理办法实施细则(试行)》。规范农村集体经营性资产租赁工作。会同市纪委围绕租赁合同整改、欠缴租金追缴等方面开展整改回头看工作，对各镇(街道、经开区)农村集体资产租赁交易问题专项治理工作情况开展督查，各镇(街道、经开区)能够坚持问题导向，对租金分类实施催缴，有效防止集体资产的流失。截至 12 月底，全市追缴租金 160.25 万元。持续推进农村集体产权制度改革。指导三茅街道新民社区股份经济合作社对 2289 个组织成员给予每人 60 元的分红，成为扬中首家开展成员分红的村级股份经济合作社。在新民社区试点探索政经分开，引导村集体经济组织和村民自治组织实行"五个分开"，规范村集体经济组织财务管理。(郭江云)

【农村产权交易市场建设】 2022 年，扬中市农业农村局引导各镇(街道、经开区)通过采取拍卖、招投标、竞价等方式，组织农村集体资产资源、土地经营权流转、基础建设等项目统一进场公开交易，防止暗箱操作，提升监管实效。全年完成交易 2944 笔，成交金额 2.15 亿元。(郭江云)

【巩固脱贫攻坚成果与乡村振兴有效衔接】 2022年，扬中市持续巩固拓展脱贫致富奔小康成果，严格落实“四个不摘”要求，强化防止返贫动态监测，健全低收入人口分层分类社会救助体系，稳定实现“两不愁”“三保障”。大力推动脱贫劳动力稳岗就业，通过技能培训、就业帮扶、产业帮扶等多途径解决贫困家庭劳动力就业问题，稳步提高脱贫群众工资性、生产经营性、转移性收入，不断缩小脱贫群众收入差距。 （张丽）

农业产业化发展

【概况】 2022年，扬中市农业产业化经营组织、规模逐步扩大，辐射带动作用明显增强。有各类农业产业化经营主体625个。按组织类型划分，龙头企业24家，其中省级农业龙头企业3家、镇江市级农业龙头企业11家、扬中市级农业龙头企业10家。农民专业合作社262个，其中国家级专业合作社5个、江苏省级专业合作社9个、镇江市级专业合作社15个、扬中市级专业合作社11个、普通合作社222个。家庭农场339个，其中江苏省级示范家庭农场26个、镇江市级示范家庭农场51个、扬中市级示范家庭农场26个、普通家庭农场236个。 （姜金立、郭江云、陈劲旭）

【农业招商】 2022年，扬中市依托现代农业园区，围绕特种水产、特色蔬果、粮油加工、休闲观光等农业产业，以农业一、二、三产业融合为导向，开展农业招商和宣传推介。通过农业项目推介会、以商引商、网上发布、拜访客商等形式，引入2个农业农村重大项目成功签约并落地，总投资5.59亿元；全年组织6家农业企业、2家农民专业合作社参加中国国际农产品交易会、镇江乡村产业项目招商推介会、镇江农业嘉年华等活动，重点对秧草、红薯粉丝、精品水果、特种水产等扬中特色农产品进行推介和展销。 （姜金立）

【高标准农田建设】 2022年，扬中市投入高标准农田建设项目资金1500万元，建设高标准农田333.33公顷；完成2021年度八桥镇高标准农田建设任务；完成2022年三茅街道、经开区高标准农田建设项目的招投标及实施工作。 （薛飞）

【农产品质量安全监管】 2022年，扬中市全面落实地方政府属地管理责任和生产主体首要责任，建立健全农产品质量安全长效监管体制机制，严把“产”“管”两道关，农产品质量安全水平稳步提升。生猪产地检疫1.76万头，肉羊产地检疫4310只；生猪屠宰检疫3.74万头，肉羊屠宰检疫9121只；养殖和屠宰环节年抽检尿样4875份，均未发现“瘦肉精”阳性；开展畜禽产品中抗菌药物残留和兽药残留专项监测抽样工作，抽检畜禽产品272份；生猪规模场无害化处理生猪442头，病死肉羊697头，病死禽类2.16万羽，无害化处理率100%；屠宰环节检出病害猪及产品折合150头，100%按要求无害化处理中心集中处理。加大农产品农药残留检测力度，食用农产品定量抽检952批次，全市合格率99.58%，抽检率3.02批次/千人。其中开展省、市、县例行监测877批次，合格率99.66%；开展省、市、县监督抽检75批次，合格率98.67%，食用（地产）农产品监督抽检问题发现率1.33%，后处置按时完成率100%。乡镇开展蔬菜农残速测2.99万批次，合格率99.99%。对涉及农产品质量安全违法违规行为始终保持高压态势，坚持检查、检测与执法查处相结合，遏制农产品质量安全突出问题。开展禁限用高毒农药、“瘦肉精”、畜禽屠宰、兽用抗生素和农资打假等专项整治行动，全年出动执法人员712人次，检查生产企业经营企业653家次，立案查处农产品质量安全案件14起，有效保障农产品质量安全，全市未发生农产品质量安全事件。 （于永忠）

【高素质农民培育工作】 2022年，扬中市举办高素质农民培育培训班13期，培训合格人数1104人，以提高培训实效为目的，创新培训方式，大力开展田间课堂组织现场观摩，培训后开展跟踪服务，帮助解决生产经营中的实际问题，成效显著，反响良好。其中，开展以稻麦高产栽培技术为主要内容的农艺工培训10期，重点推广水稻优质高效栽培技术、水稻机插高产栽培技术、稻麦测土配方施肥技术等实用技术；举办水产养殖专业培训班1期，推广长江特色水产品种，传授高效渔业养殖技术；举办园艺专业技能培训班1期，传授果树、蔬菜种植专业技术。配合高素质农民培育项目的实施，采取请进来、送出去的办法，与农业院校合作，培训农业专家、青年农场主、新型职业农民、专业大户171人，提高劳动力持证水平。 （任凯）

【农业信息工作】 2022年，扬中市开展数字农业建设，新增物联网农业主体1户，对接省物联网信息平台。做好农业信息化服务，“12316”信息用户6175户，利用现有的农业信息网和“12316”平台，开展宣传和信息服务，在省农业网站发布相关农业新闻和信息315条，发送“12316”为农服务短信22.8万条。做好全市农产品电子商务工作,农产品网上销售 2164 万,比上年增长 21.8%;举办电子商务培训班 1 期,培训 111 人次。发挥 75 家益农信息社作用,做好技术指导等服务 7.6 万人次。 (任凯)

【基层农技推广体系改革与建设】 2022 年,扬中市在继续完善实施 2021 年度全国基层农技推广体系改革与建设补助项目的基础上,省农业农村厅下达全国基层农技推广服务体系改革与建设补助项目 1 个,培育农业科技示范户 960 户。根据方案要求,科学组织实施,在全市筛选出 560 户粮食种植户和 100 户园艺种植户、180 户畜禽养殖户、120 户水产养殖户作为示范户,在市镇两级农技推广人员中遴选出 96 名技术人员作为指导员,对示范户生产进行入户到田进圈 100 天次指导。做好示范户物化补贴的发放、指导员技术指导情况的督导工作,确保项目实施成效。发布《2022—2023 年度扬中市农业重大推广计划》18 项,建立农业科技示范基地 3 个(在八桥镇万福村建设粮食种植科技示范基地,在开发区福源村建设水产养殖示范基地,在扬中市沿江苗木专业合作社示范基地),示范推广《2022—2023 年度扬中市农业重大推广计划》5 项,组织农民参加培训观摩 4 期 300 人次,主推技术到位率 100%,支持国家级渔业科技示范基地建设 1 个。在基地建设中注重基地建设标准,增强示范效果。培训基层农技人员 96 人次,组织学员参加基层农技人员培训,其中省级班 29 人,县级班 67 人。以努力提高技术指导员使用率为抓手,着眼于提高广大农技人员和农业从业人员的参与度,着力于提升服务质量与水平,制定扬中市“农技耘”使用考核奖励办法,确保“农技耘”使用活跃度。 (任凯)

农村人居环境整治

【概况】 扬中市将农村人居环境整治作为实施乡村振兴战略的最重要抓手,系统谋划、精准施策、纵深推进,全面实现乡村环境由干净整洁有序向生态美丽宜居转变,群众幸福感显著增强。2022 年,扬中市农村人居环境整治工作被评为江苏省第一等次,获省政府真抓实干督查激励表彰,入选省促进乡村振兴、改善农村人居环境成效明显地区名单。 (郭培武)

【农村人居环境整治五年行动】 2022 年,扬中市深入推进农村人居环境整治提升五年行动,扎实开展农村户厕摸排整改“回头看”,摸清农户总数、户厕总数、问题厕所数。大力实施农村生活污水治理提升行动,全市农村生活污水治理率 48.6%,农村生活污水治理设施正常运行率 100%。系统推进农村生态河道建设,改造完成农村生态河道 37.4 千米。健全农村生活垃圾收运处理体系,农村生活垃圾集中收运率、无害化处理率均 100%。巩固“四好农村路”全国示范县创建成果,完成农村公路道路建设 16.6 千米。积极推行废旧农膜、农药包装废弃物回收和集中处理,获评省级废旧农膜回收工作先进县。 (郭培武)

农业示范园区

【概况】 2022 年,扬中现代渔业产业园区按照“产业特色鲜明、规划设计科学、科技含量较高、物质装备先进、综合效益显著”的农业产业园区建设总体思路,牢记娄书记的讲话精神,充分发挥政府、部门、企业三方面作用,高质量、高标准建设示范基地,园区总产值 3.04 亿元。 (郭培武)

【江苏省扬中现代渔业园区】 扬中市现代渔业产业园位于扬中本岛北侧临江圩滩,园区由扬中本岛洲堤及外围堤包围组成,形似鸟头,中间有 4 条通江港河穿圩而过,自西往东分别为杜家港、营房港、中堡港和铁皮港,圩区顺流长度 2.36 千米,最大宽度 1.53 千米,总面积约 3.1 平方千米。主要经营主体 11 家,其中省级农业企业 1 家,为镇江江之源渔业科技有限公司;镇江市级农业企业 2 家,分别为镇江市绿色农业科技有限公司、江苏豚岛食品有限公司;扬中市级农业企业 2 家,分别为扬中市环太生态农业有限公司、扬中市扬子渔业投资有限公司。园区总产值 3.04 亿元,完成固定资产投资 0.5 亿元。水产品总产量 2550 吨,其中河豚 104 吨,螃蟹 195 吨,刀鱼 4 吨,其他水产品 2247 吨。养殖面积 373 公顷,其中工厂化河豚等养殖面积 19 公顷,螃蟹标准化养殖面积 123 公顷,刀鱼特色化养殖 20 万尾,其他长江珍稀鱼类养殖面积 21 公顷。园区加快推进鱼文化博物馆,智慧渔业等项目建设,持续加强与科研院所合作,做好新技术研发引进和新品种培育更迭,打造全国水产养殖示范高地。 (郭培武)

水 利

综 述

【概况】 2022年，扬中市水利工程总投入1.09亿元，完成总土方113.08万立方米、石方15.09万立方米、混凝土2.88万立方米。稳步推进水利工程建设，建设完成扬中市何家大港闸站工程、扬中市江堤加固及兴隆港闸应急改造工程、长江扬中河段扬中市2021年度长江应急护岸工程、长江堤防立新段渗水应急处理工程、扬中市2022年度农村生态河道建设项目等；实施扬中市六圩港闸站工程、扬中市南江段江堤提升工程等。实施生态河道建设12条，全年完成县级河道疏浚1条（思议港）、乡级河道5条、村庄河塘192条，完成疏浚土方76.16万立方米。市级河长累计巡河181次、镇级河长累计巡河1425次、村级河长累计巡河1820次，发放市级河长巡河事项交办单21份、镇级河长巡河事项交办单69份。抓实水利工程安全运行，提升小型水利工程、河道管护、闸站管理、堤防管护水平能力，在江苏省水利厅、财政厅对75个涉农县（市、区）2020年度农村河道长效管护绩效评价中，被评定为第一等次。（方新娟）

【水文情况】 2022年汛期（5—9月），扬中市总降雨量275毫米，比上年854毫米减少579毫米。7月，出现汛期最大月降雨量138毫米，占汛期总降雨量的50.18%；汛期超警戒水位14天，总降雨量为275毫米，最大日降雨量出现在7月17日，为56毫米，沙家港（夏家港）水文测点测得长江最高潮水位6.54米，平均高潮水位4.92米、低潮3.47米。7—8月，扬中市遭遇罕见的持续高温天气和异常偏枯的长江水位。扎实做好水旱灾害防御工作，密切监视台风、雨情、水情发展变化，加强值班值守，落实各项防御措施，组建各类防汛抢险队伍，设置防汛仓库和物资储备点。完成水下地形监测147千米，加强安全度汛风险防控和隐患治理，统筹抓好度汛隐患排查，及早落实防大汛、抢大险、救大灾的各项措施，维护全市人民生命财产安全和社会稳定。（方新娟）

水利工程建设

【江堤加固及兴隆港闸应急改造工程】 2022年，扬中市建设完成江堤加固及兴隆港闸应急改造工程。工程主要建设内容为油坊镇四墩子港段江堤加固长745米，经开区兴隆港段加固长267米；拆除原兴隆港闸，移址新建兴隆港闸，闸孔净宽6米，设计过闸流量50立方米/秒。工程于2021年5月开工，2022年6月完工。（冯逸群）

【六圩港闸站工程】 2022年，扬中市实施扬中市六圩港闸站工程。工程主要建设内容为拆除原六圩港闸，移址新建六圩港闸站。闸站分侧布置，其中节制闸闸孔净宽6米，设计排涝流量70立方米/秒、引水流量65.5立方米/秒，泵站安装4台机组，设计排涝流量12立方米/秒、引水流量6立方米/秒，总装机容量840千瓦。工程于2021年12月开工，计划2023年3月完工。（冯逸群）

六圩港闸站工程　（融媒体中心供图）

【何家大港闸站工程】 2022年，扬中市建设完成何家大港闸站工程。工程主要建设内容为拆除原何家大港闸,移址新建何家大港闸站。闸站分侧布置,其中节制闸闸孔净宽6米,设计排涝流量69立方米/秒,设计引水流量71立方米/秒;泵站安装4台机组(2台双向、2台单向),设计排涝流量18立方米/秒、引水流量9立方米/秒,总装机容量1120千瓦。工程于2020年11月20日开工,2022年8月完工验收。 (冯逸群)

【南江段江堤提升工程】 2022年,扬中市实施南江段江堤提升工程。工程西起滨江公园,东至园博园,长4.2千米。现状江堤宽度为6米,迎水坡为绿地。计划沿江堤进行拓宽加固,增加景观步道,提升沿线景观。工程估算总经费1200万元,保持原有江堤沥青路面不变,外侧迎水坡按照1:3坡比土方拓宽,加固宽度4.18米,依次为0.12米路牙、1.2米绿化隔离带、0.12米路牙、1.5米游步道、0.12米路牙、1.14米绿化护堤肩。工程由市水利局牵头组织实施,三茅街道、农业农村局、经济发展局、文体广电和旅游局、交通运输局、供电公司、绿洲新城、天禾公司等单位配合组织实施。截至年末土方工程已基本完成,工程于2022年10月开工,计划2023年6月完工。 (于建兵)

【镇江市沿江排涝泵站更新改造工程结余资金项目】 2022年,扬中市完成了镇江市沿江排涝泵站更新改造工程结余资金项目。项目涉及新坝镇、三茅街道、经开区、油坊镇和八桥镇,主要建设内容为:翻建新坝镇陆家港涵洞和经开区老圩港涵洞、新建永勤港引水泵站、改造镇海排涝泵站以及新建拦污栅桥2座。项目于2021年10月开工,2022年6月完工。 (朱爱城)

【省级水利工程、河湖管理与保护维修养护项目】 2022年,扬中市省级水利发展资金暨省级水利工程、河湖管理与保护维修养护项目投入174万元,包括6个工程:即夏家港泵站安全鉴定工程20万元,2022年二墩港闸站精细化管理维修项目11万元,二墩港闸站、思议港闸站、东新港闸站等水利工程养护25万元,唐家港段堤防养护16万元,长江堤防维修加固工程约1千米(八桥长胜段)85万元,胜利河电站西侧堤防生态修复17万元。截至年末,6个工程全部完工。(徐子国)

【堤防维修养护及除险加固工程】 2022年,扬中市环岛江堤公路管理所组织实施堤防维修加固工程:实施新坝镇立新段长3440米渗水应急处理工程;实施唐家港维修养护550米;实施八桥长胜段维修加固800米;实施联丰港港口水生态修复面积1万平方米;实施扬中市南江段江堤提升工程,土方工程4150米;实施长江堤防堤顶道路维修2070平方米;实施2022年长江堤防水毁应急处理工程220米。 (金剑)

水利工程管护

【小型水利工程管护】 2022年,扬中市优化村级公共服务“八位一体”运行维护工作考核内容,考核总评分由原来的100分提高到1000分,小型农田基础设施占50分。在江苏省水利厅、财政厅对2021年度小型农田水利工程管理绩效评价中,扬中市获得“良好”等级第五名。6月,扬中市下达2022年度小型水利工程管护第一批补助经费200万元;12月,下达2022年度第二批小型农田水利工程管护资金200万元。油坊镇和新坝镇在小型水利工程管护考核中全年优秀,八桥镇、西来桥镇、三茅街道和经开区为良好等次。 (徐子国)

【堤防管理】 2022年,扬中市环岛江堤管理所负责全市120千米江、港堤防的日常管理、防汛巡查及堤顶道路的养护工作。2022年按每2千米配备1名堤防管护员,对全市100千米堤顶道路、50余千米混凝土迎水坡、100千米巡查道进行保洁;长江堤防检查工作每周不少于2次,定期开展堤防考核工作;加大长江饮用水源地保护,2022年累计清理水源地长江滩涂垃圾漂浮物130余车、约260吨;组织实施护堤草修剪5次,累计修剪面积666.67公顷。 (金剑)

【闸站管理】 2022年,扬中市水利工程管理处负责全市14座通江闸(站)、42座城区泵站的运行管理,通江水闸总引水流量846.8立方米/秒,水闸总排涝流量960.8立方米/秒,通江闸站总引水流量42立方米/秒,通江闸站总排涝流量96.6立方米/秒;城区泵站总引水流量38立方米/秒,总排涝流量105.39立方米/秒。修订《扬中市水利工程管理处闸站工程管理实施细则》,切实加强闸站工程管理;修订《扬中市通江闸(站)工程控制运用方案》,发挥工程防洪、排涝、灌溉、生态引水等综合效益。切实加强水系联动和生态补水工作,全市水环境显著提升;7、8月针对旱情预警,及时响应、科学调度,加大生态补水频次。2022年扬中市水利工程管理处全面推进水利工程精细化管理,沙家港闸站工程通过江苏省精细化管理二级工程评价。 (窦甜甜)

【农村河道管护】 2022年,江苏省水利厅、财政厅对75个涉农县(市、区)2021年度农村河道长效管护绩效评价,扬中被评定为第一等次。全年完成县级河道疏浚1条(思议港),乡级河道5条,村庄河塘192条,完成疏浚土方76.16万立方米。工程自2021年11月开始进入工程实施阶段,2022年6月上旬全部结束,工程总投资696.5万元。 (朱滢)

【河长制】 2022年,扬中市级河长累计巡河181次、镇级河长累计巡河1425次、村级河长累计巡河1820次,发放市级河长巡河事项交办单21份、镇级河长巡河事项交办单69份。各责任单位均在规定时间内整改到位。市河长办每季度对河长制工作进行督查、考核,组织河长制督查考核6次。开展河道"两违、三乱、清四乱"(违法圈圩、违法建设,乱建、乱占、乱排,乱占、乱采、乱堆、乱建)专项整治,实施生态河道建设改造。申报水利部"清四乱"督查系统项目4处,通过省级验收销号。按照生态河道建设规划的要求,完成联合中心河、向阳中心河、长旺南港、西来幸福河、光明河等12条生态河道建设任务,投资1200万元。 (朱滢)

【打击长江非法采砂】 2022年,扬中市加强长江河道扬中段禁采工作力度,通过省水政监察总队组织的"长江河道采砂管理执法巡江行动""长江河道采砂管理集中巡江执法行动""长江河道采砂管理专项执法巡查行动"以及组织开展的"长江河道扬中段采砂综合整治联合执法行动"等一系列执法行动,全年组织开展长江禁采巡查活动182次(水上巡查89次,陆域巡查93次),查获采砂船1条,立案调查1件,结案处理率100%。"三无"采砂船通过评估、拍卖后拆解,处置资料全部完善存档。维护长江扬中段河势稳定,保障防洪和通航安全。 (朱滢)

防汛抗旱排涝

【物资储备及抢险队伍】 2022年,扬中市储备草包、编织袋、竹笠子、土工布、木材、木桩、彩条布、太平土、块石、元钉、钢管31吨、备用排涝设备等物资,签订抢险机械协议,部分单位储备集成袋、发电机等。防汛物资仓库和防汛物资储备点(含太平土堆放处)分别部署在城镇中心位置和沿江各重要防汛地段。组建各类防汛抢险队伍,包括水利专业抢险队伍、河道及管理单位抢险队、其他巡查抢险队。 (于建兵)

【全市水下地形监测项目】 2022年,扬中市投资179.8万元开展水下地形监测。4月,完成省厅重点段及市辖区一般段(含一、二级崩岸预警段)总长56.8千米(含省厅重点段第7段上延段及地方段第22段、25段下延段)的外业监测。5月,完成2022年汛前崩岸预警分析报告。8月,完成长江委规定的预警段、本报告确定的一级预警段及近期监测动态确定的相对危险段的加密监测,总长33.4千米,实际监测覆盖小炮沙左汊,比原计划增加2.8千米。11月,完成外业汛后监测,范围与汛前相同,同步编制预警分析报告。全年计划监测长度138.2千米,汛前、汛后完整监测地方段第25段,汛中监测兴隆弯道,年内实际监测总长147千米,比计划增加8.8千米,提供预警分析报告3次(汛前、汛中及汛后年度总分析报告)。根据2022年定级为险工段的情况,积极向上争取资金进行治理,要求相关单位做好崩岸预警地段巡查、预警标志设置等工作。 (于建兵)

【灾情险情应急处置】 2022年,扬中市坚持早发现、早处置,开展险情处置。9月13日18时,扬中市防指启动"梅花"台风Ⅳ级应急响应。9月14日21时起,提升防台风应急响应至Ⅲ级按照Ⅲ级应急响应要求,密切监视台风、雨情、水情发展变化,加强值班值守,落实各项防御措施,做好台风防御工作。针对河港水位控制、危房处置、高空作业、沿江企业避险、广告牌、易积淹水点等重点环节,加大排查及处置力度,确保安全;统一调度,对沿江沿港25座泵站43台(套)机泵进行内河水位的预降。辖管15座通江闸(站)、40座城区泵站管理人员全员到岗待命,24小时值班值守,处机关不定期查岗,确保相关人员在岗在位。自5月入汛以来,扬中市高温天气持续不断,35℃以上高温天数达39天,37℃以上高温天数达24天,创本市高温持续纪录。7、8月份降雨量明显偏少,7月降雨量为138毫米,较多年平均值下降43.35%,8月降雨量仅为14毫米,较多年平均值下降92.6%。长江大通站来水自6月25日开始持续减小,8月大通站平均流量为2.09万立方米/秒,较多年同期下降53.2%,进入9月仅1万立方米/秒。沙家港站8月平均高潮位为4.51米,平均低潮位仅为2.76米,较多年平均水位分别下降18.30%和36.26%。水利局制定调水方案,建立引水保水联动机制;推动部门协作,强化防汛抗旱协调联动机制;加强对农业种植生产指导,保障农业用水需求。截至11月底,累计投入抗旱人数4200人、涵175座、闸站14座、泵19台(套),投入抗旱资金400余万元。 (于建兵)

【抗旱引调水工程建设】 2022年,扬中市启动二墩港引水泵站工程,解决引水端不能动力引水问题。项目于

11月8日开工,截至年末,完成基坑封底、底板浇筑,概算总投资823万元,计划于2023年5月完工。工程设计合理使用年限为30年,等别为Ⅳ等,规模为小(1)型,泵站设计流量9立方米/秒,设计净扬程1.50米,装备3台1000ZQ—125潜水轴流泵和1台1000ZQ—125潜水轴流泵备用,总装机容量660千瓦。 (于建兵)

【长江扬中河段应急护岸工程】 长江扬中河段应急护岸工程是2022年十件民生实事之一,5月16日完成全部施工作业,进入档案验收和工程审计阶段。6月1日通过分部工程验收,6月28日通过单位工程验收和子单位工程暨合同工程完工验收。扬中河段经过多年治理,总体河势趋向稳定,但局部仍有变化,时有坍江险情发生,2017年11月8日的指南村坍江险情就较为突出。2020年长江发生超标准洪水,太平洲洲头右缘、丰乐桥段、落成洲(雷公岛)右缘多处发生崩岸险情,崩岸段上部岸坎坍退,水下岸坡冲深变陡,岸坡整体稳定性下降,影响江堤安全。经上级批复实施长江扬中河段应急护岸工程。工程主要任务是对太平洲洲头右缘及丰乐桥段、落成洲(雷公岛)右侧江段进行除险加固,消除已经发现的险情,维护沿江岸线稳定。2022年3月正式启动,护岸工程总长2219米,其中太平洲洲头右缘护岸加固1394米,丰乐桥段护岸加固320米,落成洲(雷公岛)右缘条崩段新建护岸505米,均采用顺岸抛石,抛石15万立方米,总投资3402万元。施工过程中,长江应急护岸工程建设处严格控制质量,严格控制片石、风化石、石渣石屑,测量水线收方,做到抛足、抛准、抛匀。 (于建兵)

【长江堤防新坝立新段渗水应急处理工程】 2022年底,长江堤防新坝立新段渗水应急处理工程完成土方填筑。2021年12月开工,工程位于新坝镇立新村,全长3440米。由于该段填筑土方为本地砂壤土,抗渗性差,加上人工填筑时压实度不够,汛期高水位时经常出现渗水现象。为消除险情,水利部门结合堤顶道路拓宽提升,向省级争取资金255万元,开展土方培土加固。按照堤顶8米宽、内坡1:2.5坡比的标准实施。

(于建兵)

【夏家港泵站扩容工程】 2022年2月15日,夏家港泵站扩容工程开工,6月17日完成水泵机组试运行,汛期投入使用。夏家港泵站东侧增设小型排涝泵站1座,形式采用较为简便的井筒式泵站,装配1000QZB潜水轴流泵1台,设计排涝流量3立方米/秒,电机功率250千瓦,最低运行水位1.7米,解决夏家港泵站停机水位较高不能预降水的问题,改善夏家港泵站排涝流量不足的情况。主要工程量为内外围堰填筑、开挖约5500立方米,穿堤土方开挖、回填约2000立方米,钢板桩支护25米,泵站结构混凝土约370立方米,钢筋制安约15吨,增设泵站检修通道150平方米,出水管道埋设场地开挖恢复110平方米,堤顶道路恢复1000平方米,护坡草皮绿化恢复100平方米,内河清淤500立方米,1000QZB潜水轴流泵(含电机)1台(套),DN1400毫米出水管道73.5米,拦污栅1套,供电及控制系统1套。 (于建兵)

【东滨河涵洞抢险翻建工程】 2022年11月25日,东滨河涵洞抢险翻建工程通过竣工验收。2021年12月9日,工程开工,经批复概算291.17万元(省级经费150万元),2022年5月底前拆除内外围堰,恢复通水,江堤填至10米后铺设碎石道路、恢复江堤防汛通道交通,完成管理设施、铰链式护坡施工,汛后完成路面结构等施工,主要任务为:出险低涵扩大规模翻建,流量6.4立方米/秒;涵身为钢筋混凝土,涵洞净尺寸2米×2米,洞身长29.5米;涵洞采用水泥土搅拌桩基础,桩长8米;堤防加固长64米,堤顶宽8米,堤顶高程8.20米,迎水坡新建铰链式护坡,坡比1:3,背水坡采用草皮护坡,坡比1:2.5;堤顶沥青道路恢复448平方米。 (于建兵)

【油坊镇和平长兴圩涵翻建工程】 2022年2月26日,油坊镇和平长兴圩涵翻建工程开工,概算投资98万元。3月23日,完成全部水下工程;4月29日,成江堤土方回填;5月4日,拆除内外围堰,恢复通水;5月19日,浇筑混凝土道路及修复绿化,汛期投入使用。主要任务包括:原址拆除重建,洞身采用直径1.0管涵,总长42.45米(含闸首),底高程为0.60米,进、出口八字墙与挡墙均拆除重建,堤顶道路修复及堤防坡面绿化修复等。 (于建兵)

【新坝镇南新桥港涵翻建工程】 2022年3月底,新坝镇南新桥港涵翻建工程开工,概算投资110万元。汛前完成全部水工建筑,恢复堤防挡洪功能,加宽加高外侧围堰,编制度汛预案,保证工程度汛安全,汛后完成堤顶道路修复及堤防坡面绿化修复等。主要任务包括:结合立新段堤防加固,按照堤顶8米标准设计,箱涵1.2米,正身长58米。 (于建兵)

制 造 业

综 述

【概况】 2022年,扬中市工业经济保持“稳中有进”态势,完成工业申报销售1116亿元,比上年增长18%;规上工业总产值完成879亿元,增长20.6%;规上工业增加值增长9%。全社会用电量19亿千瓦时,增长4.1%,其中工业用电量11.3亿千瓦时,增长2.1%。新增年主营业务收入超100亿元企业2家(大全、美科)、超60亿元企业1家、超40亿元企业1家、超20亿元企业1家、超10亿元企业2家。 (付超)

【制造业数字化转型专题讲座】 2022年1月8日,扬中市举办制造业数字化转型专题讲座,进一步推动信息化和工业化深度融合,助力企业数字化转型升级。此次讲座邀请江苏省工业和信息化厅两化融合推进处处长王小飞专题授课。讲座以制造业数字化转型为切入点,围绕《江苏省推进制造业数字化转型的工作与思考》,深入浅出地讲解数字化转型是什么、为什么、转什么、怎么转、推什么、怎么推等一系列问题,并结合具体案例精准细致地分析,为下一阶段产业数字化转型指明方向、提供思路。 (融媒体中心)

【重点产业项目举行集中开工仪式】 2022年1月25日,扬中市重点产业项目集中开工仪式举行,计划总投资50亿元的万洋众创城项目正式开工建设。开工仪式上,包括万洋众创城项目在内的6个重点项目集中开工。近年来,扬中市始终坚持产业强市“一号战略”不动摇,千方百计引项目、凝心聚力建项目、比学赶超争项目,2021年累计签约亿元以上项目71个,完成入库投资62.5亿元。作为本次开工项目代表的万洋集团是中国民营企业500强,在中小企业集群服务领域深耕多年,在投资开发、产业招商、建设施工和园区运营等方面具有相当深厚的经验和实力。即将开工的扬中万洋众创城项目总投资50亿元,全部建成之后,将拥有标准化厂房120万平方米,预计引进企业超600家。

(融媒体中心)

【突出贡献企业表彰大会】 2022年1月27日,扬中市召开2021年度突出贡献企业表彰大会,大全集团获市委、市政府颁发的“产业强市特别贡献奖”,与环太新材料、香江科技入选2021年度“三十强”工业企业前三甲。市委书记张德军为大全集团颁发“产业强市特别贡献奖”,为“三十强”前三甲颁奖;市人大常委会主任马家胜为通灵电器、威腾电气颁发“资本市场扬帆奖”,为“三十强”工业企业前十颁奖,市政协主席于德祥、市委副书记蔡萍为“三十强”工业企业颁奖,市领导张永意、孙健、巫晓辉分别为“最具发展潜力”工业企业、“十强”现代服务业企业颁奖。大会发布“三十强”“最具发展潜力”工业企业、“十强”现代服务业以及“三十强”工业企业升档进位奖;香江科技、三星科技等企业负责人发表获奖感言。 (融媒体中心)

1月27日,扬中市召开2021年度突出贡献企业表彰大会 (融媒体中心供图)

【产业强市暨优化营商环境大会】 2022年2月7日,扬中市委、市政府召开产业强市暨优化营商环境大会。会议要求全市上下知重负重、苦干实干,抓好“一号战略”,全力答好“时代考题”,不断干出走在前列争雄势,奋力创造江中明珠新荣光。市委副书记、市长贾晟主持会议并作工作部署。市四套班子领导出席会议,市委副书记蔡萍作农业农村奖励扶持政策考核情况通报;市委常委、常务副市长张永意作推动现代产业高质量发展政策兑现情况说明。24 家高质量发展政策兑现奖励企业代表上台领奖,大会现场颁发乡村振兴示范村、农村人居环境整治优胜村金银铜奖,农村公共服务“八位一体”考核奖。围绕大会主题,市经济发展局、自然资源和规划局、西来桥镇、三茅街道、环太集团代表作表态发言,亮目标、谈举措、表决心。 (融媒体中心)

【产业工人队伍建设改革】 2022 年 7 月 5 日,扬中市召开产业工人队伍建设改革联席会议暨“双领双争”主题活动部署会,全面部署产业工人队伍建设改革“双领双争”主题活动,推动产改工作高质量发展。会上,产改办作工作报告并发布产改“五大行动”实事项目;命名一批扬中市职工思想政治教育创新实践工作室;聘请一批劳模担任扬中市乡村振兴智囊团成员;城管局、场监督管理局、供电公司代表户外劳动者领取慰问物资。八桥镇、中电集团等 15 个单位为第三批镇江试点单位,推进产业工人队伍建设改革工作。《工人日报》、《江苏工人报》、“学习强国”学习平台等媒体平台专题报道和宣传扬中产改工作。产改“帮帮团”项目、产改“360”计划获评镇江市产改激励项目一等奖和二等奖,市总工会被镇江市总工会授予“五一劳动奖状”。产改工作以实施产业工人队伍建设改革“党政领航,争做产改引路人;名匠领军,争当产改先锋队”“双领双争”主题活动为主线,在谋长远、抓持久上下功夫,重点做好深化职工思想政治教育、完善党建、产改、工建一体推进长效机制、实施职工素质提升工程、推进产业工人薪酬激励机制、做好产业工人帮扶关爱工作、合力推进产改落地见效等六方面工作,推动产业工人队伍建设改革向纵深发展。 (朱艳)

【“智改数转”诊断服务工作正式启动】 2022 年,扬中市启动制造业“智改数转”诊断服务工作。“智改数转”诊断是指通过专业商的服务,利用国家“智能制造能力成熟度模型”标准和“数字化转型参考架构”团体标准,帮助企业梳理“智改数转”存在的不足和问题,提出“一企一策”个性化系统解决方案和顶层规划方案,帮助企业打通“智改数转”建设过程中的堵点、难点和痛点,促进制造业企业加快实施“智改数转”。经发局重点对全市 177 家制造业企业开展“智改数转”诊断服务,对完成“智改数转”诊断且有意愿投入的企业,主动牵线搭桥,以供需对接会、服务商上门服务等多种形式,全力促成企业与“智改数转”服务商的合作,落地智能化数字化技改项目。建立“智改数转”项目实施跟踪服务库,将 A 类、B 类制造业企业纳入智能工厂、工业互联网工厂、智能车间等试点示范培育库,推进“智改数转”典型经验交流推广,扩大扬中“智改数转”诊断工作影响力,助力产业转型升级。 (融媒体中心)

【扬中金秋项目集中签约活动】 2022 年 9 月 23 日,扬中市举行金秋项目集中签约大会活动,总投资 19.52 亿元的20 个项目集中签约。此次签约 20 个项目,其中产业类项目 18 个,人才类项目 2 个,涵盖物联网、新能源、汽车零部件等优势行业,落户省级园区的项目 11 个,盘活存量资产的项目 8 个,符合四大主导产业的项目 7 个,实现资源的集约节约利用,助推传统产业的转型升级,延长产业链、提升价值链。三茅街道、八桥镇作为板块代表作表态发言;客商代表作交流发言。 (融媒体中心)

2022 年扬中市重点工业项目表

表 6 单位:万元

项目地点	项目名称	项目实施单位	建设内容及规模	开工时间	计划竣工时间	计划总投资	2022 年计划目标	
							完成投资	序时进度
一、新建项目								
新坝镇	特种精密轴承项目	镇江双扬装备制造有限公司	征地 4 公顷,新建 3 万平方米厂房、1 万平方米办公楼、产品研发中心和检测中心,新上专业轴承设备 30 台(套),用于生产圆柱滚子轴承、调心滚子轴承、精密滚针轴承和各类非标轴承	2022.3	2023.6	30000	18000	部分竣工

续表 6

项目地点	项目名称	项目实施单位	建设内容及规模	开工时间	计划竣工时间	计划总投资	2022 年计划目标	
							完成投资	序时进度
新坝镇	发动机台架和智能母线项目	江苏驰威电气有限公司	新征用地约 1.93 公顷,新建标准化厂房 2 栋,共计建筑面积 1.1 万平方米。购置自动手臂液压折弯机、数控设备等专业设备 20 台（套),用于汽车测试服务、汽车台架集成设备以及智能输配电产品的研发与制造	2022.1	2023.3	10000	6000	部分竣工
新坝镇	绿色智能化瞬时灭菌系统设备项目	江苏万创灭菌设备科技有限公司	新征用地约 2 公顷，新建 1 万平方米高标准厂房和 5 层的研发测试大楼。购置专业设备 20 台(套),主要研发、生产全自动高温瞬时灭菌系列设备	2022.3	2023.3	10000	6000	部分竣工
新坝镇	5G 移动通信基站一体化能源模块项目	江苏乐仕电气科技有限公司	征地 6.67 公顷,新建 5 万平方米标准化厂房。一期用地 3.33 公顷，新建 2.5 万平方米标准化厂房,新上年产 10 万套 5G 基站一体化能源柜产品	2022.3	2023.3	15000	6000	部分竣工
新坝镇	精密配电设备项目	江苏益宝电气科技有限公司	盘活原昆泰新材料 1.3 万平方米厂房及办公楼,新上自动化、智能化流水生产线等,新上精密配电设备项目	2022.3	2023.3	6000	4000	部分竣工
新坝镇	智能输配电及控制设备项目	江苏飞能电气科技有限公司	盘活原顺达石材存量土地 1.07 公顷,新建 1 万平方米厂房及办公楼,新上智能输配电及控制设备项目	2022.3	2023.3	8000	3000	部分竣工
新坝镇	形变雷达监测系统和智能母线	江苏奎荣智能科技有限公司	盘活原有土地约 0.8 公顷,新建多层厂房 6000 平方米,新上形变雷达监测系统和智能母线项目	2022.1	2023.3	5000	2500	部分竣工
新坝镇	ABB 中低压智能开关柜	江苏海航电气科技有限公司	盘活原厂区内土地 0.47 公顷,新建 5 层综合研发楼,3 层厂房约 7000 平方米,生产 ABB 中低压智能开关柜	2022.1	2023.3	5000	4000	部分竣工
新坝镇	一次性丁晴手套生产线改造	镇江华扬乳胶制品有限公司	盘活原联合大剧院土地 0.67 公顷，新建洁净车间 2 栋约 7000 平方米，同时对厂区内厂房进行洁净车间升级,新上 2 条一次性丁晴手套浸渍联动机,新上自动化包装设备 2 套	2022.6	2023.6	6000	3000	部分竣工
新坝镇	智能电气设备制造项目	扬中新天电器制造有限公司	用地 1 公顷,新建多层 4000 平方米厂房和 1000 平方米综合研发楼,新上智能电气设备生产线	2022.6	2023.3	5000	5000	部分竣工

续表 6

项目地点	项目名称	项目实施单位	建设内容及规模	开工时间	计划竣工时间	计划总投资	2022 年计划目标	
							完成投资	序时进度
新坝镇	苏大天宫智汇科创园(扬中)	江苏佳露天宫科技产业发展有限公司	用地 4.67 公顷,新建多层研发、孵化、生产厂房 7 万多平方米,引入智能电气、新能源、微电网等新兴产业,提供"创业孵化+投资+专业化运营"优质服务,培养一批高新技术企业和上市后备企业	2022.6	2023.12	30000	6000	部分厂房封顶
新坝镇	智能电气装置生产制造项目	江苏亿成电气有限公司	征地 4.4 公顷,新建 4 万平方米厂房及 5000 平方米办公楼,购置先进制造设备,生产航模、无人机、工业电机、LED 和智能电气设备等产品	2022.11	2023.12	35000	6500	开工建设
新坝镇	可津(扬中)智能电气高新产业园项目	可津科技产业园管理有限公司	征地约 6.93 公顷,新建 10 万平方米标准厂房和园区服务中心。按照"先招商、后建设、定制化"的原则,建设专业化、高端化的智能电气高新产业园,重点招引工程电气、精密制造、智能制造、新能源、新材料类企业入园发展	2022.11	2024.6	50000	5000	开工建设
新坝镇	数据中心通信柜和智能母线项目	江苏西杰输配电设备有限公司	用地 2 公顷,新建标准化厂房和办公用房 2.4 万平方米以上。新上自动化、智能化流水线,新上设备 30 台(套),生产数据中心专用通信柜和智能母线系列产品	2022.11	2023.12	15000	4500	开工建设
新坝镇	智能母线设备及配件生产制造项目	江苏博奥智能化科技有限公司	用地 1.45 公顷,新建标准化厂房和办公用房 1.2 万平方米以上。新上自动化、智能化流水线,生产母线设备及配件系列产品	2022.11	2023.12	10000	4500	开工建设
新坝镇	数据中心智能配电设备项目	江苏金风扬电气有限公司	用地 0.67 公顷,新建 7000 平方米双层标准化厂房,新上自动化、智能化流水生产线,生产数据中心系列配电设备	2022.11	2023.12	6000	4200	开工建设
油坊镇	铜基轻金属复合材料项目	艾洛益应用复合材料(江苏)有限公司	征地约 6.85 公顷,一期征地 3.3 公顷,新建厂房 1 栋建筑面积约 2.9 万平方米。建设 4 条等温态、短流程制备铜铝复合管生产线,建设 2 条轻金属铜铝复合新材料母线产品的连续生产线,形成年产能 8000 吨轻金属铜铝复合管及延伸产品,8000 吨轻金属铜铝复合母线、扁线产品	2022.2	2023.12	64000	25000	一期厂房竣工

续表 6

项目地点	项目名称	项目实施单位	建设内容及规模	开工时间	计划竣工时间	计划总投资	2022年计划目标	
							完成投资	序时进度
油坊镇	ALC板材、铝蜂窝板材加工制造项目	江苏瑞丰建材有限公司	新征用地3.27公顷，新建厂房1栋，建筑面积2.4万平方米，办公楼1栋，建筑面积2000平方米。购置吸板机、涂胶机、6000毫米切割机组、余热回收利用系统等设备约120台(套)，年加工制造30万立方米ALC板材；采用自动化、清洁化生产工艺，年加工制造约300万平方米铝蜂窝板材	2022.6	2023.12	30000	15000	厂房竣工，设备安装完成
油坊镇	高性能热塑弹性制品	扬中卓亚新材料科技有限公司	新征用地约0.8公顷，新建标准化厂房和办公楼。其中厂房两栋，建筑面积8280平方米；办公楼一栋，建筑面积1800平方米。新上注塑机30台（套），购置成品原料（TPE），用于生产收纳箱、菜板等厨房、车载生活用品（高性能热塑弹性制品）	2022.6	2023.12	9000	5000	厂房竣工，设备安装
油坊镇	太阳能电池导电体生产技术改造项目	江苏正能电子科技有限公司	新征地2.13公顷，新建厂房2栋，建筑面积1.9万平方米。新上双形星搅拌机、三辊研磨机、反应釜、砂磨机及检测设备等38台（套），用于太阳能电池导电体生产技术改造。建成后形成年产太阳能电池导电体360吨的生产能力	2022.6	2023.12	11600	6000	厂房竣工，设备安装
油坊镇	新型智能组件项目	上迈（镇江）新能源科技有限公司	利用原有车间1栋，建筑面积3000平方米，购置层压机、串焊机、机械臂、检测设备、自动流水线等智能设备约180台（套），配套实施MES生产控制系统，提升企业智能化水平，新增组件产能1吉瓦	2022.1	2022.5	8000	8000	竣工投产
油坊镇	高性能硅材料制品扩产	镇江市聚升硅材料有限公司	在新材料工业园新征用地1公顷，新建办公楼、厂房合计约6000平方米，购置部分新设备，扩大硅材料制品产能	2022.6	2023.6	5000	5000	厂房竣工
油坊镇	生物质气化综合利用项目	扬中鼎汇能源发展有限公司	盘活华太热电闲置土地资源，建设厂房4000平方米，新上2台20吨生物质气化炉，日供蒸汽900吨	2022.6	2022.12	5000	5000	竣工投产

续表 6

项目地点	项目名称	项目实施单位	建设内容及规模	开工时间	计划竣工时间	计划总投资	2022 年计划目标	
							完成投资	序时进度
油坊镇	隔热包装材料	镇江铭锋新材料有限公司	在吉星工业区租赁闲置土地 1 公顷，新建标准化厂房 6000 平方米，新上购置挤塑机 2 台(套)、拌料机 4 台(套)、成型机 6 台(套)等 28 台(套)设备，建设年产 2500 吨隔热包装材料生产线	2022.1	2022.9	5000	5000	竣工投产
油坊镇	绝缘材料	镇江鸿维新材料有限公司	盘活吉星新材料公司存量土地 1 公顷，建设厂房 5000 平方米，设备投入 1000 万元左右	2022.1	2022.9	5000	5000	竣工投产
油坊镇	精密仪表、电器制造	镇江精能精密仪表有限公司	一期租用厂房 2000 平方米；二期在先锋工业区新征用地 1 公顷，建设办公楼(四层)、厂房(三层)合计 2.5 万平方米。新购置数控车床、数控加工中心等设备 60 台(套)，进行精密仪表、阀门、配电开关控制设备、电器制造	2022.1	2023.12	13000	5000	一期竣工
油坊镇	50 兆瓦分布式企业屋顶光伏发电	江苏缤纷电气有限公司	分两期建设，利用企业闲置屋顶安装太阳能发电，一期实现 20 兆瓦装机总量，二期实施 30 兆瓦应用规模。项目建成后，总发电量突破 600 万千瓦时，减少煤消耗 2400 吨，减少二氧化碳排放 5980 吨	2022.1	2023.12	20000	6000	一期竣工
八桥镇	高性能绿色新材料	江苏天舜金属材料集团有限公司（国建厂区）	利用国建厂区存量土地约 20 公顷，厂房 10 万平方米，新建 7 层综合楼 8000 平方米，新建三层厂房 2 万平方米，改造提升老码头 1 座，由 1000 吨升级为 3000 吨，新建码头 1 座，建设 3 个 3000 吨泊位；新上精品机制砂、绿色墙体材料、构件等项目	2022.1	2024.12	100000	18000	完成综合楼与三层厂房建设，机制砂项目投产
八桥镇	新型太阳能边框	江苏大合新能源科技有限公司	新增用地 3 公顷，建设 2 栋厂房及配套用房，建筑面积 1.8 万平方米；添置数控剪板机、数控车床等设备 20 余台(套)，用于加工制造新型太阳能边框	2022.6	2023.12	20000	12000	完成厂房建设、设备订购
八桥镇	新韩通综合研发大楼及配套项目	江苏新韩通船舶重工有限公司	新增用地 4.67 公顷，新建综合研发大楼及配套设施，总建筑面积约 5.54 万平方米	2022.3	2022.12	15000	13000	6 幢综合楼主体建成，装修进场

续表 6

项目地点	项目名称	项目实施单位	建设内容及规模	开工时间	计划竣工时间	计划总投资	2022 年计划目标	
							完成投资	序时进度
八桥镇	环保分析管	江苏速达气动管缆有限公司	新增用地 1.67 公顷，建设标准化厂房 3 栋，建筑面积 1.35 万平方米；建设办公楼 1 栋，建筑面积 3600 平方米；添置挤出机生产线、成缆机生产线、绕包机生产线等生产线 20 余条，购置国内先进的护套挤出机、成缆机等设备 70 余台(套)；用于加工制造 CEMS、VOCs、超低排放取样分析管及环保分析仪器	2022.1	2023.4	10000	6000	完成主体厂房建设，设备订购
八桥镇	电力保护管	江苏德罡电力科技有限公司	新增用地约 1.33 公顷，新建厂房 1 万平方米，添置国内先进的螺杆挤出机电力管材生产线 4 套；用于加工制造改性聚丙烯、高密度聚乙烯电力保护管材	2022.1	2023.4	10000	5000	完成厂房建设
八桥镇	塑料板	江苏领誉纤维科技有限公司	租用厂房 6000 平方米，新增用地约 1.33 公顷，新建厂房 1 栋，建筑面积 8100 平方米，购置拌料挤塑机设备 2 套、烘干成型设备 4 套等，用于加工制造塑料板	2022.1	2022.12	10000	5000	竣工投产
八桥镇	智能电气加工制造	江苏中佳电器有限公司	用地 1.4 公顷，新建厂房 3 栋，总建筑面积约 9000 平方米，购买数控加工机、剪板机、折弯机等设备 10 余台(套)，用于生产环保型中压气体绝缘开关柜及智能配电系统	2022.1	2023.4	6800	5000	完成厂房建设，设备订购
八桥镇	冻干设备	科美路冻干设备(江苏)有限公司	用地约 1.8 公顷，总投资约 1 亿元，主要研发生产全系列多用途的冻干机，并配套建设生产车间、仓库、办公用房及研发中心等	2022.3	2023.6	10000	5000	一期租赁厂房投产，6 月土地挂牌，7 月份开工建设，年内主体厂房完成工程量的 60%
八桥镇	轨道交通系列铝制品	江苏万顺铝业有限公司	利用扬子铝现有土地，新建 5 层标准化厂房 1 栋，建筑面积为 6500 平方米，新建 3 条轨道交通系列铝制品生产线，购置国内先进的挤出机 3 台，达产后年产 4000 吨轨道交通系列铝制品	2022.1	2022.12	5000	5000	竣工投产
八桥镇	塑钢复合制品	江苏吉庆管材有限公司	新增用地 1.33 公顷，建设 1 栋标准化厂房，建筑面积 5000 平方米，添置国内先进的钢塑复合制品切割生产线 3 条，多角机、卷板机、雕刻机、裁板机、折弯机等生产设备 20 余台(套)，生产钢塑复合管件、包塑法兰	2022.1	2022.12	5000	5000	竣工投产

续表 6

项目地点	项目名称	项目实施单位	建设内容及规模	开工时间	计划竣工时间	计划总投资	2022 年计划目标	
							完成投资	序时进度
八桥镇	高性能机动车非金属材料系列	江苏同庆车辆配件有限公司	利用现有土地，新建厂房2200 平方米，新上生产线 2 条，购置先进的挤出机，层压机等设备 20 台(套)	2022.1	2022.12	5000	5000	竣工投产
西来桥镇	非公路休闲车及零配件制造项目	江苏奥佳车辆制造有限公司	新增土地 1.67 公顷，新建厂房 3 栋，建筑面积 1.93 万平方米，购买智能切割机 18 台、全自动折弯机 15 套、气保焊机 20 台、二级维护检测线 2 台灯设备，用于非公路休闲车及零配件和智能车载设备制造	2022.1	2023.12	12000	4000	厂房主体建构完工
西来桥镇	汽车轻量化新材料生产项目	江苏可为新材料有限公司	新征地 1.67 公顷，新建 12 条生产线，建设 2.3 万平方米标准化厂房(部分二层建设)以及相应的配套工程设施	2022.1	2023.12	10000	4000	厂房主体建构完工
西来桥镇	汽车零部件制造项目	江苏仁本汽车零部件有限公司	购买存量土地 1.29 公顷，新建厂房 5 栋，建筑面积 3 万平方米，购买注塑机、冲床、精雕机等共计 20 台（套)，用于汽车零件及智能车载设备的制造	2022.1	2023.12	10000	3500	厂房主体建构完工
西来桥镇	6000 吨/天蛋白饲料加工项目	江苏农佰汇粮油有限公司	利用 7.53 公顷存量土地，新建 1 条 6000 吨/天压榨线，包含预处理车间、浸出车间、精炼车间、消防泵房、仓储及配套设施等，建筑面积 2.04 万平方米，设备 365 台	2022.1	2023.12	73459	10000	建成试生产
三茅街道	高速钢工具制造项目	扬中市上飞工具有限公司	新增用地约 2.67 公顷，新建标准化厂房 3 栋，建筑面积为 4.2 万平方米；购置数控车床、数控冲床、检测中心等设备 50 台(套)，用于精密工具加工制造	2022.5	2023.12	30000	15000	完成主体工程建设
三茅街道	充电桩技术研发及设备制造项目	江苏京江电力科技有限公司	项目新增用地面积约 2.67 公顷，主要用于充电桩技术研发及设备的生产与制造	2022.6	2023.12	20000	8000	完成主体工程建设
三茅街道	智能电气加工制造项目	江苏中佳科技有限公司	利用原有土地新建标准化厂房 2 栋，建筑面积 2.4 万平方米，购置剥线机、铆接机等设备 30 台(套)，用于桥架、母线、环保型中压气体绝缘开关柜制造及研发	2022.5	2023.12	10000	8000	完成主体工程建设

续表 6

项目地点	项目名称	项目实施单位	建设内容及规模	开工时间	计划竣工时间	计划总投资	2022 年计划目标	
							完成投资	序时进度
三茅街道	智能电气加工制造项目	镇江鸿泰电器设备有限公司	利用原有土地新建 4 栋标准化厂房，建筑面积 1.6 万平方米；购置剥线机、铆接机、打包机等设备 30 台(套)，用于桥架、母线、环保型中压气体的绝缘开关柜制造及研发	2022.1	2023.3	10000	6379	部分竣工
三茅街道	锂电池盖板加工制造项目	江苏铭阳新能源科技有限公司	利用原有土地新建 2 层标准化厂房 1 栋，建筑面积 1.26 万平方米，新建办公楼 1 栋，建筑面积 3600 平方米；购置 200T 双轴冲床、激光焊接机、打码机等设备 30 台(套)，用于新能源汽车零部件及配件制造、研发(主要为锂电池盖板)	2022.1	2023.3	10000	5684	部分竣工
三茅街道	动车配件生产制造项目	镇江市永固轨道客车配件有限公司	在原有厂房地块内新建标准化厂房 2 栋，建筑面积为 1.2 万平方米，新添置相关生产设备用于动车贯通道的生产制造	2022.4	2023.6	5000	4200	完成厂房建设
三茅街道	汽车装饰件制造项目	镇江华达汽车饰件有限公司	利用原有厂房，购置注塑机等设备 30 台(套)，用于汽车装饰件制造、加工	2022.4	2022.12	5000	4800	竣工投产
三茅街道	SCB 系列干式变压器制造	中电电气(江苏)变压器科技有限公司	租用城投公司 1.6 平方米，标准化厂房进行整体改造，建造设备基础，添置相关设备新上 SCB 系列干式变压器生产线	2022.3	2023.5	5000	4500	竣工投产
三茅街道	智慧机房监控系统有源滤波设备制造项目	江苏浩威新材料有限公司、上海樾苗机电设备有限公司	新增用地约 1.33 公顷，新建标准化厂房 1 栋，建筑面积 9000 平方米，新建 5 层办公楼 1 幢，建筑面积 7000 平方米；购置切割机、折弯机、剪板机等设备 20 台(套)，用于电子元器件制造及研发	2022.6	2023.12	10000	3000	完成厂房主体工程建设
经开区	扬中万洋众创城汽车零部件产业园	镇江万洋众创城科技有限公司	项目用地约 60 公顷，建设标准化厂房约 120 万平方米。首期项目用地约 6.67 公顷，以汽车零部件、电子电器、光伏新能源及相关配套产业为主导，主要建设制造业产业集聚赋能平台，将项目打造成为集制造研发、电子商务、仓储物流、生产生活配套、金融服务和智慧园区管理于一体的绿色智慧型产业园区	2022.5	2025.12	600000	8000	首期厂房框架结构建设完成

续表6

项目地点	项目名称	项目实施单位	建设内容及规模	开工时间	计划竣工时间	计划总投资	2022年计划目标	
							完成投资	序时进度
经开区	标龙蓝色智谷扬中产业园	江苏标龙产城控股有限公司	用地面积约17.33公顷，以汽车零部件、医疗器械、高端装备制造为主导产业，集总部商务办公、中试研发、标准化厂房、综合配套于一体。项目按照“分期供地、滚动开发”的原则实施，首期占地11公顷，建成后预计引进制造业企业和科技型企业超过60家	2022.6	2023.12	120000	10000	厂房桩基施工完成
经开区	智慧工业厂房	扬中市鑫隆建设项目管理有限公司	项目利用原有土地约2.53公顷，新增土地约5.6公顷，建筑面积约6万平方米，其中高8米以上生产厂房约4.5万平方米，办公用房约1.5万平方米	2022.1	2023.12	50127	5000	1号车间(约2万平方米)建设完成
经开区	DHT变速器扩能项目	蜂巢传动系统（江苏）有限公司	利用现有厂房，购置组装线、电机装配线、定转子装配线、壳体加工设备、运转件加工设备、控制器装配线、总成装配线及相关辅助设施等设备，并购置配套物流工装及检测设备。项目建成后可新增DHT变速器30万台	2022.5	2024.6	150000	70000	部分设备到位并安装
经开区	年产15万台驱动电枢项目	蜂巢传动系统（江苏）有限公司	利用现有厂房，投资1条电枢装配线，引进定子桥接线激光焊接机、定子罩壳装配设备等设备8台(套)，项目建成后可形成年产15万台驱动电枢	2022.5	2023.12	7558	4000	部分设备到位并安装
经开区	宝捷百万台新能源电机铁芯建设	蜂巢传动系统（江苏）有限公司	建设厂房6300平方米，购置高速冲床五台，用于铁芯冲压生产。项目建成后预计年产值3亿元，年税收3900万元	2022.1	2022.12	10000	4000	厂房基本建设完成
经开区	高端纺织制品项目	镇江辰龙纺织有限公司	利用原天和生物公司土地(4.33公顷)及房产(约1.6万平方米)，新建、改建厂房及配套用房4.5万平方米，建成后主要用于高端纺织制品产业(床单套、窗帘、纯白产品等)生产经营使用	2022.1	2023.12	16000	4000	部分厂房竣工
经开区	氟塑防腐设备项目	江苏星倪新材料有限公司	项目占地约1.33公顷，建设标准化厂房及配套辅助用房约1.6万平方米，引进国内先进生产线8条，生产PTFE氟塑储罐、桶槽、塔器设备等产品	2022.6	2023.12	10000	4000	厂房框架结构施工完成

续表 6

项目地点	项目名称	项目实施单位	建设内容及规模	开工时间	计划竣工时间	计划总投资	2022 年计划目标	
							完成投资	序时进度
经开区	自动化控制设备加工制造项目	江苏力研航自动化科技有限公司	项目占地约 1.33 公顷，新建标准化厂房及办公楼约 2.2 万平方米，引进先进生产线 5 条，主要生产阳极氧化设备、电镀设备、废气净化塔、洗涤塔等产品	2021.6	2022.6	10000	3000	厂房钢结构施工完成
经开区	高性能工程塑料制品	镇江市神龙电器管件有限公司	项目占地约 1.87 公顷，建设标准化厂房及配套用房约 2.5 万平方米，引进注塑及挤出设备 50 余台（套），生产特种复合塑料、改性塑料等产品	2022.8	2023.12	11000	4000	钢结构施工完成
经开区	新能源汽车电池托盘	江苏苏电电气科技有限公司	项目用地约 0.73 公顷，建设标准化厂房 1 万平方米，引进龙门 CNC 加工中心，数控加工中心等设备 30 余台（套），项目达产后预计每年可生产电池托盘 8 万个	2022.8	2023.12	6000	2000	钢结构施工完成
经开区	20 兆瓦分散式风电项目	镇江市悦峰能源科技有限公司	利用园区建设用地约 0.47 公顷，安装建设 8 台 2.5 兆瓦风电机组，建设总容量为 20 兆瓦分散式风电，采用全额上网，就地消纳模式	2021.8	2023.5	16000	8000	风电机组安装完成
经开区	高速铁路牵引供电智能管型母线研发及产业化项目	江苏士林智能电气股份有限公司	利用原有土地新建厂房 1 栋，建筑面积 7612.92 平方米，购置焊接机器人、压力机、剪板机、自动翻转线、自动化包装机等关键设备 37 台（套），用于生产智能管型母线	2021.5	2022.6	5000	2000	竣工投产
经开区	高品质石英砂精细加工项目	江苏协丰供应链管理有限公司	对兴隆港港区进行环保技术改造，升级改造 8 台门座式起重机、料斗环保设施及控制系统、海关仓库、海事网络监控系统、职工食堂等设施；购置吸尘车、扫地车洒水车等环保配套设施 7 台。利用现有的 5 万吨级通用泊位进口石英砂，通过自卸车运至港内堆场进行简单加工处理，预计年处理量为 300 万吨	2022.1	2023.12	20000	4000	相关改造完成，设施投入使用
经开区	密封制品项目	镇江市宜扬密封制品有限公司	征地约 1.02 公顷，投资建设密封制品项目。项目建设标准化厂房及配套辅助用房约 1.1 万平方米，引进各类注塑及挤出设备 50 余台（套）	2022.4	2023.12	10000	4000	厂房钢结构施工完成

续表 6

项目地点	项目名称	项目实施单位	建设内容及规模	开工时间	计划竣工时间	计划总投资	2022 年计划目标	
							完成投资	序时进度
经开区	高精度塑料壳体加工制造项目	江苏通灵电器股份有限公司	占地约 1.73 公顷(天力钢公司北侧、港茂路西侧),对公司现有的注塑产品的产能进行扩建,增加先进的注塑自动化设备近百台	2022.6	2023.12	10000	2000	桩基施工完成
经开区	智能光伏接线盒加工制造及厂房升级改造项目	江苏通灵电器股份有限公司	利用公司原厂区存量土地(尚昆生物东侧)约 2 公顷,新建标准化厂房及配套用房约 4 万平方米,并对原有厂区厂房进行升级改造,引进焊接机、全自动组装机、电晕机流水线等先进设备 300 余台(套),生产智能光伏接线盒系列产品	2022.6	2023.12	30000	5000	厂房框架结构施工完成
经开区	智能输配电设备项目	镇江富龙电工设备有限公司	拟在经开区征地 1.13 公顷,年产智能高低压开关柜 2000 台(套),增加先进的机械自动化设备 50 台(套)	2022.9	2023.12	8000	2000	桩基施工完成
二、续建项目								
新坝镇	巡检机器人及跟踪支架	江苏火蓝电气有限公司	新征用地约 2 公顷,建设 2 幢高标准厂房和一栋 5 层设计研发综合楼总计建筑面积 3 万平方米。购置专业设备 50 台(套)主要研发、生产和销售电力巡检机器人及太阳能光伏跟踪支架、光伏“+”配套智能产品	2021.4	2022.12	12000	4200	竣工投产
新坝镇	精密研磨材料	江苏锋芒复合材料科技集团有限公司	盘活原厂区内 1.07 公顷土地,新建 3 层 4 万平方米厂房,新上百洁布研磨材料项目	2021.4	2022.6	12000	4200	竣工投产
新坝镇	特种车辆防撞吸能装置组装基地	中安交通安全科技(镇江)有限公司	新征地 1.33 公顷,总投资 1 亿元。新建 1 万平方米标准化厂房,新上用于特种车辆(大型危化品运输车辆)尾部的防撞、吸能装置,该产品拥有 10 多项发明专利	2021.9	2022.3	10000	4500	竣工投产
新坝镇	环网柜及充气柜技能改造	江苏大全长江电器股份有限公司	对集团西厂区约 4 万平方米的厂房进行重新改建和线路改造,总投资 1 亿元。项目预计新增自动化生产线 3 条,扩大环网柜和充气柜的产能	2021.1	2022.3	10000	2000	竣工投产
新坝镇	特种耐火母线	江苏盈聚电气有限公司	收购盘活太平洋木业有限公司,占地 2 公顷,新建 1.5 万平方米标准化厂房,新上 2 条智能化生产线,生产矿物质火山岩耐火母线	2021.4	2022.3	12000	3000	竣工投产

续表 6

项目地点	项目名称	项目实施单位	建设内容及规模	开工时间	计划竣工时间	计划总投资	2022 年计划目标	
							完成投资	序时进度
新坝镇	高铁专用槽式预埋装置	镇江阳光电气集团有限公司	新建标准化厂房 5000 平方米,新上高铁预埋件自动化生产线 3 条,等离子切割机、全自动滚丝机、全自动焊接机械手等专业设备 20 台(套)	2021.7	2022.6	5000	2500	竣工投产
新坝镇	铁路接触网紧固安全装置项目	江苏宏强电气集团有限公司	新建 1.5 万平方米标准化厂房,购置数字化机床 20 台(套),主要生产铁路接触网零部件总成及防松紧固装置	2021.7	2022.6	11000	5000	竣工投产
新坝镇	工业 4.0 智能智造共享工厂	江苏云企智造有限公司	总占地 4 公顷,分二期开发建设,一期占地 40 余亩,建设 1.5 万平方米标准化厂房,购置 36 台(套)智能化设备建设智能制造工厂	2020.3	2022.12	25000	6000	竣工投产
油坊镇	环保材料脱硫钙粉项目	扬中华鑫环保科技有限公司	项目分二期实施,一期用地 2.55 公顷,新建厂房 2 栋,建筑面积 6 万平方米,新上物料机、磨粉机、自动传送机等设备 80 台(套),建设年产 200 万吨重钙粉生产线 2 条。二期计划新建 5 层办公楼 1 栋,新上 80 万吨脱硫石膏再利用项目	2021.8	2022.12	30000	12000	竣工投产
油坊镇	超细微粉项目	扬中市正丰新材料有限公司	用地 3.23 公顷,新建办公楼一栋,建筑面积 3000 平方米,新建厂房 2.35 平方米,建设年产超细微粉 40 万吨、脱硫钙粉 20 万吨生产线	2021.6	2022.12	15000	5000	竣工投产
油坊镇	核电桥架及接地系统技术项目	江苏海纬电气有限公司	用地 0.87 公顷,新建标准化厂房一栋,建筑面积 6158 平方米,新上自动化生产线 2 条,生产核电桥架和接地系统等产品	2021.7	2022.3	5000	1000	竣工投产
八桥镇	智能装备制造	江苏福麟智能装备制造有限公司	用地 14.07 公顷,项目二期建设 100~300 吨总装基地及管系车间 6 万平方米,添置各类设备 300 余台(套)	2020.3	2022.12	60000	20000	竣工投产
八桥镇	激光热熔增材制造用铜及铜合金粉末	江苏大方金属粉末有限公司	用地 1.33 公顷,新建生产车间及研发中心 2.3 万平方米,项目建成达产后,年产 3000 吨激光热熔增材制造用铜及铜合金粉末及高铁刹车片用 HGS 铜粉	2021.2	2022.12	10000	6000	竣工投产

续表 6

项目地点	项目名称	项目实施单位	建设内容及规模	开工时间	计划竣工时间	计划总投资	2022 年计划目标	
							完成投资	序时进度
三茅街道	数据中心云计算配套智慧能源与机房环境系统	江苏量子电子科技有限公司	总规划用地面积 3.67 公顷，总建筑面积 3.38 万平方米，新建厂房 4 栋。建成后将年产电池能量交换系统 2500 套、数据中心刀片式 UPS 储能系统 1500 套、模块化分布式储能数据机柜 1500 套、数据中心高压直流储能供电系统 1000 套、能源管理系统软件 500 套、数据中心高效热管制冷系统 1300 套	2020.10	2022.6	30600	15000	竣工投产
三茅街道	国内最大口径高压流体泵制造测试装备中心项目	江苏长凯机械设备有限公司	用地约 0.87 公顷，预计新建标准化厂房 2 幢、办公楼 1 幢	2021.6	2022.12	10000	4000	竣工投产
三茅街道	牙科器材专用产品	江苏牙宝宝医疗器械有限公司	用地约 1.67 公顷，预计新建标准化厂房 2 幢、办公楼 1 幢	2021.6	2022.12	10000	4000	竣工投产
三茅街道	电动车载电源产品项目	首帆能源科技江苏有限公司	新增用地面积约 1.67 公顷，总建筑面积约 2 万平方米，其中一期厂房、测试、仓库建筑面积 1.5 万平方米；二期展厅建筑面积 1500 平方米，研发、办公大楼建筑面积 3500 平方米；购置数控车床、折弯机器人等设备 25 台（套），用于新能源原动设备制造（主要为电动车载电源产品）	2021.9	2022.12	10500	7500	竣工投产
经开区	35 吉瓦绿色高效超薄硅片	江苏美科太阳能科技有限公司	利用现有存量土地及厂房，新建车间 2 栋、办公楼 1 栋、配套建筑共计新增建筑面积约 10.8 万平方米，购置金刚线切片机、自动粘棒线、智能化控制流水线、脱胶机等设备约 700 台（套），进行绿色高效超薄单晶硅片生产。项目分 3 期实施，一期拟购置切片机等生产设备，投产后可形成 15 吉瓦单晶硅片产能，二期拟建设厂房及相关配套设施，并购置生产设备，投产后可形成 10 吉瓦单晶硅片产能，三期拟购置全自动生产线等相关生产设备，投产后可形成 10 吉瓦单晶硅片产能	2021.3	2023.12	360000	8000	新增 10 吉瓦投产

续表 6

项目地点	项目名称	项目实施单位	建设内容及规模	开工时间	计划竣工时间	计划总投资	2022 年计划目标	
							完成投资	序时进度
经开区	年产 1 万吨超高分子量聚乙烯板材	佳之健橡塑制品(镇江)有限公司	新征用地 0.95 公顷,新建 2 栋标准化厂房建筑面积约 6300 平方米,购置大型超高分子聚乙烯板材生产线、智能数控加工中心、万能摇臂铣、智能裁剪设备等生产检测设备 26 台(套),进行超高分子聚乙烯板材生产。项目建成后预计可形成年产 1 万吨超高分子聚乙烯板材	2021.5	2022.6	5500	1000	竣工投产
经开区	智能电气产业化项目	江苏安华电气有限公司	新征用地 0.77 公顷,新建标准化厂房 2 栋,建筑面积 7442.9 平方米,新上数控剪板机 1 台、数控冲床 1 台、数控折弯机 1 台、激光切割机 1 台以及相关生产检测设备共计 12 台(套),进行环保型中压气体绝缘开关柜、智能母线、桥架等电气产品生产	2021.5	2022.6	5000	1600	竣工投产
经开区	年产100万台EPS	蜂巢智能转向系统(江苏)有限公司	用地 4.9 公顷,分 3 期实施,一期新建厂房 3.78 万平方米,购买生产及检测设备 110 台(套),投产后可形成 30 万台智能转向系统生产线,计划于 2021 年 3 月竣工达产。二期、三期项目各 35 万台产能生产线,计划于 2021 年 12 月、2022 年 12 月竣工投产	2019.3	2022.12	112430	20000	产能扩大至 75 万台
经开区	年产 40 万套发动机壳体、28 万套变速箱壳体及 270 万件机加工	精诚工科汽车零部件(扬中)有限公司	用地 1.33 公顷,新建厂房 12.58 万平方米,购买生产及检测设备 452 台(套)	2020.1	2022.12	111442	20000	竣工投产
经开区	年产 1500 节云轨高地铁内饰零部件	江苏荣胜长江塑业有限公司	用地 4.36 公顷,建设厂房 5.23 万平方米,新上生产及检测设备 90 余(台)套,建成后将形成年产 1500 节云轨高地铁内饰零部件的生产能力	2020.8	2022.12	30000	3000	竣工投产
经开区	智能型配网三相不平衡治理装置制造	江苏亿能电气有限公司	用地 3.74 公顷,新建厂房 4.6 万平方米,购置各类生产、检测设备 40 台(套)	2020.6	2022.12	20000	3000	竣工投产

(蒋文杰)

智能电气产业

【概况】 2022年，扬中市有工程电器类企业2300余家,其中,规模以上企业238家,年产值359亿元,占全市规模工业比重的40.8%。电气产品涵盖电力系统800千伏及以下电压等级输、变、配电设备及相关电器配套产品和材料,包括开关柜、母线槽、桥架、变压器、配电箱、电力电缆、电力安装材料七大系列上千个品种,被广泛应用于三峡工程、秦山核电站、“鸟巢”体育馆、中央电视台等国家大型重点工程和项目。建有工程电气类院士工作站1家、博士后工作站5家、省级工程技术研究中心16家、省级以上企业技术中心10家。全市有电器类高新技术企业近150家,大全、香江、亿能、威腾等一批企业在行业内享有较高的知名度和影响力。 (付超)

【大全集团国家企业技术中心获得2021年度优秀评定】 国家发展改革委办公厅印发国家企业技术中心2021年运行评价结果的通知,在1744家参评企业中,大全集团有限公司得分92.4分,位列第37位,被评价为“优秀”。根据《国家企业技术中心认定管理办法》,国家企业技术中心运行评价工作委托第三方评估机构开展,每两年进行一次。2021年是针对2020年企业技术中心在研发经费投入、内外部高级专家、研发项目、专利申请、拥有有效发明专利、主持和参加标准制修订、研发平台建设、获国家科学技术奖励等12项指标进行综合评定。 (融媒体中心)

新能源产业

【概况】 2022年，扬中市新能源产业探索转型发展,实现规上产值210亿元,比上年增长121%。有新能源企业40余家,其中规模以上企业20家,7家光伏企业(大全、环太硅、荣德、美科硅、丰源、绿能、美科太阳能)进入工业和信息化部《光伏制造行业规范条件》名单。扬中积极探索整市推进光伏发展新模式，并网工商业光伏项目61个,装机容量48兆瓦,光伏并网用户373户。截至2022年年末,建设工商业光伏项目450余个,户用光伏1万余户，渔光互补项目2个，风电项目1个,新能源装机容量达290兆瓦。 (何锦璇)

【上迈新能源轻质光伏基地投产】 2022年1月8日,上迈新能源1吉瓦轻质光伏基地投产仪式暨合作签约仪式举行。上迈(镇江)新能源科技有限公司于2018年招引落户于油坊,历经4年发展,企业加强新产品的研究、开发,研究开发无玻璃的轻质晶体硅光伏组件,组件具有“轻、薄、柔、美”特点,可实现定制化设计和生产。上迈新能源1吉瓦轻质光伏组件生产基地位于油坊镇明珠南路1号，占地面积17.33公顷。项目分两期,一期于2022年1月正式投产;二期预计将于2022年6月投产。基地建有研发中心及标准化光伏检测中心、复合材料生产线、轻质组件生产线,具备专利技术复合材料及轻质光伏组件研发与一体化生产的能力。(包雍君)

临港装备制造产业

【概况】 2022年，扬中市依托优质深水岸线资源,重点发展以船舶及海工装备制造为主,集粮油加工、临港物流、新型建材为一体的临港产业。形成以新韩通、大津重工、大津清洁能源装备产业园等为代表的船舶、海工装备、港口机械制造企业,以中海粮油、农佰汇等为代表的粮油加工企业和以大地水泥、磊金建材为代表的建材加工企业等一批龙头骨干企业，年销售超百亿元。新韩通的大灵便型散货等船舶设计生产能力350万载重吨,占据同行业36%以上的市场份额。大津重工的引航船为全球最大的现代化引航船,“航工平2”自升式海上碎石桩施工平台为全球首艘碎石桩施工平台,多个产品为全球领先、国内第一。中海粮油位列全国民营企业五百强,是江苏省粮油制造重点企业。大地水泥是扬中唯一的优质水泥生产供应基地，致力于推进水泥制造绿色化、环保化。磊金建材建成国内第一条全智能化机制砂生产线，是国内机制砂行业的标杆性企业。随着港口岸线资源的深度整合,扬中港区将向着产业港、贸易港、枢纽港发展。 (丁伟汉)

【中海粮油榨油二厂节能改造项目】 中海粮油榨油二厂实施节能改造项目,围绕节省蒸汽,分为浸出器负压沥干,新增第一、第二预蒸发器、汽提预冷凝器、蒸发冷凝器、吸收塔和解析塔增加填料段,新增DC第一层刹克龙出口热能回收系统和尾气热能回收改造等部分。节能改造项目自4月初投产,通过综合计算,改造后第一年收回成本并减少费用支出482.48万元,每年公司可节约蒸汽用量2.32万吨，减少费用支出789.48万

元。实现增加公司经营利润,减少煤炭等能源物资、用电量和溶剂的消耗目标。（融媒体中心）

【大地水泥有限公司码头工程项目】 扬中市大地水泥有限公司码头工程项目位于油坊镇会龙村（扬中河段太平洲右汊左岸长旺港下游侧）。项目建设一座3000吨级散货泊位,长155米、宽28米,为高桩板梁式结构。水工建筑物由1座接岸引桥及5条皮带机廊道组成;码头平台设置3台固定式起重机、1台装船机、1台卸船机,配套安装5台脉冲式布袋除尘器。截至年末,码头取得港口调试作业方案备案通知书、环评批复、初步设计批复、施工图设计批复及消防、安全、环保、交工验收,开展调试作业。（融媒体中心）

汽车零部件产业

【概况】 2022年,扬中市汽车零部件产业销售规模近77亿元，主营汽车零部件企业29家，其中新坝镇1家、油坊镇6家、八桥镇3家、西来桥镇2家、三茅街道4家、开发区13家,吸纳就业人数超过3300人。产品主要涵盖发动机、变速器、驱动电机、智能转向、气门、密封件、底盘、车身及附件等,涉及新能源汽车和燃油汽车。形成以蜂巢动力、蜂巢传动等为引领,维纳特、华日密封等细分特色专业化发展的产业格局。长城汽车蜂巢易创扬中产业园开园，园区集聚蜂巢动力、精诚工科、蜂巢传动、蜂巢智能转向等一批企业,其中蜂巢动力是中国汽车品牌首家生产销售发动机达到一千万台量级的企业,自主研发的新一代高热效率发动机,整体性能指标处于国际先进水平。维纳特主营的内燃机进排气门品种系列型号达2000多种,综合实力在全国气门行业总列居前五,产品畅销全国及东南亚、欧洲等地。（刘凯）

【扬中汽车零部件产业链创新发展论坛】 2022年5月26日，扬中汽车零部件产业链创新发展论坛举行。活动中,江苏省汽车工程学会秘书长徐爱民、江苏大学汽车工程研究院院长江浩斌、蜂巢传动研究院副院长夏海军分别围绕“推动长三角汽车产业一体化发展合力打造世界级汽车产业集群”“汽车产业技术创新与校企合作”“未来新能源传动发展趋势与应对方案”开展主旨演讲。活动为徐爱民、江浩斌、夏海军颁发汽车零部件产业顾问聘书。参会人员与产业顾问沙龙交流,共同探讨扬中汽车零部件产业发展面临的新形势、新问题、新机遇。（融媒体中心）

【蔚佳达新能源物流车一期竣工暨揭牌仪式】 2022年7月28日,由江苏蔚佳达新能源科技有限公司投资建设的蔚佳达新能源物流车一期竣工暨揭牌仪式在经开区举行。蔚佳达新能源科技有限公司销售网络横跨欧美30余个国家，在同行业中拥有较强的竞争优势。此次揭牌的新能源物流车项目总投资7.6亿元，一期项目第一条整车总装线、检测线于6月投产;车身焊接生产线、第二条整车总装线预计9月投产。二期拟于2023年投产,形成年产2万台产能,主要生产CZ2000、CZ3000、CZ4000等系列型号的新能源物流车。项目全部建成投产后预计到2024年可实现2万台新能源物流车整车及底盘的生产和销售,实现销售25亿元。一期项目竣工投产,四款新车下线,持续赋能扬中汽车以及零部件产业裂变扩张、转型升级,点燃高质量发展的强引擎,跑出现代化建设加速度。（融媒体中心）

7月28日，蔚佳达新能源物流车一期竣工暨揭牌仪式举行（融媒体中心供图）

【蜂巢动力系统(江苏)有限公司获批建设省级工程研究中心】 2022年9月23日,江苏省发展改革委印发《省发展改革委关于同意建设2022年江苏省工程研究中心的通知》,蜂巢动力系统(江苏)有限公司2022年申报的江苏省混合动力增压直喷汽油机工程研究中心获批建设。省级工程研究中心是省发展改革委根据构建区域创新体系和自主可控现代产业体系的战略需求,以提高自主创新能力、增强区域产业核心竞争力、服务国家和省重大战略任务及重点工程实施为目标,组织具有较强研究开发能力和综合实力的企业、高等院校和科研机构等企事业单位组建设立的省级创新平台,是我省区域自主创新体系的重要组成部分。（融媒体中心）

商贸服务业

综 述

【概况】 2022年，扬中消费市场持续稳定增长，实现社会消费品零售总额158.76亿元，比上年增长1.5%。商务局紧扣"产业强市"一号战略，坚定不移强招引、稳外贸稳外资、促消费、保民生，各项工作取得新进展。健全招引机制，明晰招引方向，开拓招引渠道，提升招引质效，务实推进，项目招引持续保持领先。加强跟踪推进，深化暖企服务，开拓国际市场，落实惠企政策，攻坚克难，"三外"(外资、外贸、外经)基本盘日趋稳定。压紧压实责任，加大督查力度，强化担当，严格督查，安全生产底线不断筑牢。 （杜颖）

【第三届家庭服务业职业技能竞赛】 2022年1月，扬中市总工会举办第三届家庭服务业职业技能竞赛。大赛展示扬中市家政服务人员的精神风貌和熟练技艺，有效推动家政服务行业由过去简单、粗放向知识化、技能型的转变。竞赛的主题为收纳整理，分为理论考试和实操竞赛两个阶段，其中理论考试占20%，实操考试占80%；理论考试考察整理收纳相关的知识，实操考试考察T恤收纳、毛衣收纳、裤子收纳。30余名参赛选手展开封闭式角逐，决出个人一等奖1名、二等奖2名、三等奖3名，竞赛现场对获奖选手颁发荣誉证书。（杜颖）

【中共扬中市外卖行业委员会成立】 2022年5月，中共扬中市外卖行业委员会在市场监督管理局揭牌成立。近年来，外卖配送行业作为新业态新就业群体发展迅猛，扬中美团和饿了么2个外卖平台有管理人员14人、外卖配送员367人，其中党员9人。外卖行业委员会的成立，有助于巩固和提升党组织建设的覆盖面，是"我为群众办实事"的务实措施。会上宣读《关于同意成立中国共产党扬中市外卖行业委员会的批复》《关于代宇等同志的任职通知》《关于加强中共扬中市外卖行业委员会党建工作的实施方案》，美团、饿了么平台负责人分别作表态发言。 （融媒体中心）

2022年扬中市重点服务业项目表

表7 单位：万元

项目地点	项目名称	项目实施单位	建设内容及规模	开工时间	竣工时间	计划总投资	2022年计划目标	
							完成投资	形象进度
一、新建项目								
西来桥镇	仓储物流项目	江苏农佰汇物流有限公司	新建1.5万平方米平房仓(5个，总仓容5万吨)，6个粮食筒仓(总仓容3.6万吨)，14个粮食立筒仓(总仓容20万吨)，机械楼4座，打包房及其他配套设施。总建筑面积6.43万平方米	2022.1	2022.12	45915	10000	建成试生产
西来桥镇	华和物流通用码头项目	镇江华和物流有限公司	新建7万吨级泊位1个（水工结构按靠泊10万吨级散货船设计）及相应的码头配套设施。码头全长278米，设计年吞吐量328万吨，征用码头后方土地，一期计划征地12.67公顷，二期征用土地20公顷	2022.12	2024.12	35200	1000	水下结构施工10%

续表 7

项目地点	项目名称	项目实施单位	建设内容及规模	开工时间	竣工时间	计划总投资	2022 年计划目标	
							完成投资	形象进度
三茅街道	香港政上投资中国总部项目	江苏政上投资控股有限公司	新增用地面积 7500.3 平方米，新建办公楼 4 栋，建筑面积 7988 平方米；建成后作为总部	2022.5	2023.12	10000	4000	完成基础工程建至正负零
三茅街道	复旦科技园洲际智选假日酒店	复旦科技园房地产开发扬中有限公司	将原有 20 层科技大厦进行整体结构改造和内部精装，总建筑面积为 2.4 万平方米；用于复旦科技园洲际智选酒店客房与餐饮的经营	2021.1	2022.12	10000	8773	竣工投运
三茅街道	智慧城市(扬中)项目	香江科技股份有限公司	项目新添置数据机柜、软件等相关设备，用于大数据中心正式运行	2022.5	2023.12	20000	15000	完成设备安装调试
二、续建项目								
西来桥镇	大津产业园二期码头	江苏大津清洁能源装备产业园有限公司	使用岸线 864 米，建设 3 个 3 万吨(兼靠 5 万吨)码头，其中两个重装码头，一个通用码头，年设计吞吐量 2000 万吨	2021.7	2023.12	50000	6000	两座引桥和第一个泊位建成
经开区	江苏旺捷大数据中心及工业云平台	江苏旺捷大数据有限公司	租赁江苏美科硅能源有限公司 12 公顷工业出让土地，6 万平方米厂房及相关配套设施，通过购置 1 万台 IDC 机柜（一期 3000 台机柜，二期 3000 台机柜，三期 4000 台机柜）、185 套数据云存储模块、30 台柴油发电机等设备从而打造绿色环保、安全稳定、低能耗的大数据中心，并依托大数据中心，开发应用于工业互联网的云平台，孵化吸引一批互联网企业以及规模工业企业入驻工业云平台，带动 100 亿元工业互联网应用产值	2021.4	2022.6	158000	5000	一期竣工投产

（蒋文杰）

商贸流通

【概况】 2022 年，扬中市商务局在做好常态化疫情防控前提下，创新举措，激发活力，推动社零提升。组织消费活动。指导吾悦广场、中央商场等商业综合体开展“狂欢嗨购季”“红动中国节”“绿色节能家电补贴”等百余场消费活动，促进消费复苏回暖；采取市县联动的方式，开展“金山消费节·云闪付”政府消费券活动，发放电子消费券 50 万元，带动消费 130 万元。全力纾困解难。认真落实省政府办公厅《关于有效应对疫情新变化新冲击进一步助企纾困解难政策措施的通知》要求，积极向上争取省级商务发展资金，对商业综合体、限上企业、重点保供企业发放防疫消杀补贴，累计发放补贴 35 万元。积极协调解决预付卡纠纷 300 余起，为消费者挽回经济损失 20 万元。加快商业体系建设。以国家级电子商务进农村示范县(市)创建工作为抓手，加强组织领导和政策支持力度，加快推动商业网络建设，健全市镇村级三级物流配送体系，优化农村商品和服务供给水平，增强农产品商品化处理能力，助推乡村振兴。改造升级镇级商贸中心 2 个、农贸市场 3 个，建立县级物流配送中心 2 个，完成冷链项目 1 个，会同交通运输局、邮政管理局设置村级服务点 14 座，配送路线 2 条。筑牢战疫防线。组建 6 支党员干部先锋队对全市

40家大型商场超市进行常态化督查检查,发放疫情防控行政提醒函,督促企业全面落实主体责任和疫情防控措施;"3·29"疫情期间,启动生活物资进销存日监测机制,指导企业加大货源组织和调运力度,打通应急绿色通道,发放车辆通行证1434份,员工工作证760张,确保商超市场生活必需品供应充足。（杜颖）

【房地产业】 2022年,扬中市有资质的房地产开发企业46家,其中二级资质46家。全市有房地产在建项目10个,在建施工总面积88.72万平方米,新开工面积17.20万平方米,商品房准予销售面积10.63万平方米,其中商品房住宅面积8.81万平方米;商品房网上备案成交面积48.02万平方米,其中商品房住宅面积20.06万平方米;房地产开发项目总投资23.81亿元。（徐璠璠）

【供销合作】 2022年,扬中市供销合作综合合作扩大布点。各乡镇超市变租赁为合作经营,在7家乡镇超市设立扬中名优农产品专柜,利用商超上下一体、连锁效应,助力本地农产品流通。直播助农,在抖音和京东平台正式开启优质农产品直播活动,线上展示销售3款扬中名优农产品,两场直播累计观看2万余人次,销售额近40万元。建设农产品展示展销中心2家,推介本地名优农产品上架农产品展销会,参与农产品进机关、进企业活动。抓好基层社改造提升。改造三茅供销社老旧大楼、油坊供销社中滩化肥及废弃物回收仓库,提档升级4家村级综合服务社,消除安全隐患,盘活闲置资产,为基层社增加收入3万元。加强农资淡储旺供工作。坚持市场调控,稳价保供,配供农药60吨,销售化肥5000余吨。继续开展水稻病虫害防治农药配供工作,并拓展小麦"一喷三防"农药零差率配供,累计配供金额285.4万元,覆盖面积27.9万亩次,为全市农户节省农药采购成本205万元。抓好农药包装废弃物和农膜回收工作。配合农业农村局做好农药包装废弃物和农膜回收工作,累计回收归集各类农药包装废弃物约266万件,累计回收农膜80吨,回收率95%以上,助力人居环境整治。强化农业社会化服务。大田托管示范基地落实16公顷,新购买无人机2架,植保机1台,实现农业社会化服务面积2200公顷,提供配方施肥、统防统治、农机作业三环节服务面积达12.6万亩次,飞防植保面积2万亩次。深化信用及普惠金融合作。与扬中农行、农商银行、工行等金融机构深度合作,供销全系统整体获得扬中农商银行授信1亿元,帮助油坊鸣凤村整村授信1亿元,获得金融系统农产品采购支持近80万元,帮扶农产品专项资金贷款700万元。在油坊镇、八桥镇开展"放心农资乡村行"活动,为挂钩联系村捐赠农资1.5万元、日用品5000元。扬中商城通过剖析调研VIP卡群体消费需求,选择周仔大酒店、吴良材眼镜等多家优质商户共同建立"扬中商城VIP卡联盟"。扬中商城引进探宝岛折扣仓、红豆男装等项目,在新天地有华为专营店等4处商铺入驻,增加营业收入百万元;月星家居引进京东家电、大师漆等知名品牌,商铺出租率提升至80.34%。优化线上平台。拓展扬中"e商城"城市社区带动作用,搭建农产品专区,增设陕西、新疆、湖北3省、10县市的特色农产品。（陶鑫）

5月20日,供销总社与扬中农商银行举行战略合作协议签约仪式（供销合作社供图）

【粮食收储】 2022年,市粮食收储中心全力抓好两季收购工作。收购粮食3.8万吨,其中小麦2万吨、稻谷1.8万吨;烘干潮粮2万吨,其中小麦1.2万吨、稻谷0.8万吨。金谷生态农业有限公司在扬中流转213.33公顷土地开展绿色种植。积极收购符合国家质量标准的粮食,市地方储备粮有限公司作为地方储备粮的专门承储库点,其余库点收购自营粮,确保农民手中的余粮应收尽收。与农发行沟通协调,争取收购贷款尽早发放,确保收购资金能及时、足额支付,杜绝向农民"打白条"现象。组织全市粮食质检员培训,统一校验检测设备,统一收购标准,确保收购过程中农民利益不受损,依质论价不走样。加强成品粮低温冷库建设,将市兴隆米业有限公司的一仓库改建为150吨成品粮低温冷库,实现专仓存储,专人保管,保障成品粮存储安全。9月,决定在市兴隆米业内新建700吨成品粮储备库,便于实现成品粮的统一和规范管理。市粮食收储中心与市粮食收储有限公司实现政企分离,市粮食收储中心作为市政府直属事业单位,指导和协调国有企业生产经营活动,履行出资人职责,保留在编人员14人,其余企业身份的在职职工分流至市粮食收储有限公司。11月，根据《扬中市国有粮食企业改革方案》要求，市粮食收储有限公司出资人变更为扬中市人民政府，市粮食收储中心不再履行出资人职责。深入建设“粮”心为民服务品牌，持续开展“中国好粮油”行动，主动开展服务，提升服务质量，以实施优质粮食工程为抓手，创建具有地域特色的品牌产品。 （韩雨濛）

【石油贸易】 2022年，扬中市销售轻油8.39万吨，比上年下降6.05%，其中，零售7.12万吨，下降5.4%；直分销1.27万吨，下降9.29%。非油品营业额3436万元，增长13.25%。8月，所有加油站员工集体更换工装，石化蓝焕新为朝阳红。10月，中石化综合加能站新形象改造开幕，扬中三茅加油站率先进行外包装更新，沿用鲜亮的中国红元素。年内陆续完成滨江、幸福等3个站点的形象改造。 （李美凤）

【烟草专卖】 2022年，扬中销售卷烟1.76万箱，比上年增长2.87%；卷烟销售额完成8.53亿元，增长9.36%；单箱结构4.83万元，增长6.31%。克服疫情影响，切实发挥好零售终端为卷烟消费者提供精准、优质服务的具体功效。打假打私工作取得新成效，全年查获各类违法案件94起，涉烟224.91万支，总案值324.87万元，其中1万~5万元案件13起，5万~20万元案件9起，20万~50万元案件3起，50万~100万元案件1起。强化物流寄递环节监管，重点加强对互联网、物流寄递环节涉烟违法犯罪活动的打击力度，联合邮政管理局开出镇江市第一张关于快递公司寄递环节涉烟违法行为的行政处罚决定书，维护辖区内运输渠道监管秩序。 （周伟）

【商业集团】 2022年，扬中市商业集团有限公司立足“商贸流通、资产管理”两大主业定位，高效统筹疫情防控与经营发展、民生保障、改革转型、安全生产、平安稳定等工作，国有资产保值增值率103.35%，净资产收益率3.59%，实现经营性利润总额353万元。扬中市通达商业有限公司以30周年店庆为契机，接续推进品牌强企战略，通过引优退差、补短强特、提档升级，推动品牌向专业化和价值链中高端延伸，品牌效益日益凸显，企业竞争力持续增强，全年累计实现销售总额2.26亿元，比上年增加200万元，被延续认定为“国家级知识产权保护规范化市场”，蝉联“扬中市十强服务业企业”称号。金湖家和国际家居有限公司采取布局调整、品牌优化、客群维护、银行降息、清退集资等手段，做到商场运营稳定、租金应收尽收，全年实现净利润140万元，增加77.6万元，首次实现效益正增长。江苏富康食品有限公司在生猪代宰业务基础上，拓展市场批发、山羊合作、冷库租赁、冷链物流等多元化经营项目，新增大客户3家、集伙单位11家，实现经营收入668万元，增长6.3%，实现扭亏为盈。富康肉庄利用“线上+线上”的模式，实现销售645万元，增长15.9%。扬中市信达农村小额贷款有限公司创新推出“农易贷”“商铺贷”“周转贷”等金融产品，促进“小微贷”回归“三农”，推动信贷投放规模扩张、提速增效，发放贷款3434万元，实现利息收入240.46万元，监管等级被评为A级，获得江苏省金融组织“四星统计单位”称号。扬中市五交化有限公司与扬中市糖烟酒有限公司完成重组整合，实行“两块牌子，一套班子”运行模式，同质资产管理结构进一步优化，两家公司实收房租144.8万元(不含疫情政策减免)。根据省有关部门《关于减免2022年国有房屋租金操作实施细则的通知》要求，以免租、返还方式为主，灵活结合抵扣、延期等方式，推动减免政策落地落实，集团系统减免房租167.3万元。 （李鹏超）

【工业(集团)总公司】 2022年，工业(集团)总公司加快推进各项改革举措，在公司运行体制和管理机制上寻求突破，在挖掘自身潜力和优化发展环境上务实作为，在推进资本经营和资产管理上开拓创新，优化高质量发展各项经济指标，实现各类资产总收入435万元，国有资产保值增值率85.4%，资产负债率不超过85%。严格落实国有资产管理责任，每一笔资产做到“五个有”，即有管理目标、有管理办法、有责任人员、有考核奖惩措施、有管理成效。利用部门优势，做好参股企业股权资产管理，提供“保姆式”服务，履行好股东职责，确保国有股权权益。落实专人对接债权资产，对于破产债权，坚持依法办事。认真研究市场行情，做好租赁资产，公开规范出租，做到“颗粒归仓”，实现租赁收入21万元。配合原众盛小贷公司进行不良贷款清收，年内到账小贷公司不良贷款清收分配款20.84万元。做好各类平台投资项目，动态掌握经营状况，实施项目化管理，确保投资收益，实现收益103万元，配合市委市政府国有企业优化整合工作，向市财政上交资产3000万元。开展疑难资产攻坚突破，加快存量、租赁等国有资产的处置盘活步伐，推进疑难和无效资产处置盘活，退出充分竞争性行业。优化资产结构，盘活原联合红旗中学存量校舍资产248万元。依法推进绿扬集团破产清算，在维护信访稳定的同时，全力维护国有股权权益。严格执行“三重一大”，激活工投平台，加强与各镇(街

道、经开区)街区及市属投资平台的投资合作,稳定收益水平,确保总公司基本运转。 (陶俊达)

旅游业

【概况】 2022年,扬中市拥有江苏省乡村旅游重点村1家,江苏省乡村旅游区4家,江苏省特色景观名村3家,江苏省自驾游基地2处。旅游总接待人数180万人次,旅游总收入31.5亿元。扬中围绕建设强富美高新扬中的目标,彰显环岛大江风貌和特色资源禀赋,持续发展乡村旅游,推进三江湾旅游集聚区、北部滨江休闲区、沿238省道乡村休闲带及如意湾旅游度假区的项目建设。强化"农、文、体、旅"融合,策划开展扬中文旅"悦生活"消费推广季活动启动仪式、星空露营节、"体彩杯"户外运动嘉年华亲子迷你马拉松活动,开展"骑行美丽乡村 传承红色记忆"活动。举办"中国河豚岛·扬中"文旅(临安)推介招商会,协助各镇街区打造端午文旅体验节、枇杷文旅节等特色文旅节庆活动,探索经济效益和社会效益双赢的文旅发展路径。"扬中江岛田园一日游"获评江苏省50条乡村旅游精品线路之一,展示扬中的江岛风貌和乡村韵味。 (徐晶)

【文旅"悦生活"消费推广季活动】 2022年5月19日,扬中市举办中国旅游日暨扬中文旅"悦生活"消费推广季活动启动仪式。启动仪式上开展乡村旅游推介,发布乡村旅游5条特色线路以及文旅"悦生活"消费推广季活动内容;文旅企业代表、乡村旅游重点村联盟代表交流发言。5条特色旅游线路包括:特色文化探寻,串联陈履生博物馆群、渡江文化园等7个景点;特色美食体验,包括长江渔文化生态园、江之源生态园等5个景点;乡村野趣寻觅,途经雷公岛乡趣生态园、西来花海等5个景点;江洲环岛采风,囊括友好传统村落、梓阳植物园等9个扬中风土人情的代表景点;红色记忆追寻,包括友好红色文化馆、红旗公园、利民村红色旅游基地等5个红色景点。活动现场,乡村旅游重点村代表设置展位,推介特色农产品。 (徐晶)

【星空露营节】 2022年5月20—21日,"5·20"星空露营节在三茅街道朝阳湖畔举办。活动由扬中市文体广电和旅游局、江苏天禾旅游发展有限公司、扬中市旅游协会举办,苏豚汽摩越野俱乐部、三茅街道兴阳村村民委员会、帝盛大酒店承办。活动将文化市集融入星空露营节,打造"夜市"旅游文化,吸引周边的露营爱好者50辆车、百余人参加活动。包含露营、烧烤、派对等环节,让市民游客感受乡村露营乐趣。 (徐晶)

【户外运动嘉年华亲子迷你马拉松活动】 2022年5月21日,扬中市第四届迷你马拉松——"体彩杯"户外运动嘉年华·迷马篇在营房村开跑。100余组亲子家庭参加活动。活动通过体旅融合的方式,开展迷马寻宝和体验游戏,在游玩中近距离接触大自然,在游戏中感受美丽乡村新景象。 (徐晶)

5月21日,第四季亲子迷你马拉松活动举行

(融媒体中心供图)

【首届利民端午pa】 2022年6月2日,"浪漫田园夜,粽情欢乐多"首届利民端午pa在八桥镇利民村举行。文艺演出拉开活动序幕,吸引市民游客、周边居民参观游玩,设置歌曲串烧、广场舞、健身操环节,营造浓厚的端午节庆氛围。活动现场展示农产品、露营烧烤和风味小吃,让游客品味利民特色美食。 (徐晶)

【乡村旅游"体验官"畅游之旅】 2022年6月17—18日,扬中市文体广电和旅游局、市旅游协会联合相关单位举办首届乡村旅游"体验官"畅游之旅,30名"乡村旅游体验官"免费参与体验"美丽乡村二日游"活动。"乡村旅游体验官"前往渡江文化园、陈履生博物馆、立新村高效农业园、营房村三馆两园一厅、兴阳村渔趣园、友好村传统村落、永胜村红菱基地、鸣凤村方家埭、利民村浪漫田园小镇、红旗村红旗公园、红旗展馆、福源村渔乐园,体验田园风光,用眼睛欣赏、用相机和手机记录下每一处的风景。活动期间,乡村旅游"体验官"通过微信、抖音、视频号等新媒体,宣传推广扬中乡村旅游资源。活动结束后,主办方根据宣传推广流量,选出10人颁发"乡村旅游推荐官"证书,获得免费采摘、免费品尝乡村美食、领取乡村旅游特色礼包等福利。 (徐晶)

【"骑行美丽乡村 传承红色记忆"活动】 2022年7月1日，扬中市举办"江苏银行杯"户外运动嘉年华·骑行篇活动。活动由市委市级机关工委、市文体广电和旅游局、江苏天禾旅游发展有限公司主办，200余名机关职工组建的骑行队伍参与活动。活动以"喜迎二十大 见证新扬中"为活动主题，以绿色骑行+乡村旅游+红色景点的活动形式，推进党建与红色文化挖掘、特色乡村打造、乡风文明建设互融共促、同频共振，持续释放高质量发展新潜能，谱写乡村振兴新篇章。 （徐晶）

【新治村创成省级乡村旅游重点村】 2022年8月，扬中市新坝镇新治村列入2022年江苏省乡村旅游重点村名录，是继八桥镇利民村之后入选的第二家。近年来，新治村着力打造"文旅新治"，先后建成百姓大舞台、法治文化体验馆、廉政教育基地、乡贤馆及乡贤长廊、道德文化园、宝晋诗社等党员群众活动阵地，依据"扬中小姑娘"《我送亲人过大江》的新闻图片建成的渡江文化园，将渡江文化园、沿江湿地栈道、陈履生博物馆群等特色旅游资源连点成线，形成"初心"主题文化旅游圈。 （徐晶）

【营房村获评镇江市级乡村旅游重点村】 2022年12月，扬中市三茅街道营房村被评为镇江市级乡村旅游重点村。近年来，营房村两委紧扣"营房历史"打造一条集乡村文化、旅游、产业为一体的旅游观光线路，形成归野田趣、渔你相约、一份菜地、营房故事、亲子大型互动等旅游产品。 （徐晶）

邮政通信

【电信服务】 2022年，中国电信股份有限公司扬中分公司（简称"扬中分公司"）努力使信息化成果惠及社会各界和广大人民群众，服务领域从基础通信拓展到系统集成、网络安全、视频会议、智能制造、企业上云等方面，承担国民经济、社会信息化，企业信息化基础设施、运营保障、信息服务及应用开发等信息化建设重任。扬中分公司进一步完善渠道体系，加强渠道间协同联动，提升基础服务能力。截至年底，建成电信三级营业厅1个、乡镇营业厅10个、合作厅46个、核心商圈门店15个，拓展电信业务的办理渠道。扬中分公司贯彻落实云改数转战略，履行央企政治责任、经济责任、社会责任，发挥建设网络强国数字中国主力军作用，云网运营能力持续提升。持续加快千兆光网建设，实现城乡千兆光网全覆盖，应对竞争形势，持续"三转变"策略，加快千兆部署；全年新增10G PON（无源光纤网络）OLT（光线路终端）设备17台，新建PON口808个，10G PON端口占比由年初的52%提升至68.52%，累计建成千兆PON口3200个，出口带宽能力达370G；全力支撑千兆用户业务发展。5G建设方面，市场需求和竞争驱动，保持建设节奏行业相当，完善覆盖广度和深度，强化网络质量和体验，提升5G分流比，建成5G站点29个，室分6套，申报5G定制网3项，累计建成5G站点232个，其中室分32个，室外站198个，Easy Macro（华为新型基站天线一体化产品）2套。配合扬中市政府创建文明城市和卫生城市，投资百余万元开展老旧小区、背街小巷线路整治和改造工程，完成25个老旧小区通信线路整治，整治7925户，其中电信完成11个小区，整治户数4173户，完成城区4条背街小巷整治。 （顾耀民）

【移动服务】 2022年，中国移动通信集团江苏有限公司扬中分公司加速推进新型信息基础设施建设，系统打造以5G、算力网络、智慧中台为重点的智能化综合性新型数字信息基础设施。持续拓展5G覆盖深度与广度，实施"江、河、湖5G覆盖优化"项目，实现长江镇江段、京杭运河镇江段及周边的5G全覆盖。深入落实"双千兆"行动计划、"民生工程"电梯地下室覆盖；投入120万余元承接并完成2条背街小巷和10个老旧小区通信线路整治或三网改造任务，夯实网络根基，筑牢网络领先优势。集服务地方政府，持续深化心级服务，助力智慧战疫、乡村振兴于一体。依托数字化核心能力，推进5G+工业互联网建设和应用、推动"企业上云"，赋能千行百业转型升级。公司结合政府关于乡村振兴的高质量发展考核要求，重点拓展平安乡村项目、智能垃圾分类、智慧农业等项目。联合村委共同推进平安乡村治安防控体系建设，推进平安乡村示范村建设工程，为八桥镇、西来桥镇15个村提供家庭安防、村/镇级监控、疫情防控、智慧农业等信息化服务。 （张亚静）

【联通服务】 2022年，中国联通扬中分公司全面落实联通集团公司战略部署服务地方经济建设，加快建设数字经济、数字政府、数字乡村，努力推动高质量发展、创造高品质生活、实现高效能治理。加强扬中基础建设投入。扬中联通新建标准化小区70个，新增全光网络乡村4个，增加覆盖资源2.5万户，新增覆盖率比上年增长50%，新增基站20个。开展"联通小燕"进社区活动10场，通过现场设点和扫楼方式，提供反诈宣传、免费上门测速、智能手机教学服务以及现场产品互动演示，提升用户感知。参与数字扬中建设，按时完成建设。

参与扬中疫情防控工作,保障网络畅通,组织员工安装门磁,发送短信提醒。继续推进建设三茅区域电瓶车充电桩,联合农商行解决老年人刷卡充电问题。牵头及配合25个小区或路段飞线整治,为文明城市创建贡献央企力量。 (郭晓梅)

【邮政服务】 2022年,中国邮政集团有限公司江苏省扬中分公司实现收入7729万元,比上年增长19.84%,完成率106.2%。实现利润318万元,超利润目标27万元,完成率109.18%。金融业务坚持"现谋快动""以小谋大"的金融发展策略,创新推出新客鱼礼、年货大街、网点装潢周年庆等活动。实现金融收入4819.1万元,完成率103.86%,增长13.3%。资产管理规模50.8亿元、储蓄规模突破31亿元。寄递业务收入1457.25万元,增长25.69%,完成率113.4%。特快业务实现收入589.94万元。快包业务通过开展"拓客蓄客、提速增收"等活动,实现头腰部客户保有率100%,实现收入791.32万元。国际业务新开发国际海外仓客户翔宇健身,国际收入8.08万元。物流业务成功运作利宏原电气、中强电仪等本地物流业务,叠加烟草配送项目,累计实现收入67.7万元。邮务业务稳中求进,实现总收入1299万元,完成率105.22%。集邮业务开发"共筑中国梦""王者荣耀"等系列产品,实现收入209.98万元。函件业务加大文创产品开发销售力度,实现业务收入235.2万元。报刊业务实现业务收入388万元,其中,政务图书销售收入43万元;报刊大收订实现流转额1500万元,增长2.8%。分销增值业务注重特色农产品体系打造,坚持扩大双向商流规模,实现分销收入449万元,完成年计划的100.02%。增值业务收入11.04万元,完成率100.01%。持续完善三级物流体系建设。建成县域仓配处理中心1个、镇级共配中心3个;开展农村投递汽车化改革,投入12辆汽车用于整合后的15条农村段道投递,汽车化占比80%;主动对接市交通运输管理局创新"客货邮融合发展"路径,打通农村快递服务的"最后一米"。持续推进农村电商发展。建设集邮政包裹、快递服务、便民服务等功能的邮乐购加盟站点195个,新增掌柜会员4230户。有效落地示范"网点+站点"建设及社区团购群的打造,建成优质加盟店120个,培育活跃优质加盟店168个,完成率105%。绿色邮政建设扎实推进。落实行业生态环保"9917"工程,绿色包装使用量11万个,可循环袋使用量6.98万个,新能源汽车保有量15辆。联合市生态环境局组织开展绿色宣传活动,印制环保宣传单页、环保手提袋等,增强市民环保意识,取得良好社会反响。开展绿色办公创建活动,深化绿色办公理念传播,全面营造企业绿色低碳发展氛围。优化自提网络布局,构建"邮政自提点+社会自提点+智能包裹柜"自提网络,全力打通邮件末端投递的痛点、堵点,全面提升邮件投递的服务品质和客户体验。累计建成自提代投点95个,快递包裹自提率稳定在82%以上。通过优化路线、段道、人员等,对分拨中心内的自提点细分集包,直投段道利用汽车甩点直送,缩短投递时长,降低投递成本,释放投递能力,充实营揽队伍。城区营投部建立3条直投段道(T06段、T10段、31段),投送46个自提点,投递件数达81.77万件,月均投递6.81万件,全年累计投送城区营投部约45.06%的快递包裹邮件。 (王凌慧)

现代物流业

【概况】 2022年,扬中市货运量517.2万吨,比上年下降10.1%,货运周转量6.01亿吨千米,下降10.6%。规模以上快递服务企业业务量累计完成445.02万件,下降27.11%;快递业务收入累计完成0.58亿元,下降6.71%。规模以上快递服务企业快递业务投递量累计1802.62万件,下降3.79%,日均投递量4.94万件。同城快递业务量累计完成23.65万件,下降12.69%,同城快递业务收入0.02亿元,下降24.89%;异地快递业务量累计完成421.32万件,下降27.78%,异地业务收入0.32亿元,下降11.49%;国际及港澳台快递业务量累计完成0.05万件,下降34.75%,国际及港澳台快递业务收入累计完成0.002亿元,增长10.55%。全市依法取得快递业务经营许可证的企业6家、19家分支机构、100个末端网点。经营体制有国有、民营2种,分属9个品牌。 (丁丽君、钱佳晖)

【城乡物流节点建设】 2022年,扬中市开通首家提档升级后的乡村振兴服务点——八桥镇红光村乡村振兴服务点,试行"交通+邮政快递+社区"农村寄递物流服务模式,推动"快递进村"。举行扬中市西来桥镇级乡村振兴服务站建设签约仪式,启动镇级服务站三方共建计划,逐步健全完善农村基层快递服务网络,助力乡村振兴,实现多方共赢。 (钱佳晖)

2022年扬中市快递业情况一览表

表8

企业名称	法人代表	注册地址	企业品牌	企业性质	许可证号
扬中市韵达快递有限公司	孙长兵	江苏省镇江市扬中市三茅街道职中路285号（生美集团院内）	韵达	民营控股	苏邮20210061B
扬中市申通快递有限公司	傅　什	江苏省镇江市扬中市三茅镇中桥村	申通快递	民营控股	苏邮20201607B
扬中市瑞达快运有限公司	吴加根	江苏省镇江市扬中市三茅街道中兴路91号	天天快递	民营控股	苏邮20201568B
扬中市中通快递服务有限公司	肖　敏	江苏省镇江市扬中市扬子西路联盟桥东侧	中通	民营控股	苏邮20100450B
扬中市润通物流有限公司	郭明弘	江苏省镇江市扬中市三茅街道环城南路36号	无获商标权品牌	民营控股	苏邮20191453B
扬中市古德速运有限公司	王　东	江苏省镇江市扬中市三茅街道风华路24号	圆通速递 EXPRESS YT	民营控股	苏邮20210085B

（钱佳晖）

开放型经济

【概况】 2022年，扬中市对外贸易大幅攀升。多元化开拓国际市场，鼓励企业建立国际营销机构，提升企业国际市场竞争力。开展银企对接活动，引导金融机构加大外贸信贷支持。推动镇江海关设立综合业务科室，协调解决企业进口货物报关放行中的困难，保障企业正常的生产经营。用好出口信用保险政策，扩大小微企业统保覆盖面，规避贸易风险。实际利用外资4545万美元，进出口总额实现45.7亿元，完成服务外包执行总额5.05亿美元。指导企业疫情期间利用不可抗力事实性证明书，帮助企业减少损失。（杜颖）

【外资外贸外包服务】 2022年，扬中市帮助“三外”企业（中外合资经营企业、中外合作经营企业、外商独资经营企业）应对疫情影响，外向型经济稳中求进。加强跟踪推进。对照全年任务目标，强化市镇联动，健全商务+镇（街道、经开区）+相关协调部门的外资专班推进机制，定期赴各镇（街道、经开区）督查、对接项目进展、考核指标完成情况；全面梳理“三外”企业名单，关注重点企业数据报送情况，提供政策指导，确保应报尽报。深化暖企服务。由党员领导干部定期带队赴企业一线，协调解决企业遇到的困难和问题，增强企业发展信心。指导企业疫情期间利用不可抗力事实性证明书，帮助企业减少损失达900多万元；协助蜂巢传动、大津重工等6家重点外贸企业，办理外籍来华人员邀请函20份；开展各类银企对接活动，引导金融机构加大外贸信贷支持；推动镇江海关在扬中设立综合业务科室，协调解决企业进口货物报关放行中的困难，保障企业正常的生产经营。开拓国际市场。组织引导企业参加中国国际进口博览会、中国进出口商品交易会、2022江苏—沙特光伏电力电气线上对接会（镇江专场）“服贸会”“苏新服务·智惠全球”“亚欧博览会”等展会，争订单、保市场。鼓励企业建立国际营销机构，推动绿能电力、锋芒集团布局东南亚市场，开拓“一带一路”沿线国家，搭建全球营销网络。协调爱士惟新能源总部进出口订单落户，预计全年出口超10亿元，净增长5亿元。落实惠企政策。用好出口信用保险政策性工具，扩大中小微企业投保覆盖面，新增出口投保企业30家，助力小微企业规避贸易风险。

（杜颖）

【招商推介】 2022年，扬中市贯彻执行“产业强市”战略，拓宽渠道，招大引强。建立项目招引调度机制，强化板块党政主要领导带头招商，坚持每半月调度、每月通报，每季度集中签约，以制度化方式，将项目招引工作落细落实。市镇两级主要领导外出招商190次。聚焦工程电气、新能源、装备制造、汽车零部件等主导产业,坚持从“建链、延链、补链、强链”着手,编制招商图谱,主动融入长三角一体化战略大局,全方位推介扬中的区位优势、港口岸线资源和产业特色,抢抓发展机遇,主动承接上海产业圈、环太湖经济圈的产业转移,促进特色产业集群的培育发展和升级提质。在以领导招商、区域性定向招商、乡贤招商等模式的基础上,大力开展活动招商(双招双引“云签约”等活动、金秋项目集中签约仪式)、专题招商(新能源专题招商活动)、园区招商(全市“双招双引”出征暨重点项目集中签约仪式)、“云上”招商(南钢项目线上洽谈)、小分队招商等模式,引进一批优质项目落户扬中。积极发挥项目预评估机制作用,规范合同管理,加强用地监管,盘活闲置资源,优化产业布局,严格项目准入门槛,突出项目亩均投入、亩均税收等关键指标,保证签约项目质量。坚持问题导向,聚焦关键环节,组建“签约板块+相关部门”的服务专班,详细梳理项目落地过程中的问题,分类汇总形成问题清单,明确解决时限,加大推进力度,推动项目早签约、早落地、早投产。全年签约用地类亿元以上项目32个。(杜颖)

【国家电子商务进农村综合示范县创建】 2022年,扬中市僵持“发展农村电商、助力乡村振兴”原则,紧抓“国家电子商务进农村综合示范县”契机,积极推动“电商+产业”融合发展,推进“电商兴村”“电商惠农”,通过省商务厅组织的中期绩效评价。市镇村三级电商公共服务体系已经初步建成,市电商公共服务中心可提供专业化的电商技能培训、政策解读、信息收集发布、创业辅导、网店建设、包装设计、运营策划、推广营销、金融等综合服务功能,陆续为永胜、兴阳、友好、北胜等村社区,富康、通达、豚岛、欧麦伦、蔚来咖啡等流通企业提供咨询和服务,让农村电商成为乡村发展的新引擎。整合商务、交通、邮政、供销等多部门资源,完成市级物流共配中心的基础建设,推进统仓共配和快递进村。因地制宜推进乡村振兴服务站点建设,先期建成22个镇、村级乡村振兴服务站(点),逐步拓展推进。合理叠加代买代卖、普惠金融、直播带货配套功能,打通农产品上行、消费品下乡“初末一公里”,让农民群众也能享受与城市一样的优质公共服务、美好便捷生活。红光村乡村振兴服务点聚焦为新韩通船厂职工服务,承接快递固定收发业叠加办手机卡、话费充值、美团优选、工艺品销售(手工花)等功能,总面积80平方米,日均收件量1000件以上,稳定日收益500元左右。推出培训“礼包”,培育一批农村电商带头人和特色产品代言人,开展普及培训6期近300人,初步营造电商创业的氛围。(居常盛)

【“双招双引”出征暨重点项目集中签约活动】 2022年2月11日,扬中市“双招双引”出征暨重点项目集中签约仪式举行,总投资8.7亿元的8个重点产业项目现场签约,全市6个板块招商引资队伍被授予“双招双引”令旗。现场签约的高端节能环保新材料项目、大型空气源热泵项目、新能源汽车配件项目等8个项目坐落于新坝镇,总投资8.7亿元,包含重大自主创新项目、重点集成创新项目、产业转型提升项目、新兴材料产业项目;活动中,市长贾晟为全市招商引资队伍出征授旗;副市长林成春为新坝镇招商能手颁奖;客商代表作交流发言。(融媒体中心)

【双招双引重点项目“云签约”活动暨新闻发布会】 2022年5月26日,扬中双招双引重点项目“云签约”活动暨新闻发布会举行,总投资58.6亿元的30个重点项目集中签约。项目涵盖智能电气、新能源储能、锂电池、节能环保新材料等众多领域。参会人员共同参观“2022扬中市汽车产业链工业品展”;客商代表作交流发言。(融媒体中心)

【驻法招商对接活动】 2022年12月9日,扬中市举行驻法招商信息对接活动,进一步扩大和提升产业招商的层次和质效。赴欧招商工作逐步升温。扬中市通过有效对接,加强与驻外重点国家和地区的招商信息交流,邀请中华全国青年联合会常务委员会委员、陕西省商务厅驻法国招商总代表李洹到扬中考察,交流法国对外投资项目信息。交流活动中,扬中市聘任李洹为招商顾问。交流会就法国碳捕捉技术及设备制造项目在我市的合作应用深入洽谈。(融媒体中心)

【电子商务进农村综合示范项目签约仪式】 2022年12月10日,扬中市举行电子商务进农村综合示范项目签约仪式。项目签约后,将依托电商运营中心,打造集培训、代运营、孵化、直播、咨询、物流为一体的电商产业集聚区,设计开发购销网络系统,将全市各地产销数据、信息整合,为相关产品上行下行提供便利,向农村和基层提供更多优质服务;打造电商品牌,突出“产业+电商”、电商为产业赋能的思路,围绕特色产业,开展电商特色品牌培育,创设一个具有扬中岛园气息、代表本土地域文化的电商区域品牌。(融媒体中心)

金　融

综　述

【概况】 2022年，扬中市地方金融监督管理局推进金融供给侧结构性改革，强化地方金融监管，增强金融精准服务能力。加强地方金融组织监管，规范行业经营行为。规范监管全市13家地方金融从业机构，牵头对驻扬17家银行、6家保险机构开展高质量考核，对34家保险机构开展经营目标管理考核。牵头召开政银企对接会，银企签约总规模31.4亿元。深入开展暖企大走访、民营企业服务月等专项活动，企业走访率、满意率均为100%。建立全市金融领域风险防范四项机制，牵头编制《金融突发事件应急预案》。通过短信、各金融网点显示屏、电视等载体，持续做好防范非法集资的宣传活动，运用互联网、新媒体、新技术，开展防范非法集资宣传活动，推动非法集资宣传活动进社区、进农村、进校园、进企业、进农贸市场、进机构网点等，提高广大群众金融认知水平和风险防范意识。部门联动处置一起涉嫌以外汇名义非法集资的风险事件，为老百姓止损上千万元。被镇江市金融稳定工作协调小组评为2021年度镇江市金融生态环境“八城同创”工作先进单位；在2021年省“金融生态优秀县”综合评估中，扬中市位列全省前40，在镇江辖市区中名列前茅。 （徐子国）

【银行业概况】 2022年，扬中市有银行业金融机构18家。其中，政策性银行1家(农业发展银行)，国有商业银行4家(工商银行、农业银行、中国银行、建设银行)，股份制商业银行7家(交通银行、浦发银行、民生银行、中信银行、兴业银行、华夏银行、光大银行)，邮政储蓄银行1家，城市商业银行2家(江苏银行、南京银行)，法人农村商业银行1家，异地农村商业银行分支机构1家(太仓农商行)，村镇银行1家(恒丰村镇银行)。 （陈菊英）

【存款】 2022年，扬中市金融机构本外币各项存款稳步增长。各项存款余额888.10亿元，比年初增加79.81亿元，增长9.87%，比上年多增2.96亿元。其中，企业存款余额290.31亿元，比年初减少7.47亿元，下降2.51%，少增52.15亿元；住户存款余额510.55亿元，比年初增加81.23亿元，增长18.92%，多增37.86亿元；机关团体存款余额83.06亿元，比年初增加6.65亿元，增长8.71%，多增19.78亿元。从存款结构来看，以住户存款为主，占各项存款的比例为57.49%。 （陈菊英）

2022年扬中市金融数据一览表

表9

项目	余额(亿元)	比年初增长(%)	年初数(亿元)
金融机构存款余额	888.10	9.87	808.29
居民储蓄存款余额	510.55	18.92	429.32
金融机构贷款余额	878.95	19.68	734.39
中长期贷款余额	511.00	22.37	417.57
短期贷款余额	317.92	11.64	284.76
其中：单位贷款及透支	731.97	22.97	595.25
个人贷款及透支	146.97	5.64	139.12
票据融资余额	50.01	56.33	31.99

（徐子国）

【社会融资规模】 2022年，扬中市社会融资规模1235.35亿元,新增175.33亿元。其中,本外币各项贷款余额878.95亿元,比年初增加144.56亿元,增长19.68%,比上年多增32.30亿元;各项贷款中中长期贷款余额511.00亿元,比年初增加93.43亿元,增长22.37%。银行汇票、保函、信用证等表外融资余额146.93亿元，比年初增加19.26亿元,增长15.70%。金融支农支小力度不断增强。全市涉农贷款余额657.91亿元，比年初增加100.42亿元,增长18.01%;小微企业贷款余额310.38亿元,比年初增加63.79亿元,增长25.96%。 (陈菊英)

2022年扬中市贷款分行业统计表

表10

行业	贷款余额(亿元)	比上年增减(亿元)	增幅(%)
农、林、牧、渔业	16.49	7.95	93.09
采矿业	0.00	0.00	—
制造业	212.97	18.03	9.25
电力、热力、燃气及水生产和供应业	3.45	1.03	42.65
建筑业	37.48	4.26	12.83
批发和零售业	73.55	14.14	23.81
交通运输、仓储和邮政业	12.49	9.36	298.95
住宿和餐饮业	0.76	–0.06	–6.89
信息传输、软件和信息技术服务业	2.50	–0.62	–19.90
金融业	0.00	–0.86	-100.00
房地产业	6.60	–1.08	–14.02
租赁和商务服务业	102.16	14.59	16.66
科学研究和技术服务业	2.21	0.26	13.65
水利、环境和公共设施管理业	210.04	52.18	33.06
居民服务、修理和其他服务业	0.18	–0.18	–49.70
教育业	0.12	–0.47	–78.92
卫生和社会工作	0.46	–0.01	–2.70
文化、体育和娱乐业	0.49	0.15	46.75
公共管理、社会保障和社会组织	0.00	0.00	3.91
国际组织	0.00	0.00	—
对境外贷款	0.02	0.00	-12.50
个人贷款及透支	146.97	7.85	5.64
贷款总计	828.94	126.54	18.02

(陈菊英)

【货币政策贯彻执行】 2022年,人民银行扬中市支行召开经济金融季度分析例会、银行行长联席会议等正确传导货币政策意图,通报经济金融形势和货币政策走向,分析辖区经济金融运行情况,确保货币政策落地生效。加强对辖区各金融机构利率管理和监测,督促金融机构按市场化原则执行利率下调政策向实体经济让利,降低实体经济融资成本,支持辖区实体经济发展。发挥再贷款、再贴现等货币政策工具的引导作用,加强再贷款台账管理和效果评估,确保支农再贷款资金全部用于发放涉农贷款,再贷款优惠利率政策有效传导至涉农、小微企业经济实体。两家法人机构支农支小再贷款余额18.70亿元,再贴现余额3.90亿元,有力支持小微企业和涉农企业发展。督促金融机构加大助企纾困力度,扬中农商银行针对科技型中小企业融资难问题发放首笔“苏创融”信贷产品,“苏创融”贷款余额超1亿元。加强“两管理两综合一保护”工作。结合辖内经济金融实际,完善制度、加强检查、依法管理,提高专业履职水平。人民银行扬中市支行组织综合评价辖内17家金融机构2021年度执行人民银行政策情况,确定“A类”机构4家、“B类”机构13家。开展2021年目标管理考核,考核金融机构信贷投放、涉农、利率执行等12项考核指标,调动金融机构支持地方经济建设。搭建平台推动政银企合作。人民银行扬中市支行牵头组织扬中市金融系统年度表彰暨政银企合作重点项目签约会,搭建政银企沟通桥梁,深化政银企合作,金融机构向签约企业授信金额31.4亿元,履约率90.92%。

(陈菊英)

【金融稳定工作】 2022年,人民银行扬中市支行按季开展央行金融机构评级工作,核定存保费率和法人机构的存款账户统计流程、数据,完成法人机构保费缴纳工作。持续开展企业担保圈、政府融资平台融资风险情况监测,前移金融风险防范关口,强化金融风险防控处置,金融机构通过核销、打包等方式处置各类不良贷款9.02亿元。年末,不良贷款余额5.74亿元,不良率0.65%,比年初下降0.04个百分点;2021年度扬中市金融生态环境评估总得分为92.14分,在2021年省“金融生态优秀县”综合评估中进入全省金融生态优秀县排名。

(陈菊英)

【外汇收支】 2022年,人民银行扬中市支行依据国际收支涉外收付款统计系统数据(按全口径)统计,全市外汇收入6.57亿美元,比上年增加804.16万美元,增长1.24%;外汇支出2.33亿美元,增加8504.42万美元,增长57.58%;外汇收支差额4.24亿美元,减少7700.26万美元,下降15.37%。

(陈菊英)

【外汇服务与管理】 2022年,外汇管理局扬中市支局推动贸易收支便利化政策落地达效,辖区4家银行和11家企业成功加入贸易收支便利化试点。推动企业名录登记业务全流程网上办理,办理企业名录登记52笔,网上办理率98.08%。开展监测核查工作,货物贸易项下,对107家企业开展非现场监测;对7家企业开展现场核查,其中,对3家企业实施降级监管;对4家B类企业开展到期评估,其中,对2家维持B类监管,对1家C类企业给予注销名录。服务贸易项下,对11家企业开展非现场监测,对1家企业开展现场核查。资本项下,非银行债务人外债签约变更、注销登记2笔,合计折1430万美元;办理对外债权变动登记3笔,合计折650.99万美元;对1家银行外转中业务开展非现场核查。国际收支项下,完成国际收支非现场核查1.01万笔,金额8.97亿美元;对1家企业开展贸易信贷统计调查现场核查。

(陈菊英)

【金融服务与管理】 2022年,人民银行扬中市支行坚持国库服务与监管双支柱。完成防疫资金拨付、个人所得税汇算清缴退税、小微企业留抵退税和其他企业留抵退税等各项工作。加强国债投资者权益保护,组织专人到国债承销机构营业网点开展现场巡查,督促国债承销机构做好公示、公告、电子屏宣传等工作,保护国债投资者的知情权、选择权。加强支付管理与服务。组织金融机构加大对流动就业、高校毕业生等人员的开户服务力度,保证合理需求得到满足;推广使用账户风险监测模型,组织金融机构加强账户分类分级管理,开展涉案账户排查,对违规账户实施管控;抓好支付结算领域减费让利,开展减费让利现场督查;开展移动支付引领县建设工作,推广云闪付等新型支付结算工具;推进反洗钱案件宣判,11月9日,扬中市辖首例洗钱案件正式宣判。加强征信服务与管理。建立完善征信信息安全管理相关制度,开展征信信息安全情况自查。对辖区金融机构开展征信合规与信息安全考核评级;开展征信修复乱象治理,对辖区经营范围内包含有“信用修复”等项目的7家企业开展排查,未发现异常。深入开展专项整治,从严打击违规机构、加强征信合规监管,源头遏制“征信修复”行为。加强农村信用体系建设。推进整村授信和信用贷款模式,扬中西来桥、八桥镇被镇江市金融稳定工作协调小组办公室评为2021年度镇江“信用乡镇”。督促辖区金融机构向信用乡镇倾斜信贷资源,实行贷款利率优惠,提供优质金融服务。依托江苏省农村经济主体综合信息管理系统,建立完善农户和新型农业经营主体信息采集、更新长效机制。截至12月末,对全市信用户授信50.13亿元,用信5.1亿元。加强人民币流通管理,推进金融消费者权益保护。加强金融机构营业网点现金服务环境、服务行为、服务流程等标准化建设;组织开展现金服务质量暗访,保障农村地区现金供应;实施整治拒收现金网格管理,网点与基层社区“一对一”对接服务。开展2021年度金融消费者权益保护评估,推进金融纠纷多元化解机制建设,12月9日,在扬中农商银行设立扬中市金融消费纠纷调解分中心。 (陈菊英)

【保险业概况】 2022年,扬中市保险事业稳中有进。年末拥有保险业金融机构34家,全年保费收入17.11亿元,比上年增长14.68%。其中财产险收入3.31亿元,增长20.15%;人身险收入13.8亿元,增长13.43%。赔付额3.99亿元,增长3.91%,其中财产险赔付1.8亿元,下降11.2%;人身险赔付2.19亿元,增长20.61%。 (徐子国)

【“喜迎二十大 政银共谱乡村振兴新华章”签约仪式】 2022年9月1日,扬中市举行“喜迎二十大 政银共谱乡村振兴新华章”党建共建暨“银农直连”签约仪式,农业农村局与扬中农村商业银行达成战略合作。此次签约活动将为加快扬中农业农村现代化提供更强金融保障。签约仪式上,农业农村局与扬中农商行签订乡村振兴金融服务合作协议;农商行发布“服务乡村振兴普惠十条”;金融支持乡村振兴研究生联合培养基地、中共扬中市乡村振兴金融服务联合党支部、乡村振兴专项扶持资金分别举行揭牌仪式。 (融媒体中心)

9月1日,扬中市举行“喜迎二十大 政银共谱乡村振兴新华章”党建共建暨“银农直连”战略合作签约仪式 (融媒体中心供图)

银行选介

【中国农业发展银行扬中市支行】 2022年,中国农业发展银行扬中市支行年末各项存款余额为3.86亿元;日均存款余额7.5亿元;各项贷款余额为38.79亿元。贷款总量中,所有贷款均为正常类贷款,贷款的占用形态均为正常贷款,无不良贷款占用。年末各项贷款的利息收回率100%。全年实现各项收入17271.95万元,各项支出13429.59万元,账面利润3842.35万元,FTP净利润5010.69万元,其中县储备粮油贷款5270万元,粮棉油收购贷款4466万元,农村基础设施中长期贷款37.63亿元,小微企业贷款1800万元。 (张书源)

【中国农业银行股份有限公司扬中市支行】 2022年,中国农业银行扬中市支行年末各项存款总量190.2亿元,增量24.38亿元,各项贷款总量131.26亿元,增量23.13亿元,存贷款总量均位列四行第一,增量位列“四行一社”第一。紧扣扬中经济发展热点,全力服务农业、城市基础设施、产业转型升级等重大项目,新获批项目贷款14个,新增授信总额36.79亿元,累计投放贷款15.31亿元。积极推进惠企纾困,助力保好市场主体强推“一项目一方案一授权”普惠运作模式,强化政府增信类信贷产品和信用类贷款推广,年末普惠贷款余额24亿元,净增6.6亿元。连续五年荣膺扬中市金融机构综合考核一等奖和扬中市“十强”服务业企业。(刘金)

【中国建设银行股份有限公司扬中支行】 2022年,中国建设银行股份有限公司扬中支行存款余额83.4亿元,贷款余额54.43亿元。贯彻新发展理念,践行“新金融”助企纾困。支持政府类客户发展、园区提档升级;支持实体经济发展,提升服务质效;发展绿色信贷、普惠金融业务,助力乡村振兴。公司类贷款余额45亿元,新增7.39亿元,其中绿色信贷新增3.8亿元,普惠贷款新增1.46亿元。参与金融生态县创建,加强资产质量管控,年末全口径不良贷款不良率1.4%,下降1.36个百分点。强化财务、会计、信贷、个金、印章等基础管理,加强关键环节、关键节点、关键岗位和重点、交叉部位的常态化管理。宣讲合规文化,增强合规意识,加强网格化管理。开展各种警示教育、员工行为排查等活动。强化案件防控,持续推进“平安建行”创建,组织安全生产,落实好人、财、物、业务、运营安全,全年无案件、无重大责任事故、无重大声誉风险事项发生。强服务文化建设，以客户为中心，严格执行优质文明服务规范、柜面规范化服务流程，加强渠道建设。开展存款保险、征信知识等公众教育活动，维护消费者权益，做好消费者权益保护工作。 （吴文君）

【交通银行镇江扬中支行】 2022年，交通银行镇江扬中支行年末各项存款余额10.99亿元，存款日均9.92亿元。其中储蓄存款3.44亿元，日均存款余额2.88亿元；对公存款数7.55亿元，日均余额7.03亿元。普惠“两增”（普惠型小微企业贷款的增速和户数的增长）口径新增贷款8986.89万元。支行将资产质量管控作为经营管理工作的重中之重，坚决守住风险底线。全面完成分行普惠条线计划，新增客户均为扬中优质企业，全面稳住规模和质量不滑坡。支行狠抓资产业务投放，强化支行服务实体能力，多项指标表现较好，扩大同业业务规模，较好完成分行下达的各项指标。 （杨海军）

2022年扬中市主要金融机构经营指标情况表

表11

金融机构	各项存款余额（亿元）	比年初增加（亿元）	比上年(%)	各项贷款余额（亿元）	比年初增加（亿元）	比上年(%)
农发行	5.20	0.38	7.93	38.79	9.39	31.94
工行	58.27	10.79	22.72	59.73	1.76	3.04
农行	190.20	24.38	14.70	131.26	23.13	21.39
中行	53.56	6.77	14.48	50.29	9.44	23.12
建行	83.41	9.15	12.32	54.43	7.76	16.62
交行	11.60	2.58	28.66	21.96	6.01	37.72
江苏银行	36.81	6.98	23.38	53.84	17.49	48.10
邮储银行	48.59	7.37	17.87	27.33	1.50	5.82
农商行	212.45	19.56	10.14	172.05	19.17	12.54
太仓银行	2.02	-0.72	-26.19	6.13	1.43	30.54
恒丰银行	17.58	-0.29	-1.60	18.01	0.18	1.01
浦发银行	11.44	-13.37	-53.89	13.49	0.05	0.37
民生银行	16.88	2.93	21.00	12.42	-0.13	-1.01
中信银行	45.48	7.02	18.25	79.99	20.18	33.74
兴业银行	26.95	-5.91	-18.00	35.82	2.90	8.81
华夏银行	17.88	-2.13	-10.66	22.21	3.51	18.76
南京银行	39.35	3.90	11.01	41.23	3.84	10.26
光大银行	6.96	1.43	25.84	39.99	16.95	73.57

（陈菊英）

保险公司选介

【中国人寿保险股份有限公司扬中支公司】 2022年，中国人寿保险股份有限公司扬中支公司有营业网点7个，从业人员近700人。全年实现保费收入7.78亿元，较上年略有增长，累计承保人次79.5万人。累计释放保单借款近4亿元，给付案件9781件，给付金额1.28亿元。 （杨玉）

【中国人民财产保险股份有限公司扬中支公司】 2022年，中国人民财产保险股份有限公司扬中支公司保费收入12726.04万元，比上年增长20.22%。其中，传统非车险保费收入939万元，下降13.78%；新兴非车险保费5242万元，增长71.96%；车险保费5870万元，增长2.90%；农险保费574万元，下降5.88%。处理赔付案件14.03万件，支付各险赔付款8409.43万元，赔付率80.19%，下降0.74%。 （赵莲娣）

【中国太平洋财产保险股份有限公司扬中支公司】2022年中国太平洋财产保险股份有限公司扬中支公司全体员工围绕可持续、高质量发展这一目标,不断提升可持续发展的能力,持续优化客户经营模式,持续深化人才队伍建设。2022年公司累计实现保费收入4951万元,其中车险保费收入3290万元,非车非农险保费收入1504万元,农险保费收入157万元。全年累计发生赔款2604万元,赔案14.19万件,简单赔付率52.6%,同时认真做好金融机构助推实体经济发展及服务民生、服务乡村振兴工作。2022年,公司各项成绩显著,被市金融稳定工作协调小组评为"保险综合考核先进单位"。

(徐谋)

2022年扬中市保险业金融统计表

表12

类别	序号	名称	保费收入(万元)	赔付金额(万元)	缴纳税金(万元)	从业人数(人)
产险类	1	人保财险	12726	8597	239	64
	2	太平洋产险	4951	2604	142	27
	3	平安产险	3924	1602	104	5
	4	紫金保险	2426	986	92	16
	5	中华联合保险	576	139	13	3
	6	中国人寿产险	2545	1254	81	14
	7	大地财产	1060	294	51	7
	8	永安财产	595	285	28	8
	9	阳光财产	2098	1017	95	12
	10	华泰财产	0	0	0	1
	11	天安财产	908	393	36	6
	12	泰山财产	0	0	0	0
	13	太平财产	418	482	9	4
	14	华安财产	98	152	5	0
	15	安诚财产	343	124	0	4
	16	浙江浙商保险	0	0	0	2
	17	大家财产	412	95	0	1
	合计		33080	18024	895	174

续表 12

类别	序号	名称	保费收入（万元）	赔付金额（万元）	缴纳税金（万元）	从业人数（人）
寿险类	1	中国人寿	74392	12842	647	63
	2	太平洋人寿	7392	1648	5	7
	3	平安人寿	6822	1249	21	6
	4	人民人寿	1475	62	0	4
	5	长城人寿	2059	83	0	2
	6	英大人寿	4618	41	0	3
	7	阳光人寿	3471	419	1	4
	8	新华寿险	478	107	0	3
	9	泰康人寿	3113	411	0	3
	10	太平人寿	1181	183	1	2
	11	民生人寿	239	133	0	0
	12	利安人寿	2696	253	3	3
	13	华夏保险	17016	1911	0	8
	14	华泰人寿	1589	983	0	3
	15	国联人寿	300	0	0	2
	16	富德生命人寿	7536	1514	0	4
	17	东吴人寿	793	40	0	3
	合计		135170	21879	678	120

（徐子国）

证 券

【华泰证券有限公司扬中翠竹南路证券营业部】 2022年，华泰证券扬中翠竹南路证券营业部有员工12人，总客户数36346户，其中零售客户34082名，非零售客户2264名，客户总资产30.33亿元。2022年年累计股基交易量613.81亿元，股基佣金收入1226.28万元，金融产品保有量3.42亿元。2022年，实现非货类金融产品销售3.04亿元，其中权益产品销售9731.95万元。2022年营业部积极响应公司号召，利用公司提供的专业的平台运营工具进行客户服务，已实现企业微信覆盖2700多人。同时，通过“涨乐财富通”App进行短视频的发布，精准导入流量，获取潜在客户，以动态的形式向客户讲解相关业务及市场热点，利用新的方式实现获客和财富管理业务的共同增长。 （王文欣）

【南京证券扬中江洲南路证券营业部】 南京证券扬中江洲南路证券营业部最早成立于2000年，坐落在扬中市江洲南路8号。2022年，营业部有正式员工9人，其中7名为正式党员。为服务地方企业，营业部先后与辖区内2家银行企事业单位联系，了解企业投融资需求营业部网上交易软件实现足不出户轻松投资下单，电话委托、手机炒股等方便的交易方式提供多重交易选择。营业部经过十多年的发展，围绕“服务当地经济，服务当地客户”的宗旨，全年定期举办各类投资者教育活动4场，滚动播放提示类风险词条十多条，累计受教育的投资者达30人左右。 （顾纪兵）

交通运输

综述

【概况】 2022年，扬中市公路事业发展中心列管养境内公路总里程692.22千米（不含35省道高速公路8.98千米），路网密度平均每百平方千米占有公路316.13千米。按行政等级划分：国道523里程19.86千米，238省道36.72千米。农村公路县乡村道635.64千米（县道189.54千米，乡道236.32千米，村道209.78千米）。国道桥梁9座，2533.1延米，省道干线公路桥梁9座、3845延米，其中扬中一桥、二桥、三桥特大型公路桥梁，计5157.1延米。农村公路桥梁44座，其中县道21座、838.86延米，乡道13座、445延米，村道10座、276.5延米。全市公路按技术等级划分：高速公路8.98千米，一级公路111.27千米，二级公路94.81千米，三级公路101.92千米，四级公路384.22千米。国省道按技术等级划分：一级公路52.99千米，二级公路3.61千米。农村公路按技术等级划分：一级公路58.27千米，二级公路91.23千米，三级公路102.94千米，四级公路383.20千米。

扬中市有港口（码头）16个，泊位44个（万吨级11个），其中非装卸泊位8个（万吨级3个），在建泊位4个（4万吨级1个、3万吨级3个），使用岸线总长7864米，年货物吞吐量1913万吨。加快推进港产城融合发展战略，依托"一港四园"，全速推进大津产业园二期码头、圣灏码头建设，明确码头功能定位，积极招商引资，优化岸线资源，提升利用水平，让港口经济成为城投集团转型发展的重要"引擎"。践行绿色交通理念，统筹谋划，优化调整线路3条，为广大市民提供安全、优质、舒适、低碳的公共交通出行服务。 （钱佳晖、张君宇）

【道路货运行业工会联合会成立】 2022年9月，扬中市道路货运行业工会联合会成立，首批111名货运司机加入工会组织。道路货运行业工会联合会主要负责统筹领导全市货运行业工会工作，保持党的路线、方针、政策贯彻落实到位，依托司机之家、红色服务站等服务资源，做好精准和普惠服务，以服务吸引货运司机群体加入工会组织；采取政策倾斜、资金帮扶、活动联办等形式，通过线上线下两个渠道拓展服务内容，开展给货运司机送慰问、送保险、送体检、送法律、送培训等活动，维权关爱齐驱并进。 （融媒体中心）

【货运物流运输保障】 2022年，扬中市交通运输局牵头制定《关于物流车辆实施闭环管理的预案》《物资保障及疫情防控车辆通行管控方案》，启用"镇畅通"程序申报，严格执行物流车辆闭环管理机制，在守牢防疫底线的前提下，尽可能畅通企业物流。自3月12日12时起，有序设置5个入扬通道查验点，切实守牢交通防线。3月30日零时，转为应急状态后，关闭扬中一桥出入通道，对镇泰高速、扬中三桥、幸福二桥实施双向管控。4月21日18时起，恢复常态化疫情防控，调整全市交通卡口查验点，继续临时关闭幸福大桥和扬高汽渡进扬通道，撤销扬中三桥、扬中一桥查验点，继续保留镇泰高速、幸福二桥入扬查验点。4月21日，启用际华园临时停车场作为车辆缓冲区，缓冲区目前占地约10.67公顷，最大可容纳450辆车临时停放，缓解镇泰高速车辆通行压力。5月28日，撤销幸福二桥查验点。12月7日，撤销镇泰高速查验点。 （钱佳晖）

运输管理

【出租车管理】 2022年，扬中市在召开巡游出租汽车运价改革听证会，邀请消费者代表、经营者代表、市人大代表、政协委员、相关领域专家等人参加，围绕巡游出租汽车价格的改革方案发表意见和建议后，于8月10日起执行新的运价机制。改革后，运价定价机制将由政府定价向政府指导价转变，由经营者综合考虑市场供需、运营成本、交通状况、服务质量、居民收入、驾驶员收入等因素，在基准价的基础上实行上下浮动。

（钱佳晖）

【客运管理】 2022年，扬中市交通运输局严格督促落实“三不进站、六不出站”和“三关一监督”安全监管要求；督促客运企业建立健全并严格落实车辆安全例检制度，认真做好行前测评；严格审核旅游包车的标贴申领，督促旅游包车进站安检，自9月开展旅游包车抽查工作以来，旅游包车进站安检17辆，807人次。优化公交线网布局，积极调研了解到大港相关企业有往返扬中的通勤需求，7月2日，推动622路公交在香江科技公司附近设置停靠站点；为解决外国小学一年级部学生家长接送孩子的出行需求，9月1日，及时优化调整103、105、106线路部分班次。 （钱佳晖）

【货运管理】 2022年，扬中市交通运输局加强对重点货运站场源头管理工作；定期严查不按期审验的货运车辆。做好道路运输“两证”（道路运输经营许可证和道路运输证）审验工作，道路运输经营许可证、道路运输证审验率95%以上。截至10月10日，新增货物运输业户57户，货运车辆108辆，审验货运车辆1129辆次。注销货物运输业户73户，注销营运车辆179辆。

（钱佳晖）

12月8日，镇江市公路交通突发事件应急演练在扬中市举行 （融媒体中心供图）

【机动车维修管理】 2022年2月15日起，扬中在全市范围内开展汽车维修行业环境污染整治行动，着重检查汽车维修业户未按环保标准处置废气、危险废物等违法违规行为，规范汽车维修行业经营秩序，加强汽车维修行业环境污染专项整治工作。梳理出13家省控点周边划定区域内涉气维修业户，33家省控监测站点重点区域涉气维修业户。其中关停未备案从事车身维修业户1家，封烤漆房2个。推进全市调漆房改造，形成密闭空间，引入废气处理装置，做到废气达标排放，助力打赢蓝天白云保卫战。 （钱佳晖）

【驾培监管】 2022年7月起，扬中市全面升级驾培智能化车载计时终端系统，由原来的二代机更新换代成四代机，新增人脸识别、学员教练员身份证签到签退、自动记录并生成学员《教学日志》等功能，升级后更加智能、便捷、安全，节省学员、驾校时间人力成本，提高联合监管的质量效率，打击学时造假、体外循环等不良现象，促进行业健康发展。审核原系统学员学时，符合培训要求的纳入新系统，确保新旧系统平稳过渡。开展教练员继续教育及安全生产讲座，举办驾培教练员竞赛，提升驾培质量，构建安全交通环境。 （钱佳晖）

交通运输行政执法

【概况】 2022年，扬中市依法办理行政处罚案件75件，罚款数额95万元。有序开展道路运输安全、“春雷行动”等专项执法检查，查处“黑车”10起、机动车维修经营未按规定备案1起。加强公路超限治理，实施常态化24小时公安、交通联合治超和流动治超。综合执法大队出动执法人员1651人次，检查疑似超限超载货运车辆1297辆次，联合执法交警处罚257辆次，记622分，监督可卸驳载车辆卸驳载3030吨；其中流动联合执法交警处罚192辆次，记389分，监督可卸驳载车辆卸驳载1623吨。查处“百吨王”超限运输车辆3辆，均按相关要求查处并溯源到位。加强了点货源单位动态巡查，严格实施“一超四罚”。及时组织执法人员联合市文旅部门开展旅游市场专项执法检查，出动执法人员24人次，检查旅游包车6辆，查处涉嫌违法行为1起。

（钱佳晖）

【环保执法】 2022年，扬中市深入开展污染防治攻坚行动，全面落实镇江市船舶和港口污染专项治理工作要求，加强港口企业防污染执法巡查，查处岸线无许可、港口无证经营、超范围经营等违法行为5起。会同生态环境部门加强对汽车维修企业固废处置情况执法检查。加强交通建设工程现场执法监管，着力整治扬尘污染，实施交通工程建设“蓝天行动”。 （钱佳晖）

交通工程建设

【概况】 2022年，扬中市实施G523扬中段、S238扬中段修复养护工程，长旺港口物流园区道路1.26千米维修工程，扬中一桥、二桥、三桥通航孔桥墩防撞设施工程，双新桥维修加固工程；新改建农村公路16.6千米，危桥改造1座,安全生命防护工程94千米,在环岛公路和西环线各设置限高门架2处；开展农村公路养护体制改革试点工作,扬中大道入选全国2022年度“红色旅游路”最美农村路。（钱佳晖）

【公路建设与养护】 2022年,扬中市公路事业发展中心坚持公路建养管并重的原则，坚持路域环境整治长效化,保持全市路况质量的稳定与路域环境的美化,全年经上级主管部门路况综合检测评定国、省干线公路路况综合指数(MQI)值97.36,路面破损指数(PCI)优良路率97.54%，路面平整度指数（RQI）优良路率96.41%。全年投入国省干线小修保养经费697万元,提升路况质量,美化路域环境。（钱佳晖）

【扬中一桥、扬中夹江二桥、扬中三桥防撞工程】 2022年,扬中市实施扬中一桥、扬中夹江二桥、扬中三桥防撞工程,开展隐患治理工作。工程由镇江市公路事业发展中心统一招投标，扬中市公路事业发展中心实施项目建设管理。被动防撞项目方案扬中一桥:墩身增大截面加固,增设浮动式钢覆复合材料防撞设施;扬中夹江二桥:加固原钢簇桩,增设附着式防撞设施;扬中三桥:浮动式钢覆复合材料防撞套箱。扬中一桥、三桥防撞设施施工单位为江苏镇江路桥工程有限公司；扬中夹江二桥防撞设施施工单位为江苏省交通工程集团有限公司。工程于11月底完工,项目总投资3500万元。主动预警系统方案在扬中一桥、扬中夹江二桥、扬中三桥安装超高、偏航监测雷达、监测球机、交换机等检测设备,对超高、偏航等有碰撞桥梁危险的船只实施预警,施工单位为南京南大安高智能科技发展有限公司,12月底完工,项目总投资300万元。（钱佳晖）

【523国道、238省道扬中段大中修工程】 镇江市2022年普通国省干线大中修工程523国道（扬中段）修复养护标段起自迎宾大道路口,讫至园博大道路口。施工车道里程单车道全长8.22千米，涉及路面维修、红绿灯路口车辙处治，由镇江市公路事业发展中心统一招投标，扬中市公路事业发展中心实施项目建设管理。施工内容包括铣刨原沥青上面层,下面层开展局部病害处治,喷洒改性沥青粘层,回铺改性沥青混凝土上面层。施工单位为镇江市四通公路工程有限公司,工程总投资600万元,8月1日开工建设,10月21日完工。镇江市2022年普通国省干线大中修工程238省道(扬中段）修复养护标段起自K57+700疏港三号线路口,讫至K60+791永利桥,施工车道里程单幅全长6.09千米，涉及路面维修、红绿灯路口车辙及桥面处治等内容。项目由镇江市公路事业发展中心统一招投标,扬中市公路事业发展中心负责项目建设管理。施工内容包括铣刨原沥青上面层,下面层开展局部病害处治,喷洒改性沥青粘层,回铺改性沥青混凝土上面层。施工单位为丹阳市公路道路养护工程有限公司工程总投资860万元,10月23日开工建设,12月25日完工。(钱佳晖)

【双新桥维修加固工程完工通车】 双新桥位于扬中市X353宜禾路上，桥梁中心桩号为K2+549，建于1993年,桥梁全长68延米,全宽24米。由于建设年代久远,桥梁病害较多,部分构件检测为四类,存在较大安全隐患。根据扬中市政府常务会议要求,由扬中市公路事业发展中心实施双新桥维修加固工程，及时消除桥梁安全隐患,确保桥梁正常使用功能及结构耐久性。工程内容包括修复桥梁病害、重铸桥面铺装、更换全桥支座、涂混凝土防护涂装。施工单位为江苏先达建设集团有限公司,11月11日开工建设,2023年1月4日建成通车,总投资350万元。（钱佳晖）

【农村公路提档升级】 2022年,扬中市农村公路列养总里程635.64千米，其中县道189.54千米，乡道236.32千米,村道209.78千米,桥梁共44座,县道桥梁21座，乡村道桥梁23座。投资900余万元,分三期对环岛公路(X202)实施安全生命防护工程,处理隐患里程93.5千米，增设波形护栏2.8万余米、警示桩1920根、路面标线2.3万平方米、各类交通标志2245块,消除安全隐患,确保行人行车安全。推进路长制实施,加大农村公路品牌提升成效。扬中市“太平路·扬中行”评为省级优秀农村公路品牌,环岛线评为省级“美丽农村路”样板路,环岛线、滨江大道评为省级“平安放心路”样板路。市交通运输局牵头,推进落实全市桥梁安全隐患排查治理工作,完成45座隐患桥梁整改。按序时进度推进2022年农村公路建设计划的实施，完成新改建道路17千米,危桥改造1座,安全生命防护工程94千米。对农村公路下穿桥涵路段进行排查并根据规范要求,在环岛公路和西环线各设置限高门架2处。投资20余万元,完成幸福大桥桥梁通航安全隐患自查并在幸福大桥上下游入江口设置拦截和警告设施两处,确保桥区水域安全。维修八桥镇华生路、新坝镇公信社区道路、环岛线等部分路段,提升农路通行质量。实施农村公路路况自动化检测和技术状况评定,全市县道优良路率99.46%,公路路况综合指数(MQI)95.13;乡村道优良路率99.8%,公路路况综合指数(MQI)94.57。（钱佳晖）

城乡建设与管理

综 述

【概况】 2022年，扬中市坚持稳中求进工作总基调，着力在“防风险、保民生、促发展”上下功夫。持续优化营商环境，创新举措助力“五证齐发”，企业实现“拿地即开工”。维护房地产市场秩序稳定，10月底完成恒大首批交付工作，涉及4幢、216户。实施城市“微更新”，开展城区道路照明出新、弱电线路整治、老旧小区改造工程，提升居民生活幸福感。开展疫情防控、消防安全、建筑市场综合执法、城镇燃气安全生产等专项检查，筑牢安全基石。加速推进全市既有房屋、农房安全隐患排查解危工作，实施“一房一策”清单管理。主动摸排工程欠薪行为，会同人社部门做好农民工工资清欠工作。城投集团聚焦聚力市场转型，稳步推进新能源产业发展，青海、白水170兆瓦、6座光伏电站全部建成投运并网发电，年发电量2.4亿千瓦时。机关一园、永战河加油站、西城区安置房竣工交付。全力推进并完成丰收河南侧污水整治和扬子中路71号污水整治2个中央环保督察信访件整改。实施突出环境问题整改及三茅大港断面水质提升工作，完成包括步行街混接整改、广宁河片区混接整改、文化路片区截污整治等治水项目17个，城区河道水环境进一步提升。有序实施并基本完成城东、城南、城北片区工程“回头看”。以市政部门的管网达标区建设为目标，重点推进并完成城区广宁、城西和建设片区保留市政管网检测修复工作。“厂站网”一体化运维工作有序开展。常态化做好沙家港和西来桥污水处理厂、城区229.4千米市政管网、18座污水泵站、64座截污泵坑及河道生态修复设施的日常巡查运维调度工作。制定《城区河道巡查、泵站泵坑调度和应急处置管理制度》，进一步明确“厂站网”运维工作机制、职责和具体内容以及考核奖惩措施。稳步推进泵站无人值守或少人值守，全年新增2座无人值守泵站，提高运维效率，降低运维成本。 （徐璠璠、张君宇）

【城镇建设】 2022年，扬中市建立健全海绵城市建设项目管理机制，完成吾悦广场一期、城北钰墅等项目的海绵城市验收工作，完成海绵城市建设面积2.1平方千米。新坝镇联合村华扬新村居民点入选第九批次江苏省特色田园乡村名单，新坝镇立新村立新二号居民点入选第十批次江苏省特色田园乡村名单，创成省级特色田园乡村2个(新坝镇联合村华扬新村居民点、新坝镇立新村立新二号居民点)、镇江市级2个(新坝镇联合村华扬新村居民点、新坝镇立新村立新二号居民点)。完成1户四类贫困对象的农村危房改造工作。

（徐璠璠）

城乡规划

【概况】 2022年，扬中市自然资源和规划局推进各类专项规划编制，协调衔接同级相关专项规划中空间布局、空间管控。加快推进涉国土空间重要专项规划编制工作，完成《扬中市城镇燃气专项规划(2020—2035年)》编制，经市政府批复实施。完成“多规合一”实用性村庄规划论证15家，完成初稿22家。完成《扬中市电力设施布局专项规划》《生态保护与修复规划》初步成果。编制综合交通规划专题研究、扬中市全域规划按计划。加强国土空间总体规划对专项规划的统筹以及各专项规划之间的衔接协调、专项规划在国土空间总体规划“一张图”中精准落位，合理布局各类专项设施，完成《国土空间总体规划(2020—2035)》初步方案。推进“天地图”一体化建设，增强“天地图”各级节点的服务合力，实现地理信息数据开放共享。率先在全省县级市实现全域实景三维，建成镇江首个县级市景观型测量标志。全年服务测绘项目640个，完成宗地测量169.67公顷、房屋测量245万平方米，为港湾新城、吾悦广场、蜂巢新能源等市重点项目提供联合测绘服务。

（孙柳燕）

【国土空间规划】 2022年，扬中市“三区三线”(根据城镇空间、农业空间、生态空间三种类型的空间，对应划定城镇开发边界、永久基本农田保护红线、生态保护红线三条控制线)划定方案通过自然资源部批准，形成镇级国土空间规划编制初步成果3个。预支空间指标上图方案通过省自然资源厅审批，预支上图建设用地空间666.67公顷，同步编制20个片区、162.4公顷土地征收成片开发方案，保障项目用地22个。开展扬中全域发展规划编制、综合交通规划专题研究，推进《扬中市国土空间生态保护和修复规划》编制。开展“规划师下乡”服务96次，指导全市58个村(社区)开展“多规合一”实用性村庄规划编制，其中2个村完成报批入库，15个村(社区)完成规划论证。统筹农村一、二、三产融合发展空间，为4个镇(街道、经开区)、18个村报批增减挂钩实施方案18.21公顷(273.13亩)，保障乡村振兴用地空间。 (孙柳燕)

【城市国土空间监测成果通过核查】 2022年，扬中城市国土空间监测成果通过省级核查，成为江苏省首批通过省级核查的5个区县之一。2022年城市国土空间监测的总体目标是以2021年度国土变更调查成果为底图，对现行国务院审批总体规划城市细化和补充相关内容，掌握自然资源和人文地理要素的类型、面积、范围、分布和变化等情况，支撑国土空间规划编制及实施监督、城市体检评估和用途管制等国土空间治理工作。作为镇江市试点单位，2022年11月4日，扬中市开展空间监测工作。自然资源和规划局精心部署，制定方案，紧扣时间节点要求，向交通、民政、水利等单位收集资料，利用多种技术手段，结合实地调查，按时高质量完成监测任务。2022年12月3日，提交初步成果，通过市级检查；2022年12月10日，上报省自然资源厅。 (孙柳燕)

【景观型测量标志设立】 2022年5月，“扬中市福源村长寿园江苏CORS点景观型测量标志”项目通过专家验收。项目由省自然资源厅、镇江市自然资源和规划局、扬中市自然资源和规划局共同投资新建，为镇江市首例县级市景观型测绘标志。测量标志是标定地面测量控制点位置的标石、觇标以及其他用于测量的标记物的通称，是国家重要的基础设施，在维护国家测绘基准安全，服务经济建设、国防建设、生态文明建设等方面发挥着重要作用。项目位于经开区福源村长寿园内，相关测绘主题园占地1285平方米，2021年开始设计建设。测绘主题园平面设计应用测绘中的直角坐标系元素，设置一个步行休憩的回路，水准点、CORS站、日晷、重力墩、测绘知识介绍墙及测绘知识景石，设有扬中成洲以来的地图变迁和与北斗卫星互动的二维码。专家验收组认为该项目设计合理、施工规范；基站、控制点、重力墩符合实用标准；项目建设融合福源村“孝和文化”，突出“百年建党历程、百年沧桑巨变、百岁长寿老人”的主题，具备实用性、景观性、科普性，同意通过验收。 (孙柳燕)

福源村长寿园江苏CORS点景观型测量标志

(融媒体中心供图)

城建重点工程

【文化新村幼儿园改建项目】 文化新村幼儿园改建项目是扬中市民生重点工程之一，原文化新村幼儿园位于三茅街道金苇中路188号，改建项目根据幼儿园建设标准，拆除部分校舍，新建教学楼1栋，建筑面积3948.88平方米；加固保留的校舍，建筑面积1020平方米；总建筑面积4968.88平方米。截至12月，室内墙体已砌筑4层；12月底，主体验收，验收后内部粉刷，改建项目预计2023年底完工。 (融媒体中心)

【三茅街道社区卫生服务中心异地新建项目】 2022年12月20日，三茅街道社区卫生服务中心举行开工典礼。三茅街道社区卫生服务中心建设项目是扬中市2022年十大民生实事之一，新址位于翠竹北路和建中河交界处东南侧，总建筑面积1.24万平方米，设置病床50张，地上机动停车位111个，非机动车位163个。项目预计2023年完成主体工程建设，2024年底前投入使用。 (融媒体中心)

【城西小学新建工程主体框架封顶】 2022年12月26日，扬中市城西小学新建工程主体框架封顶。城西小学新建工程是2021年市政府十件“民生实事”项目之一，项目于2022年8月2日土建开工，该工程位于三茅街道祁家路北侧、夏家港西侧、建设路南侧、规划建设的金港大道东侧，建筑面积约1.8万平方米，按6轨36班规模设计，建成投用后，满额能提供1620个学位。城西小学新建工程主体框架的封顶标志着项目土建进度完成50%，进入墙体砌筑、屋面工程和内外粉刷阶段，预计土建在2023年5月完工，进入校园内部装修和景观绿化等施工阶段。 (融媒体中心)

城西小学新建工程效果图 (融媒体中心供图)

【老旧小区改造】 2022年，扬中市完成柳竹东区与幸福花苑一期2处老旧小区改造项目，分别围绕抗震加固修复、绿化、车位改造及充电棚建设等配套设施、雨污分流改造与三网合一弱电线路整治、房屋维修、楼道出新等方面，进行“一小区一方案一特色”针对性改造，总投资3200万元，惠及居民263户，建筑面积3.46万平方米。 (徐璠璠)

【弱电线缆整治行动】 2022年，扬中市开展弱电线缆整治。整治主要是全面清查改造37个规模小区、37个重点点位周边和9条背街小巷的弱电线缆“蜘蛛网”，惠及居民1.25万余户。其中，三网合一管线整治13个小区，捆扎整治16个小区，楼道单元整治8个小区。住建局、城管局、三茅街道和电信、移动、联通、广电网络公司等部门单位，梳理任务清单，开展多轮次实地走访，明确各个点位杆线下地、三网合一、捆扎等改造措施。对照创建的关键节点，各参与部门细化、优化进度安排，高质量完成整治任务；严格对照线缆整治标准要求，扎实开展整治工作，对已经完成的及时开展“回头看”，确保治理成果不反弹、不回潮。拆除废旧线缆。移动、联通、电信三网合一，废旧电缆割接程序，一根主线上最多保留4根线缆，十几根线缆交织的“蜘蛛网”将彻底消失。 (徐璠璠)

【背街小巷专项整治】 2022年，扬中市开展背街小巷专项整治。总体目标是“干净、整齐、透亮、有序”，涉及六个方面：设置统一的广告店招，垃圾桶规范设置、逐步减量规整，“门前三包”专项整治，非机动车规范停放，沿线公厕、邮亭整治出新和违规私设地锁整治等。按照“因地制宜、有序推进、适当提升、改造为主”的原则，首批改造金苇中路、绿扬路和昌盛路，1月，向商铺发放告知书，3月底前改造到位。4—7月，开展柳竹路、田园路和友谊路背街小巷整治，全部整治到位后，城管局将路段纳入长效常态管理。 (融媒体中心)

公共事业

【供水】 2022年，扬中市完成供水量3058.27万立方米，比上年下降0.79%；水质综合合格率100%；事故处置及时率100%；设备完好率100%，生产调度指令完成率100%；新建管网长度为16.143千米，其中DN75(管道内径75毫米)以上新建管网长度4.42千米、DN75以下新建管网长度11.723千米。改造管网总长为42.3千米，其中DN75以上16.1千米、DN75以下26.2千米。全年完成售水量2838.62万吨，下降246.38万吨。 (徐璠璠)

【供电】 2022年，扬中市全社会用电量19.02亿千瓦时，比上年增长4.08%；调度口径最高用电负荷41.45万千瓦，创历史新高。供电公司安全生产保持稳定，开展五级电网运行风险预警巡视5次，累计长度1852.27千米，及时处理危险源53处，确保电网稳定运行。新型电力系统示范区建设卓有成效，完成“五市十县”能源互联网示范区、配电网电压无功和技术降损管理标杆示范区创建，通过国网公司验收。110千伏油坊变电站改扩建工程投运，增设18路10千伏出线间隔，为周边区域产业项目发展提供优质可靠电源。完成110千伏城东变综自改造、新坝变开关柜改造及全市245项配农网工程项目建设。全年累计新投运10千伏配电线路4条，增强配网供电能力。新建、改造中压架空线路31.5千米、电缆线路22.64千米、环网箱19台、配电变压器42台。实现“开门接电”示范区省级园区全覆盖，开设电水气讯联办专厅，实现线上线下一站式通办，在全市率先提供贯通政务平台与营销2.0系统的落地案例。贯通不动产中心“一窗受理”平台和供电业务系统数据，打造“房电联合过户”新模式。推动出台居民小区电动汽车充电专项支持政策，最大限度提升小区充电桩报装便利度。全年用户平均停电时间1.21小时/户,供电可靠率99.98%。全年10千伏线路跳闸率1.96次/百公里,下降43.3%。累计独立开展带电作业1450次,开展机器人带电作业180次。累计进入国网同期线损“百强县”6次、百强所54次,公司及六个业务所同时同步进入百强1次。扬中高新区配售电有限公司累计完成市场化交易电量6.41亿千瓦时,为客户节约电费成本84.2万元。融入“万企联万村、共走振兴路”行动,实施推广涵盖电气化厨房、充电桩建设、水产电气化养殖及种植、农田电排灌等乡村电气化项目83个,设立乡村电力便民服务点,打通为民服务“最后一公里”。

(孙嘉男)

【燃气】 2022年,扬中市销售天然气6373.1万立方米,比上年下降18%。截至2022年年底,拥有在册居民用户8.67万户(2022年新增4806户),公建用户1454户(2022年新增69户),工业用户146户(2022年新增15户)。建设运行的天然气输配管网1778千米,并建有天然气门站1座、CNG(压缩天然气)和LNG(液化天然气)汽车加气站1座。为满足扬中市未来用气需求,建有高中压调压柜(箱)1399座;优化门站设备,建有2个50立方米LNG(液化天然气)低温储罐,小时气化能力4000立方米,用于全市供气应急调峰。完成天然气高压管线敷设27千米,实现与镇江华润高压气源的连通,预计2023年完成与常州港华高压气源连通。截至2022年年底,扬中中燃安全运营6567天,未发生安全生产责任事故。

(徐播播)

【城市路灯】 2022年,扬中市有主要干道和市政道路97条,其中66条道路安装高压钠灯6150盏,装电容量1796千瓦。31条道路安装LED灯5733盏,装电容量994千瓦。实施老旧路灯节能改造项目,全年更换各型老旧路灯灯头1.15万盏,其中,高压钠灯灯头6150盏,LED灯头4743盏,投光灯582盏。

(徐播播)

11月,城区老旧路灯节能改造项目(融媒体中心供图)

【公共自行车】 2022年,扬中市建设公共自行车站点71个,安装锁车器1616个,投放公共自行车1300辆,累计办卡19144张,总借还次数1918万余次,累计使用时间超过4570万小时。

(徐播播)

城市管理

【概况】 2022年,扬中市以“为民管城,管城为民”为目标,在精管善治上用心用情,在文明创建上用智用力,实干担当、加压奋进,城市管理水平稳步提升,城乡环境面貌显著改善。释放“党建引擎”红色动力,打造“城管蓝 基层团”服务品牌,开展党员冬训和城管执法队伍规范化建设集训,营造创优争先工作氛围。创新实施案件线索管理制度和案审会工作制度;深化拓展“1+5”常态巡查督查模式,充分发挥考核“指挥棒”作用,实现无缝衔接、闭环管理、高效运行。细心谋划组团创建机制,联合公安、市政园林、市场监管、三茅街道与城区村(社区)组建22个文明组团,围绕城市管理中市民关切的问题,每周五开展组团创建活动。有序开展“八位一体”农村环境考核,持续推进农村人居环境星级提标。以背街小巷等五大专项行动为抓手,进一步加大市容整治力度,严格管控新增违建、逐步化解存量违建。围绕民生实事,开展公厕管理专项提升行动,方便民生“出口”;创新农贸市场专班管理,提升民生“入口”;牵头制定出台《扬中市餐饮油烟专项整治三年行动方案》,解决民生“味口”;科学布局非机动车停放区域,增划、出新非机动车停车位,引导美团、哈啰等互联网租赁车辆运营企业及时规整调配车辆;增设中扬康居苑蔬菜疏导点,出新竹木器等便民服务点、疏导点设施。

(代明星)

【市容环境整治】 2022年,扬中市城管局深入开展市容环境专项整治。组织各类整治189次,出动执法人员3890人次,暂扣流动摊贩151起,店外占道经营、擅自摆摊设点103处,清理橱窗张贴物364处,整治高音揽客189处,暂扣营运人力三轮车54辆,拖移乱停乱放非机动车183辆。查处违法建设309处,强制整改和拆除违法面积3.83万余平方米,拆除明珠湾,南园小区,田园路田园小区,佳吉盛超市,昌盛路99、115号商住楼,扬子东路177号商住楼等70余处存量违建1024平方米,维护扬中城市规划管理秩序。

(代明星)

【户外违规广告整治】 2022年,扬中市城管局按照拆除一批、规范一批、提升一批的原则,全面拆除主城区范围内老旧、影响市容市貌、存在安全隐患的户外广告，开展整治背街小巷(金苇中路、绿扬路、昌盛路、友谊路、田园路、柳竹路)店招标牌，帮拆违规破损户外广告及店招标牌423余处，下发责令整改通知书200余份，清理违章横幅120余条，查处违规广告1起，改变扬中市广告载体繁杂、主体多元、未批私设等问题，为创文工作筑牢坚实基础。 （代明星）

11月，金苇中路广告店招拆除 （融媒体中心供图）

【餐饮油烟专项整治三年行动方案】 2022年，扬中市在多次听取征求市场监督管理局、自然资源和规划局、生态环境局、住建局、司法局等部门和各镇(街道、经开区)意见后，前后历时5个月、修改10余稿，牵头制定《扬中市餐饮油烟专项整治三年行动方案》，10月出台，力争用三年左右时间，通过依法审批、规范提升、引导退出、关停取缔等措施，加强日常监管，整治问题隐患，强化行政执法，实现全市餐饮业油烟排放长期、稳定达标，最大限度地减少油烟对生态环境的影响，促进经济社会和生态环境的协调发展。 （代明星）

【建筑管理】 2022年，扬中市新增各类有资质建筑企业44家。其中首次申请13项，重组、分立申请12家，增项申请19项。建筑业实现总产值41.40亿元，其中省外市场产值16.14亿元。引导企业创建精品工程、优质工程，申报江苏省优质工程奖“扬子杯”1项，获镇江“优质结构工程”奖4项，镇江市优质工程“金山杯”15项。加强安全工作的监管，有效降低行业伤亡率。通过创建省、市级文明工地推动安全生产，创建成“市级文明工地”7项、“省级文明工地”5项、“省级智慧工地”3个。推进绿色建筑与建筑节能，全市新建民用建筑全面按绿建标准实施，使用国有资金或者国家融资的大型公建项目的设计、建设，全面执行二星级以上的绿建标准。新增绿色建筑总面积25.35万平方米，新增可再生能源建筑面积12.31万平方米。新增能效测评项目3个。新增二星级绿色建筑评价标识项目1个，建筑面积12.84万平方米。完成既有建筑节能改造面积17.86万平方米，其中居住建筑面积3.46万平方米，公共建筑面积14.4万平方米。引导合同能源管理模式的公共建筑节能改造，有2个合同能源管理节能改造项目，建筑面积14.4万平方米。严把建设工程设计和施工的审查关，全年归集勘察设计合同118项，审查总建筑面积41.34万平方米，其中公建项目16个，总建筑面积6.94万平方米；无居住项目。推广“四新”(新技术、新产业、新业态、新模式)成果，推广应用预拌砂浆，推进装配式建筑的发展，强力推进“三板”(预制内外墙板、楼梯板、楼板）的应用。新开工装配式建筑面积10.82万平方米，占同期新开工建筑面积比例40.26%。建设工程消防设计审查验收管理工作有序推进。办理设计审查项目21件，验收项目31件、备案项目41件，其中备案抽中验收项目7件，不合格复查项目1件。棚改安置房建设项目为统购商品房安置滨江新城和西城区2个棚改项目，上报江苏省住建厅247套。出售经济适用房0套。出租公租房31套，其中中低下收入11套，新就业12套，外来务工8套。 （徐璠璠）

【城区农(集)贸市场市容整治办公室成立】 2022年2月25日，扬中市城区农(集)贸市场市容整治办公室暨市城管综合执法大队机动中队揭牌仪式在南园市场举行。城区农(集)贸市场市容整治办公室是在扬中市城市管理综合执法大队机动执法中队成立后，由城管局牵头，公安局、市场监督管理局参与，整合市城市管理综合执法大队、公安局直属派出所、利民市场执法办公室、市场监督管理局城区分局等部门执法管理力量和市场建设管理有限公司市场管理服务力量组建而成，规范城区各农(集)贸市场及疏导点内外市容秩序，建立常态长效联勤联动执法管理机制。城区农(集)贸市场市容整治办公室的管理范围为：南园市场、利民市场西弄、翠竹园菜市场、中八桥疏导点、中扬菜市场、彩凤桥疏导点、中扬康居苑及博联市场责任路段。通过规范管理和联合执法，对城区农(集)贸市场周边市容秩序及市场内部管理秩序实行强制入轨，实现城区农(集)贸市场内外秩序常态长效管理。 （代明星）

【市环境卫生管理服务中心揭牌】 2022年8月8日，扬中市环境卫生管理服务中心揭牌仪式在环管中心举行。环管中心为副科级建制，由原扬中市环境卫生管理处、扬中市城管环卫收费所和扬中市渣土管理所整合组建，内设服务保障科、垃圾分类科、垃圾处理费征收科、建筑垃圾处置科、环卫保洁所、设备维护所、机械化作业所、生活废弃物处置所8个机构，拥有400余名环卫职工。 （代明星）

环境保护

综述

【概况】 2022年，扬中市以改善全市生态环境质量为着力点，坚定不移贯彻新发展理念，凝心聚力打好污染防治攻坚战，生态环境质量稳步提升。以“蓝天碧水净土”三大战役为抓手，提升“气质”“水质”“品质”。全年环境空气质量优良率76.7%，比上年增长0.6%。$PM_{2.5}$年均值32.2微克/立方米，下降3.6%，位居全镇江市第一。地表水省考断面达标率为100%，在全省63个县(市、区)地表水环境质量排名，位居第一。完善土壤污染重点监管单位名录，编制扬中市地下水污染防治分区划分工作方案，完成对重点管控区域土壤和地下水隐患排查和自排查、自监测，清洁生产审核工作任务。强化环境执法监管，全面化解环境风险隐患，推进突出环境问题整改销号，加快推进全市农村生活污水治理，完成年度目标任务。 (陈炫)

【地质灾害防治“十四五”规划获批】 2022年，扬中市自然资源和规划局会同有关部门组织编制的《扬中市地质灾害防治“十四五”规划(2021—2025)》获得扬中市政府批准。规划坚持新发展理念，针对扬中市地面沉降和特殊类土(软土、砂土)现状，分析地质灾害防治新形势和新要求，科学划定地质灾害易发区和防治分区，围绕地质灾害调查、灾害监测、能力建设等体系，部署“十四五”期间地质灾害防治任务。 (融媒体中心)

【“五水联治”城区主体工程完工】 2022年，扬中市7大片区水环境综合整治主体工程全部完工，3月，城区水生态修复工程完工。6年来，扬中市城区完成广宁河、绿柳河、城西、建设、城东、城北和城南七大片区水环境综合整治，建设污水管网约351.2千米，雨水管网约234.2千米，雨污水泵站泵坑73座，实施雨污分流906公顷，整治城市低洼易涝片区10个，面积303公顷，消除广宁河、绿柳河、明珠湾、丰收河、张家桥港、扬子河等一批黑臭水体，城市水环境得到根本改观。扬中市持续开展治水工程“回头看”，巩固治水成效。

(融媒体中心)

环境质量

【概况】 2022年，扬中市集中式饮用水源地水质、城市空气质量、地表水主要控制断面水质、噪声环境质量均达到功能区要求。整体环境质量保持稳定，环境指标进一步改善，优良天数为280天，空气质量优良天数(AQI)比例76.7%；地表水省考断面、集中式饮用水源地和备用水源地的水质达标率、优Ⅲ比例均为100%，长江扬中段水质保持Ⅱ类。市区环境噪声昼间时段平均等效声级为57.6分贝，声环境质量总体较好，昼间声环境质量基本保持稳定。规范化考核重点产废单位，考核结果全部达标；转移处置危险废物处置量1.39万吨，通过小微收集企业收集危险废物处置量0.01万吨(涉及企业274家)，规范处置率100%。

(陈炫)

【城区空气质量】 2022年，扬中市$PM_{2.5}$浓度32.2微克/立方米，比上年下降3.6%，在镇江市8个板块中排第1位，全省排第33位，改善幅度全省排第19位；臭氧浓度188微克/立方米，全省排53位，下降0.5%，改善幅度全省排第5位；环境空气优良率76.7%，下降0.6%，镇江市8个板块中排第2位，全省排第50位，改善幅度全省排第14位。酸雨发生率为零，酸雨频率与2021年持平。 (陈炫)

【水质】 2022年，扬中市集中式饮用水源取水口设置在长江主江断面，备用水源地设置在丰裕铁皮港。每月监测一次，监测62项指标，饮用水源水质达标率均为100%。长江扬中段水质为优，5个监测断面水质类别均为Ⅱ类，与上年相比，总体水质保持稳定。监测全市10条主要通江河港。以《地表水环境质量标准》(GB 3838—

2002)评价，水质达到Ⅱ类，占监测河港的40%，比上年增长20%；水质达到Ⅲ类，占监测河港的40%，与上年持平；水质达到Ⅳ类，占监测河港的20%，下降10%，消除劣Ⅴ类断面。 （陈炫）

【噪声】 2022年，扬中市昼间区域声环境质量总体情况，噪声平均等效声级为57.6分贝，比上年增加0.5分贝。根据《环境噪声监测技术规范 城市声环境常规监测》(HJ 640—2012)评价，城市区域环境昼间噪声总体水平等级一般。1~4类区昼、夜间噪声值均能够达到相应功能区噪声标准。依据国家《声环境质量标准》(GB 3096—2008)评价，1~4类功能区声环境昼间达标率分别为98.4%、98.4%、100%、100%。夜间达标率分别为84.4%、95.8%、100%、93.8%。与上年相比，功能区噪声昼间平均达标率增长0.5%，夜间平均达标率下降2.6%。道路交通噪声昼间平均等效声级为67.9分贝，增加1.8分贝。 （陈炫）

环保建设

【概况】 2022年，扬中市加大环保投入，强化环境保护建设。严格依照环境保护相关制度开展工作。以生态创建促进市、镇、村三级环保基础设施改善，推进环保工作法制建设，提高依法监管水平，加大监测、监控能力建设和环保理念培育。 （陈炫）

【生态监控能力建设】 2022年，扬中市开展生态红线和饮用水源地"智慧眼"巡查工作，未发现破坏或者侵占保护区和其周边环境的行为。借助"蓝天卫士"科技护航秸秆禁烧，未发生大面积秸秆焚烧现象。全市重点污染源自动监控全覆盖，完成重点排污企业、排污许可等要求安装在线监控的企业安装联网工作，联网率85%。扬中市政府网站环保窗口信息平台发布信息414条，其中水质周报52期，饮用水源地水质季报4条，环评公示240条。 （陈炫）

【生态文明示范乡镇(街道)、村建设】 截至2022年，扬中市新坝镇、三茅街道、油坊镇、八桥镇、西来桥镇被命名为生态文明建设示范乡镇(街道)，扬中经开区被命名为生态工业园区；八桥镇利民村等20个行政村(社区)被命名为生态文明建设示范村(社区)。推进全市农村生活污水治理，完成23个自然村549户治理，23个自然村进场施工，21个自然村完成规划设计，69个自然村完成项目招投标。 （陈炫）

利民村 （融媒体中心供图）

【环保宣传】 2022年，扬中市结合"6·5"世界环境日、植树节、地球一小时日、生物多样性日、科普宣传周、安全宣传月、节能宣传周及低碳日等，主动对接绿色平台成员单位，开展生态环境保护、志愿服务活动宣传以及"我为群众办实事"实践活动，推动党史学习教育常态化生活化，营造全民关注环保、参与环保的良好氛围。在各级媒体发出"环保"声音，年内，《扬中日报》发表53篇，《镇江日报》2篇，扬中电台、电视台48篇，"镇江生态环境" 微信公众号40篇，《江苏新时空》1篇，《江苏环境》杂志1篇。在扬中市政府网站的环保窗口上报公示信息288条。 （陈炫）

5月22日，扬中生态环境局开展生物多样性日宣传 （融媒体中心供图）

环境管理

【概况】 2022年，扬中市全面落实污染防治工作责任，打好"蓝天碧水净土"三大保卫战。强化执法监管，着力解决突出环境问题。加强固废、辐射环境安全监管，防范化解环境风险隐患。推进企业信息公开，扩大绿色信贷覆盖面。坚持执行24小时污染举报受理制度，通畅热线电话、定期接访、网络等信访渠道，实现对敏感环境问题“早发现、早介入、早解决”。出动执法人员2411人次，标准执法1155厂次，快捷留痕744厂次，发现环境问题711次，立案查处环境违法行为85件，下达行政处罚决定书72件，罚款823.91万元。全年未发生重特大环境污染和生态破坏事故。（陈炫）

【大气污染防治攻坚战】 2022年，扬中市实施重点大气污染防治项目，完成燃气锅炉提标改造、清洁原料替代、储罐治理等重点大气污染防治项目。建立扬中市涉气污染源清单，围绕控制无组织废气排放、提升有组织废气治理、加强监测监控等方面，开展VOCs(挥发性有机化合物)专项治理，完成工业企业VOCs治理166家。完成燃气锅炉低氮改造设备安装17台。完成有机储罐治理设备安装51台。企业清洁原料替代10家。签订VOCs“一企一策”深度治理合同8家，编制“一企一策”深度治理方案。全力做好扬尘治理、秸秆禁烧和重污染天气应急管控。（陈炫）

【水污染防治攻坚战】 2022年，扬中市通过加密监测、定期监测，推进断面水环境达标。开展水质波动频繁断面溯源整治工作，推进断面水环境达标保障工作。1—9月，扬中市地表水省考断面水质达到或优于Ⅲ类比例为100%，暂达考核要求，二墩港饮用水水源地水质达标率为100%，达到考核要求。（陈炫）

【土壤污染防治攻坚战】 2022年，扬中市完善土壤污染重点监管单位名录，做好涉镉等重金属超标在产企业和遗留地块的整治。推进原扬中市合成化工厂场地修复工程，加强重金属防控区污染防控，严把入口关，对江苏康祥实业集团有限公司等4家企业下达《关于加强企业拆除活动环境管理及开展地块后续土壤污染防治工作的通知》。对2017年以来关闭退出的29家企业下达《关于做好关闭退出化工企业土壤污染防治管理工作的通知》，要求做好企业拆除及后续土壤污染防治工作。（陈炫）

【农业面源污染防治】 2022年，扬中生态环境局会同农业农村局对全市15家畜禽养殖场污染状况开展调查摸底，研究制定规模养殖场和小规模养殖场污染防治清单，明确治理目标及整改完成时间。统筹考虑扬中的自然环境、畜禽养殖状况、种植业状况、环境承载力等因素，完成《扬中市“十四五”畜禽养殖污染防治规划》编制工作，开展畜禽污染治理和粪污资源化利用工作。（陈炫）

【环境信息公开】 2022年，扬中市每日通过电视台和政府网站对外发布空气质量日报，通过扬中政府网站发布饮用水源自动监测周报和手工监测季报。严格执行项目环评审批情况公示，全面公开行政处罚信息。开展企业环保信用适时评价，实行动态管理，通过江苏省生态环境厅网站公开企业环保信用评级，406家企业进入参评系统，其中蓝色企业405家，黄色1家，无绿色、红色和黑色企业。（陈炫）

【建设项目审批】 2022年，扬中市优化办事流程，严把项目准入关，涉嫌违反“长江大保护”项目一律不受理。加大建设项目监管力度。根据要求开展审批前核查，受理并审批环评报告表项目93件；核查新建项目71个，立案查处未批先建、未验先投违法案件46件。规划环评推进方面，落实主体责任，下发提醒函，逐一对接和提醒规划环评的编制和报审工作。审查通过乡镇级工业园区(集中区)规划环评3个，分别为二桥工业集中区、八桥科技创业园、八桥永胜工业园。（陈炫）

【环境风险隐患监管】 2022年，扬中市指导全市95家环境风险企业开展环境风险评估、应急预案备案，其中新增及修编企业39家。开展生态环境安全隐患排查整治工作，整改完成率100%。针对全市电镀、化工(关停搬迁)15家企业，开展生态环境领域安全生产大起底大排查大整治行动，发现一般隐患2项，整改率100%；建立一患一档，逐个整改销号。完成全市所有危废经营、产生单位的《国家危险废物名录》危废类别变更和危废申报系统升级的衔接工作。开展全市危险废物处置专项行动，针对29家电镀、化工以及较大以上环境风险源单位(22家)，开展生态环境安全隐患排查整治工作。（陈炫）

园林绿化

【概况】 2022年，扬中市政园林工程处在市委、市政府的正确领导下，各项重点项目、重点工作进展有序。城区水环境治理、中央环保督察整改工作稳步推进。市政道路完好率稳步提升，有效保护城市景观绿化。完成

南江路、祁家路、“厂站网”一体化运维等高质量发展考核目标任务。 (缪雪晴)

【城市公园绿地管理】 2022年，扬中市针对城市绿化管理中存在的不文明行为劝阻、设施维修、绿化养护等方面的薄弱环节，逐点逐线实施公园、广场、沿线绿地提升改造工作，持续开展精细化管理。累计完成绿地板块、宿根花卉等更新0.5万平方米，补缺行道树及大乔木补植112株，道路沿线树池盖板更新600余套，香樟落果防治0.36万株，柳树飘絮防治0.12万株，乔灌木蛀杆害虫防治0.6万株，迎国庆城市主要节点摆花6万盆。 (缪雪晴)

【市政基础设施维护】 2022年，扬中市累计完成道路面层沥青维修摊铺约1.5万平方米，树池维修400余座，人行道维修约1.2万平方米，路牙调整0.17万米，台阶维修0.18万平方米，井盖加固100余座。投入专项资金用于金苇中路、绿扬路、昌盛路等文明城市背街小巷整治提升工程；为解决博联农商城门前市民停车难问题，科学设计建成面积0.08万平方米沥青混凝土面层林荫停车场；组织开展第一次全国自然灾害综合风险普查活动，完成建成区内86条道路和34座桥梁，建成区外55条道路和71座桥梁的自然灾害风险普查工作，通过国家级验收。 (缪雪晴)

【城市重点工程建设】 2022年，扬中市完善城西路网，方便市民出行，总投资3300万元的南江路西延工程竣工，新增道路面积1.45万平方米，投资1500万元的祁家路工程，完成雨污水管网、桥梁和道路第一层沥青摊铺施工，新增道路面积0.58万平方米。为切实提高城区现有道路通勤和荷载能力，积极探索新技术、新工艺应用，投入645万元改造提升城市重要路段、重点点位。其中众向百货、金叶大酒店门前两处人行道实施“白改黑”透水混凝土改造，面积0.36万平方米；凯悦国际门前、金星社区小广场人行道混凝土压模工艺提升改造，面积0.45万平方米；实施翠竹路0.82万平方米提升改造工程。 (缪雪晴)

【城区污水管网监管】 2022年，扬中市建成区12.4平方千米，划分为9个达标区，完成绿柳河、广宁河、建设西片区、同心路片区、建设东片区、城西片区6个达标区建设，累计通过评估验收8.45平方千米，占建成区总面积的68.1%。城区市政管网长度229.4千米，其中雨水管网131.74千米，污水管网96.52千米，合流制管网1.13千米，污水泵站18座，截污泵坑64座，对管网、泵站运行维护情况开展月度考核，常态化做好整改督促，确保排水畅通。截至2022年年底，建成区内需要排水许可的排水户约987户，已发证848户（含21年发证217户），整体发证率85.92%。 (缪雪晴)

长江岸线管理

【概况】 2022年，扬中航道处完成航道维护5.64万座天。航道航标正常率1000‰，航道尺度保证率100%，全辖区航道安全畅通，未发生航道维护责任事故。适时优化航标配布方案，调整航标70座次，推进航道航标可视化平台建设工作，成功应对“汛期反枯”罕见现象。继续坚持“互联网+航道”发展主线，加大合成航标、虚拟航标在副航道尤其是桥区航道的推广使用力度，提升公共服务品质。完成常州魏村取水口头部设施维护项目。继续抓好辖区临河设施专用航标规范管理工作，指导扬中中燃有限公司线上办理专用标志行政许可，完成管线标的设置工作。通过“九曲河水域党建联盟”平台，深化与其他单位和企业的合作，做好洪（枯）水期航标优化调整、专用航标一标两用、航标碰撞索赔、打击非法系缆航标行为、九曲河水域航道安全治理等工作。完成春运、“两会”、中秋、国庆、中共二十大等重点时段和重大活动期间的航道维护工作。 (包波)

【航标巡检维护】 2022年，长江镇江航道处组织开展扬中处辖区航标巡查维护工作。维护作业出动工作人员5名，航标艇1艘，详细排查太平洲捷水道航道大津重工专用航道8座航标，主要检查各航标灯的运行情况，包括各座航标的太阳能板、灯器的电池电压等是否正常运转。利用晴好天气，开展航标巡查维护工作，优化通航环境，为辖区通航水域的船舶提供“畅通、安全、优质、智能、美丽”的“绿色通道”。 (融媒体中心)

4月，长江镇江航道处开展扬中处辖区航标巡查维护工作 (航道处供图)

科学技术

综 述

【概况】 2022年，扬中市贯彻国家、省市科技创新工作精神，围绕“智慧制造城”建设，实施创新驱动发展战略，激发创新主体活力，提升产业技术创新实力，全市高新技术产业产值占比保持70%以上，全社会研发投入占GDP比重超3%，县域创新能力持续增强。围绕农业、民生领域需求，突出农业科技支撑作用，培育农业科技型企业，加快农业园区载体建设，加速农业科技成果转化，为提高全市农业综合生产能力提供坚实的科技支撑。扬中市入选“推动科技政策落实和科技体制改革成效明显的地方”榜单，获得省科技计划资金安排、重大平台载体建设等方面的优先支持。推动科技政策落实和科技体制改革工作获省政府办公厅督查激励通报。 （郭静）

【科技金融助力创新型企业发展】 2022年，扬中市加速“科技+金融”融合发展，落实各级“助企纾困”政策，联合南京银行、江苏银行等金融机构主动靠前服务企业金融需求，与扬中农商银行签订科技型中小企业“贷动”计划战略合作协议，全年为109家企业提供约4.24亿元贷款，解决科技型企业融资需求，让科技企业的创新力、创造力转化为生产力。 （郭静）

【全国科技活动周系列活动】 2022年5月4日，扬中市委宣传部、市科技局举办“智数赋能 引领未来”专题讲座，加快推进科技政策落地和科技成果全民共享，是2022年全国科技活动周系列活动之一，以宣传科技领域重大创新成果为重点，促进科技创新和科学普及。活动周中，市科技局在扬中市长旺中心小学开展蓝精灵科学社第五届创享嘉年华活动，在电气工业品城举行“践行双碳战略 助力绿色转型”分享会，通过系列活动，推动在全社会形成讲科学、爱科学、学科学、用科学的良好氛围。活动特邀国务院特贴专家、省级领军人才梯队带头人、镇江智能制造创新研究院吴冈院长进行授课，结合研究院实践操作案例和经验，围绕“智改数转”政策导向，深度解读智能制造信息协同、产业工业互联网、智能化改造等方面的实施路径，为企业探索“智改数转”发展提供指导。专题讲座结束后，专家团队对大航有能电气有限公司新上的“母线新厂房的智能化建设”项目开展现场指导。 （郭静）

5月24日，扬中市举办全国科技活动周系列活动

（融媒体中心供图）

2022年度扬中市科技创新专项一览表

表13

序号	项目名称	承担单位
1	H级燃气轮机进气系统的研发及产业化	江苏华强新能源科技有限公司
2	IMU智能运维的数字化中压柜研发及产业化	镇江大全智能电气有限公司

续表 13

序号	项目名称	承担单位
3	新型高效环保汇流焊带的关键技术研发及产业化	江苏威腾新材料科技有限公司
4	新型含氟高分子复合材料轻质柔性光伏组件研发及产业化	上迈(镇江)新能源科技有限公司
5	低碳建筑新材料—T63/E/G 高强钢筋研发及产业化	江苏森林建筑新材料股份有限公司
6	超低温高压液氧用快速启闭阀关键技术研发及产业化	江苏亿阀股份有限公司
7	高性能智能化飞速离心式油净化装置关键技术研究与产业化	镇江市长江机电设备厂有限公司
8	大型液化石油/天然气船用高安全性聚乙烯管的研发及产业化	江苏星河集团有限公司
9	超高表面态电子迁移率的拓扑绝缘体关键技术研发	晶工新材料(扬中)有限公司
10	面向先进核能发电的高安全智能电气设备研发	镇江默勒电器有限公司
11	大尺寸高性能压电单晶新材料的研发	江苏蓝鲸新材料有限公司
12	内嵌式中低速磁浮供电系统接触轨的研发	江苏圣大中远电气有限公司
13	电动载运工具快充电缆用高性能绝缘材料的研发	镇江市华银仪表电器有限公司
14	柴油机气门激光分区异构表面润滑减摩与强化耐磨关键技术及装备	镇江维纳特气门科技有限公司
15	高效发酵工艺开发装备的研发	江苏沣胜生物工程有限公司
16	智能型便携仪自动标校检测管理系统关键技术的研发及应用	扬中市南方矿用电器有限公司
17	基于智能机器人的电气产品制造关键技术研发	江苏亿能电气有限公司
18	高效高密强适应 SiC 基光伏并网逆变器研发	爱士惟新能源技术(扬中)有限公司
19	高密度聚乙烯核用管道的高效催化制备及应用研究	镇江景宇管道设备有限公司
20	鲜食玉米品种在“玉米—大豆带状复合种植模式”中应用研究	扬中市新坝镇江花家庭农场
21	水肥因子对米邦塔可食仙人掌高效栽培技术的研究与示范	扬中市阳太秧草专业合作社
22	球根、块根及肉锥植物繁殖、栽培技术的研发	扬中市陆陆多肉植物种植专业合作社
23	杭白菊绿色高效栽培技术的示范与推广	江苏云牵农旅游开发有限公司
24	宽体金线蛭林下高效生态养殖技术模式研究	扬中市至臻水产养殖有限公司
25	生物絮团技术在美洲鲥工厂化养殖中的应用与技术集成	镇江市绿色农业科技有限公司
26	银杏林套种中药材集成技术研究与应用	镇江扬中市润茜花木种植有限公司
27	沿江地区“稻鳖共作”生态种养技术集成与示范	镇江江之润农业科技有限公司
28	水稻侧深施肥及小麦种肥同播技术研究与集成推广	扬中市农业技术推广中心
29	一站式解决乡村互联网电商发展问题关键技术应用示范研究	扬中市油坊镇长旺街社区居民委员会
30	锌镍电镀废水络合态重金属深度破除及回收能源化利用研究与示范	扬中市宏飞镀业有限公司、民盟扬中总支
31	农业废弃物资绿色高效循环利用基地建设与示范	扬中市八桥镇永胜村农地股份专业合作社

续表 13

序号	项目名称	承担单位
32	土壤修复和地下水风险管控关键技术的研究和示范	扬中市西来桥镇北胜村村民委员会
33	孝德文化与生态旅游业融合发展研究	扬中市经济技术开发区福源村
34	膜解剖为导向的 CME+D3 根治术对结直肠癌患者围手术期应激反应、肿瘤细胞免疫及微转移的影响	扬中市人民医院
35	高危型 HPV 感染对不同宫颈疾病患者阴道微生态与局部免疫功能的影响及机制研究	扬中市人民医院
36	宫颈腺癌及其前驱病变与高危型 HPVmRNA 以及 E7 蛋白表达相关性研究	扬中市人民医院
37	深度镇静镇痛联合 HFNC 在气管镜诊疗中的效果研究	扬中市人民医院
38	径线法研究无症状老年人脑白质高信号水平对脑萎缩的影响	扬中市人民医院
39	健脾和胃降逆汤治疗中虚气逆型反流性食管炎的临床研究	扬中市中医院
40	加强人力资源库建设，筑牢一线防疫屏障	市委市级机关工委
41	扬中市民生改善和社会发展问题研究	扬中市委党校
42	“互联网+”背景下扬中市数字经济发展路径研究	扬中市统计局
43	智慧居家养老服务实践机制研究	扬中市老龄协会
44	加强传统文化传承保护，提升扬中城市人文品位	扬中市东方正道马克思主义学社
45	乡村振兴背景下青年农民创业发展的探索与研究	扬中市关心下一代工作委员会
46	对扬中市青少年开展未成年人保护宣传活动的研究	扬中市老科协科普讲师团

（郭静）

高新技术产业化

【概况】 2022 年，扬中市对照高质量发展考核体系，突出创新队伍建设，通过规范科技服务市场、“暖企”走访行动、专家“一对一”指导等举措，强化“创新型领军企业、高新技术企业、科技型中小企业”等创新主体的梯队建设。全年新增省创新型领军企业 2 家、省独角兽企业 1 家、省瞪羚企业 3 家；通过全国科技型中小企业评价 466 家；组织申报高企 143 家，通过认定 104 家，通过总数和通过率再创新高，全市高企总数 311 家。扬中市亿阀股份、美科太阳能、华强新能源、和成显示、长江三星、锋芒集团 6 家企业入选第四批国家级专精特新“小巨人”企业名单。（郭静）

【企业入库培育计划】 2022 年 9 月，江苏省科技厅公示新一轮江苏省创新型领军企业培育行动入库企业名单，扬中市大全集团有限公司、江苏和成显示科技有限公司名列其中。10 月，江苏省科学技术厅公布 2022 年度省科技企业上市培育计划入库企业名单，扬中市江苏美科太阳能科技股份有限公司名列其中。（郭静）

【4 家企业获评江苏省独角兽企业和瞪羚企业】 2022 年 12 月 9 日，江苏省生产力促进中心发布 2022 年江苏独角兽企业暨高新区独角兽企业和瞪羚企业评估结果，4 家企业入选。江苏美科太阳能科技股份有限公司入选省独角兽企业，雷朋电气集团有限公司、倍德力能源装备(江苏)有限公司、镇江大全金属表面处理有限公司 3 家企业入选省瞪羚企业名单。截至 2022 年，扬中市培育省独角兽企业 1 家、瞪羚企业 10 家。（郭静）

2022年度获批高新技术企业一览表

表14

序号	企业名称	所属地
1	江苏威腾配电有限公司	新坝镇
2	江苏超宇电气有限公司	新坝镇
3	倍德力能源装备(江苏)有限公司	新坝镇
4	江苏同益电力设备有限公司	新坝镇
5	江苏创大电气有限公司	新坝镇
6	江苏益宝电气科技有限公司	新坝镇
7	镇江市赫敦电气有限公司	新坝镇
8	江苏汇成电气有限公司	新坝镇
9	镇江大全金属表面处理有限公司	新坝镇
10	江苏太曜电气有限公司	新坝镇
11	宜禾股份有限公司	新坝镇
12	扬中市特种磨具有限公司	新坝镇
13	镇江市电器设备厂有限公司	新坝镇
14	江苏锋芒复合材料科技集团有限公司	新坝镇
15	江苏乐仕电气科技有限公司	新坝镇
16	江苏佳鑫环保工程有限公司	新坝镇
17	江苏蓝盛电力设备有限公司	新坝镇
18	江苏昌耐能源科技有限公司	新坝镇
19	江苏宏鹏电气科技有限公司	新坝镇
20	江苏士林电气设备有限公司	新坝镇
21	镇江百永电气设备有限公司	新坝镇
22	江苏华彤电气股份有限公司	新坝镇
23	江苏大浪电气有限公司	新坝镇
24	江苏万威电气有限公司	新坝镇
25	江苏大浪电气集团有限公司	新坝镇
26	江苏旭彤电气有限公司	新坝镇
27	向荣集团有限公司	新坝镇
28	江苏华雄电气有限公司	新坝镇
29	扬中美迪硅胶医用制品有限公司	新坝镇
30	扬中市神洲化工电力设备有限公司	新坝镇
31	江苏宇恒电气有限公司	新坝镇

续表 14

序号	企业名称	所属地
32	江苏砺源科技有限公司	新坝镇
33	镇江苏惠乳胶制品有限公司	新坝镇
34	江苏和纯化学工业有限公司	新坝镇
35	江苏兴阳能源科技有限公司	三茅街道
36	镇江华翔机电制造有限公司	三茅街道
37	扬中市南方矿用电器有限公司	三茅街道
38	镇江港龙机电有限公司	三茅街道
39	江苏圣龙智能科技有限公司	三茅街道
40	镇江市云鹏电器有限公司	三茅街道
41	雷朋电气集团有限公司	三茅街道
42	江苏中天电气有限公司	三茅街道
43	镇江市东方节能设备有限公司	三茅街道
44	镇江市营房塑电有限公司	三茅街道
45	江苏浩威新材料有限公司	三茅街道
46	镇江市西泉机电设备有限公司	三茅街道
47	长江三星能源科技股份有限公司	三茅街道
48	江苏星亚新能源科技有限公司	三茅街道
49	江苏荣威电气有限公司	三茅街道
50	扬中海潮电力设备有限公司	三茅街道
51	镇江市威胜电气有限公司	三茅街道
52	江苏奇佩建筑装配科技有限公司	三茅街道
53	扬中市众成管路配件有限公司	三茅街道
54	江苏万宝航天电气有限公司	三茅街道
55	江苏长凯机械设备有限公司	三茅街道
56	中电电气(江苏)变压器制造有限公司	三茅街道
57	江苏雪人制冷设备有限公司	开发区
58	江苏兴盟包装材料有限公司	开发区
59	江苏亚奥精密机械有限公司	开发区
60	江苏航天惠利特环保科技有限公司	开发区
61	镇江茗驰电气有限公司	开发区
62	扬中市新颖橡塑电器有限公司	开发区

续表 14

序号	企业名称	所属地
63	江苏国鑫新材料科技有限公司	开发区
64	江苏星河集团有限公司	开发区
65	江苏神飞电气科技有限公司	开发区
66	江苏天地人新材料有限公司	开发区
67	荣马电器有限公司	开发区
68	蜂巢传动系统(江苏)有限公司	开发区
69	江苏前沿环境科技有限公司	开发区
70	爱士惟新能源技术(扬中)有限公司	开发区
71	镇江昌河塑电有限公司	开发区
72	镇江景宇管道设备有限公司	开发区
73	金海新源电气江苏有限公司	开发区
74	江苏宏明电气集团有限公司	油坊镇
75	江苏海纬集团有限公司	油坊镇
76	扬中市旭晨精密模锻有限公司	油坊镇
77	江苏吉星新材料有限公司	油坊镇
78	江苏海纬电气有限公司	油坊镇
79	江苏科海生物工程设备有限公司	油坊镇
80	镇江远东电讯电机有限公司	油坊镇
81	镇江市德利克真空设备科技有限公司	油坊镇
82	镇江泓德新材料科技有限公司	油坊镇
83	江苏龙创新材料科技有限公司	油坊镇
84	镇江昌达电气有限公司	油坊镇
85	镇江威豪电气有限公司	油坊镇
86	江苏国美钢网桥架有限公司	油坊镇
87	镇江龙瀚电气有限公司	油坊镇
88	镇江市瑞政电力工程有限公司	八桥镇
89	江苏永航轨道交通科技有限公司	八桥镇
90	江苏明荣电气科技有限公司	八桥镇
91	江苏大方金属粉末有限公司	八桥镇
92	江苏金利电气有限公司	八桥镇
93	有能集团江苏威同电气设备有限公司	八桥镇

续表 14

序号	企业名称	所属地
94	江苏省绿岛管阀件有限公司	八桥镇
95	扬中市红光金属制品有限公司	八桥镇
96	扬中市锋利研磨材料有限公司	八桥镇
97	镇江美杰超硬材料有限公司	八桥镇
98	镇江龙成绝缘材料有限公司	八桥镇
99	扬中市旭升电器配件有限公司	八桥镇
100	江苏晨峰铝业科技有限公司	八桥镇
101	江苏佳美海洋工程装备有限公司	西来桥镇
102	镇江市江冠电器有限公司	西来桥镇
103	江苏明冠电源科技有限公司	西来桥镇
104	汇森生物设备镇江有限公司	西来桥镇

(郭静)

科技计划

【概况】 2022年,扬中市发挥科技计划的支撑引领作用,推动智能电气(新能源)、汽车零部件、临港等主导特色产业集群向"高端高新高效"方向发展,根据国家、省市科技计划指南,以加快突破扬中主导产业技术创新瓶颈为核心,组织企业联合高校院所提炼重点产业创新链、关键技术创新点,组织实施镇江市级以上项目17项、市本级科技项目28项,形成一批前瞻性、原创性科技创新成果。 (郭静)

【2个项目获省重大科技成果转化项目立项】 2022年,江苏省科技厅下达的科技成果转化专项资金和省碳达峰碳中和科技创新专项资金(重大科技成果转化)中,扬中市江苏大津重工有限公司承担的"冰级绿色智能江海直达多用途船研发及产业化"项目和太阳集团正能电子科技有限公司承担的"新型高效光伏HJT电池用高性能低温导电银浆研发及产业化"分别获项目资金支持1200万元。 (郭静)

【1家单位获江苏省科学技术奖一等奖】 2022年,江苏省科学技术奖年度综合评审结果完成公示,爱士惟新能源技术(扬中)有限公司参与完成的"基于直流母线电压信息的规模化光伏储能变换器控制关键技术及工程应用"项目获得江苏省科学技术奖一等奖。(郭静)

【亿阀股份总经理钱玉峰入选国家级科技创业领军人才】 2022年10月,中共中央组织部办公厅下发第七批国家级科技创新领军人才通知,江苏亿阀集团股份有限公司总经理钱玉峰入选,系2022年镇江唯一、扬中首位入选的国家级创业领军人才。 (郭静)

【科技创新专项评审】 2022年10月,扬中市科技创新专项经过指南发布、申报受理、形式审查、专家评审会等程序,在财政科技会商、局长办公会讨论后,向市政府请示,确定2022年度扬中市级科技创新专项工业类立项46项,其中成果转化类项目8项、重点研发类项目11项、农业类项目9项、社会发展类项目11项、软科学类项目7项。 (郭静)

7月20日,淮阴工学院与江苏亿阀股份有限公司产学研合作对接 (融媒体中心供图)

2022 年获批镇江市级以上科技项目一览表

表 15

项目类别		项目名称	承担单位
国家	国家外国专家项目（高端外国专家引进计划）	高效能柔性精密研磨砂布关键技术开发	江苏锋芒复合材料科技集团有限公司
省级	省科技成果转化专项资金项目	冰级绿色智能江海直达多用途船研发及产业化	江苏大津重工有限公司
	省双碳（重大科技成果转化项目）	新型高效光伏 HJT 电池用高性能低温导电银浆研发及产业化	江苏正能电子科技有限公司
	省双碳（产业前瞻与关键核心技术攻关）	面向城市园区级供能的“光储充氢”多元耦合微网系统关键技术研发	大航有能电气有限公司
	省科技计划专项资金项目（创新支撑计划科技人才）——江苏省外国专家工作室	华北电力大学扬中智能电气研究中心外国专家工作室	华北电力大学扬中智能电气研究中心
	省科技计划专项资金项目（重点研发计划社会发展）	寒冷环境下消防服内部微环境构建技术与应用研究	宜禾股份有限公司
	省科技计划专项资金项目（基础研究计划自然科学基金）	基于宽度学习的船舶综合电力系统高精度实时风险评估方法研究	镇江大全赛雪龙牵引电气有限公司
	第一批江苏省产学研合作项目	基于数字孪生的机器人磨抛加工过程虚拟监控系统开发	江苏俊华海洋工程装备有限公司
镇江市级	镇江市重大专项	高效高密强适应 SiC 基光伏并网逆变器研发及产业化	爱士惟新能源技术(扬中)有限公司
	镇江市重点研发计划（现代农业）	锦鲤优良品系鱼苗序批式培育及健康养殖关键技术研发与集成	镇江市绿色农业科技有限公司
	镇江市重点研发计划（现代农业）	基于热泵供热方式的稻谷高品质智能烘干装备研发	江苏华瑞农业科技有限公司
	镇江市重点研发计划（现代农业）	暗纹东方鲀全雄群体培育技术研究	镇江江之源渔业科技有限公司
	镇江市重点研发计划（社会发展）	基于脑电功率分析引导的抑郁症认知易损性脑区定位及触发机制的临床与基础研究	扬中市人民医院
	镇江市重点研发计划（社会发展）	基于人体测量指标的农村高发慢性病精准防控模型构建	扬中市人民医院

（郭静）

产学研合作

【概况】 2022 年，扬中市围绕产业发展需求，推进产学研协同创新。促进产业链与创新链双向融合，征集企业技术需求 122 项，收集上海、北京、武汉等地区高校院所科技成果 96 项并及时发布，着力破解企业与高校院所需求与成果信息不对称问题。开展揭榜挂帅解决技术需求，征集的 18 项“揭榜挂帅”关键核心技术难题解决 7 项。以科技镇长团、技术转移中心、扬中市发展促进会教科文分会为依托，加强与高校院所的精准对接，先后组织企业参加政产学研线上线下活动 15 场，全年签订产学研合作协议 87 项。（郭静）

表16

2022年扬中市"揭榜挂帅"技术需求榜单

技术需求	悬赏金额	发榜单位
阀门多面同步加工设备的研发	500万元	江苏亿阀股份有限公司
生物反应器移种补料的精确智能化控制	150万元	江苏丰泽生物工程设备制造有限公司
高性能异构薄材无损连接智能装备研发	60万元	江苏万奇电器集团有限公司
锌镍合金电镀废水的治理	60万元	扬中市宏飞镀业有限公司
大宽厚比1.5毫米、2毫米厚铜排开发	40万元	扬中凯悦铜材有限公司
铜基钎焊膏材料特性研究及应用开发	30万元	江苏大方金属粉末有限公司
T63/E/G高强钢筋直螺纹套筒机械连接设备的研发	30万元	江苏天舜金属材料集团有限公司
低升糖指数(GI)、口感好的早熟水稻品种的育种和推广	30万元	扬中市新坝镇江花家庭农场
关于提高阻火模块部分产品性能的研发	20万元	江苏欣安新材料技术有限公司
现代船舶晒装高效率设计与制造技术的研究	20万元	江苏中远环保科技有限公司
有机"三废"回收处理技术	20万元	江苏航天惠利特环保科技有限公司
大型双燃料船舶LNG燃气供气系统装置自控集成系统的研发	20万元	长江三星能源科技股份有限公司
基于"碳纤维"或者"石墨烯"的高效加热设备	15万元	扬中市神洲化工电力设备有限公司
210mm高效太阳能组件全自动生产线及配套技术工艺	10万元	江苏绿能电力科技有限公司
大尺寸单晶硅片切割液和硅片清洗剂应用研究	10万元	江苏美科太阳能科技股份有限公司
不同材料组成的工件与锌液反应速度趋同的表面处理技术研究	10万元	江苏中远稀土新材料有限公司
混炼胶、液态胶的技术研发	10万元	江苏天辰新材料股份有限公司
新型交流接触器结构设计	10万元	镇江亘古电力科技有限公司

(郭静)

【中国科大与大全集团成立双碳智能联合实验室】 2022年7月16日，中国科学技术大学与大全集团有限公司在合肥举行"双碳智能联合实验室"合作协议签约仪式。中国科大党委副书记傅尧、大全集团执行总裁葛飞代表双方签署合作协议。双方将整合优势资源，展开创新融合和战略合作，为国家实现"双碳"目标贡献"科大智慧"和"大全力量"。联合实验室的成立是大全集团发展历程中具有里程碑意义的时刻，与中国科大强强联手，双方各司所长、优势互补、携手并进，明确合作方向，寻找更多应用场景，突破关键技术并实现产业化。 (融媒体中心)

【校地合作】 2022年12月12日，扬中市与南京信息职业技术学院举行校地合作签约仪式。为进一步加强人才培养引进，为企业输送各类人才，市人社局与全国30余所高校开展校地合作，合作对象主要为本科院校。签约后，校地合作将覆盖招生到就业全过程，共同组织实施校外实践教学，共同评价学生校外实习、实践工作绩效。南京信息职业技术学院的机电一体化、新能源汽车技术等特色优势学科与扬中工程电气、新能源、先进装备制造、汽车零部件等主导产业深度契合，双方将以就业为导向，联合教学、培养，校地合作更深入，在协作中共创发展。签约仪式前，与会人员现场观摩大全

集团和陈履生博物馆。（融媒体中心）

创新平台

【概况】 2022 年，扬中市把打造高层次科技创新平台作为推动科技进步、创新发展、经济增长的关键举措和核心抓手，深度对接高校院所创新资源，通过强化区域资源统筹，引导产业分工协作，加强政府供给扶持，强化对各类创新平台的激励引导，逐步建立完善创新创业孵化链条和服务体系，夯实创新基础取得明显成效。5 月，科技部火炬中心公布 2021 年度国家备案众创空间名单，扬中 WeWork 帷幄创客空间名列其中，成为扬中市首家国家级众创空间。截至 2022 年，扬中建有 2 家国家级科技企业孵化器、1 家国家级众创空间、1 家国家级星创天地、2 家省级科技孵化器、5 家省级众创空间和 1 家苏南国家自主创新示范区众创社区。（郭静）

5 月，WeWork 帷幄创客空间获批国家级众创空间
（科技局供图）

2022 年扬中市各级科技创新平台建设一览表

表 17

项目类别		项目名称	承担单位
国家级	国家科技企业孵化器评优	2021 年度国家级科技企业孵化器评价结果 优秀(A 类)	扬中市新坝科创服务有限公司
		2021 年度国家级科技企业孵化器评价结果 良好(B 类)	扬中市科技创业服务中心
省级	省科技企业孵化器评优	2021 年度省级科技企业孵化器评价结果 良好(B 类)	扬中市新坝科创服务有限公司
		2021 年度省级科技企业孵化器评价结果 良好(B 类)	扬中新城科创服务有限公司
		2021 年度省级科技企业孵化器评价结果 良好(B 类)	扬中市科技创业服务中心
		2021 年度省级科技企业孵化器评价结果 良好(B 类)	扬中市八桥船舶工业园建设有限公司
省级	工程技术研究中心	江苏省智能化电气元器件工程技术研究中心	大全集团有限公司
		江苏省智能数据机房电源管理设备工程技术研究中心	江苏香江科技股份有限公司
		江苏省智能输配电干线系统工程技术研究中心	江苏士林电气设备有限公司
	新型研发机构奖补	华北电力大学扬中智能电气研究中心新型研发机构奖补	华北电力大学扬中智能电气研究中心
	技术转移奖补资金	省技术转移输出方奖补	江苏新韩通船舶重工有限公司
		省技术转移吸纳方奖补	江苏大津重工有限公司
		省技术转移吸纳方奖补	江苏骅通船舶工程设备有限公司
		省技术转移吸纳方奖补	江苏培城电气有限公司
		省技术转移吸纳方奖补	江苏亿能电气有限公司
		省技术转移吸纳方奖补	江苏冠卓电气有限公司

续表 17

项目类别		项目名称	承担单位
省级	研究生工作站	江苏省研究生工作站	江苏士林电气设备有限公司
		江苏省研究生工作站	镇江西门子母线有限公司
		江苏省研究生工作站	大全集团有限公司
		江苏省研究生工作站	江苏华强新能源科技有限公司
		江苏省研究生工作站	江苏美科太阳能科技股份有限公司
		江苏省研究生工作站	汇森生物设备镇江有限公司

(郭静)

【“大津创客吧” 获批镇江市级备案众创空间】 2022 年 11 月，镇江市科技局公布 2022 年度镇江市级备案众创空间名单，西来桥镇的“大津创客吧”获批，扬中市 6 个镇(街道、经开区)科技孵化载体实现全覆盖。大津创客吧是由江苏大津重工有限公司 2021 年创办和运营的综合型创新创业平台，总面积 1100 平方米，引进 5 个创业团队和 10 家科技型初创企业入驻。 (郭静)

【新坝国家级科技企业孵化器获评优秀】 2022 年 12 月，科技部火炬中心发布国家级科技企业孵化器 2021 年度评价结果，扬中 2 家国家级科技企业孵化器通过评价。其中位于新坝镇的扬中市智能电器科技创业服务中心入选优秀榜单，连续多年蝉联国家级科技企业孵化器“A 类”(优秀)评价。 (郭静)

【扬中市卓越工程师发展中心启动】 2022 年 5 月，扬中市卓越工程师发展中心在市委人才工作会议上启动。中心以“政府搭台、企业问需、专家出智、互利共赢”为发展模式，重点开展“一智库两平台”建设，促进协同创新，解决扬中智能电气产业科技创新堵点、技术转化难题和人才招引困境。截至 2022 年，专家智库基本建成，吸纳包括西安交大、东南大学、华北电大等国内电气类知名高校院所的专家教授 46 位。 (郭静)

【女科技工作者联盟成立】 2022 年 3 月，扬中市女科技工作者联盟成立。第一届会长由江苏美科太阳能科技股份有限公司扬中工厂总经理、浙江大学硅材料国家重点实验室硕士冯琰担任。联盟由市委组织部人才办、妇联、人社局、科协等部门共同组建，现有会员 30 余名，来自生物医药、新能源、机械制造、生态环境、农业种植养殖等多个行业。联盟将不定期举办巾帼科创论坛、研讨会，为女性科技人才搭建成长交流平台。组织开展科技进高校、进企业、进乡村活动，推动产学研融合发展，参与市妇联公益课堂学习，助力会员自我提升，对接养老托幼家政、家庭婚姻咨询等服务，免去女性人才家庭后顾之忧。 (融媒体中心)

5 月 20 日，扬中市电气工程师协同创新中心启动仪式
(科技局供图)

教 育

综 述

【概况】 2022，扬中教育系统以创建义务教育优质均衡发展先进市和国家学前教育普及普惠县为统领，以办好人民满意的教育为目标，全力推进扬中教育事业实现高质量发展，教育现代化建设监测得分再次名列全省首位，入选教育部“义务教育优质均衡先行创建市”名单。加强教育系统领导干部作风建设和廉政警示教育，加强队伍建设，提升学校管理能力。多措并举，以务实回应社会关切，加快教育资源建设，做实人才培养工程，力推教育改革落地，树立五育融合品牌，2 所学校获评“镇江市书香校园”，28 人获评省市三好学生、优秀学生干部；全市学生体质健康合格率 97.28%，优良率 61.11%。10 月 18 日，江苏省扬中市招生委员会办公室更名为扬中市教育考试中心。 （文婷）

【扬中市入选教育部义务教育优质均衡先行创建市名单】 2022 年 4 月 20 日，教育部办公厅公布义务教育优质均衡先行创建县(市、区、旗)名单，江苏有 5 个县(市、区)入选，扬中为其中之一。近年来，扬中市高度重视教育事业发展，坚持政策优先保障、资源优先布局、经费优先安排、编制优先解决“四个优先”战略；从集团办学到集群发展，逐步形成了校园环境一样美、设施设备一样齐、公用经费一样足、管理水平一样高、教师素质一样好、学生个性一样得到张扬、校园安全一样得到保障、人民群众一样满意“八个都一样”的均衡特色。2013 年创成全国首批义务教育基本均衡发展市；2015 年创成江苏省首批义务教育优质均衡发展市；2017—2021 年，连续五年位列省教育现代化监测第一名；2022 年被教育部认定为全国义务教育优质均衡先行创建市(全省五家)，现申报创建全国义务教育优质均衡发展市。 （文婷）

【“实学课堂”教学改革】 2022 年，扬中教育系统先后出台《扬中市“实学课堂”研究指南》《扬中市“实学课堂”基本内涵》等文件，组织各科研训员制定《扬中市“实学课堂”义务教育阶段评价量表》，举办“实学课堂”专场教学活动及学科教学竞赛 39 场次；切实落实课堂“提质增效”任务。健全三级责任研训体系，组建学科核心团队 33 个，组织学科教研核心团队开展扬中市义务教育阶段实学单的组稿与审稿，推进“实学单”的校本使用，将“实学单”的研究植根于课堂中，通过实践，推动课堂教学变革。健全作业管理办法，编制《扬中市义务教育高质量学科校本作业体系设计与实施指南》，加强对学生作业设计、布置、批改等的统筹管理，减轻学生作业负担。丰富课后延时服务资源，全面推行课后服务“5+2”模式，根据校情制定课后服务“一校一案”，做到基础课程实现全面保底、拓展课程专注兴趣培养。扬中市外国语小学被评为江苏省“双减”示范创建学校。 （文婷）

【“十户联防”护学联勤工作】 2022 年 9 月 29 日，扬中市公安局、教育局“十户联防”护学联勤工作启动仪式在扬中市外国语小学举行。“十户联防”护学联勤工作站新模式是指由辖区派出所、交警大队、巡特警大队、学校护校(园)队、校园保安、社区工作人员和沿街面个体工商户、商场超市内保人员、物业保安、企事业单位保安等组成护学联勤工作站，通过多方合力守护学生平安出入。 （文婷）

9 月 29 日，扬中市举行“十户联防”护学联勤工作启动仪式 （公安局供图）

【家长学校】 2022年,扬中加快建设城乡家庭教育指导服务体系,促进家校双向合力减负。组织学习《中华人民共和国家庭教育促进法》,参与教师3000余名、家长5.3万余名。组织线上唤醒讲座6场,家长收看6.95万人次。开展线上、线下读书交流活动328次,参与家长4.24万人次。开展教学开放日、家长义工、家长督学、亲子活动等实践活动165场,扬中市家长学校总校获评2022年全省教育系统先进县(市、区)家长学校总校。 (文婷)

学前教育

【概况】 2022年,扬中以创建“国家学前教育普及普惠县”为契机,以“江苏省幼小衔接实验区”项目建设为抓手,组建“幼小衔接研究共同体”,在全省率先建立幼小衔接课程体系。编制《扬中市幼儿园幼小衔接行动指引》,以联合研修全力推进教师衔接;建立家、园、校三位一体的幼小衔接互动圈,以贴合生活实践的案例、举措,指导教师、家长开展幼小衔接工作。持续推进幼儿园课程游戏化建设,在基于质量提升的班级区域环境创设评估研究的“轮值式”片区教研上,研制符合园所实际的环境创设评量表,为保教实践问题的解决提供精准服务;深度学习解读《评估指南》,聚力教师雁阵式发展,聚焦保教活动质量提升,优化“六个一”常态化研训模式,实施“男教师联盟”“青年教师成长营”“业务园长沙龙”等教师培养方式,为教师成长提供专业支持;构建幼儿园高质量的一日生活样态。 (文婷)

【新坝镇中心幼儿园获国家级教学成果奖提名】 2022年,扬中市新坝镇中心幼儿园“农村园‘一童一案’的十二年实践探索”课题项目获得2022年国家级教学成果奖提名。项目聚焦农村园“关注、诊析、支持每个孩子”,秉承因材施教原则,树立以“儿童工作坊”支持每一个的课程理念,教师恪守“面向全体、面向人人”教育观,一日生活中坚持“看到儿童、更要看到每一个儿童”,灵活选择观察方式如站位、记录方法等适宜有效“看到”并努力“看明白”且力求“呼应”每一个。摸索出以“儿童工作坊”支持每一个的组织形式,打破全天均整齐划一的班级授课形式,关注一个或几个孩子共同需求、身心发展特征及发展目标,以“坊”活动载体实现师幼“一对一或几个”。形成以“儿童工作坊”支持每一个的课程样态,工作坊中课程目标关注发展共性和个性,提供不同层次挑战选择。课程内容审议、预设、动态生成,打破整班一个主题,实现多个微型主题并行或联结。课程实施由幼儿自主选择工作坊空间、时间、同伴、资源、学习方式和互动对象等。课程观察评价启动“一童一案”,全程关注每一个,量身定制一对一支持策略,教师调整策略呼应每个孩子学习过程。 (文婷)

义务教育

【概况】 2022年,扬中市整体推进义务教育课程和育人方式改革,全面提升教育教学质量。加强农村学校校本课程研发,打造具有校园文化底蕴的特色品牌,让每个孩子在家门口就能“上好学”。加快推进教育信息化建设,以智能化、信息化赋能义务教育优质均衡发展。推进教育评价改革,充分考虑不同教育领域、不同学段特点,探索基于五育并举的多维学习生态评价机制,全面实施“初中学生综合素质发展性评价”,准确把握中考改革方向,推动“双减”政策落细落实,促进教育均衡发展。扬中市外国语小学、兴隆中心小学、新坝中学分别获评教育部第三批乡村温馨学校、江苏省“双减”示范学校、江苏省心理健康教育特色学校。注重内涵建设,扬中市实验小学“沉浸阅动:阳光儿童‘正心朗行’的品格提升行动”获评2022年江苏省中小学生品格提升工程“精品”项目。扬中市外国语小学“支持儿童挑战性学习的支架建构实践探索”项目以全省第三名的成绩获得2022年江苏省基础教育前瞻性教学改革实验项目结项评审“优秀”等第。 (文婷)

实验小学课堂 (融媒体中心供图)

【小学生科技节】 2022年11月25日,扬中2022年“学习二十大 科创育新人”小学生科技节在长旺中心小学举行。活动现场,全市各小学的学生代表观摩精彩的车辆模型、航空模型表演,外国语小学教育联盟各校带来水火箭、火柴大力士、空气大炮、淹不灭的蜡烛等有趣的科学小实验;学生参与科技大篷车中利用光、声、电等原理制作的科技项目,在趣味体验中了解各种科学小知识。全市各小学的学生代表参加、观摩小学生科技知识竞赛总决赛。明珠小学、丰裕中心小学和油坊中心小学获得知识竞赛一等奖。（文婷）

【校园慈善文化建设项目】 2022 年 9 月 5 日，“育慈善心 向广善行”校园慈善文化建设项目获第六届“江苏慈善奖”“最具影响力慈善项目”。“江苏慈善奖”是江苏省公益慈善领域最高奖。“育慈善心 向广善行”校园慈善文化建设项目由慈善总会联合八桥中学实施，项目通过在校园中融入慈善文化、创建活动平台、组织慈善活动、设立慈善课程、开展多元评价等途径，让青少年儿童了解慈善文化、学习慈善知识、培育慈善意识，成为有大爱大德大情怀的一代新人。5 年来，项目经过 7 校试点、多校实施，实现全面覆盖，全市在各镇（街道、经开区）打造八桥中学、联合中心小学、第一中学等 7 个扬中市级校园慈善文化基地，其中八桥中学和永胜中心小学被评为“镇江市校园慈善文化教育基地”，八桥中学被江苏省教育厅、江苏省慈善总会命名为“江苏省校园慈善文化示范教育基地”。（文婷）

普通高中教育

【概况】 2022 年，扬中市坚持“一生一册”，组建跟踪辅导团队，做好拔尖生培养工作。细化高中课堂建设要求，着力打造“以人为本、以学定教、能力为先、富有生机”的高效课堂。持续开展入驻式教学视导，有效建立基于省内外名校、名市的“第三方视角”和“专家助力”的教学支架。组织开展高中教师核心素养技能大赛，引领教师在“研教、研学、研考”上多花心思，聚焦重点难点热点，以最有力的举措开展生动多样的学科实践。高考质量持续提升，3 人被清华大学录取，600 分以上 57 人。扬中市第二高级中学被认定为“江苏省青少年航空科普教育基地”和“镇江市青少年科技创新后备人才培训基地”。（文婷）

【“白扬教育协作新高考”专题培训】 2022 年 8 月 7—9 日，扬中市教育局组织部分高中骨干教师前往白水，在白水中学开展“白扬教育协作新高考”专题培训。围绕招生模式分析、生涯规划指导、教学改革策略、教学改革探索等主题作专题讲座，并开展交流研讨，进一步帮助白水高中教师了解新高考改革，找准定位，规划方向，应对新高考挑战。（文婷）

特殊教育

【概况】 2022 年，扬中市聚焦课程标准，加强课程建设，开展融合课堂研究，推进特殊教育由公益性事业向专业性事业转变，探索“量身定制”式个别化教育。细化三生课程的课程目标及评价任务分解工作，探究主题式、活动式、游戏式的教学方式，实施协同教学，提高课堂教学实效。建成“融合教育云平台”，制定《九类障碍儿童支持手册》，成功申报特殊教育发展“江苏省融合教育示范区”，扬中市丰裕中心小学创成“江苏省融合教育示范校”。（文婷）

【江苏省特殊教育发展工程项目申报】 2022 年，扬中市特殊教育指导中心成功申报江苏省特殊教育发展工程项目“区域融合教育推进的本土化实践与探索”。项目申报类别为融合教育示范区，建立普特融合教研制度，为有随班就读需要的学校提供特殊教育资源，完善“一人一案”档案管理。紧抓师资专业培养、巡回指导质量和研学课堂教研，探索区域残疾儿童和普通儿童共同成长的“个别化教学”融合教育模式。探求融合教育内涵发展的生长点，开发基于内容标准的学业评价设计指南资源，编制《九类障碍学生支持手册》（讨论稿），规范教师教学、学生学习、课堂活动等，形成课堂有效教学标准规范。（文婷）

职业教育和社会教育

【概况】 2022 年，扬中市深化教育教学改革，全面提高人才培养质量，推行现代学徒制和企业新型学徒制，开展“大国工匠”“劳动模范”“优秀毕业生”进校园等活动。加快推进省扬中专技工学校创建，创成首批省民族团结进步示范区示范单位。以成教中心机构改革为契机，进一步整合全市社区教育资源，办好“全民终身学习”活动周，创成中成协社区教育特色品牌 1 个、省级优质项目化基地 1 个。（文婷）

【企业新型学徒制】 2022 年，江苏省扬中中等专业学校、江苏银佳企业集团有限公司合作举办 2022—2023 年度企业新型学徒制培训班。企业新型学徒制以“招工即招生，入企即入校，企校双师联合培养”为主要内容，是职业培训改革创新举措，对于企业用工升级改造，优化高技能人才培养机制，促进劳动者高质量就业等具有重要的意义。学校积极探索校企深度合作,力争做到从初级工、中级工到高级工培训的全覆盖,为全市广大企业培养适应企业发展的高水平技能人才和高素质技能工人。 (文婷)

江苏省扬中中等专业学校 (融媒体中心供图)

【中职职教高考文化统考】 2022年5月21—22日,江苏省2022年中职职教高考文化统考举行。扬中302名考生参加考试,考点设在金山学院,14个考场。这是新修订《中华人民共和国职业教育法》实施后的首次考试,由之前的普通高校对口中等职业学校单独招生文化统考变更为中职职教高考文化统考。 (文婷)

教育投入与建设

【概况】 2022年,扬中市累计实现教育支出10.66亿元(含教育费附加和地方教育附加费),其中一般公共预算教育经费占财政一般公共预算支出15.96%,财政预算内教育拨款8.59亿元(不含教育费附加和地方教育附加费)。征收1.18亿元,其中教育费附加7075万元,地方教育附加费3105万元。义务教育阶段生均公用经费标准比省基准有较大提高。小学生均公用经费省定标准为每生每年700元,扬中市按1000元执行;初中生均公用经费省定标准为每生每年1000元,扬中市按1300元执行,对小学不足600人的按600人拨付,初中不足500人的按500人拨付;非义务教育阶段的普惠性幼儿园(含普惠性民办幼儿园)生均公用经费按照每生每年650元、高中阶段生均公用经费每生每年1100元执行。 (文婷)

【优化教育资源配置】 2022年,扬中市建成第一幼儿园、丰裕小学食堂综合楼,完成三跃小学回迁和新坝镇中心幼儿园一号楼改造工程,文化新村幼儿园、城西小学均提前完成年内预定目标任务。青苗幼儿园完成移交并投入使用,复旦上雅园幼儿园进入交付程序,新增小区配套园基本按既定目标建成。 (文婷)

教师队伍建设

【概况】 2022年,扬中市坚持把政治标准放在首位,落实干部培养工作的主体责任,打造"政治坚定、德才兼备、治校有方、素质优良"的校长队伍。规范干部选拔任用程序,严格按照《党政领导干部选拔任用工作条例》的要求,按照动议、民主推荐、考察、讨论决定、公示、试用期等规定程序进行,并报市委组织部同意后实施。在选拔过程中,做到"凡提四必"(个人有关事项必核,干部人事档案必审、纪检监察机关意见必听、线索具体的信访举报必查)。暑期提拔任用26人,调整交流44人。强化校级干部考核。实施任期目标责任制考核,签订《校长任期目标任务书》,在任期届中考核与任期届满评估中,德才表现突出的,提升职务或予以奖励。锻造"江洲名师"品牌,2名教师晋升正高级职称,4名教师入选江苏省第六期"333高层次人才培养工程"培养对象,获省级教学竞赛一等奖4人、二等奖4人,镇江市级教学竞赛特等奖4人、一等奖31人。 (文婷)

【分管校(园)长分类考核】 2022年6月,扬中教育系统启动校长队伍分类考核工作。考核分述职述廉述法述安、民主测评和综合素质评价几方面,在前期述职述廉和民主测评的基础上,7月19—26日,教育系统举行分管校(园)长综合素质考核答辩会。107位分管校(园)长参加答辩。答辩会按照不同学段设置幼儿园业务、后勤园长,中(小)学教学、德育、后勤校长专场等8个专场。汇报主题包括"双减"背景下课堂教学"提质增效"的工作思路,课程游戏化过程中的工作举措、后勤管理包含的要素及关系等,必答题、抽答题主要围绕教师队伍建设、课程改革、亮点经验、常规管理、应急处置等方面展开,全面考察分管校(园)长综合素养。(文婷)

【"风华杯"教学比武总决赛】 2022年11月22—30日,扬中市举行"风华杯"教学比武。比赛基于义务教育新课标和"实学课堂"20项指标要求,面向义务教育阶段文化类学科,全市102名优秀教师参与角逐。比赛采取现场课堂教学评审方式,优化教育集群发展,促进片区教研活动全学科、全学段覆盖。评选出特等奖15个、一等奖27个、二等奖60个,10所学校获评优秀组织奖。 (文婷)

文 化

综 述

【概况】 2022年，扬中市文化工作坚持围绕中心、服务大局，主动适应发展新常态，凝聚发展正能量，为全市高质量发展提供强有力的精神动力。文化馆组织文艺骨干下基层，开展各类临展、文艺辅导活动百余场；图书馆高效开展全民阅读活动，谋划“我们的节日”“故事妈妈绘本悦读会”“扬图有声”等栏目，组织阅读进社区、进企业、进校园、进军营等活动；市博物馆首次推出夜场开放活动，举办“中秋奇妙夜”专场活动，搭建馆校平台，致力打造校外优质课堂。举办第十七届社区(农民)文化艺术节系列活动，实施文艺播种计划388场，全民艺术普及活动208场，举办各类社教活动439场，线上线下文艺展演108场，送电影下乡720场。创作小戏《天涯有路》及舞蹈作品《我心飞扬》参加省第十五届五星工程奖片区选拔赛。开展“周末戏相逢”“戏曲进校园”巡演活动，市锡剧团组织优秀传统剧目、原创锡剧《太平洲上》及原创新编小锡剧《绝处有爱》，分别走进村社和企业开展63场演出，组织优秀文化志愿者开展戏曲进校园活动46场。 (徐晶)

【文艺成果】 2022年，扬中市在省级及以上发表、参展、获奖的文艺作品40余件，市作协18篇作品在“学习强国”学习平台的《我家的“人世间”故事》征文大赛专栏发表，3篇登上全国平台，姚毅《远去的收音机》获优秀作品奖，总阅读量158万人次；范继平的《溢绿园》获得第五届江苏省报告文学奖提名奖；黄楠短篇小说《艾诺和他的妻子》在《朔方》文学期刊发表并配发创作谈；姚毅散文《延安旅游散记》获得“延安杯”中国最美游记——第六届文学大赛优秀奖。市书画家协会陈文油画《七月·霞满江洲》入选江苏省第八届美术作品展，油画《江南港湾·强国梦》获得第十一届程及美术奖，油画《编织美好生活》入选第十二届江苏省油画展；郭春海刻字《大漠驼铃》入选文化和旅游部主办的“第七届丝绸之路国际艺术节”；王中明中国画《洛神赋》入选江苏省第二届群文书法精品双年展；张立春书法《王安石诗一首》入选江苏省第十三届新人展；陈世荣中国画《河豚岛上处处歌》在《人民日报》主办的“迎两会全国展”获评优秀奖；程妍书法《篆书司空图诗一首》、蔡慧敏书法《隶书条幅》入选江苏省“百花争艳”女书画家作品展；王美玲油画《月笼清秋》、卜琳中国画《芳华》入选“筑梦丹青” 江苏省第三届中小学教师美术作品展；陈文、王美玲2幅作品入选“新时代颂”江苏美术摄影作品联展，其中陈文作品被省现代美术馆收藏。市戏曲家协会原创现代大戏《太平洲上》获得江苏优秀文艺成果奖励。市摄协吉战顺、张康伟、鄂启桂摄影作品《江中古城 鱼水情浓》在《中国国防报》发表；朱武江的摄影理论文章《配体的功能及表现形式》被《中国摄影报》收录；陆虎作品《海边的侘寂之美》入选24届江苏省摄影艺术展；范永贵、方志飞、陈文、王雪琴的摄影组图《美丽乡村入画来》被“学习强国”学习平台选用。市民协奚彩军玉雕《龙腾鼎盛》获得第十六届中国玉石雕神工艺术大展特别金奖，玉雕《飞黄腾达》获得江苏省第十三届艺博杯工艺美术精品大奖赛铜奖；孔庆璞“扬中河豚食俗”入选第七届中国非物质文化遗产博览会；孙永青剪纸《我们走在大道上》获得江苏省非遗传承技艺大赛优秀奖，套色剪纸长卷《富春山居图》入选江苏省第十三届“艺博杯”工艺美术精品大奖赛。 (王雨童)

文化活动

【第十七届社区（农民）文化艺术节】 2022年8—10月，扬中市以“喜迎二十大 永远跟党走”为主题，举办扬中市第十七届社区(农民)文化艺术节。8月4日，扬中市第十七届社区(农民)文化艺术节在八桥镇利民村开幕，活动分“红色展游”“专场演出”“浪漫利民”3个板块，沿孝德路、连心桥、草坪会场、红心路、游客中心构成一个开放式的文旅活动线路展示社会主义新农村建设成果，晚会通过国家公共文化云网络直播，向全国推介扬中。艺术节期间开展“乡村振兴 文旅共赴”文化旅游季系列活动、“喜迎党的二十大” 系列万人主题活动、“德润江洲 文明有我”系列活动、“文化暖心”系列文化惠民活动,为全市人民献上文化艺术盛宴,推动全市文化事业高质量发展。 (李永强)

【大型原创锡剧《郭克生》首演】 2022年5月,扬中市大型原创锡剧《郭克生》在新坝大剧院进行全市首场演出。作为2022年度重点文艺创作项目,该剧讲述扬中市已故全国劳模、原联合村党支部书记郭克生对党忠诚、一心为民的感人事迹。全剧分为抗洪抢险、开河治水、解决温饱、工业之路、大爱情怀、病房心声、深情缅怀七场戏,从不同视角展示郭克生一心为民、无私奉献的宝贵品质和带领群众战天斗地振兴乡村的工作业绩,展现当代基层干部砥砺担当、勇担使命的灼灼风采。 (李永强)

【《太平洲上》入选省扶持剧目】 2022年,江苏省文化和旅游厅公示2022年省舞台艺术精品创作扶持工程遴选结果名单,全省16部剧目入选,扬中市大型原创锡剧《太平洲上》入选扶持剧目,获得省级资金资助。大型原创锡剧《太平洲上》讲述太平洲江滨村党委书记林玉芬与村慈善工作站站长严宗慈扶持贫困户徐东保一家走出困境奔小康的故事。锡剧《太平洲上》入围省“喜迎二十大”新时代现实题材作品巡演。先后前往东台市王昆大剧院、常州市凤凰谷大剧院及常州市武进区各镇街区开展巡演。 (徐晶)

原创锡剧《太平洲上》 (融媒体中心供图)

【爱心艺术团成立】 2022年8月18日,扬中市举行爱心艺术团成立仪式。爱心艺术团将弘扬慈善文化、宣传慈善理念、营造慈善氛围作为主要职责,采取戏剧、小品、说唱、歌舞等群众喜闻乐见的文艺样式,宣传扬中慈善特色活动、品牌项目、典型事例和先进人物。成立仪式上,爱心艺术团揭牌;爱心艺术团名誉团长、团长、艺术顾问、艺术总监、副团长颁发聘书;爱心艺术团团长发言。 (融媒体中心)

档案工作

【概况】 2022年,扬中市档案馆贯彻落实习近平总书记对档案工作提出的“四个好”(保管好、利用好、记录好、留存好)、两个“服务”(服务党和国家工作大局、服务人民群众)目标要求,落实“为党管档、为国守史、为民服务”责任,加强档案安全体系、治理体系、资源体系、利用体系、信息化、队伍建设。全年档案馆接待参观1000余人次,其中中小学生参观500余人。收集整理8篇口述文稿入选江苏省档案馆《江苏乡村记忆》系列丛书。 (朱颖)

【国家档案局科技项目中期评审】 2022年9月15日,国家档案局科技项目中期评审会以线上会议形式召开,市档案馆科技项目“探索行政村档案资源建设与共享利用”参加评审。评审组由省档案局、省档案馆、南京市档案馆业务骨干组成,国家档案局科信司信息化处处长程春雨受邀参加。市委办副主任、局馆长唐健代表市档案馆项目组向评审组汇报项目的选题背景、进展情况以及下一步打算。项目以行政村档案工作为背景,探索行政村档案资源建设与共享利用的实现路径,旨在推进乡村生态、文化、经济的和谐发展,从档案视角全力服务乡村振兴战略。评审组充分肯定项目,指出要进一步聚焦行政村档案建设问题,总结经验做法,完成课题研究报告撰写,为项目结题做好准备。下一步,市档案馆将根据评审组反馈意见,立足扬中市行政村档案工作实际,加快推动项目研究、论文发表,确保顺利结题。 (朱颖)

【档案年检工作】 2022年10月起,扬中市档案馆通过网上年检和实地抽查相结合的形式,针对全市各镇(街道、经开区)、机关企事业单位、行政村开展档案年检工作。围绕档案年检工作,档案局、档案馆印发《关于开展档案工作年检的通知》,要求各单位做好2021年档案整理工作,并上报年检自查表格。10月,业务科室通过数字档案室系统查看各单位档案整理情况,重点检查档案资料收集是否齐全、档案目录输入是否规范、保管期限划分是否准确。11月,档案馆组织对部分单位实地抽查,对存在问题较多的单位下发整改通知书。各协作组负责人为各单位提供业务指导、督促整改,确保2021年档案规范整理到位。档案馆根据检查、整改情况下发档案年检情况通报,通报检查情况和检查结果,年检结果作为2022年度全市高质量发展考核中档案管理专项工作考核的重要依据。 (朱颖)

【优秀非遗摄影作品征集】 2022年10月,扬中市档案馆征集到文体广电和旅游局2020年举办的首届非遗摄影大赛优秀作品电子照片,方志飞、祝红卫、张德峰等摄影爱好者参赛的90幅优秀摄影作品收入馆藏。摄影作品从不同角度记录扬中竹编、扬中箫笛、河豚食俗、虎头鞋、舞龙、面塑、玉雕、剪纸、柳编、玉雕、扬中木雕等非遗项目特色,展示扬中非遗文化的魅力。摄影作品的收录丰富了市档案馆的馆藏资源,为《扬中市非遗传承人口述史》书籍编撰提供优质图片素材。市档案馆通过展览、编研、宣传等方式,开发好、利用好非遗图片资料,充分展示扬中优秀传统文化,提升非物质文化遗产的传播范围和影响力,发挥档案存史、资政、育人功能。 (朱颖)

【“喜迎二十大·档案颂辉煌”系列活动】 2022年6—8月,扬中市档案馆举办“喜迎二十大·档案颂辉煌”系列活动。推进“走进档案馆”活动,开展“喜迎二十大 争做好少年”等爱国主义教育活动10余场,加强青少年爱国主义、理想信念教育,培养爱党爱国爱家乡的信念。档案馆坚持“走进来”与“走出去”相结合,与同心社区、长江花城社区关工委联合开展“追忆扬中历史 感受档案魅力”道德讲堂活动,向社区和学生赠送《江洲记忆》。公益组织“扬中麦田”发起人孙斌在档案馆开设特殊的“一课”,分享从事公益事业的心路历程,鼓励青少年参与进来,当好主人翁,用实际行动传递人间大爱。(朱颖)

6月,档案馆举办“喜迎二十大 档案话端午”活动
(档案馆供图)

【年度档案接收进馆计划】 2022年,扬中市档案馆完成年度档案接收进馆计划。年初,扬中市摸排统计各立档单位档案整理情况,根据各单位档案整理水平和档案信息化情况制定《2022—2024年度扬中市档案馆档案接收计划》,全市94家档案到期进馆单位分三个批次完成移交进馆工作。市档案馆开展档案法规宣传和档案接收业务指导工作,明确档案进馆范围、整理标准和数字化要求,与档案移交单位及时沟通,跟踪档案移交进度。除常规的双套制移交(纸质档案和电子数据同时接收),新增校核流程。校核为人工作业,对照档案实体,逐条核对目录字段,逐页检查扫描页内容和质量,保证档案实体、档案目录、电子扫描件一一对应。此轮接收进馆档案主要为2011年(含2011年)前形成的保管期限为永久、长期(30年)的各门类档案。接收扬中市委办、宣传部、机关工委等20家单位档案336卷又2.38万件,接收电子目录2.98万条,数字化扫描副本:TIF格式78.6GB,PDF格式83.4GB,JPG格式79.6MB。档案实体全部消毒入库,电子目录及扫描件全部导入数字档案馆管理系统。 (朱颖)

史志工作

【概况】 2022年,扬中市史志办以“存史、资政、育人”为根本任务,拓展党史、地方志工作领域。用好党史资源,提升党史工作水平。做好《中共扬中历史(第三卷)》4编、22章内容的修改完善工作。会同市老促会及相关部门,推进红色资源调研普查工作,并通过省级考核验收。优化党史教育基地建设,推荐渡江文化园申报省级党史教育基地。深入发掘地方党史资源,《用好党史资源 传承红色基因》获江苏省党史部门党史优秀成果论文类二等奖,《江抗与挺纵在扬中会师合编的意义研究》《新四军挺进纵队与扬中抗日根据地党的建设》获江苏省党史部门党史优秀成果论文类三等奖。推进志鉴编纂,传承弘扬优秀文化。做好镇村志编纂指导工作。组织学习《关于实施镇村志编纂文化工程的通知》《江苏省镇村志编纂指导手册》,组织全市编纂人员参加全省镇村志编纂文化工程培训。指导并协助三茅街道组织召开街道志书编纂工作推进暨培训会议,宣讲地方志工作相关政策和要求。指导相关镇编纂《八桥镇志》《油坊镇志》等志书,审核《江苏名镇志·三茅街道志》,完成《扬中市住建志》终审。出版发行《扬中年鉴(2022)》,《扬中年鉴(2021)》获2022年江苏省年鉴质量评审三等奖。加强地情资料开发利用,《江苏省名镇名村志——新坝镇志》《我从哪里来——扬中百家姓氏

探源(续编)》获江苏省史志作品优秀成果。协助省地方志办公室开展“寻找身边的卢沟桥”活动,与《扬子晚报》“紫牛视频”合作制作短视频《烽火名桥》第二期《激战两桥 痛歼日军》。开展史志“七进”活动,史志书籍走进市图书馆、河豚文化馆、油坊镇鸣凤村、三茅街道永和村、“培根简师”旧址等单位,全年赠送史志书籍500余册,开展史志宣传10余场。组织史志书籍亮相江苏书展,与市图书馆签署共建协议,加快史志成果转化。

(史志办)

【2部史志作品获评2022年度省史志作品优秀成果】 2022年9月15日,江苏省地方志办公室通报2022年度全省史志作品质量评定结果,扬中市2部史志作品被评定为2022年度江苏省史志作品优秀成果,分别是《江苏省名镇名村志——新坝镇志》《我从哪里来——扬中百家姓氏探源(续编)》。江苏省史志作品质量评定工作每两年开展一次,此次全省有152部作品进入复评,最终84部作品获评,其中镇江地区6部。史志作品质量评定工作是对两年来全省史志作品编纂成果的一次集中展示,也是对地方志工作的一次全面检阅,反映各地在传承地方文化、编修精品志书等方面取得的成绩。

(史志办)

图书及出版管理

【概况】 2022年,江苏凤凰新华书店集团有限公司扬中分公司实现营业收入3501.84万元。做好全市党员政治学习书发行工作,发行《习近平谈治国理政》第四卷2021册,《总体国家安全观学习纲要》439册,《中国共产党宣传工作简史》601册。发行《高举中国特色社会主义伟大旗帜 为全面建设社会主义现代化国家而团结奋斗——在中国共产党第二十次全国代表大会上的报告》2.88万册,《中国共产党章程》3.22万册,《中国共产党第二十次全国代表大会文件汇编》779册,《党的二十大报告辅导读本》1624册,《党的二十大报告学习辅导百问》976册,《二十大党章修正案学习问答》615册。年内,发行小学免费教材48.2万册,初中免费教材34.1万册,高中教材11.1万册,连续第44年做好“课前到书、人手一册”全市的教材发行工作。年内开展各类读书活动34场。开展第33届“江洲杯”扬中市青少年读书活动、以“护助少年儿童健康成长 拒绝有害出版物及信息”为理念的“绿书签行动”,开展“年华璀璨”少年成长主题公益讲座等。开展名家讲座线上直播活动18场,1200人次参与互动。开展“新华悦读朗读者”公益活动9场,“凤凰姐姐讲故事”16场,为参加的120余人次发放75折购书优惠券。7月,在江苏省“百家校园文学基地”江苏省扬高中开设首家校园书店——精博书屋。参加“全民阅读春风行动”,向扬中市崇德小学捐赠图书350册,码洋1万元。向三茅街道新联社区赠送图书活动,赠送图书250册,码洋8000余元。参加新时代文明实践中心“三下乡”赠书图书活动,向现场群众赠送图书300册、福字对联200套。

(朱雪萍)

10月,新城社区党委在嘉禾新城开展“中国共产党宣传工作简史”宣讲活动 (融媒体中心供图)

【印刷出版和电影行业监管】 2022年,扬中市委宣传部扎实做好全市52家印刷企业、90家出版物发行单位、5家影院的日常监管及疫情防控工作。按照属地管理原则,印发《关于开展新闻出版和电影行业安全生产风险隐患大起底、大排查、大整治“百日攻坚”行动的通知》等文件,定期在全市范围内开展新闻出版领域危险化学品使用安全专项治理行动,全市新闻出版和电影行业安全生产未发生安全事故。有序推进农村电影公益放映,完成农村公益电影放映696场。2家印刷企业获得省新闻出版发展专项资金扶持,2家影院获得中央、省级乡镇影院建设补贴。

(姚青)

【“扫黄打非”专项行动】 2022年,扬中市委宣传部下发2022年“扫黄打非”行动方案,深入开展“正道”“新风”专项行动,对全市各印刷企业、书店、复打印点、宗教等场所联合开展检查289家次,立案侦办“4·29”贩卖淫秽物品牟利案,开设“护苗·网络安全课”255节,建成标准化邮政快递业“扫黄打非”基层站点3家。“扫黄打非”办和丰裕社区获评省“扫黄打非”工作先进集体,1家基层站点获评省级示范点,1人获省“扫黄打非”工作先进个人称号。

(姚青)

【全民阅读】 2022年，扬中市印发《2022年扬中市全民阅读工作实施方案》，围绕“阅读新时代，逐梦新征程”主题，高质量举办第九届“江洲读书节”，开展农家书屋示范推广、“书香为伴，文明同行”等各类线上、线下阅读活动千余场次，新增“读来读往”读书角、伊人学堂等阅读新空间50余个，组建阅读志愿服务队89支。“伴阅成长，阳光悦读”项目获省级公益阅读推广活动认证，童学馆获镇江市“最美阅读空间”称号、真人图书馆获镇江市“优秀阅读项目”称号、10人获镇江市“优秀阅读服务志愿者”称号、20人获评镇江市“阅读明星”称号。 （姚青）

【版权管理】 2022年，扬中市委宣传部高质量开展版权管理工作，加强版权登记服务规范化建设，积极动员摄影家协会、美术、文学爱好者等参与版权登记，完成400件作品版权登记量。结合第九届“江洲读书节”“4·26”知识产权宣传周等活动，通过网络、宣传栏、电子显示屏、走进30强企业等多种形式，向市民解读相关法律法规，推进企事业单位软件正版化工作，引导社会各界重视版权保护，提高公共维权意识和能力。 （姚青）

6月，扬中市开展校园周边出版物市场专项检查
（融媒体中心供图）

【第九届“江洲读书节”】 2022年6月23日，扬中市举行2022年第九届“江洲读书节”暨郭克生事迹陈列馆开馆仪式。读书节以“阅读新时代 逐梦新征程”为主题。活动现场发布2022年扬中市10个重点阅读书目，表彰2021年度镇江市全民阅读明星、优秀阅读服务志愿者、优秀阅读项目、最美阅读空间、江苏省公益阅读推广活动认证扶持项目等先进典型。筹备建设两年多的郭克生事迹陈列馆开馆运营。陈列馆包括艰苦岁月、艰苦创业、身先士卒、勇于担当、奔向小康、一心为民、高风亮节7个模块，描绘全国劳动模范郭克生的成长经历与模范事迹。记录郭克生事迹的长篇报告文学《永远的初心》首发。 （融媒体中心）

【精博书屋】 2022年，凤凰新华书店扬中分公司与江苏省扬中高级中学共同打造扬中首家校园书店——精博书屋。书屋7月正式投入运行，现有面积80平方米，图书1500种、近2000册，文化用品600余种，是集阅读学习、展示交流、文化沙龙、师生活动等功能于一体的复合式校园文化场所。精博书屋充分利用凤凰新华优质资源，不定期开展名家进校园等公益活动，丰富学校文化建设，并资助品学兼优的贫困学生等。省扬高中与凤凰新华书店扬中分公司成立“精博杯”阅读与写作大赛组委会，举办以“喜迎二十大 青春著华章”为主题的首届阅读与写作大赛，组委会收到2000多份参赛作品，经过初审再审与终审，评出特等奖46名、一等奖90余名、二等奖300多名，并于12月5日在省扬高中集中举办了颁奖典礼。 （融媒体中心）

融媒体建设

【概况】 2022年，扬中市融媒体中心发挥媒体职能，加快媒体深度融合，探索多平台融合传播，构建一体传播矩阵、“融媒+”体系，打造综合服务平台。“学习强国”App累计采用稿件401篇，其中，全国平台用稿6篇。在《人民日报》及客户端、《光明日报》及客户端、新华社、新华网等中央级主流媒体用稿86篇；传统中央级主流媒体用稿量创新高，新华社用稿12篇，《人民日报》用稿2篇，《光明日报》用稿1篇，央视28分钟专题片1部、新闻报道9条；《新华日报》头版用稿13篇。《美丽中国·扬中篇》短视频在抖音平台的播放量高达3.9万。经统计，全年微扬中视频号推出366条短视频；微扬中推送微信1407篇，总阅读量近500万人次，单条最高阅读量超过11万人次，总“粉丝”量10.48万；扬中发布推送微信1542篇，总阅读量近434万人次，单条最高阅读量超过82万人次，总“粉丝”量突破4万。“掌上扬中”App新增道路交通救助、旅游度假在线预约等专栏，服务功能进一步完善和拓展，注册用户数超10万人。广播节目《李董的早晨》《小城故事多》分别于9月、11月在扬中市融媒体中心抖音直播间上线，在线观看总人数3万余人。市融媒体中心对全市双招双引重点项目“云签约”、第九届“江洲读书节”、新坝首届枇杷文旅节等活动直录播，计16场。承办全市突出贡献企业表彰大会、学习强国主题知识竞赛、新思飞扬

理论宣讲大赛等大型活动12场。携手亚夫生物科技(镇江)有限公司,开展“容稻酒”的宣传和销售,取得良好成效。《行风热线》《法治在线》栏目持续有效运转,服务性更强。小主持人培训活动品牌效应凸显,学员报名踊跃,由5个班、60余名学员,扩充到7个班、100名学员。7—10月,广播电视播出机构许可证、广播电视频道许可证、中华人民共和国无线电台执照(地面无线业务)、中华人民共和国广播电视节目传送业务经营许可证(无线)等执业许可证陆续更新。稿件《3年10例遗体捐赠,不愧是扬中首个全国文明村!》获得2022年度江苏省县级融媒好新闻二等奖;新闻专题《一名基层共产党员的初心》获得2022年度江苏省县级融媒好新闻三等奖。 (王鹏)

【“喜迎二十大 托举新荣光”新闻行动】 2022年,扬中市融媒体中心围绕“迎接、宣传、贯彻党的二十大”主题主线,策划实施“喜迎二十大 托举新荣光”新闻行动,深入宣传中共十九大以来的重大成就和新时代10年的伟大变革,深化“奋进新征程 建功新时代”主题宣传。汇编优秀稿件和专版专题,出版《喜迎二十大 托举新荣光》特刊,全面展示扬中各条战线在党的坚强领导下取得的重大变革、重点突破、重大成就,以实际行动迎接中共二十大胜利召开,展现全市上下踔厉奋发、勇毅前行的精神风貌。 (王鹏)

【庆祝第23个记者节会议】 2022年11月8日,扬中市庆祝第23个记者节会议召开,全市新闻工作者代表参加活动。会议现场宣读市委书记张德军的批示;宣读表彰决定,授予王晨阳等10人“2022年度优秀新闻工作者”称号,授予《江苏扬中:“大众评审”进小区,走出文明共筹新路子》等10件作品“2022年度扬中新闻奖”,授予《江苏扬中:以美丽乡村推动美丽经济》等10件作品“2022年度扬中新闻奖提名奖”,授予“镇江日报社扬中分社”等10家集体“2022年度优秀外宣集体”称号,授予“微扬中”等10家新媒体“2022年度优秀新媒体”称号,授予丁彦文等26人“2022年度优秀通讯员”称号;3位新闻宣传工作者代表发言。 (王鹏)

【《李董的早晨》《小城故事多》抖音直播】 2022年9月13日,《李董的早晨》在扬中市融媒体中心抖音号上开启直播。节目固定于每周一至周五8:00至9:25直播,是一档新闻资讯类节目,节目互通话题新鲜有趣,主持风格幽默风趣。11月3日,《小城故事多》在扬中市融媒体中心抖音号上开启直播,节目固定于每周一至周五12:00至13:00直播,节目内容包括天文地理故事和本土新闻资讯。 (融媒体中心)

非物质文化遗产保护

【“文化和自然遗产日”专场活动】 2022年6月11日是第17个“文化和自然遗产日”。扬中市举行“非遗新实践 献礼二十大”专场文化活动,活动由市文体广电和旅游局主办,博物馆、文化馆、扬中吾悦广场承办。活动现场,展演近10个文化体验、展览项目,打造看得见、能体验、可带走的非遗活动。竹编、拓印、剪纸、面塑等本土传统非遗项目与博物馆馆藏、非遗文化体验、非遗文创、非遗展览等融合设计,形成集市展览。近距离地认识、了解非物质文化遗产,体验和感受传统文化的魅力。“扬博文创·悦见生活”展示铺陈设粗布扇、中草药香包等本土文创产品,激发消费者对非遗的兴趣。 (徐晶)

6月,博物馆举办竹编团扇体验非遗魅力活动
(融媒体中心供图)

【扬中市第三批非物质文化遗产名录申报评审】 2022年,扬中市开展扬中市第三批非物质文化遗产名录的申报、评审及第二批扬中市级非物质文化遗产代表性项目代表性传承人的申报工作,切实保护传承优秀非物质文化。开展全市非遗项目的摸底排查,经过专家组评审,利民八大碗、吴氏肥肠、杨氏红烧甲鱼成功申报为扬中市第三批非物质文化遗产。 (徐晶)

【扬中河豚食俗参加第七届中国非物质文化遗产博览会】 2022年8月25—29日,扬中市非遗项目河豚食俗代表江苏省参加全国第七届中国非物质文化遗产博览会。扬中形成包括孔氏河豚宴、周氏河豚宴、全鱼席等三代、40余个河豚美食种类,从河豚宰杀、清洗、烹饪到上席、品尝均形成一整套行为习俗。 (徐晶)

卫 生

综 述

【概况】 2022 年，扬中市有各级各类医疗机构 137 个。公立医疗机构包括二级甲等医院 2 所，疾病防治机构 1 所，专病防治机构 2 所（与基层医疗机构合署办公，无独立医疗机构执业许可证），妇幼保健机构 1 所，乡镇卫生院 4 所，社区卫生服务中心 3 所，村（社区）卫生室（站）47 所（暂停执业 4 所），政府办厂校医务室（卫生站）4 所。社会办医包括护理院 2 所，小型医院 1 所，眼科医院 1 所，门诊部、诊所、医务室、护理站等机构 71 家。医疗机构病床数 1355 张，每千人床位数为 4.3 张；卫生技术人员 2150 人，其中执业（助理）医师 895 人，注册护士 907 人。每千人执业医师数 2.84，每千人注册护士数 2.88。公立医疗机构（含 2 个二级医院和 7 个基层医疗机构）完成门急诊病人 199.69 万人次，其中二级医院 106.99 万人次、基层 92.7 万人次；出院病人 3.95 万人次，其中二级医院 3.77 万人次、基层 1843 人次；业务总收入 7.28 亿元。 （黄朝华）

【医联体揭牌】 2022 年 7 月 15 日，镇江市第一人民医院与三茅街道城西社区卫生服务中心医联体揭牌，双方共同启动慢阻肺筛查项目。即日起，城西社区卫生服务中心成为镇江市基层医疗卫生机构“慢阻肺综合防治孵化点”。镇江市第一人民医院下沉优质医疗资源，优化资源配置，以管理、技术扶持等手段，提供全方位帮扶指导，在人才培养、资源共享等方面开展深度合作，帮助城西社区卫生服务中心打造特色区域性医疗卫生中心，为患者提供优质连续的医疗服务。双方以慢阻肺筛查项目开启医联体业务合作，项目实施期间，镇江市第一人民医院呼吸内科将提供不定期技术指导、医务人员培训以及设施设备支持，帮助开展慢阻肺高危人群筛查和健康干预。活动现场，举行医联体医院签约仪式，两家医院相关负责人为“慢阻肺综合防治孵化点”揭牌，为医联体医院揭牌。 （融媒体中心）

【智慧健康项目建设】 2022 年，扬中市全面推进智慧健康项目建设。智慧健康项目由全民健康管理和智慧医疗两个项目组成。年内，召开数字扬中一期（全民健康管理平台）项目启动会，智慧健康项目全面启动。完成智慧健康硬件平台二期、人民医院影像存储扩容、CA 认证平台建设项目采购，开展人民医院新机房建设和中医院机房建设工作。 （杨全华）

扬中市智慧养老服务中心 （融媒体中心供图）

疾病预防控制

【新冠疫情防控】 2022 年，扬中市标准化建设救护车洗消中心，建成 4.5 万管核酸检测基地。围绕“保健康、防重症”，全力做好医疗救治工作。组建扬中市新型冠状病毒感染医疗救治领导小组及医疗救治小组，制定分级分类诊疗、巡会诊、转诊等相关制度及流程，指导完成园博园方舱医院（亚定点医院）、市人民医院发热门诊扩容及新冠患者综合病区、基层医疗机构发热诊室等建设工作。组织市级专家每周巡会诊，推进基层医疗机构救治能力提升，统筹调配全市人力资源，落实新冠感染患者分级分类诊疗。全面做好应急物资储备，防护物资储备满足医疗机构满负荷运转 90 天，多渠道采购、调拨紧急药品，缓解医疗机构药品短缺问题，顺利应对第一波感染高峰。强化人员培训，组织医务人员对新冠诊疗方案、新冠防护指南、新冠防控消毒技术操作等规范加强培训工作，组织线上线下业务培训100余场次，培训1.2万人次左右。开展医疗机构疫情防控工作专项检查，检查医疗卫生机构、预检分诊点、发热门诊等，出具检查通报14期，发现并督促整改问题2000余条。（黄朝华、朱纪文、朱月利）

【传染病防治】 2022年，扬中市开展查灭螺和查治病工作，完成钉螺调查2209万平方米，发现钉螺面积226万平方米，灭螺667万平方米。开展血吸虫病检查1.1万人次，无急感病人，通过江苏省血防风险评估。完成疟疾血检339人次，无疟疾病例。艾滋病全人群检测率27.9%，确诊阳性13例。推进省级艾滋病综合防控示范区建设，通过省级专家组评估。发现肺结核病人85例，活动性肺结核患者成功治疗率94.1%，五率指标均高位达标。报告麻风病可疑病例17例，未发现确诊病例，对辖区内35例麻风治愈存活者开展关怀随访，随访到位率、系统录入率100%。（朱纪文、王伟）

【慢性非传染性疾病防治】 2022年，扬中市推动医防融合，推进公卫机构、二级医院和基层医疗机构互联互通。通过第三批国家慢性病综合防控示范区复审。慢病患者自我管理小组规范开展工作，开展心脑血管疾病、社区慢阻肺、糖尿病高危人群筛查、慢病患者自我管理、死因漏报调查等多项省级调查监测项目。开展脊灰、AFP病例及麻风疹病例监测报告与疫情处置，未有AFP病例及麻风疹确诊病例报告做好疑似预防接种异常反应(AEFI)监测，规范调查处置38例AEFI。（朱纪文、王伟）

医政管理

【医疗服务】 2022年，扬中市完善医共体评判体系建设，印发《扬中市医共体基本医疗保险支付方式改革实施办法(试行)》，实现紧密型医共体内部基本医疗保险打包付费管理。完成医共体单位质控检查并现场反馈19次、讲座28次、教学查房2次、专家坐诊78次。实施双向转诊433例，其中上转343例、下转90例。以群众需求和疾病谱变化为导向，柔性引进5个高层次专家团队，新建立5个名医工作站(室)。建立上海市中西医结合学会肿瘤微创治疗合作基地、扬州大学附属医院心脏大血管中心扬中分中心2个技术协助中心。加强学术研究与人才培养，促进学术交流与成果转化，提高全市医院学科技术能力，全面提升整体医疗水平。市人民医院完成首例卵圆孔未闭封堵手术，填补扬中市经导管封堵卵圆孔未闭治疗头痛和预防脑卒中的空白，对先心病治疗技术的发展具有重要意义。新建四级中医馆3个，拥有中医阁22个，建成率50%。新建3个文化角，开展中医药巡诊巡讲、岐黄校园行活动等36场。10人参加基层卫生技术人员中医药知识与技能培训工作。结合工作岗位调整，印发《关于调整扬中市医学会各专业学组成员的通知》，整合医疗资源，全年各学组开展学术交流28次、各类质控活动20次。感染防控学组积极参加各医疗机构、隔离宾馆督查指导工作，开展志愿者新冠感染相关知识及技能培训，累计培训志愿者23批次、727人。（黄朝华）

【医疗行业监管】 2022年，扬中市举办全市医疗机构依法执业培训会，制定印发《扬中市医疗机构依法执业专项整治行动实施意见》，从医疗机构命名等15个方面开展专项整治。印发《扬中市社会办医疗机构信用分级分类监管实施方案(试行)》的通知，制定《信用等级监管评分标准(试行)》，结合信用等级评审结果，依法监管全市社会办医疗机构。全年批准执业登记医疗机构12所，备案中医诊所1所。完成101家医疗机构校验工作，办理医疗机构变更37件，注销医疗机构3件。完成医师注册40人，变更35人；护士注册6人，延续注册14人，变更53人。（黄朝华）

【基本公共卫生服务】 2022年，扬中市继续将慢病管理作为有偿签约的重点，其中无偿签约服务包6个，有偿签约服务包15个，在全市所有村卫生室、“4+N”[签约服务原则上采取“4+N”的团队服务形式，“4”是指二级医院的专科医生、专业公共卫生机构医生、基层医疗机构的全科医师、村卫生室(社区卫生服务站)的乡村医生，“N”是指社区护士、公共卫生医师、技师、药师等其他卫生专业技术人员，还可吸收健康管理师、心理咨询师、社(义)工、社会志愿者等加入团队担任家庭医生助理]家庭健康责任团队和门诊医生中实施签约服务，全市常住人口31.55万人，签约10.56万人，常住人口签约率33.49%，建档立卡的贫困人口和计生特扶家庭做到应签尽签，全市老年人、孕产妇、0~6岁儿童、残疾人、慢性病等十类重点人群13.37万人，签约服务10.25万人，重点人群签约率76.67%。提高健康档案的工作质量,完善健康档案,删减档案信息不全,死档废档等,加强流动人口建档工作,累计建立电子健康档案30.17万份,建档率96.54%,健康档案使用率56.24%。

(王毓彬、王伟)

【对口支援】 2022年,扬中市持续完善城市医生晋升职称制度,城市医生晋升前必须到基层医疗机构进行对口支援,安排9名二级医院医生到基层医疗机构参加支援服务。组织做好东西部对口扶贫工作,安排4名医务人员进行为期6个月至1年的对口援疆援陕,安排3名医务人员进行为期1个月的对口援陕。

(黄朝华)

卫生科技与教育

【卫生科技】 2022年,镇江市重点研发计划(社会发展)项目立项2项,镇江市社会发展指导性科技计划项目立项12项。申报扬中市社会发展项目14项,完成镇江市科技项目结题验收2项。全系统撰写科技论文73篇,其中,SCI(科学引文索引)3篇,国家级杂志期刊42篇,省级杂志期刊28篇。以线上+线下相结合的方式,举办镇江市级继续教育讲座21期,培训学员4200人。承办第四届中国河豚岛消化和消化内镜学术研讨会。

(黄朝华)

【人才、专科建设】 2022年,扬中市11名医师参加住院医师规范化培训,7名医师参加助理全科医师规范化培训,2人参加江苏省城乡基层卫生机构管理人员培训班,3人取得全科医生转岗培训合格证书。47名医务人员赴上级医院进行进修、培训。1人成为镇江市青年科技人才托举工程资质培养对象。结业考核第二批镇江市老中医药专家学术经验工作,扬中市3名学术经验继承人通过考核。继续落实护士规范化培训考核、年轻护士临床工作能力考核和市级专科护士培养计划,42人通过镇江市临床护士规范化培训,通过率100%,组织5人参加江苏省专科护士培训,提升护理队伍能力和素养。在职卫技人员学历提升教育28人。启动扬中市人民医院争创三级医院工作,对照省级临床重点专科评审标准,对人民医院优势专科进行梳理,确定创建方向,成立省级临床重点专科创建工作专班。全市拥有镇江市级临床(中医)重点专科(建设单位)9个,省级乡镇卫生院特色科室3个。争取省市相关部门支持,扩大农村订单定向医学生招生规模,培养农村定向医学生23人,从源头上解决人员紧缺问题的同时,确保人员“留得住”。截至2022年,有104名高中应届毕业生签订协议。

(黄朝华、王晓霞)

卫生监督执法

【卫生行政许可及处罚】 2022年,扬中市深入推进“放管服”改革,规范实施许可审批服务和办理行政处罚案件。办理卫生行政许可331件、行政处罚案件39件,罚没款45.74万元。联合公安、市场监管部门开展3次集中整治行动,受理无证行医举报19件,查处重点(单位)人员47户,立案13起,罚没金额24.56万元。扬中市承担国家随机监督抽查任务91户,江苏省随机监督抽查任务109户,其中任务关闭2户。任务完成率98.2%,任务完结率100%,处罚违法案件8起。

(朱月利、童道静)

【公共场所卫生监管】 2022年,扬中市对住宿业、美容美发业、沐浴业、游泳场所等668家公共场所单位实施量化分级管理工作,量化分级实施率100%。加大对重点公共场所的监管力度,检查公共场所单位3600余户次。分别对全市住宿业、美容美发业和游泳场所单位举办7期、372人次的培训,发放各类宣传资料1300余份。行政处罚4家无证单位,罚款1.45万元。

(朱月利、童道静)

【生活饮用水监管】 2022年,扬中市组织集中式供水单位、直饮水供水单位、部分二次供水单位和涉水产品单位的负责人、卫生管理人员以及乡镇卫生监督协管员参加生活饮用水卫生管理工作培训,培训合格率100%,建档率100%。对涉水产品生产企业、集中式供水单位、二次供水单位开展生活饮用水日常监督检查,加大监督抽检力度,督查95户次,出具现场检查表100余份,监督抽检样品83份。与省卫生监督所生活饮用水卫生监督处党支部开展“送法入企、普法惠民”主题党日和支部共建活动1次。　(朱月利、童道静)

【职业健康】 2022年,扬中市督促43家涉尘企业开展专项治理和粉尘危害治理巩固提升行动,推进落实重点职业病与危害因素监测等职业病防治项目和全市职业领域安全生产大检查工作。全年培育10家健康企业,建成县级与市级健康企业各5家。组织参加镇江市职业健康达人技能竞赛活动,取得团体第一名、个人第

一名；一名选手代表镇江市参加省级比赛并获得“职业健康达人促进奖”称号。（朱月利、童道静）

妇幼健康

【妇幼保健】 2022年，扬中市产妇1194人，活产数1210人，建卡1194份，建卡率100.0%，孕产妇死亡1人。完成农村妇女宫颈癌筛查1.31万人次，完成农村妇女乳腺癌检查1.32万人次，确诊宫颈癌5例、乳腺癌11例。婚前保健率91.6%，疾病检出率19.5%。免费孕前优生健康检查适龄夫妇571对，检出高风险323例，对异常对象给出相应的干预措施及指导。全市孕妇艾滋病毒抗体、梅毒初筛、乙肝表面抗原检测率100%，规范治疗2名梅毒感染孕妇，为26名乙肝阳性孕产妇所生的26名新生儿免费注射乙肝免疫球蛋白。新生儿死亡3人，死亡率2.48‰；婴儿死亡5人，死亡率4.13‰；5岁以下儿童死亡6人，死亡率4.96‰。市新生儿听力筛查916人，筛查率100%。开展新生儿遗传代谢性疾病筛查916人，筛查率100%，发现听力障碍1例。开展避孕节育随访业务指导，服务率100%。发放避孕套21788盒。发现、上报避孕器械不良事件203例，年均报告率每百万人口736例。（朱纪文、杨静）

【托幼机构管理】 2022年，扬中市托育机构提供托位数924个，每千人口拥有3岁以下婴幼儿托位数2.94个。3家托育机构通过国家托育机构备案信息管理系统审核，成功备案。1家托育机构被确定为2022年江苏省示范性托育机构，1家托育机构被评为2022年江苏省政府民生实事普惠托育项目，2家托育机构被首批确定为镇江市普惠托育机构。24家托幼机构卫生保健合格率100%；保教人员体检1485人，受检率100%；儿童入托体检2442人，体检率100%；健康体检在园儿童8220名，体检率100%。（朱纪文、杨静）

【生育服务】 2022年，扬中市上报出生人口一孩率62.60%，比上年下降4.83%。江苏省人口和计划生育综合信息平台人口数据逻辑关系准确率98%以上，人口信息化建设达标率99%以上，上报出生数968人。实施三孩生育政策及配套支持措施，实行生育登记服务制度，年内全市生育登记801户（一孩537户、二孩254户、三孩10户）；出生人口1006人（一孩627人、二孩351人、三孩28人）。继续开展计生特殊困难家庭救助，救助资金70余万元。为全市失独家庭616人提供“慈善关爱”保险，为全市60周岁以上424名失独老人购买意外伤害保险。继续开展失独第三代“润苗工程”帮扶工作，根据计生困难家庭的实际情况，为100名计生特殊家庭未成年人第三代赠送“连心相伴”保险。新增奖励扶助对象2418人，全市当年奖励扶助农村部分计划生育家庭4.95万人次，发放奖励扶助金2375.484万元；新增特扶对象85人，发放计划生育特别扶助2358人次，发放特别扶助金1069.14万元。发放持独生子女父母光荣证的企业退休职工一次性奖励金2026人、607.75万元；发放持独生子女父母光荣证的城镇非从业人员一次性奖励金34人、10.2万元。发放独生子女父母奖励金122.54万余元。（曹丽蓉）

医疗机构选介

【扬中市人民医院】 2022年，扬中市人民医院（简称市人民医院）编制床位700张，实际开放床位710张。现有职工945人，其中在编职工585人，专业技术人员830人，高级专业技术职称129人，中级技术职称336人，博士1人，硕士生导师6人，硕士研究生56人，省“333”培养对象1人，镇江市“169技术骨干、学术新秀”12人，扬中市“321”培养对象45人。设有临床科室36个、医技科室9个，其中镇江市临床重点专科5个，镇江市临床重点专科建设单位1个。全年完成门急诊病人77.5万人次，出院病人2.79万人次，住院手术9261人次，三、四级手术占比67.8%，床位使用率91%。推进三级综合医院转设工作。先后邀请多名医管专家来院进行转设工作指导，聘请省医管专家杨莉主任为顾问，成立创建办，充实质控科力量，完善组织构架，明确转设工作计划，任务分解。电子病历系统应用水平通过四级评审。开展“六化六提升”（制度规范化，提升管理水平；流程明晰化，提升工作效率；考核网格化，提升执行能力；环境标准化，提升整体形象；信息智慧化，提升便捷程度；服务特色化，提升质量内涵）主题活动。在行政科室和5号楼首批实施“5S”管理活动，环境面貌明显改善；规范医保管理，完成江苏省医保平台接入，开展异地结算；推进智慧门诊建设，新增加自助缴费机等52台；开设多学科联合门诊，各门诊科室推行个性化服务举措；就诊流程优化，对门诊标识进行亮化；护理口实施特色护理服务举措，第三方测评护理满意度99.1%。开展第三轮专科研讨会和“院长午餐会”活动；

心内科等5个科室申报镇江市重点专科工作；继续推行亚专科建设，骨科细分出关节外科、脊柱外科，银屑病门诊、创面修复门诊、生殖内分泌门诊等新增专科陆续开诊；大外科、妇产科、骨科、内镜室、DSA全年微无创手术量2749例，占全院总手术量的30.95%，全年三级手术占比为42.96%、四级手术占比为24.08%。心内科全年完成冠脉造影861例，冠脉支架植入术295例及各种疑难病症手术1300余例，其中射频消融术，左心耳封堵术，经食道超声心动图均为新开展技术，填补扬中空白。神经内科完成脑血管介入手术260余例。血管大外科完成各类血管介入手术161例。新建专家工作站4个，建成扬州大学附属医院心脏大血管中心扬中分中心和上海中西医结合学会肿瘤微创治疗合作基地。深化医共体建设，市检验中心完成基层卫生机构检验标本22.99万人次，市影像中心完成任务质量控制7.69万人次，市消毒供应中心为基层及公共卫生单位消毒植入性器械包589个、器械1.04万件，市病理中心完成病理读片质控1726人次，完成“两癌”筛查项目病理读片质控478例(宫颈活检)，市心电中心完成心电诊断质控4417人次。提升软硬件条件。门诊候诊椅总数增加至200余个，完成三维立体、清晰易识的门诊标识导视改造。对内科门诊和专家门诊进行扩容和流程再造，实施双通道管理有效分流人员。稳步推进信息系统升级工作。华康院区已经拆除原华康浴室楼和仓库楼，写字楼改造已近尾声，新建5层病房楼前期准备工作基本结束。推进健康惠民工程。“健康快车”“光明进社区”“镜善镜美”等党建品牌下基层开展技术宣讲、健康科普、义诊等活动12场，服务群众1450人次。开展“健康进校园”“健康赋能机关行”“救在身边”等活动。完成上消化道癌早诊早治2098人，查出上消化道癌18例，癌前病变104例。 (郭莹)

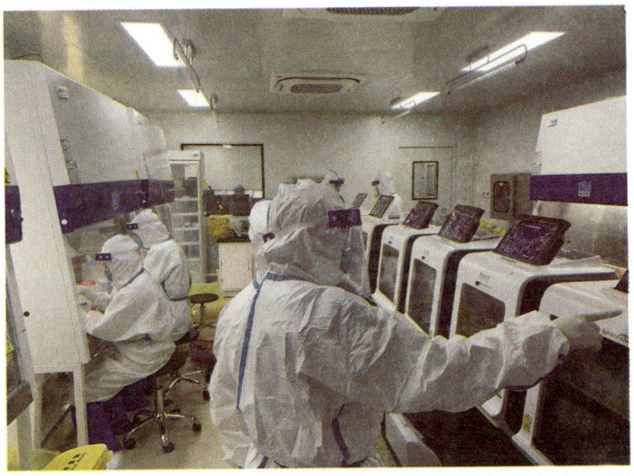

人民医院PCR实验室 (融媒体中心供图)

【扬中市肿瘤防治研究所】 2022年，扬中市肿瘤防治研究所协同肿瘤科通过镇江市级医学临床重点专科评审，年内发表论文5篇，1篇论文获得镇江市预防医学优秀论文(专著)奖，1篇论文获得扬中市第十届优秀科技论文一等奖；1项科研项目获得镇江市科技局重点研发计划社会发展项目立项资助；1项镇江市科技局重点研发计划社会发展项目结题；1项江苏省第五期“333工程”科研项目结题。继续与国家癌症中心合作开展国家“十三五”重点研发项目“食管癌专病队列研究”后续工作。进一步开展以人群为基础的高精度肿瘤登记，获得2022年度全国肿瘤登记工作杰出贡献奖，年度登记报告新发肿瘤病例1466例(男性832例、女性634例)，报告死亡肿瘤病例865例(男性543例、女性322例)。继续承担国家医改重大项目、扬中市重大公共卫生项目“上消化道肿瘤早诊早治”，早诊早治项目管理组在全国早诊早治技术考核中位列第3，完成西来桥镇西来村、新程村和幸福社区人群筛查2198例，发现上消化道癌18例，其中早期病例8例，发现104例癌前病变。推进医院上消化道癌门诊机会性筛查工作，规范检查6845例，发现高级别瘤变以上病例数128例。与八桥镇政府联合开展下消化道癌筛查工作，完成八桥镇长胜村粪便初筛600多人次，粪便隐血阳性者19例，17例阳性者参加免费肠镜检查，病理检查发现肠癌1例，癌前病变(上皮内瘤变)8例，增生性息肉2例，黏膜慢性炎1例。 (华召来)

【镇江市急救中心扬中市分站】 2022年，急救医疗站现有专科医生18人（包含急诊科医师），跟车护士6人、担架员5人。拥有救护车11辆，监护型救护车9辆，负压救护车2辆，配有急救药品、呼吸机、除颤机、吸引器等医疗设备，为快速、高效的院前急救提供有力保障。急救医疗站采取120、110联动机制，利用120监控指挥系统进行科学、合理的调度。全年急救医疗站处理急救电话2.05万次，出车5378次，有效处置病人4474人次，3分钟出车率96%，平均急救反应时间15分钟，18名医护人员完成各类保障任务110余次，与红十字协作完成4次全民“自救、互救”急救技能培训，参与“救在身边”志愿服务5次，培训对象100余人次。 (张敏莉)

【扬中市中医院】 2022年，扬中市中医院编制床位300张，开放床位260张，有职工304名，其中卫技人员249名，高级职称55名，中级职称77名，硕士研究生9名(中医类7名)，镇江市名中医2名，镇江市学术技术新秀2名，扬中市专业技术带头人14名。有七个病区，设有临床科室15个，医技科室7个，有中医临床重点专科5个。全年门急诊15.94万人次，出院9628人次，病床使用率84.93%，手术3660人次。建成3万管/日核酸检测基地。在疫情防控中发挥中医药特色，派送防疫中药1.8万余剂。与江苏省中医院、东南大学中大医院、江苏省肿瘤医院、南京医科大学第二附属医院、镇江市第一人民医院、江苏大学附属医院、常州市第三人民医院、上海市浦东新区人民医院结为协作医院，是镇江市中医院对口支援医院，2022年加入江苏大学附属医院内分泌专科联盟。市中医院与8家三甲医院15个专科建立稳定合作关系，建成8个教授工作站，20余名专家定期来院坐诊、手术。举办第十三届冬病夏治暨夏季养生节、第十四届膏方节，服务群众3000余人次。发表专业论文8篇，引进新技术新项目6项，消化内镜中心成功实施“双镜”(结肠镜和腹腔镜)联合下结肠多发性息肉及肠道肿瘤根治术，内镜下胃肠道息肉及早癌的EMR、ESD手术已达三级医院同质水平，妇产科施行单孔腔镜下卵巢巧克力囊肿剔除术、宫颈子宫肌瘤剔除术、全子宫切除术、卵巢畸胎瘤剥除术及后盆腔重建术；骨科开展椎间孔镜、关节镜等微创技术，实现创伤、脊椎、关节、手外科全面发展。推进市中医院门急诊综合楼项目建设，辅助用房作为发热门诊投入使用；综合大楼于2022年11月10日封顶，预计2023年10月投入使用。 (蒋长洪)

【新坝中心卫生院】 2022年，新坝中心卫生院在编职工125人，其中卫生专业技术人员100人，取得高级职称卫生专业技术人员43人，中级职称22人；江苏省基层卫生骨干人才5人，市基层卫生骨干人才1人；引进卫生专业技术人才3名。全年完成门急诊19.16万人次，住院病人672人次，接种新冠疫苗12.9万剂次。持续推进“双改一提升”主题活动，提升卫健服务能力，中医康复科建成镇江市基层医疗卫生机构特色科室，建成镇江市基层医疗卫生机构四级中医馆。推进“互联网+家庭病床”服务，院内医养老中心入住老人37人，新增家庭病床53张。有序开展重大公共卫生服务项目和基本公共卫生服务，完成65岁及以上老年人体检7695人，重点人群家庭医生签约2.04万人，健康管理高血压患者5939人，健康管理2型糖尿病病人1876人，登记严重精神障碍患者268例，知情同意管理患者263例。完成妇女“两癌”筛查3406人次，发现乳腺癌1例、宫颈癌1例；继续做好农村妇女增补叶酸预防神经缺陷项目，免费发放叶酸143人份。加强对艾滋病高危人群行为的干预，完成检测任务。完成春秋两季江滩查灭螺工作任务，药物灭螺1058万平方米，双层覆盖灭螺8万平方米。加强“康新—暖心家园”党建品牌建设，开展健康教育、健康促进活动、慢病筛查及中医药活动等23场，受益群众2000余人。 (唐琴)

【三茅街道社区卫生服务中心】 2022年，扬中市三茅街道社区卫生服务中心现有在编职工93人，乡村医生、退休返聘及社会化用工40人，其中高级职称20人，市级学科带头人7人。全年门诊量14.7万人次，接种新冠疫苗4.32万剂次。全年完成65岁及以上老年人健康体检5688人次；新生儿建卡316人次，建卡率100%；完成叶酸补服236人次，“三抗”检测291人。完成妇女“两癌”筛查1724人次，发现宫颈癌1人、乳腺肿瘤2人，均跟踪随访到位。做好艾滋病管理工作，全年完成HIV高危检测151人，干预场所58次。按照“全面规划、综合治理、突出重点、分类指导”的原则，完成查螺200万平方米，灭螺22万平方米，查病1000人工作任务。在原有家庭病房建设的基础上，建成100张适老化改造病床，合作开发“家庭病床心电监护平台”。创成“基层糖尿病两筛三防指南试点单位”，并被评为项目标兵。三茅街道社区卫生服务中心易地新建项目12月开工。 (徐洁)

【三茅街道城西社区卫生服务中心】 2022年，扬中市三茅街道城西社区卫生服务中心目前在编职工80人，非在编专业技术人员26人，在岗职工中高级职称41人，江苏省基层卫生骨干3人，扬中市基层卫生骨干1人。服务人口约7万人，全年完成门诊人次9.8万人次，住院273人次，手术195人次，完成新冠疫苗接种。中心以“优质服务基层行”活动为抓手，发展肛肠、慢阻肺、中医骨伤科，使其成长为中心领头的三个特色专科，通过“优质服务基层行”基本标准的验收。全年建立居民健康档案7.52万份，其中新建58份，建档率91.07%；完成65岁及以上老年人健康体检5254人次；辖区内高血压患者5956人，管理率99.6%；糖尿病患者1681人，管理率96.3%；严重精神障碍患者规范管理率98.36%。 (丁美华)

【兴隆街道社区卫生服务中心】　2022 年，扬中市兴隆街道社区卫生服务中心在编职工 90 人，其中卫生专业技术人员 77 人，取得高级卫生技术专业高级职称 24 人，扬中市学科带头人 5 人。年内，兴隆街道社区卫生服务中心做好疫情防控常态化各项工作，坚持以“双改一提升”主题活动为抓手，结合“优质服务基层行”创建活动，优化诊疗服务，改善群众就医体验。全年门诊 16.55 万人次，收住病人 638 人次，收治床日 1.02 万床日，开展手术 281 例。通过“优质服务基层行”推荐标准和省健康促进医院复审；成功创成镇江市级“四星”中医馆；精神科升级为镇江市级基层特色专科。全年建立居民健康档案 3.03 万份，完成 65 岁及以上老年人体检 7037 名，糖尿病患者规范管理率 84.1%，重性精神疾患规范管理率 98.85%。组建 6 支家庭医生服务团队，签约重点人群 6871 人，签约收费服务包 7037 人。
（耿昌瑜）

【扬中市精神病防治院】　2022 年，扬中市精神病防治院有床位 38 张，分设男、女两个病区。有主任医师 1 人，副主任医师 1 人，住院医师 4 人，扬中市“321 培养”人才 1 名。全年完成门诊 2.52 万人次，住院 199 人次。该院着力打造“从‘心’启航”志愿服务品牌，对全市青少年心理健康问题进行教育引导和行为干预。扎实做好严重精神障碍患者管理工作，对严重精神障碍患者“应收尽收、应治尽治、应管尽管”。年内扬中市精神病防治院迁建项目完成土建工程，装饰工程完成招标。　（祝勇）

【八桥中心卫生院】　2022 年，八桥中心卫生院在编职工 101 人，其中，卫生技术人员 86 人，高级职称 36 人，中级职称 26 人，拥有镇江市“169”工程乡村优秀人才 4 人，扬中市“321”工程学科带头人 5 人，省级基层卫生骨干人才 5 人。全年接诊门急诊患者 13.63 万人次，收住患者 157 人次。开展无痛肠镜 300 余例，胃镜近 2000 例，开展视力筛查 1600 余人，建立学生视力健康档案 300 余份。完成家庭医生签约服务 1.83 万人，高血压健康管理 4032 人，糖尿病健康管理 1176 人，慢病随访 2.1 万人次，精神病人健康管理 181 人，65 岁及以上老年人体检 5697 人，农村妇女增补叶酸 101 人，妇女“两癌”筛查 1447 人。承担省级慢阻肺和心血管筛查项目，完成“慢阻肺”筛查 1000 人，“心血管”筛查 1240 人。配合市人民医院完成下消化道癌筛查 887 人，完成辖区内新冠疫苗接种 1.45 万针次。八桥区域医疗卫生中心原址新建项目土建及安装工程完工，具备内部装饰装修和配套工程进场施工条件。　（祝贞贵）

【油坊镇卫生院】　2022 年，油坊镇卫生院在编职工 83 人，乡村医生 6 人。其中卫生专业技术人员 70 人，高级职称 15 人，中级职称 30 人，扬中市“321”工程学科带头人 7 人，省基层卫生骨干人才 2 人，扬中市基层卫生骨干人才 1 人。年内完成门急诊 11.45 万人次，中医内科年度门诊量增加明显，镇域外就诊率超过 60%。开展无痛胃镜、无痛肠镜检查 2016 例。完成老年人体检 6702 人，家庭医生签约 2.90 万人；登记管理高血压病人 5886 人，糖尿病人 1595 人；新增家庭病床 65 张，规范上门服务 2132 人次。管理结核病人 8 例，转诊 7 例，病人转诊率 100%。年内，争取油坊镇卫生院新址建设项目专项债券资金 7600 万元，完成新址征地拆迁、稳评、环评、可行性研究报告批复、平面图设计、地质勘探、试桩及检测。　（杨芬）

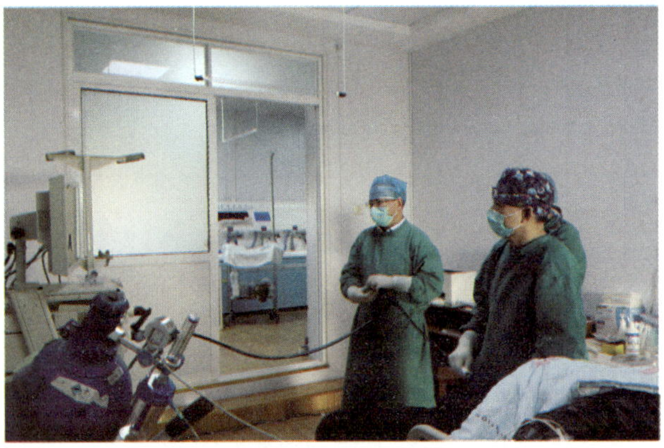

油坊镇卫生院内镜室　（融媒体中心供图）

【西来桥镇卫生院】　2022 年，西来桥镇卫生院有在编职工 47 人，乡村医生 2 人。其中卫生专业技术人员 34 人，高级职称 10 人，中级职称 11 人，扬中市“321”工程学科带头人 2 人，镇江市“169”学术技术骨干 1 人，江苏省基层卫生骨干人才 1 人。全年完成门急诊 5.7 万人次，住院病人 105 人次，完成业务收入 551 万元，医疗收入 213.76 万元，药占比、门诊和住院次均费用同比明显降低。完成农村妇女“两癌”筛查 1175 人；完成 65 岁及以上老年人体检 2904 名，高血压规范管理率 99%；糖尿病规范管理率 99.25%。健康教育、传染病防治（结核病、艾滋病防治等）、儿童保健工作、妇女保健、老年人保健、慢性病管理、重度精神病患者管理等工作有序开展。完成上消化道肿瘤筛查 123 例，开展“互联网+家庭病床”“互联网+慢性病智慧管理”等工作，家庭医生签约服务 8062 人，其中农村低收入家庭签约率 100%，慢性病、60 岁及以上老年人签约率 100%。
（叶鸣）

体 育

综 述

【概况】 2022年，扬中市体育事业稳步发展，全面健身热潮持续涌动，印发《2022年扬中市全民健身场地设施建设资金补助办法》，明确健身场地设施建设标准，建成体育公园3个、健身步道5.05千米和健身路径12套。举办扬中市第十九届运动会，依托各单项协会开展篮球、象棋等全民健身活动。举办江苏省老年人体育节扬中分会场开幕式，参加全国新春网络健身大联欢活动，获得一等奖7个、二等奖3个。发布居家健身“云教学”视频22期，国民体质监测3000余人。组队参加各类竞技体育赛事，承办江苏省户外运动和太极拳一线社会体育指导员技能再培训，承办“省长杯”卡尔美江苏省青少年校园足球联赛，开创扬中市体教融合工作新局面。扬中市舞韵芳洲广场舞队参加全国2022年“全民健身日”主题示范活动暨第六届“宁镇扬”全民健身大联动活动。 （徐晶）

【便民健身设施提升工程】 2022年，扬中市坚持便民惠民原则，持续推进群众身边的全民健身设施建设，抓好市、乡、村三级全民健身设施建设，推动全民健身更亲民、更便利、更普及，让更多群众共享体育发展成果。便民健身设施提升工程是2022年扬中市民生十件实事项目之一，项目目标是新建体育公园3个、健身步道5千米、新(改)建健身路径10套以上。截至年末，全市建成体育公园3个、健身步道5.05千米、健身路径12套，累计投资200万元。明确建设体育公园陆地面积不低于2000平方米，至少包含5个运动项目；健身路径场地面积不低于150平方米，配备不少于10件健身器材；健身步道长度不小于200米，宽度不低于1.2米，把健身设施建到“家门口”，满足群众健身需求。扬中城乡“十分钟健身圈”初步构建，6个镇(街道、经开区)实现5室1场1路径全覆盖，81个村(社区)实现3室1场1路径全覆盖。全市拥有体育公园64个，健身路径416套，健身步道34千米，健身房89个，篮球场191片，乒乓球场地331片，足球场33片，标准篮球场覆盖率达80%，人均体育场地设施面积2.9平方米。 （融媒体中心）

【体育产业】 2022年，扬中市奥体中心全力举办各级别竞技体育比赛，先后举办扬中市第19届运动会青少部游泳比赛、首届跳绳比赛等，承办“威腾电气杯”2022江苏省大学生校园篮球联赛(高水平组)暨第25届中国大学生篮球一级联赛江苏基层赛等，组织指导全市开展全民健身活动，推进全民健身服务体系建设，完善全民健身基础设施，完成营收1100万元。体育彩票累计发行1.1亿元。 （徐晶）

竞技体育

【扬中市象棋小将获省运会1金2铜】 2022年7月29日，江苏省第二十届运动会青少年部象棋比赛在泰州市海陵区落幕，13个设区市161名运动员参赛。该届省运会中，象棋正式成为青少年部比赛项目，设男、女子13~14岁、11~12岁和10岁以下6个组别，每个项目各赛7轮，赛事为期6天。经过角逐，扬中市小将在个人赛中取得一金两铜的成绩：李明轩获11~12岁男子组金牌，田丁匀获11~12岁女子组铜牌，冯熙尧获10岁以下男子组铜牌。 （徐晶）

【扬中一中女子曲棍球队夺冠】 2022年8月8日，第三届全国中学生曲棍球锦标赛暨2022年全国青少年曲棍球锦标赛在内蒙古莫旗落幕。比赛由国家体育总局手曲棒垒球运动管理中心和中国中学生体育协会主办。扬中一中女子代表队在初中女子组冠亚军决赛中以4:3的比分战胜对手，获得冠军，并获体育道德风尚奖。 （徐晶）

【扬中市第十三届男子篮球联赛】 2022年8月20日，“茅台王子酒金王子”杯2022年扬中市第十三届男子篮球联赛在奥体中心开赛。12 月 11 日，历时四个月的篮球联赛落幕。联赛由总工会、文体广电和旅游局主办，篮球协会承办，全市 30 支代表队、400 余名球员参赛。开展比赛 185 场，经过激烈的角逐，决出各组别名次。其中竞赛组第一名为三茅街道新蜂篮球俱乐部，第二名为三茅街道天韵时晔星恒篮球俱乐部，第三名为美的空调大有篮球俱乐部。健身甲组第一名为益加益小岛篮球俱乐部，第二名为龙健篮球俱乐部队荣马代表队，第三名为教育天朗篮球俱乐部。健身乙组第一名为西来风驰篮球俱乐部，第二名为老友篮球俱乐部，第三名为教育天朗篮球俱乐部。健身丙组第一名为老友篮球俱乐部，第二名为今世缘天朗篮球俱乐部，第三名为龙健篮球俱乐部圣象地板代表队。（徐晶）

12 月 11 日，扬中市第十三届男子篮球联赛总决赛举行（融媒体中心供图）

【江苏省大学生篮球联赛】 2022 年 11 月 21—27 日，“威腾电气杯”2022 年江苏省大学生校园篮球联赛（高水平组）暨第 25 届中国大学生篮球一级联赛江苏基层赛在扬中市奥体中心举办。活动由江苏省学生体育协会主办，扬中市文体广电和旅游局、扬中市篮球协会承办，有东南大学、南京大学、中国矿业大学等 10 所高校的篮球队参加比赛。比赛历时 6 天，决出联赛名次：男子组第一名中国矿业大学，第二名南京理工大学，第三名南京邮电大学，第四名南京体育学院，第五名南京财经大学，第六名东南大学。女子组第一名南京航空航天大学，第二名中国矿业大学，第三名南京邮电大学，第四名南京大学，第五名南京财经大学。（徐晶）

群众体育

【扬中市第十九届运动会】 2022 年 4—11 月，扬中市第十九届运动会举行，运动会 4 年举行 1 次，主赛场安排在扬中市奥体中心，以“全民动起来 扬中跑起来”为主题。比赛设有青少部、职工部、镇街区部和老年人部 4 个组别，设比赛项目 29 个，参赛规模超过 1300 人。市运会历时 8 个月，集中展现扬中市全民健身的丰硕成果和市民的健身风采。（徐晶）

【江苏省老年人体育节扬中分会场】 2022 年 5 月 19 日，2022 年江苏省老年人体育节扬中分会场开幕式暨全国老年人太极拳大联动和老体志愿者服务活动在三茅街道指南村健身广场举行。活动现场开展老体志愿者服务活动，布置 20 多块宣传站牌，10 余种宣传折页供参与活动的人员取阅，福康医院的医护志愿者为老年人免费提供测血压、测血糖服务。健身队员表演舞蹈《领航》，广场舞串烧《灯火里的中国》《唱支山歌给党听》，旗袍秀《长安三月半》，太极功夫扇《中国功夫》，传统莲湘《美丽中国》，情景剧《万泉河水清又清》，广场舞《一起向未来》。（徐晶）

【太极拳协会太极健身节】 2022 年 11 月 9 日，扬中市举办太极拳协会太极健身节，全市设分会场 4 个，396 名太极爱好者参加交流演出。活动现场，太极拳协会集中展示功夫扇、24 式太极拳、八段锦等。太极拳协会派出国家级、省、市级社会体育指导员 82 人，在市太极拳协会 11 个分会、54 个练功点指导市民太极健身。（融媒体中心）

11 月 9 日，扬中市举办太极拳协会太极健身节（融媒体中心供图）

社会生活

就业创业

【概况】 2022年，扬中市城镇新增就业1.07万人，城镇失业人员再就业4702人，就业困难人员再就业1585人，城镇失业登记率控制在1.92%以内。扶持创业2115人，创业带动就业5039人，发放创业贷款2050万元，新增农民创业1302人，引领大学生创业202人。开展创业培训829人，城乡劳动者职业技能培训1646人，新生代农民工技能提升培训309人。（常春）

【精准帮扶】 2022年，扬中市人社局通过分类提供岗位信息、就业、指导、创业扶持等服务，对就业困难人员实施帮扶。累计发放灵活就业社保补贴1901.58万元。落实企业一次性吸纳登记失业半年以上人员及毕业年度高校毕业生就业补贴，为145家企业吸纳上述人员77人，累计发放补贴72.6万元。（常春）

【创业服务项目申报】 2022年，扬中市长旺街电商创业孵化基地通过省级创业孵化基地复审，创成江苏省创业示范基地。新坝丰乐桥村创成镇江市级创业孵化基地，“网络互联一站式高端全屋定制”“古筝秦汉风、华夏百年梦”“‘短视频+直播’为农产品保驾护航”“知识产权服务平台”4个项目入选省级优秀大学生创业项目。（常春）

【基层服务平台标准化建设】 2022年，扬中市人社局开展基层服务平台标准化建设。“十心+”基层人社平台标准化建设获批江苏省人社系统试点项目。打造“十心+”服务品牌，即以“满怀初心、服务热心、办事尽心、工作细心、奉献爱心、倾听虚心、坚守公心、服务耐心、群众放心、环境舒心”的“十心”为宗旨，服务广大企业和基层群众，并以激励提升基层人社业务能力、优化基层人社便民设施完善等“+”的内容，全面提升人社服务质量和形象的综合性服务体系。扬中市人社局制定实施方案，谋划服务清单，强化业务培训，联合部分镇（街道、经开区）党（工）委和部分村（社区）党委谋划建设一批标准化服务场所。（常春）

【江苏大学“访企拓岗促就业”专项活动】 2022年5月17日，江苏大学“访企拓岗促就业招才引智促发展”专项活动在蜂巢易创扬中产业园区举行。活动围绕推动校企合作、校地合作，着力加强供需对接，推进毕业生就业工作，为长城汽车未来发展储备高层次人才，助力扬中经济社会高质量发展。江苏大学、长城汽车、扬中三方达成合作，江大与长城汽车开展大学生就业基地签约活动，与张家港长城公司签约青年教师与研究生联合培养协议，与蜂巢易创扬中产业园签约大学生实习基地协议，与扬中签订校地合作协议。（郭么源）

人事人才

【概况】 2022年，扬中市培养引进专科以上学历4128人，其中本科以上1806人；开展招聘活动35场，累计服务975家次企业，提供就业岗位2.14万个，促成就业意向3857人。结合重点产业紧缺人才需求，联合华中科技大学、江苏大学等省内外高校开展15场校园引才活动，开发就业见习岗位1886个，组织452人参加就业见习。（吕杰）

【人才补贴发放】 2022年，扬中市人社局强化政策引才，立足广大企业和人才需求，全方位、多角度开展扬中人才新政解读、推介，积极落实政策申报审核工作。生活、租房、见习等7项人才政策补贴申报1545人次，累计发放金额250.78万元。（吕杰）

【扬中人才网站改版升级】 2022年，扬中人才网站改版升级。网站在保留原有就业服务功能的基础上，增加视频面试、网络招聘会、在线互动、普工专区等功能，全面覆盖抖音、微信小程序等主流网络媒体。依托扬中人才网站和直播平台，启动集岗位发布、求职登记、招聘面试等于一体的“直播通办”服务，通过举办“四群八链重点企业云宣讲”大型网络系列招聘活动、线上平台定期发布招聘信息、常态化推介重点企业招聘“短视频”、密集举办直播带岗招聘活动等，提升用工服务精准度，全力为企业和各类人才交流对接搭建更全、更快平台。（吕杰）

【毕业生就业双选暨夏季人才交流大会】 2022年7月15日，扬中市毕业生就业双选暨夏季人才交流大会在市奥体中心体育馆举行。140家招聘单位入场参会，提供制造加工、技术服务、行政管理、产品研发等类别岗位3800余个，吸引1100余人次进场。“六十强”企业中34家企业进场招聘。现场设立15个小微企业招聘专区，为求职者提供多层次、多种类的职位。718名求职者现场应聘登记，其中应届毕业生125人；达成明确就业意向380人，其中应届毕业生64人。（吕杰）

【第二届青年人才大会暨“千名青年看扬中”活动】 2022年8月4日，扬中市举行第二届青年人才大会暨“千名青年看扬中”活动启动仪式。活动由扬中市委、市政府主办，组织部（人才办）、团市委等部门承办。扬中市通过创新人才机制，实施“江雁计划”“才聚江洲”等系列人才新政，举办首届青年人才大会，发放“青春大礼包”，落实各类奖补激励政策，通过搭建多元价值兑现平台，加大柔性引才力度，形成人才“洼地”。推出系列政策，聚焦创业扶持、子女就学、住房保障等方面构建全方位服务网络。开展“千名青年看扬中”活动启动暨“扬青学子”联盟成立仪式，通过体验产业强市新成就、乡村振兴新风貌、传统文化新风尚，让青年学子亲身感受家乡产业转型的活力和创新发展的前景，鼓励在外青年学子回乡创业创新，引导更多大学生投身家乡建设。（融媒体中心）

8月4日，扬中市第二届青年人才大会启用扬中市“青年人才驿站” （团市委供图）

社会保险

【概况】 2022年，扬中市企业职工参保人数7.44万人，养老金按时足额发放率100%，企业退休人员社区管理服务率100%，基金征缴收入9.2亿元，工伤保险参保人数7.59万人，基金征缴收入3205万元。机关单位参保人数8622人。城乡居民养老保险基础养老金发放率100%，参保人数2.95万人。全市退休人员9.8万人，其中企业退休人员离退休人员3.75万人，机关事业单位离退休人数4795人，城乡居民养老保险领取人数5.57万人。医疗保险参保总人数28.33万人，其中职工医保12.72万人、居民医保15.61万人。职工医保（含生育、大病、公补、离休、伤残、自费、风险基金）收入5.97亿元，支出5.75亿元，当期结余0.22亿元，累计结余16.68亿元。居民医保收入1.85亿元，支出1.85亿元，当期收支基本平衡，累计结余0.71亿元。居民补充保险（原住院保险）收入0.26亿元，支出0.15亿元，当期结余0.11亿元，累计结余1.49亿元。（董巧云、朱禹橦）

【“心社保”服务品牌】 2022年，扬中市人社局以“心社保”党建品牌为载体，深化“五心”（政策称心、参保安心、保障放心、领取省心和服务舒心）社保服务内涵，优化服务能力，获2022年度市级机关“服务高质量发展十佳品牌”称号。以党建品牌为引领，聚力打造“心社保”升级版。做到保政策落实、保待遇发放、保经办规范、保参保质量、保基金安全。以更新的理念、更实的举措、更优的作风，擦亮“心社保”工作品牌。（董巧云）

【“社保情”退休人员“喜迎二十大”社保诗词征集活动】 2022年，扬中市人社局开展第18届“社保情”退休人员“喜迎二十大”社保诗词征集活动。经过两个月的征集和筛选，收集42首诗词作品并汇编成册。通过专业老师评选，推选7首优秀诗词作品至镇江市人社局参赛，取得二等奖2名、三等奖3名、优胜奖1名、优秀奖1名的成绩。扬中市人社局及社保中心在镇江市退休人员“喜迎二十大”社保诗词征集活动中获优秀组织奖。其中2人作品《七律·赞社保》《七绝·赞社保》被推荐参加全省社保诗词评选，入选作品进入“首届全省企业退休人员诗词大会”题库。（董巧云）

【医保市级统筹】 2022年1月1日起，扬中医保全面执行镇江市级统筹政策，实现以基本制度、待遇标准、基金管理、经办管理、定点管理、信息系统“六统一”为目标的医疗保障市级统筹。扬中所有参保人员可以直接在镇江大市内就医,不需要办理转诊转院手续,直接按规定享受医保待遇。缩小区域间、群体间的待遇差距,解决各统筹区医保政策不统一、碎片化问题,实现全市参保人员公平享有医疗保障待遇。　　(朱禹橦)

11月9日,“向日葵”宣讲队宣传医保新政

(医保局供图)

【“15分钟医保服务圈”】 2022年2月28日起,扬中市医保服务大厅迁至政务服务中心,实现市行政窗口医保通办。深化医疗保障基层网络建设,全市2个医保分中心、6个镇为民服务中心、85个村(社区)便民服务中心、6个镇医疗保障服务中心、45个村(社区)医疗保障服务站均可办理医保相关业务。开展“上培下训、师徒结对”活动,建立督查考核机制,压沉基层承办业务量,全年各级基层平台办理医保服务事项5万余件。通过“15分钟医保服务圈”省级示范市验收,成为镇江市首家省级示范市。　　(朱禹橦)

【基金监管“五大行动”】 2022年,扬中市开展基金监管“五大行动”。开展“两同四不”(共同守护基金安全、共同呵护人民健康,不混用、不浪费、不受贿、不骗保)实践行动,集中开展医保基金监管宣传月活动;持续开展基金“网格化”监管行动,常态化开展监督检查和业务指导;重点实施“解剖科室小麻雀”专项行动,全面查找医保基金管理使用中的风险点和薄弱环节;锚定大额费用“动态监测”行动,在全市公立医疗机构开展医疗服务项目价格监测;全方位开展“线上+线下”培训行动,规范医药服务行为。全年巡查定点医药机构310家(次),处理案件154件,其中行政处罚6件,追回医保基金160.42万元,追缴违约金0.52万元,罚款89.36万元,暂停1家定点医疗机构医保服务3个月,暂停2家定点医疗机构医保服务15天。　　(朱禹橦)

【药品耗材集中带量采购】 2022年,扬中市落实国家集采6个批次、接续2个批次、省采2个批次,中成药联盟采购1个批次,涉及345个药品品种,金额合计2.7亿元,全市公立医院药品网上采购率98%以上。落实部署国家人工关节类、脊柱类、心脏介入类等高值医用耗材集采2个批次,省联盟谈判2个批次,耗材降幅在80%以上。全市公立医院耗材网上采购率90%以上。　　(朱禹橦)

【高血压、糖尿病门诊按人头付费】 2022年10月,扬中市医保局联合三茅街道社区卫生服务中心在兴华村(省定“两筛三防”试点单位项目点)试点开展高血压、糖尿病“两病”门诊按人头付费管理改革。扬中市成立扬中市高血压、糖尿病门诊按人头付费试点工作领导小组,医保局负责医保基金预算、结算、考核、决算;卫健委负责业务指导、考核;三茅街道社区卫生服务中心负责试点地区人员筛查、管理、培训、诊疗;兴华村卫生室负责建档、随访、供药、组织协调工作。实行“总额控制、按月支付、年终决算、结余留用”,“两病”按人头付费资金预算指标在三茅街道社区卫生服务中心年度总控资金预算指标中列支,医保基金按试点地区参保人头付费,试点地区参保人员数量乘以付费标准即总额预算指标,医保中心预留总额预算指标5%作为考核金,其余指标平均分配至每个月。付费标准以医保系统近3年结算数据为基数,适当考虑医疗费用、报销待遇增长率、药品价格变化,结合试点单位前期筛查诊断监测和后期健康管理的费用,明确试点村2022年度“两病”患者门诊按人头付费标准,暂按150元/人执行。三茅街道社区卫生服务中心每月15日前将结算所需材料汇总后报医保中心,医保中心按预算指标予以拨付;试点地区“两病”患者使用医疗机构定制治疗方案内药品直接刷卡结算,医保基金统筹支付费用在医疗机构结算时予以扣除。实施“两病”门诊按人头付费后,三茅街道社区卫生服务中心在试点地区开展第一轮筛查,筛查对象567人,其中确诊高血压230人、建档18人;确诊糖尿病89人、建档54人。部分建档人员经规范治疗后,相关指标明显好转,医保基金按人头支付1.7万元。　　(朱禹橦)

【“一网联盟”医疗救助】 2022年,扬中市医保局做实“一网联盟”医疗救助平台,统筹救助资源,完善信息共享机制。医保局依托“金保工程”,由医保部门牵头,联合财政、乡村振兴、民政、总工会、残联、退役军人事务、慈善总会、红十字会等相关部门,建立跨部门信息共享平台,实现各部门救助信息共享。依托信息共享平台,

及时筛排大额自费医疗信息，主动发现救助对象，做到及时、高效救助。通过健全困难家庭主动发现机制，变“人找政策”为“政策找人”，对困难群众实施精准救助。联合多部门在各自职能范围予以救助，针对“因病支出急难型”救助个案，部门联动会商，综合适时救助；加强上下联动，通过“15 分钟医保服务圈”经办网络，借助镇、村力量，及时准确了解、核实，掌握第一手资料。建立医疗救助“绿色通道”，对于急难型医疗救助申请，一门受理、协同办理，开辟救助绿色通道，对符合救助条件的，简化审批手续，缩短审批时间，各部门认定结果相互认可。医保局定期走访大额医疗费用家庭，掌握第一手资料，主动上门服务，“一对一”开展医保政策宣传解读，实地了解参保患者救治医疗费用与家庭经济状况以及医疗需求信息，联合多部门实施精准救助。全年实时救助 4.05 万人次，发放救助金额 515.49 万元。

（朱禹橦）

【“向日葵”医保服务品牌】 2022 年，扬中市医保局全力做好疫情防控医疗保障，支付疫苗接种费 170 万元，提前预拨 1.3 亿元缓解两定机构跨年运行压力，“向日葵”志愿者全员参与疫情防控志愿服务。组建“向日葵”宣讲队，开设“医保讲堂”，深入村（社区）、企业、学校、两定机构、基层网点等，持续开展“六走进”系列活动。参与慈善募捐、义务献血、“爱心妈妈”、“梦想小屋”、“关爱孤寡老人”等公益活动。重点实施“情暖全市特教儿童”关爱项目，关爱特教儿童家庭。“向日葵情暖全市特教儿童”项目获“扬中市优秀助残服务项目”称号，向日葵儿童关爱项目获“巾帼志愿阳光行动优秀项目”称号。

（朱禹橦）

劳动关系

【概况】 2022 年，扬中市人社局劳动争议仲裁院立案受理劳动人事争议案件 433 件，结案率 99.54%，终局裁决占裁决案件 67.29%，调解、撤诉率 82.08%，其中受理集体争议案件 5 件，涉案人数 92 人。受理案外调解案件 299 起，达成调解协议及和解的案件 221 起，企业劳动争议调解委员会、各乡镇劳动争议调解组织等共调解处理案件 1217 起。按期结案率 100%，仲裁管理信息系统按期运行率 100%。在第四届镇江市劳动人事争议调解员岗位业务技能竞赛中，扬中选手取得第四名、第五名、第六名、第八名，被授予“镇江市劳动人事争议调解员业务能手”称号，扬中市获调解员岗位业务技能竞赛“团体优胜奖”。

（郭海薇）

【巡回仲裁庭专项送法】 2022 年 8 月，扬中市人社局仲裁院派遣资深仲裁员开展专项送法活动，扩大劳动法律法规宣传覆盖面。选取一起包含工资、加班工资、双倍工资、经济补偿金等多项争议的典型案例在扬中市新坝法庭以巡回仲裁庭方式开庭，邀请 30 余名企业经营者、人力资源经理、职工前来旁听。仲裁员现场开展仲裁庭教育，从劳动者和企业两方面出发给予相关法律警示，发挥调解仲裁在优化营商环境、维护劳动关系和谐与社会稳定中的作用。

（郭海薇）

【金牌调解组织】 2022 年，扬中市人社局仲裁院围绕稳就业促和谐核心任务，以“调裁衔接、多元化解”的办案思路，创新打造劳动关系三算法，善用“加法”，资源整合强队伍，精用“减法”，流程简化提质效，巧用“乘法”，监测预警防风险，全面提高调解工作标准化、智能化、规范化水平，力促全市劳动关系和谐稳定。经考核组评定，经开区劳动争议调处中心获得“市级金牌调解组织”称号，扬中市劳动争议调解委员会获得“国家级金牌调解组织”称号。

（郭海薇）

应急管理

【概况】 2022 年，扬中市执行省、市工作部署要求，统筹推进专项整治和安全生产大检查，有效消除一批风险隐患，安全生产形势总体平稳可控。扬中市获得 2020—2022 年度省级安全发展城市创建工作先进地区称号，市应急管理局获得 2022 年度全省行政执法工作先进集体、全省首批执法规范化示范单位、“安全生产月”活动先进单位、全省应急管理新闻宣传暨“学报用刊”先进单位、镇江市安全生产先进集体等称号。统筹安全职责。制定安全生产重大风险防控、自然灾害和事故灾难应急救援两个责任体系，建立健全全市安全生产重大风险责任防控和定期研判会商机制，实体化运行 9 个专业委员会和 6 个镇（街道、经开区）安委会（办）。年内，召开安委办例会 20 余次。强化执法监管。常态化开展“一带一帽一票”、安全培训“走过场”、“厂中厂”、有限空间、电镀、安全生产“三同时”等专项执法行动，保持打非治违“零容忍”高压态势。一体化推进安全生产大检查、重点行业领域“百日攻坚”和三年专项整治行动，年内，全市组织检查组 83 个，发现隐患 1.34 万条，均已实现动态销号管理。及时录入安全生产问题处置平台，平台新增问题 83 条，办结率 100%；录入隐患 3323 条，办结 3212 条，办结率 96.7%。提升防灾减灾水平。修订应急预案 4 个，开展防灾减灾知识进社区活动 30 余次，组织开展应急演练 20 余次。完成全国第一次自然灾害综合风险普查工作,全面掌握风险隐患基数底数。加强灾害信息员队伍建设,完成 AB 角人员选定和轮训工作。持续做好"惠润万家"城乡住房保险工作。指导港联社区评为全国综合减灾示范社区,截至 2022 年年底,全市有 19 家社区创成全国综合减灾示范社区。被评为 2020—2022 年省级安全发展城市创建工作先进地区。 (邓会)

【安全生产专项整治和百日攻坚行动】 2022 年,扬中市聚焦重点行业领域,瞄准重大问题隐患,一体化推进安全生产专项整治三年大灶收官工作和安全生产百日攻坚行动。危化品、城镇燃气、两客一危一货、消防、粉尘涉爆企业等九大行业领域牵头部门派出检查组 137 个,对企业及生产经营单位开展检查 796 家次,累计发现问题隐患 293 条,均落实闭环整改。对于沿江一公里化工企业关停和散乱污专项治理,邀请专家团队对整治过程中的安全监管提供技术服务。 (邓会)

【"5·12"防灾减灾宣传周】 2022 年 5 月 11 日,扬中市举行全国防灾减灾宣传周主题活动启动仪式暨防内涝应急演练。启动仪式上,市领导向市抗洪抢险应急队等 6 支应急救援队伍代表授旗,勉励各队积极作为,为全市防灾减灾工作做出贡献。仪式结束后,现场模拟防内涝应急演练。城区内涝发生后,市水利局、水务集团应急队伍立即赶往内涝地点展开疏通雨水管网,雨水井内架设水泵抽排至附近内河,并开展移动泵车应急排涝工作。因新胜泵站持续排涝,导致电气设备过热引发停机故障,现场排查及处置电气故障。 (邓会)

【安全生产月宣传活动】 2022 年 6 月,扬中市围绕"遵守安全生产法　当好第一责任人"主题,开展全国第 21 个安全生产月活动。开展城镇燃气"入户检查隐患 消除隐患保安全"活动,排查场站 3 座,管线 454.5 千米,阀井 356 座,入户安检 3019 户,工商业 66 户,学校 34 所;举办"企业家说安全"论坛活动,组织全市行政村(社区)80 余名安全员开展大比武活动,提高基层的理论素养和实践能力;联合 14 个部门以及相关企业开展现场宣传咨询活动,发放宣传资料 2 万余份,向市民宣传安全知识 800 余次;市安委办、消安办制作事故警示教育片,有序组织观看,增强全员安全意识;组织"镇(街道、经开区)书记说安全"活动,让党政"一把手"变身安全宣传员,鼓励专家入企深入讲、主要负责人带头讲、一线员工互动讲。 (邓会)

【安全稳定专项排查】 2022 年,扬中市多次召开全市安全生产专题工作会议,部署推进在中共二十大召开期间的安全防范工作。严格动火、检维修等特殊作业管理,督促全市 72 家粉尘涉爆企业每日落实粉尘清扫报告制度;配合做好市领导安全生产大检查工作,及时督促整改检查发现的问题隐患;在船舶制造、喷涂、电镀等重点领域开展夜查和周末时段检查,入企 70 余家次,夜查 10 余家,中共二十大期间全市安全生产形势持续稳定。 (邓会)

【精准执法年】 2022 年,扬中市按照上级要求,开启精准执法年活动。坚决落实安全生产执法"精准化"要求,明确执法重点、提升执法质量、规范执法行为,推进执法对象、执法事项、执法方式、处罚惩戒"四精准",全面落实行政执法"三项制度",稳步提升执法质量。明确全市重点监督检查企业名录 112 家,从源头上解决多头执法、执法缺位问题。出台《预先告知安全生产重点执法事项清单》,实现精准执法和优质服务良性互动。推行"执法人员+专家"方式,加强执法专业技术支撑,定期评先评优,提升执法人员业务水平。 (邓会)

【应急管理综合行政执法队伍改革】 2022 年,扬中市根据省、镇江市政府关于深化应急管理综合行政执法改革实施意见,制定《扬中市深化应急管理综合行政执法改革实施意见》,以"硬件"提档升级、"软件"配套提升为目标,开展应急管理综合行政执法改革。整合执法力量,实行"局队合一",做到业务科室监管和大队执法相融合。推行派驻执法,对重点乡镇新坝镇和省级开发区扬中经开区实行单独派驻执法。增设装备器材室、会议室、调查询问室等功能室、配齐配足"可视化"执法记录仪、移动执法终端等执法装备,并为 6 个镇(街道、经开区)配发部分执法装备。 (邓会)

【基层应急管理末端治理】 2022 年,扬中市围绕镇江市基层应急管理末端治理的相关部署,为打通应急管理"最后一公里",强化推动落实,高质量抓好基层应急建设各项工作。各(镇、街区)均挂牌成立应急管理办公室,切实承担安全生产、防灾减灾救灾、应急救援和消防综合监管工作,负责本级安委办、消委办、减灾办日常工作,基本做到"三到位",按照"5+3"(新坝、三茅、经开 5 个在编人员,油坊、八桥、西来 3 个在编人员)模式配齐在编监管执法人员和若干专职人员,根据《扬中市基层应急管理末端治理建设装备配备和办公场所一览表》要求,配备办公用房等场所和执法装备,并挂设统一标识牌，建立工作例会、监督检查(防火检查)、风险管控和事故隐患排查治理、应急值班值守、装备保管等基本制度，相关制度上墙并汇编成册。（邓会）

民族宗教事务

【民族概况】 2022年，扬中市有23个少数民族，分别为土家族、回族、壮族、满族、侗族、蒙古族、瑶族、布依族、彝族、黎族、朝鲜族、苗族、仡佬族、土族、达斡尔族、白族、哈尼族、傣族、畲族、仫佬族、锡伯族、阿昌族、维吾尔族，人数593人。扬中市民族团结促进会有会员51人。金海新源电气江苏有限公司为民族商品定点生产企业。扬中有少数民族流动人口200余人，主要生产经营兰州拉面、新疆烧烤等。（施奇）

【宗教概况】 2022年，扬中市主要有佛教、伊斯兰教、基督教等宗教。佛教信众3200余人，伊斯兰教信众100余人，基督教信众870余人。全市依法登记的宗教活动场所18处，其中佛教场所4处，分别是太平寺、福海观禅寺、龙源寺、观音禅院；伊斯兰教临时礼拜点1处；基督教活动点13处，分别是新坝镇2处、油坊镇6处、八桥镇1处、三茅街道1处、经开区3处。宗教活动场所现有教职管理人员21人，其中佛教9人、伊斯兰教1人、基督教11人。各宗教活动场所均成立管理小组，分别负责传教、财务、宣传等各项事务。全市有宗教团体2个，市佛教协会会长由心和担任，市基督教三自爱国运动委员会主席由徐和娣担任。（施奇）

2022年扬中市宗教活动场所一览表

表18

场所名称	负责人	地　点
太平寺	心　和	开发区双跃社区
福海禅寺	心　和	新坝镇新宁村中8组
龙源寺	心　明	新坝镇红联村3组
观音禅院	仁　智	国土公园内
扬中市基督教中心教堂	徐和娣	开发区德云社区北侧
新坝镇新坝基督教活动点	匡　燕	新坝镇新坝村9组
新坝镇公信社区基督教活动点	田成生	新坝镇公信社区6组
三茅街道康福弄基督教活动点	仲银美	三茅街道春柳南路
开发区新星村基督教活动点	张纪珍	开发区新星村12组207号
开发区双跃社区基督教活动点	丁兰凤	开发区双跃社区长征小区
油坊镇同乐村基督教活动点	倪小兰	油坊镇同乐村8组
油坊镇太平村基督教活动点	李明兰	油坊镇太平村2组
油坊镇老桥村基督教活动点	王桂英	油坊镇老桥村5组
油坊镇油坊村基督教活动点	朱霞芳	油坊镇油坊村436号
油坊镇鸣凤村基督教活动点	董秀芬	油坊镇鸣凤村10组
油坊镇老郎村基督教活动点	侯纪娣	油坊镇老郎村17组127号
八桥镇利民村基督教活动点	钱克龙	八桥镇幸福村1028号
三茅街道伊斯兰教礼拜点	马牙古白	三茅街道扬中大道530号

（施奇）

【民族宗教工作领导小组会议暨全市民族宗教工作会议】 2022年7月14日,扬中市召开市委民族宗教工作领导小组会议暨全市民族宗教工作会议。会议认真学习习近平总书记关于加强和改进民族宗教工作的重要思想,部署下阶段的重点工作,对强化“三级网络两级责任制”(市、镇、村三级宗教工作网络和镇、村两级责任制)工作提出具体实施意见,新坝镇五一村、新坝镇、八桥镇、三茅街道、教育局、公安局6家单位代表分别结合工作实际交流发言,促进民族宗教工作决策部署落地见效。 (施奇)

【“铸牢中华民族共同体意识”宣传教育系列活动】 2022年,扬中市深化民族团结进步宣传教育,与市教育局联合举办“铸牢中华民族共同体意识”教育系统第八期思政新课堂暨“大中小学一体化思政工作联盟”研讨活动。传承发展中华优秀传统文化,举办“中华民族一家亲 石榴花开别样红”非遗传承剪纸活动、“共书一家亲 同绘石榴红”民族团结进步主题书画笔会等文化活动10余场次。八桥中心小学花样跳绳表演项目获全省第二届“红石榴杯”少数民族传统体育运动会表演项目比赛二等奖。 (施奇)

【民族团结进步创建工作】 2022年,扬中市推进民族团结进步创建工作。江苏省扬中中等专业学校创成镇江首批“全省民族团结进步示范单位”,新坝镇五一村获评省第三批“红石榴家园”,推进红石榴就业行动,指导江苏通灵电器股份有限公司吸纳“民族8省区”更多各族群众到扬中经商务工79人,推动民族团结进步创建工作向纵深拓展。 (施奇)

【宗教界规范化管理工作】 2022年,扬中市在全市宗教界广泛开展“爱国爱党爱社会主义”主题教育活动,市太平禅寺慈善功德会在经开区双跃村举行助学活动,30名家庭困难学子领取助学金。倡议部署宗教界开展崇俭戒奢教育活动。开展全市宗教团体、宗教活动场所财务管理督查检查,完善场所内部财务管理制度。指导市佛协召开四届四次理(监)事扩大会议,学习《互联网宗教信息服务管理办法》。协助解决三茅街道康福弄基督教活动点相关事宜。 (施奇)

【宗教领域专项排查整治行动】 2022年,扬中市按照“保护合法、制止非法、遏制极端、抵御渗透、打击犯罪”的原则,树立“一盘棋”思想,专题部署推进宗教领域专项排查整治行动。开展宗教专项排查整治,深入开展“清底”行动,启动扬中市涉宗教领域风险隐患大起底、大排查、大整治行动,推动长效治理。 (施奇)

【宗教领域“三年大灶”安全成果巩固】 2022年,扬中市民宗局会同属地消防等部门全年拉网式开展安全联合检查,要求属地常态化开展安全检查累计100余次。迎接省级、镇江市级、扬中市级督导组督导宗教活动场所安全工作10余次。召开全市宗教领域安全工作会议。不折不扣落实“安全生产月”要求,开展消防知识培训及应急演练4次。引入第三方安全检查机构,聘请专业人员每季度对全市宗教活动场所开展安全检查。(施奇)

【民族团结进步主题书画笔会】 2022年9月8日,扬中市委统战部(民宗局)以八桥镇“红石榴家园”阵地创建为契机,邀请6名书画家赴八桥中心小学与该校各民族少年儿童共书一家亲、同绘石榴红。活动现场,书画家以“民族团结进步”为主题,以红石榴为表现对象,创作书画作品30余幅,手把手指导各民族少年儿童围绕“中华民族一家亲,同心共筑中国梦”“各民族要像石榴籽一样紧紧抱在一起”等内容进行书法创作。书画笔会活动结束后,参加活动人员共同参观建设中的八桥镇新时代文明实践所“红石榴家园”阵地,就打造富有八桥特色的“红石榴家园”交流探讨。 (施奇)

9月8日,民宗局开展民族团结进步主题书画笔会

(民宗局供图)

【省扬中专创成第一批全省民族团结进步示范单位】 2022年,江苏省民宗委正式命名首批全省民族团结进步示范单位,在扬中市委统战部(民宗局)和教育局共同指导推动下,经申报评审,江苏省扬中中等专业学校

上榜。近年来，江苏省扬中中等专业学校以就业脱贫为导向，累计招收102名云南省普洱市各民族学生，组建七彩云南班，从“共居、共学、共事、共乐”4个方面，推动各族学生交往交流交融；不断深化与蜂巢易创长城汽车校企合作，帮助解决少数民族学生就业问题，实现民族地区学生从学校到就业的无缝对接，助力民族地区脱贫。 （施奇）

民政事务

【概况】 2022年，扬中市开拓创新，在未成年人保护、殡葬礼俗改革、婚姻登记服务等领域提升民生服务质量，持续优化社会服务。完善未成年人保护体系，强化阵地建设，打造专业队伍。推进三茅街道节地生态安葬桥南人文公园项目，探索“智慧殡葬”服务模式。提升婚姻登记服务水平，全年结婚登记1289对，离婚登记400对。福彩工作呈现新亮点，销售福利彩票4460万元，比上年增长61.8%。年内收到人大代表建议和政协委员提案14件，办结率、满意率均为100%。（周轶群）

【未成年人保护体系完善】 2022年，扬中市完善未成年人保护体系，严格落实市、镇、村三级探视巡访制度。加强横向沟通和纵向联系，整合各部门掌握的困境儿童名册，结合困难群体专项排查整治工作以及“夏季送清凉”“寒冬送温暖”等慰问关爱行动，上门入户做好信息核实和政策宣传工作，精准增减困境儿童。新增困境儿童16人，退档23人，登记在册的困境儿童157人，发放困境儿童基本生活补贴210.3万元。举办全市未成年人保护工作业务培训班，170余名未成年人保护工作者参加培训。在油坊镇和兴隆街道各新建未成年人保护工作站（儿童“关爱之家”）1家，打造“幼教+科普”“缤纷世界 你我‘童’行”服务品牌，开展活动281场次，累计服务困境、留守儿童以及其他未成年人3777人次。 （周轶群）

【殡葬改革】 2022年，扬中市与财政部门联合下发《关于进一步明确我市惠民殡葬政策的通知》，保障殡葬普惠政策落实落细。深入推进三茅街道节地生态安葬桥南人文公园项目，通过文明绿色、循环安葬的方式，节约土地，促进人与自然、社会和谐共生。探索创新“智慧殡葬”服务模式，草拟“身后一件事”平台建设方案，推进“灵安”App应用程序信息管理平台研发，逐步实现殡葬业务线上办理与服务。推出以互联网为载体的代客祭扫、云献花等线上祭扫方式，线上祭扫的网站点击量超过3万人次，代客祭扫超过500例。（周轶群）

【婚姻登记释放红利】 2022年，扬中市开展婚姻领域移风易俗活动。利用“移风易俗宣传月”，在婚姻登记场所进行固化宣传，通过发放倡议书、为新人颁证等形式，宣传“治理高额彩礼 抵制大操大办”理念。结合登记高峰日，开展“相爱相伴向未来”“520新婚第一课”等主题活动，发放《以德立家 以德治家》新婚家庭倡议书500余份，引导新婚夫妇树立正确的婚姻家庭观念，增强法律意识和家庭责任感。开设新婚微课堂，邀请婚姻家庭咨询师、律师及妇幼保健专家，提供婚姻辅导、心理疏导、法律咨询等服务，帮助婚姻当事人做好进入婚姻状态的准备，从源头上减少婚姻家庭纠纷的产生。 （周轶群）

5月，民政局开设新婚微课堂 （民政局供图）

养老服务

【概况】 2022年，扬中市致力打造老有颐养，完成养老服务民生实事。建成2家标准化居家养老服务中心（三茅街道新民社区居家养老服务中心、油坊镇油坊社区居家养老服务中心）、1家农村标准化区域性养老服务中心（西来桥镇敬老院）。将低保边缘家庭中的失独自理老年人、半失能和失能老年人纳入政府购买居家养老服务对象范围。完成50户困难老年人家庭居家适老化改造，联合市慈善总会试点实施“慈善家庭养老床位”服务项目。规范养老服务补贴资金发放，完善困难老人探访关爱服务，持续增进老年人福祉，擦亮养老服务底色。开展养老领域安全生产专项行动,完成养老机构微型消防站建设 29 家,安装燃气泄漏报警自动切断装置 21 家,“气改电”改造 4 家,拆除或更换夹芯材料彩钢板建筑机构 7 家,加固整改房屋墙体 1 家。

(周轶群)

【居家养老服务建设】 2022 年,扬中市规范居家养老上门服务,出台《进一步完善扬中市居家和社区养老服务考核管理办法的通知》,强化对居家养老服务组织和线上监管平台的考核监督,确保服务水平专业高效,补贴发放精准规范。推动各村(社区)建有 1 家居家养老服务中心,确保建成使用率 100%。提高居家和社区养老服务机构社会化运营覆盖率,指导三茅街道范围内 26 家居家养老服务中心公开招标,交由第三方养老服务组织专业化运营、标准化管理。优化探访信息系统,科学规范探访服务流程。精准摸排探访对象,由镇(街道、经开区)、村(社区)、第三方探访服务组织与 881 位重点独居、留守老人签订探访服务四方协议。拓展探访服务内容,包含信息资源类、生活救助类、精神慰藉类、政策咨询类等,服务对象“一对一”服务,发现问题闭环处理。

(周轶群)

【老年关爱服务】 2022 年,扬中市完成困难老年人家庭居家适老化改造 50 户。联合市慈善总会试点实施“慈善家庭养老床位”服务项目,为 30 户经济困难且无力入住养老机构的失能半失能老年人家庭提供家庭养老床位服务。对 119 名重点空巢独居老人、599 名困难老年人开展每月不少于 1 次的线下走访,每周不低于 1 次电话探访关爱,全年电话探访 2.62 万人次,上门探访 9083 人次,解决问题 545 个。在各镇(街道、经开区)建立时间银行服务站点,招募志愿者 1000 人,开展各类养老志愿服务 1200 人次。

(周轶群)

基层自治

【概况】 2022 年,扬中市提升基层治理效能,开展美好和谐社区创建工作,努力形成以点带面示范效应,推动新型农村社区建设再上新台阶。推进村民自治,发动符合条件的社会组织积极参与等级评估,提升其内部治理能力和服务社会水平。出台《关于加快推进基层社工站(室)建设的实施意见(试行)》《扬中市社工室建设标准(试行)》,为基层社工阵地建设提供政策支持和路径指导。壮大社工人才队伍,完成社工总站低保核查项目。

(周轶群)

【新型农村社区建设】 2022 年,扬中市发动各村(社区)开展美好和谐社区创建工作,将三茅街道永勤村、西来桥镇新程村作为新型农村社区建设试点单位,形成以点带面示范效应,推动新型农村社区建设。推进村民自治,八桥镇利民村被授予“全国先进基层群众性自治组织”“第九批全国民主法治示范村(社区)”称号。

(周轶群)

【基层社工阵地建设】 2022 年,扬中市出台《关于加快推进基层社工站(室)建设的实施意见(试行)》《扬中市社工室建设标准(试行)》,为基层社工阵地建设提供政策支持和路径指导。壮大社工人才队伍,截至 2022 年年底,全市持证社工 217 人。社工指导机构完成试运营,扬中市为民社会工作服务中心承接市民政局低保核查项目,组织 5 个乡镇社工站完成低保核查 185 户,为社工机构运营项目提供先行经验。 (周轶群)

社会救助

【概况】 2022 年,扬中市坚持分类施保,实现应保尽保、应养尽养。以数据比对、摸底排查和监测预警为着力点,动态核查 16 个村 185 户低保对象,核查比例 24.3%,清退低保 213 户、287 人,特困 51 人。为全市 1196 名城乡低保对象、特困人员按照每人 200 元标准发放一次性生活补贴 23.92 万元。做好 20 世纪 60 年代精简下放职工待遇调标工作,城镇户口每人每月由 1503 元调整至 1725 元,农村户口每人每月由 1230 元调整至 1412 元。开展困难群众危房修缮项目。项目惠及 11 户住房存在严重安全隐患的困难家庭。实施急难愁盼“微心愿”项目,为 55 户老、弱、病、残家庭提供“微心愿”物资 5.6 万元。截至 2022 年年底,城乡低保 637 户、823 人,其中农村低保 596 户、775 人;城乡特困人员 246 人,其中集中供养对象 168 人;困难残疾人生活补贴对象 2949 人,重度残疾人护理补贴对象 3399 人。(周轶群)

【特殊困难群体专项排查整治】 2022 年,扬中市开展特殊困难群体专项排查整治行动。对全市 85 个村(社区)全面开展入户走访调查,涉及低保、特困、残疾人、困境儿童及其他困难对象 5335 人,发现并解决问题

186个。高温汛期，对全市低保重点人员、分散特困对象实现全覆盖巡访，累计探访低保对象261户、285人，特困供养96人，实施临时救助12人。（周轶群）

【省级精神障碍康复社区示范创建】 2022年，扬中市开展省级精神障碍康复社区示范创建工作，将兴隆街道康复驿站作为示范点。民政局对照创建省级示范点标准，通过政府购买服务的方式，依托残疾人之家、精神病防治医院的专业团队，为精神障碍患者提供生活技能训练、社交技能训练、职业能力训练、居家康复指导多种类型的康复服务。11月初，“兴隆街道康复驿站”通过省级交叉评估验收。（周轶群）

【“幸福家园”村社互助工程】 2022年6月28日，扬中市成为全国首家实现“幸福家园”村社互助工程全覆盖的地区。全市行政村全部登录中华慈善总会“幸福家园”村社互助工程平台，村社认领并发布项目。“幸福家园”村社互助工程是中华慈善总会与民政部指定的互联网募捐信息平台，与“公益宝”合作，构建的一个服务全国广大村(社区)通过互联网开展慈善活动的平台型慈善项目。2021年6月，扬中成为“幸福家园”村社互助工程全省首批试点市，镇江市先行试点地区，扬中市在6个镇(街道、经开区)选择9个村(社区)开展“幸福家园”村社互助工程试点。“幸福家园”工程发布项目95个，注册村民3.1万人，累计筹款1085万元，平均每个村社筹集规模在5万元以上，项目内容涉及养老、助困、助残和新农村建设等领域。其中10万元以上项目有18个，20万元以上项目有4个。“幸福家园”工程给予配捐政策“红利”，超过10万元项目，可享受20%配捐“红包”。12月7日，中华慈善总会授予全国196个县(市)为首批“幸福家园”工程全国联动区域慈善协同创建示范县，扬中市榜上有名。（周轶群）

【“寒冬送温暖”专项救助行动】 2022年12月，扬中市民政局全面实施2022年“寒冬送温暖”专项救助行动，多措并举保障流浪乞讨人员合法权益。专项救助行动期间，民政局、公安局、城管局等部门工作人员加大街面巡查力度，确保流浪乞讨人员得到及时有效救助，并加大夜间以及车站、广场、建筑工地、桥梁涵洞、银行ATM机室等重点区域巡查频次，做到发现一个、救助一个。对有需要帮助的流浪乞讨人员采取自愿救助的方式，开展救助管理；若流浪乞讨人员不愿接受救助，救助队会送上冬季的御寒物资、食物等。除流浪人员，救助行动扩大救助范围，覆盖到困境儿童。一年两季，分别是“夏季送清凉”和“寒冬送温暖”，覆盖人群120人次，采取不重复慰问的形式，对散居孤儿、监护缺失儿童、父母无力监护儿童和重病重残儿童等困境儿童开展物资慰问和现金慰问。（融媒体中心）

社会公益

【慈善志愿者工作站揭牌】 2022年3月5日，扬中市慈善志愿者工作站揭牌，各镇(街道、经开区)、市级机关慈善志愿者服务队接受授旗，首批7支服务队590名志愿者“上岗”。经过前期招募，扬中市面向镇、村两级慈善工作站、本市大中专在校学生等群体，定向招募慈善志愿者558人，非定向招募32人，招募慈善志愿者590人。围绕群众关心的焦点、社会舆论的热点、百姓生活的难点，志愿者重点参与“宣传策划、调查评估、义工服务”，以常态化和精准化志愿服务，弥补政府和市场服务的不足，为政府分忧、为群众解难。慈善关爱向长效服务、全民参与拓展延伸。（融媒体中心）

3月5日，扬中市慈善志愿者工作站揭牌

（融媒体中心供图）

【“520微心愿”公益活动】 2022年，扬中市启动以“同心抗疫”为主题的“520微心愿”系列公益活动。活动由新时代文明实践中心主办，扬中市文明办、扬中市委市级机关工委、扬中市红十字会、扬中市慈善总会协办，扬中市麦田慈善基金会、扬中市青年民营企业家商会承办。4月11日起，“520微心愿”筹款活动在腾讯公益平台上线，通过麦田慈善基金会微信公众号，线上征集抗疫工作者子女的“微心愿”，助其实现，为抗疫工作者发放520暖心礼包。304人参与活动，募集资金1.47万元。（融媒体中心）

【特殊困难群体慈善帮扶】 2022年5月11日，扬中市安排150万元慈善大礼包，以“物资+救助金”的形式，陆续送到全市1193户特殊困难群体手中。善款由市、镇、村(社区)三级慈善组织共同筹措安排，镇江市慈善总会给予30万元的补助。救助帮扶对象包括低保家庭内独居空巢老人、“一户多残、依老养残”的特残家庭、民政部门认定的低收入家庭等在内的特殊困难群体1193户。根据救助对象的困难程度等具体情况，精准分类，分别给予1000~2000元不等的救助。在发放救助金的同时，向低保家庭内2人及以上户、低收入家庭户、孤儿、事实无人抚养儿童、边缘困境未成年人和一户多残户发放实物大礼包，包括食用油、夏凉被等生活日用品。慈善总会在全市实施慈善“低收入家庭精准救助”项目，拿出5万元项目资金，为困难群众实现购买空调、洗衣机、电视机、轮椅、盲杖等“微心愿”。

(融媒体中心)

【“大爱扬中”慈善主题诗书画作品展】 2022年7月14日，扬中市文联和市慈善总会联合主办“大爱扬中”慈善主题诗书画作品展，集中展出扬中籍乡贤及书画艺术家、爱好者创作的主题作品约80件，涵盖书法、篆刻、中国画、油画、剪纸、烙画等各种门类。部分省市老领导和扬中籍乡贤也给予此次展览大力支持，专门填词作诗、书写作品。展出作品笔力遒劲、画风细腻、技艺精湛、饱含深情，生动记录江洲大地扶贫济困的善行义举、互助互济的温情故事，彰显“上善若水”“大爱扬中”的城市慈善文化底蕴。市行政中心大厅首展结束后，在部分村(社区)、企业、学校巡展。 (王雨童)

【慈善基金冠名企业授牌】 2022年7月17日，扬中市慈善总会第四次会员大会上，举行企业慈善冠名基金授牌仪式，为慈善总会首轮34家慈善基金冠名企业(单位)颁发荣誉牌匾。2021年以来，市慈善总会开展新一轮慈善基金冠名募捐活动，扩大扬中慈善母本基金规模，提高慈善救助能力。一批心有大爱、情系慈善的企业家以大爱之心扶危济困，以实际行动奉行善举，积极冠名、踊跃捐赠，首轮34家企业(单位)冠名慈善基金1.38亿元，展现企业家慈心为本、善举为民的大爱情怀，树立弘扬行善乐施的文明风尚典范。新一轮企业慈善冠名基金原则上从2022年开始，期限5年，至2026年结束，可根据企业的意愿延长至2031年。企业冠名基金捐赠到位后，统一纳入慈善总会慈善资金池，统筹用于扶贫救助；设立慈善冠名基金的企业除享有《中华人民共和国慈善法》规定的税收优惠等相关权利之外，还享有慈善基金冠名权、参与监督管理权、救助对象推荐权，尽可能发挥慈善基金的最大社会效益。 (融媒体中心)

【讯德奖学金颁发仪式】 2022年8月14日，麦田慈善基金会首届“讯德奖学金”颁奖仪式在滨江小学大礼堂举行，为上学年表现突出以及在中高考中取得优异成绩的青苗学子颁发“讯德奖学金”。麦田慈善基金会“青苗助学”项目于2020年启动，以一对一资助形式向贫困青少年提供资金支持。项目受益人群为本地贫困青少年(含小学、初中、高中、大学)以及长期居住本地、工作、生活的外来务工(农)人员的贫困子女。自项目实施以来，累计招募志愿者130名，在扬中和镇江新区走访困境青少年305名，为其中274名困境青少年发放助学金70万元。

(融媒体中心)

【慈善总会教育分会成立】 2022年10月26日，扬中市举办市慈善总会教育分会成立揭牌仪式。会议宣读《关于成立扬中市慈善总会教育分会的通知》《关于任命扬中市慈善总会教育分会会长、副会长、秘书长和各校慈善工作站站长的通知》，审议通过《关于建立慈善教育基金的意见》。此次教育分会和学校慈善工作站的建立，将慈善与教育紧密结合，为更多爱心人士帮教帮学、贡献爱心搭建起平台，慈善教育基金将主要用于品学兼优与困难学生资助、困难教职工救助、校园慈善文化建设特色项目打造等慈善活动。 (文婷)

发展促进会

【概况】 2022年，扬中发展促进会紧扣“服务扬中，服务扬中人”办会宗旨，持续在“促进扬中发展，促进扬中人发展”上发力。为促进总会和分会工作有序开展，分别召开三届一次会长办公会、镇(街道、经开区)分会工作交流会和秘书长工作交流会。加强组织建设，成立安徽分会，镇(街道、经开区)分会向村级乡贤会延伸。乡贤回报家乡蔚然成风，3月底新冠疫情发生后，海内外乡贤纷纷伸出援助之手，累计捐款111万元，捐物价值38.68万元；12月底，随着防控政策放开，在外乡贤紧急捐赠和协助购买急缺抗疫药品。乡贤助力扬中医疗专科建设，牵头的第四届消化和消化内镜学术研讨会在扬中召开，上海市中西医结合学会肿瘤微创治疗合作基地和陈明龙教授工作站落户人民医院。财经分会协同市招引办谋划项目招引，为企业与高校科研院所的对接牵线搭桥；伟信教育发展基金会继续奖励优秀学生和优秀班级团队，发放奖金 51.2 万元。名誉会长陆朝银先后赴城管局、市场监管局、扬子新村社区、检察院和广宁社区，作中共二十大精神专题宣讲。（朱圣福）

【上海市中西医结合学会肿瘤微创治疗合作基地揭牌】 2022 年 1 月 8 日，上海市中西医结合学会肿瘤微创治疗合作基地揭牌仪式在人民医院举行。此次揭牌的上海市中西医结合学会肿瘤微创治疗合作基地是扬中市首家肿瘤微创治疗合作基地。人民医院依托上海市中西医结合学会专家团队、技术优势和管理理念，以科学化、精细化为发展方向，狠抓学科建设，提升微无创技术水平。妇科疾病、甲状腺结节及部分恶性肿瘤的治疗迈入微无创时代。（朱圣福）

【第四届消化和消化内镜学术研讨会】 2022 年 6 月 26 日，第四届“中国河豚岛”消化和消化内镜学术研讨会举办，围绕“人工智能与大健康”主题，12 名业内专家应邀作专题讲座。会议邀请中国工程院院士、教授李兆申，中国科学院院士、教授、东南大学附属中大医院院长滕皋军在线作学术分享，中国科学院院士、东南大学首席教授顾宁，欧洲科学院院士、东南大学首席教授曹进德等专家，聚焦消化系统疾病诊疗、内镜技术应用，以学术讲座的形式，分享并探讨最新成果及前沿技术。活动由东南大学附属中大医院主办，扬中市卫生健康委员会、医学会、人民医院和中医院承办，扬中卫生健康促进会协办。（朱圣福）

【陈明龙教授工作站签约揭牌】 2022 年 9 月 14 日，陈明龙教授工作站签约揭牌活动在市人民医院举行。陈明龙，江苏省人民医院心内科副主任、南京医科大学第一临床医学院常务副院长、A 类特聘教授，擅长心血管内科相关疾病，特别擅长复杂心律失常如房颤、房速及室性心律失常的治疗，其团队首创房颤消融南京方法，在全国处于领先地位。陈明龙教授团队每月定期到扬中，通过门诊带教、病例会诊、手术演示、理论授课等方式，指导市人医心血管科开展新项目新技术。（朱圣福）

【伟信教育发展基金爱心助学】 2022 年 8 月 15 日，扬中市伟信教育发展基金会颁发 2022 年度奖励助学金。会上表彰优秀学生 32 人，优秀班级团队 5 个，发放奖金 51.2 万元。组织 2018—2021 年度获基金会奖励、助学的部分学生代表爱心助学座谈会。伟信教育发展基金会成立五年来，奖励和资助 172 名优秀学子，向优秀班级团队、优秀学校以及品学兼优学生发放奖金 400.7 万元。（朱圣福）

8 月 15 日，伟信教育基金颁授 2022 年度奖励
（融媒体中心供图）

【陕西分会完成理事会换届选举】 2022 年 9 月 18 日，扬中发展促进会陕西分会第二次会员代表大会完成理事会换届选举，近 50 名会员参加。会上，陕西分会顾问、西安市人大常委会委员倪广天，陕西省人民检察院法警总队总队长姚圣华，西安恒驰电子科技有限责任公司总经理王加青作交流发言。西安市碑林区副区长张武，扬中市政府党组成员、白水县委常委、副县长陶建国出席会议并讲话。（朱圣福）

【扬中发展促进会安徽分会成立】 2022 年 11 月 26 日，扬中发展促进会安徽分会成立，40 余位在皖工作和生活的乡贤出席成立大会并加入分会。会上，观看扬中发展促进会宣传片；扬中发展促进会副会长王继兰宣读扬中发展促进会《关于同意成立安徽分会的批复》；中国科技大学校长包信和、扬中发展促进会名誉会长陆朝银为扬中发展促进会安徽分会揭牌；合肥市政协副主席张小樵到会祝贺并讲话。大会推选产生分会领导班子，本源量子计算公司首席顾问、中科大特聘教授孙习祥担任扬中发展促进会安徽分会会长。大会聘请中国科学技术大学艺术与科学研究中心主任、陈履生博物馆馆长陈履生，陆军军官学院外训系原政委陆春根大校为安徽分会名誉会长。（朱圣福）

镇·街道·经开区

新坝镇

【概况】 新坝镇位于扬中市西北部，下辖12个行政村、3个社区居委会，总面积49.2平方千米，总人口5.5万人，为江苏省扬中高新技术产业开发区核心区，综合发展实力一直居扬中首位，先后获评中国乡镇之星、全国文明镇、国家卫生镇、全国环境优美乡镇、全国先进基层党组织等，是国家级特色小镇和“长三角最佳文旅融合旅游小镇”。

经济重镇，产业基础实力雄厚。新坝是全国电力电气产业基地，高新技术产业产值占规模以上工业总产值比例80%，经济总量占全市工业经济份额的35%，2019年被科技部认定为“国家智慧电气高新技术产业化基地”。2022年完成工业申报销售308亿元，完成一般公共预算收入8亿元。龙头企业大全集团本土销售突破百亿元大关，获得江苏制造突出贡献奖优秀企业称号，入选江苏民营企业100强、中国民营企业制造业500强。

科技强镇，技术创新活力迸发。与全国600多家科研院所、大专院校建立紧密的合作关系。全镇拥有高新技术企业97家，1家国家级技术研发中心，1家国家“863计划”成果转化基地。2022年，国家级科技企业孵化器连续4年再次获得国家级、省级绩效评价双“A类”(优秀)。锋芒科技、士林电气入选国家级专精特新“小巨人”企业，大全集团荣获省级创新型领军企业称号。

文旅名镇，城乡环境美丽宜居。实施“精美新坝”建设工程，城乡人居环境突破提升。拥有陈履生博物馆群、中国职业装博览馆、中国民族乐器陈列馆等一批文化场馆，建成梓阳植物园、新坝公园、渡江文化园、滨江湿地公园、蒲草滧等生态景观，全力打造“三江湾”旅游集聚区。获评“中国人居环境范例奖”“江苏省生态文明示范镇”。创成省级生态宜居美丽示范镇，联合村、立新村创成“省级特色田园乡村”。新治村获评江苏省乡村旅游重点村。

幸福富镇，物阜民丰生活美好。全镇高龄、经济困难失能老年人养老服务保障达标率95%。创成省级就业富民乡村振兴示范基地、省级“15分钟医保服务圈”示范点。获得省级“妇女儿童工作先进集体”称号。陈履生博物馆群入选“2022年乡村公共文化空间设计展示活动”名录。发展“节庆经济”，举办首届新坝枇杷文旅节，带动各类农特产品销售400余万元；发展“电商农业”，新增销售300余万元。

和美新镇，社会环境和谐稳定。“两长”融合参与疫情防控、人居环境整治、矛盾调解等基层治理的经验做法，获镇江市委推广。获评“全国乡村治理示范镇”，新坝派出所创成全国首批“枫桥式公安派出所”。五一村获省级“红石榴家园”民族工作示范单位、省级侨务工作示范单位称号。

(朱慧)

【基层“两长”大棚会议】 2022年2月21日，基层“两长”大棚会议在立新村高效农业产业园举行。“两长”围绕人居环境整治、矛盾调解、扶贫助困等工作向镇村两级提供“金点子”好办法。近年来，新坝镇秉持“接地气”、求实效的原则，将“两长”会议开到村头埭尾、田间地头，与“两长”在家门口议事，与群众在板凳上交心，寻求需求点，确保为推动乡村全面振兴凝聚更强大的动能。

(朱慧)

2月，新坝镇召开基层“两长”大棚会议 (新坝镇供图)

【新坝首届枇杷文旅节】 2022年6月3日,“同享丰收喜悦 共创甜蜜事业”2022年扬中新坝首届枇杷文旅节暨新闻发布会举办。新坝以枇杷文旅节为契机,以果为媒、以节为缘,进一步推介和展示新坝镇美丽乡村风貌和创意农业旅游资源,以农旅融合赋能乡村振兴,把小枇杷做成大产业、做出“大文章”,打造乡村振兴“金名片”,持续放大影响力和知名度。枇杷文旅节活动分主会场和体验区同步开展。活动主会场梓阳园,多个项目揭牌,立新村与吾悦广场、盒小马扬中店签约,完成农超互联签约;与江苏大学、扬中农商银行、金陵大酒店、立新商会完成农销对接签约。陈履生博物馆群农耕文化体验基地、镇江市农业科学院亚夫科技服务示范基地、扬中市新坝镇枇杷联盟、扬中市新坝镇特色农产品体验中心揭牌。立新高效农业园作为活动的体验区,设置“家的味道”水果总动员亲子活动,特色农创、文创展销活动以及一米菜园发布认领活动,设水果超人、甜蜜寻宝、印象果园、非遗剪纸、面塑、陶艺、烙画等体验项目。融媒体中心全程现场直播,直播带货立新枇杷、大米、小番茄等农产品,活动吸引2万余名观众,接单750余份。 (朱慧)

6月3日,新坝镇举办首届枇杷文旅节 (新坝镇供图)

【数字技能人才培养实训基地建设项目新闻发布会】 2022年6月15日,新坝镇举行数字技能人才培养实训基地建设项目新闻发布会。为响应2022年乡村振兴中央一号文件精神,以数字技术助力乡村发展,数字经济赋能乡村振兴,全面推进数字乡村文旅建设,新坝镇红联村联合新华报业传媒集团江苏经济报社、南京晓庄学院旅游与社会管理学院,共同建设数字技能人才培养实训基地,在大型活动策划、“党建+项目”等方面进行深度合作,为大学生接轨社会需求、提高实践水平提供发展的平台,振兴乡村经济,共同打造媒体、高校、现代化新农村多元合作的新样板。江苏经济报社、南京晓庄学院旅游与社会管理学院、新坝镇红联村战略合作协议举行签约仪式;红联村项目执行代表开展项目介绍。立足基地建设,全面加快电商发展的步伐,以专业人才的引进培养推动专业平台的建设,提升农产品供应链现代化水平,促进农产品流通和消费;以基地建设为契机,逐步完善农村数字基础设施建设,提高公共服务质量,以基地建设为抓手,强化校地、产学研合作,为新坝乃至扬中数字经济发展插上腾飞的“翅膀”,实现以数字促进农业发展、农户增收、农村全面振兴。

(融媒体中心)

【首家乡村“复兴少年宫”成立】 2022年10月22日,扬中市首家乡村“复兴少年宫”——新坝镇乡村复兴少年宫在新坝镇新时代文明实践所揭牌成立。新坝镇乡村复兴少年宫,依托新坝镇新时代文明实践所进行建设,由市新时代文明实践中心、市文明办、市教育局、新坝镇新时代文明实践所、新坝镇妇联、麦田慈善基金会共同发起成立。江苏中环电气集团董事长江文林将每年赞助2万元,用于新坝镇乡村复兴少年宫的建设运行。揭牌仪式当天,新坝镇乡村复兴少年宫的第一堂课开讲。 (朱慧)

【青年干部读书分享会】 2022年12月8日,新坝镇举办《梁家河》读书分享会,通过朗读、朗诵、分享读后感等形式,组织青年干部感悟梁家河岁月,追寻领袖初心,外化青年之力,高擎使命之旗,点亮青春之光,照亮属于新坝青年的“梁家河”。 (朱慧)

【联合村、立新村创成江苏省特色田园乡村】 2022年,新坝镇联合村华扬新村居民点、立新村立新二号居民点先后于7月、11月入选江苏省特色田园乡村名单。作为新坝乡村振兴“领头雁”。近年来,联合村、立新村坚持以乡村旅游为突破口,依托其自然禀赋,整合区域内郭克生纪念馆、立新村高效农业产业园、梓阳园等旅游资源,同时,因地制宜发展特色产业,切实蹚出一条“村美、业强、民富”的新路子,全力推动乡村振兴提档升级。 (朱慧)

【新坝镇入选就业富民乡村振兴基地】 2022年12月,根据《关于开展就业富民乡村振兴基地推荐认定工作的通知》,江苏省人力资源社会保障厅、省乡村振兴局联合开展就业富民乡村振兴基地推荐认定工作,拟确定12家就业富民乡村振兴基地,扬中市新坝镇入选就业富民乡村振兴基地名单。此次入选的就业富民乡村振兴基地,经申报推荐、省级审核和实地核查等环节,全省入围12家,镇江仅新坝镇1家。(融媒体中心)

2022年新坝镇建制村(社区)情况一览表

表19

建制村(社区)名称	书记	主任	总人口(人)	工业产值(万元)	人均年纯收入(元)
丰乐桥村	施国平	施国平	2429	3580	33500
五一村	戴海旺	戴海旺	2580	12000	20000
立新村	肖　胜	肖　胜	3119	6000	60000
永平村	朱家明	朱家明	4110	890000	35000
红联村	郭兰彪	郭兰彪	4733	150200	39300
向阳村	朱　伟	朱　伟	2843	18000	44000
新坝社区	奚一培	奚一培	8653	198750	50000
联合村	陆建军	陆建军	3558	200000	45000
公信社区	郭荣根	郭荣根	2475	19000	32000
新宁村	陈国生	—	2692	66330	45000
联盟村	周其勇	周其勇	2172	110000	24000
新治村	马　军	马　军	4832	390000	35000
新安村	陶　杰	陶　杰	3560	50000	40000
双新村	徐吉华	徐吉华	3858	16950	38500
新城社区	郭连华	郭连华	1680	0	45000

(朱慧)

2022年新坝镇主要经济社会指标一览表

表20

项目	数额	项目	数额
地区生产总值(万元)	222.85	私营企业数(家)	2583
财政收入(万元)	160000	当年新办“三资”企业(家)	1
工业总产值(万元)	320.83	实际利用外资(万美元)	1995
产品销售收入(万元)	308.38	进出口总额(万美元)(1—11月)	10800
农业总产值(万元)	54663.24	第三产业增加值(万元)	75.69
粮食总产量(吨)	14812	第三产业从业人员(人)	7285
水果产量(吨)	1465	个体工商户(户)	4424
水产品产量(吨)	1537	中小学校(所)	3
工业投入(亿元)	14.07	医院、卫生院(所)	2
工业用电(万千瓦小时)	13606.94	卫生室(个)	9
工业企业总数(家)	850	职工年人均工资(元)	68000
三资企业数(家)	28	农民年人均纯收入(元)	39832.4

(朱慧)

2022年新坝镇骨干企业情况一览表

表21

企业名称	法人代表	工业总产值(万元)	销售收入(万元)	利税总额(万元)
镇江西门子母线有限公司	STEPHAN MAY	277100	259374	45434
扬中凯悦铜材有限公司	陈和平	192903	187472	4858
江苏大全长江电器股份有限公司	徐　翔	128956	144637	30366
镇江默勒电器有限公司	徐广福	152701	141283	20566
威腾电气集团股份有限公司	蒋文功	70829	73633	7290
江苏火蓝电气有限公司	乔东风	72654	72656	4924
江苏威腾新材料科技有限公司	蒋文功	70078	64446	3949
大航有能电气有限公司	孙　伟	62970	62970	1498
江苏士林电气设备有限公司	马　芸	59471	52181	5628
江苏同力金属制品有限公司	黄　华	51502	51502	1192
现代重工(中国)电气有限公司	安宰汉	51071	51071	-2726
江苏大全凯帆开关股份有限公司	徐广福	51457	51042	11134
江苏华强电力设备有限公司	陈廷国	47846	46809	3242
江苏宏强电气集团有限公司	吴玉林	53386	45786	3677
江苏中环电气集团有限公司	王永贵	42918	37918	3886
江苏锋芒复合材料科技集团有限公司	王荣生	42766	37902	1387
镇江市电器设备厂有限公司	徐广福	29305	29883	1867
宜禾股份有限公司	马金芳	30849	29545	627
江苏明珠硅橡胶材料有限公司	施纪洪	27602	27609	-318
江苏大全箱变科技有限公司	徐　翔	28828	26497	1130
江苏海航电气科技有限公司	阮立恒	25472	25441	1703
镇江大全智能电气有限公司	葛　飞	26196	25250	4160
镇江大全金属表面处理有限公司	徐　翔	22104	19237	3069
江苏圣大中远电气有限公司	徐忠堂	18369	18151	1442
江苏超宇电气有限公司	周怡琴	18708	18131	1202
镇江飞达制衣有限公司	李　超	15876	16744	121
江苏新坝电气集团有限公司	陈　春	16345	15984	1205
向荣集团有限公司	张真明	15690	15891	-309
江苏福泰电力设备有限公司	黄喜福	15619	15625	530
镇江市赫敦电气有限公司	杜夫华	14966	14967	463
扬中长捷电气有限公司	王美兰	14073	13932	1503
镇江大全赛雪龙牵引电气有限公司	徐　翔	13389	13053	1109
江苏大浪电气有限公司	赵利梅	11522	11522	1620
江苏创大电气有限公司	嵇庆宏	11141	11132	1381

续表 21

企业名称	法人代表	工业总产值（万元）	销售收入（万元）	利税总额（万元）
江苏弘历电气有限公司	何红芳	10975	10995	-512
江苏飞跃橡胶有限公司	张卫萍	—	10750	141
江苏华强新能源科技有限公司	陈　欣	10692	10692	2575
江苏大全封闭母线有限公司	徐广福	9848	10665	280
江苏科源铝业有限公司	王　勇	10624	10624	600
镇江东丰特殊合金有限公司	入交建太	11021	10558	165
江苏华鹏桥架有限公司	吴　斌	10447	10449	426
江苏圣大中远电力科技有限公司	徐忠堂	10421	10401	812
镇江华扬乳胶制品有限公司	王学斌	8908	9975	861
江苏精鑫达电气有限公司	荣凯彬	9499	9496	-24
开美数字技术(江苏)有限公司	张素平	9649	8989	60
镇江天一合金材料有限公司	张海飞	8518	8518	-54
镇江市美盛母线有限公司	张金荣	8641	8476	917
浩翔电气集团有限公司	殷浩翔	8422	8422	114
江苏乐仕电气科技有限公司	袁　静	8116	8116	695
江苏威腾配电有限公司	蒋文功	7793	7505	-87
江苏江城电气有限公司	解良洪	7186	7069	268
镇江市华峰成套设备有限公司	朱秀峰	6875	6876	481
江苏开达电气有限公司	陆纪才	6816	6818	504
江苏华雄电气有限公司	李　青	6793	6802	859
江苏江岛电气设备有限公司	葛恒翔	6533	6533	348
江苏帅天电气有限公司	郭　磊	6495	6511	199
镇江苏惠乳胶制品有限公司	王学斌	6687	6469	-789
江苏云企智造有限公司	胡明亚	6422	6290	41
江苏汇成电气有限公司	蔡纪龙	6141	6141	374
江苏万威电气有限公司	袁春香	6011	5918	497
扬中势坤新材料有限公司	郭小平	5904	5904	421
镇江诚昊化工有限公司	祝　群	5523	5523	330
江苏大力城电气有限公司	仇玉林	5499	5500	540
江苏大航泓城电力电子有限公司	杨　旸	5336	5336	144
江苏大航高华电气有限公司	孙　伟	5288	5288	101
倍德力能源装备(江苏)有限公司	陈　榕	5241	5241	400
江苏成城电气有限公司	阚小海	5023	5023	642
江苏康尔臭氧有限公司	乐　飞	4960	4941	353

续表 21

企业名称	法人代表	工业总产值（万元）	销售收入（万元）	利税总额（万元）
江苏华彤电气股份有限公司	赵　青	4939	4939	504
江苏扬中印刷有限公司	印农春	4800	4763	485
镇江贝加尔电气有限公司	朱夕荣	4744	4744	378
江苏必拓电气有限公司	徐茂松	4721	4721	327
江苏亮盛铝业有限公司	唐　亮	4493	4493	114
扬中市新江镀业有限公司	奚新兰	4473	4471	600
江苏银庆电气有限公司	周　莉	4406	4406	521
镇江浩宇电气有限公司	朱茂英	4182	4182	92
继亿母线(江苏)有限公司	王玉梅	4149	4137	363
天源华威集团有限公司	孙和平	6131	4121	-609
镇江市中南电力设备有限公司	裴　斐	4082	4082	32
镇江大全包装制品有限公司	徐　翔	4034	4034	637
江苏富友电力机械设备有限公司	陶国香	4027	4027	145
江苏明腾电气科技有限公司	周雅平	3817	3817	154
苏正电气集团有限公司	陆亚裕	3774	3774	-34
江苏欣浪电气有限公司	刘珍美	3589	3589	279
江苏盈聚电气有限公司	任　庆	3531	3532	281
苏正智能电气有限公司	刘荣余	3439	3439	60
江苏佳鑫环保工程有限公司	黄　震	3410	3220	136
镇江市飞利达焊料机电厂	胡金福	3200	3200	292
镇江群盛硅材料有限公司	毛秋香	3173	3173	204
江苏新浪花电气集团有限公司	吴月兰	3101	3100	423
扬中金祥乳胶制品有限公司	薛国荣	3051	3051	134
江苏国华电力器材有限公司	张加凤	3028	3028	104
江苏国明浩辰科技有限公司	卞海霞	3008	3008	843
江苏培城电气有限公司	王　梅	2655	2655	193
镇江天源华威母线制造有限公司	黄庆东	2518	2518	128
江苏太阳鸟照明电器有限公司	张东升	2353	2495	376
扬中市华日密封件有限公司	陆茂生	2259	2266	437
江苏鸿承机电设备有限公司	孙传祥	2004	2004	108
江苏东方电热器制造有限公司	陶美华	2279	1990	88
江苏力亿电力设备有限公司	周　芬	1900	1900	73
江苏柏亚电气有限公司	郭艳梅	1862	1862	103
镇江腾宇电能设备有限公司	王红军	1761	1761	182

续表 21

企业名称	法人代表	工业总产值(万元)	销售收入(万元)	利税总额(万元)
江苏中远稀土新材料有限公司	张　庆	1730	1716	–248
江苏蓝盛电力设备有限公司	蔡明维	1723	1708	111
江苏大浪电气集团有限公司	王　超	1684	1684	328
江苏华威电气化铁路器材有限公司	孙建国	1381	1576	–68
江苏华威线路设备集团有限公司	孙建国	1542	1542	–148
江苏尚成电气有限公司	陈　云	1511	1511	–131
江苏省华能电气有限公司	蓝厚勤	1470	1376	102
镇江市江岛电器制造有限公司	戴荣山	1730	1188	125
江苏龙成电气有限公司	朱允升	870	698	27
通用美联集团有限公司	郭祥军	710	656	12

（朱慧）

油坊镇

【概况】　油坊镇镇域面积 52.06 平方千米，常住人口 3.1 万人，下辖 10 个行政村、2 个社区，现有基层党委 10 个，党总支 1 个，党支部 99 个，党小组 115 个、党员 2714 名。2022 年实现应税销售总额 128.91 亿元，比上年增长 11.87%，完成一般公共预算收入 2.42 亿元，增长 5.55%。发展质效持续攀升。经济指标稳中有进，实现工业应税销售 110.26 亿元，增长 11.51%，72 家规模以上工业企业实现工业总产值 75 亿元；强化规上企业培育，全年新增规上工业企业 11 家、规上服务业企业 7 家；全年签约项目 10 个，其中亿元以上项目 4 个，总投资 8.55 亿元；实际利用外资 910 万美元，是全市唯一、率先超额完成全年外资目标任务的乡镇；绿能电力、宏明电气、欧普电器、广盈建设在省股权交易中心挂牌；同德商会获评江苏省“四好”商会。乡村振兴步履坚实。油坊镇国土空间规划完成初稿，鸣凤村、会龙村、同德村、长旺村多规合一的实用性村庄规划通过专家评审；长旺农地股份专业合作社召开股民代表大会，规模化经营优势不断显现，农户收入和村集体经济实现双提升；稳步推进村级“八位一体”，开展明察暗访 60 余次，镇容村貌明显改善；合理规划绿化布局，完成先锋创业园、振华居民点等 10 处绿化提升工程。生态治理坚决有力。推进中央生态环保督察现场交办件、曝光件和信访件专项整治，完成江堤外 3 家企业整改拆除及 5 件企业信访举报件调查处理工作，清退江滩养殖户 14 家；全力开展大气污染防治专项整治行动，40 家企业全部完成整改；加快推进化工企业整治，沿江一公里化工企业实现清零；基本建成六圩港闸站，疏浚整治河道 59 条；推进农村生活污水治理，全年完成改造 500 户。社会保障日益完善。举办“春风送岗”网络招聘会，新增城镇就业 601 人；精准落实残疾人“两项补贴”政策，惠及困难残疾人 180 人；强化低保兜底保障，全年发放低保金约 100 万元；全面落实困境儿童分类保障制度，成立扬中市首家儿童服务站；建成油坊镇慈善社工站，完成年度低保动态核查项目；扎实开展慈善募捐救助，“幸福家园”村社互助项目实现全覆盖，募集资金 82.32 万元，全年助医助困助学 2778 人、203.2 万元，镇慈善分会获评“扬中慈善奖”最具影响力慈善组织。社会事业稳步提升。科学精准、从严从紧落实疫情防控处置各项措施，有序推进新冠疫苗接种；扎实推进卫生健康事业，争取专项债券资金 7600 万元，油坊卫生院开工建设；加快完善公共文化服务体系，建好用活邻间书房、农家书屋等阅读空间，全年 13 万人次接受文化场馆服务；持续打造文化品牌月，举办各类民俗活动 10 余场，“家门口的舞台”文艺巡演 3 场；推进文体设施建设，新建村级体育公园 1 个、健身路径点 2 个、健身步道 200 米；加快推进乡村旅游配套设施建设，全年投入近 200 万元。社会治理全面增强。强化党建引领乡村治理,全面实施“三长共治”,创建镇江市社会治理现代化先进镇;常态化开展“扫黑除恶”斗争,有序推进打击养老诈骗、妇女儿童权益保护等专项整治行动;切实加强矛盾调处和积案化解,完成中共二十大安保维稳工作;基层民主自治制度进一步完善,镇村政社互动协议签约实现全覆盖;坚决守牢安全底线,紧盯危化品、房屋桥梁、餐饮燃气等重点领域,深入开展安全生产专项整治行动,提高全镇本质安全水平。 (包雍君)

【油坊镇“邻间书房”揭牌】 2022年1月,油坊镇举行“邻间书房”揭牌仪式,“对话”系列之“对话老郎街”阅读分享会同步上线。油坊镇建好用活农家书屋,全力打造阅读新空间,结合党史学习教育,先后举办“书香溢油坊悦读阅美好”“世界读书日——阅启新程读揽春光”“阅读红色经典传承红色基因”“全民阅读知识村村行”等150余场主题阅读活动,参与及受益群众超5000人。油坊镇以淬炼馆改造为契机,打造公共阅读新空间——“邻间书房”。赋予邻间书房生命力,以“文明油坊邻间书香”为主题,将全民阅读与新时代文明实践深度融合,实施2022年度“邻间阅读计划”,全年开展三大主题活动,引入全新阅读“合伙人”,做到月月有活动,书香满油坊。 (包雍君)

【油坊政府专职消防站揭牌暨入驻仪式】 2022年1月8日,扬中市举行油坊政府专职消防站揭牌暨入驻仪式。经过近1年的提档升级改造,油坊政府专职消防站现有专职消防队员12人、执勤车2辆,营房占地面积590平方米,建筑面积1330平方米,总投资约420万元。消防站投入使用后,执勤范围将由原来的油坊镇拓展至油坊、八桥、西来桥和经开区4个镇区,为辖区经济社会发展和群众生命财产安全奠定坚实基础。

(包雍君)

【产业强镇暨优化营商环境大会】 2022年2月9日,油坊镇召开2022年产业强镇暨优化营商环境大会。大会表彰2021年度基层满意单位(10家)、基层满意个人(10名)、党建行政工作优胜奖(4家)、优质教育奖(2家)、突出贡献奖(7家)、二十强工业企业、经济贡献奖、发展速度奖、技改投入奖、招商引资奖、招才引智奖、科技创新奖、提质创优奖、高效农业奖、光伏应用奖等,围绕产业强镇、优化营商环境,5家单位作表态发言。 (包雍君)

【智能有机电致变色膜项目签约】 2022年2月19日,油坊镇人民政府、览锐光电(宁波)有限公司、江苏利奥新材料科技有限公司签约智能有机电致变色膜项目。览锐光电(宁波)有限公司是美国Furcifer公司的全资子公司,专注于柔性智能电致变色薄膜的研发。项目计划建设一条1.6米幅宽精密涂布生产线,设计年产能300万平方米,年产值约15亿元。2022年,项目将完成厂房及设备安装并投入生产,实现年销售5000万元。利用两年时间,将产能全面释放,力争2024年实现销售超10亿元目标。 (包雍君)

【长旺街社区儿童服务站揭牌】 2022年6月18日,扬中市首家儿童服务站在油坊镇长旺街社区揭牌成立。该公益项目由市妇联、市青少年活动中心、扬中麦田、壹基金以及长旺街社区、长旺中心小学等携手开展、共同运营。项目以儿童保护和发展为核心,通过学校和家庭之外的“空间+专职+服务”模式,分别在油坊镇长旺街社区和长旺中心小学为油坊镇7~12岁困境儿童、流动儿童以及留守儿童打造“课外之家”。位于油坊镇长旺街社区的儿童活动空间,设有科技知识科普、绘画、阅读等各功能区,为儿童提供安全卫生教育、参与式课外游戏活动和教育课程支持等服务,保障儿童基本权利,助力儿童全面发展。儿童服务站通过加强技能培训、资源整合、统筹管理,帮助儿童开阔眼界、增强实践能力、个性化发展,服务孩子健康成长。(包雍君)

【党建共建暨全面战略合作协议签订】 2022年7月15日,油坊镇党委与农商行党委签订“同担振兴使命共助兴企惠民”党建共建暨全面战略合作协议,走出一条“党建共建+政银合作”的新路径,共同开启政银共建助力乡村振兴的新篇章。以党建共建为总抓手,将党的政治优势、组织优势转化为兴企惠民效能,以政银携手、惠民振兴为纽带,让金融服务乡村振兴,有温度、有速度、有质量、有成效。 (包雍君)

【项目集中签约仪式】 2022年7月29日,油坊镇举办项目集中签约仪式。集中签约项目9个,总投资近12亿元。涵盖智能科技、高端制造、节能环保、现代物流等多项领域,项目达产后预计可新增年销售超32亿元。其中,智能汽车终端项目将有效优化新材料园区产业布局,延伸扬中市汽车产业链条;智能食品机械、环保离型纸项目将进一步盘活先锋工业区闲置土地、厂房资源;光伏高精密网版、光能智能跟踪器项目将有效填补光伏产业链空白；现代工业仓储物流项目进一步放大长旺港区的资源优势，有效彰显岸线、腹地的黄金效应；新型防爆电加热器项目将树立起油坊机械加工产业的新标杆；晟泰(扬中)科创中心项目将充分吸纳生物科技、数字经济等初创型企业，有望打造一流的专精特新研发中心；千亩高效有机蔬菜基地项目将实现蔬菜供应链和教学农场一体化，成为中小学劳动教育实践和助力乡村振兴的典型样板。集中签约仪式上，表彰2021年度油坊镇“双招双引”先进个人和集体；油坊为两名“招商大使”发放聘书；项目客商代表发言。

(包雍君)

【农家书屋阅读推广示范活动】 2022年9月26日，“阅读点亮未来 文明浸润乡村”2022年扬中市农家书屋阅读推广示范活动在油坊社区隆重举行。活动分为诵读、精读、荐读、共读4个环节，由油坊中心小学学生们诵读作品《我喜欢红色》，精读《习近平谈治国理政》第四卷，由“阅读推广人”推荐书目，共读宣传《2022好书推荐》。油坊镇老年书画分会部分会员为此创作书画作品，并在活动现场展出。

(包雍君)

【主题党日暨党建书记项目观摩推进活动】 2022年10月15日，油坊镇开展“喜迎党的二十大 活力油坊再出发”主题党日暨党建书记项目观摩推进活动。实地观摩综合行政执法局党支部“高擎党旗‘净’家园 勇当百姓好管家”、邻丰村党委“打造‘两新’党建先锋地标 红心‘耀’企 强基固本”、“华鑫环保”项目临时党支部“当好金牌 ‘红小二’ 助企投产稳经营”、油坊村党委“党建引领搭上‘网络快车’‘党小组+直播’助农增收”4个书记项目。各党支部书记，围绕“喜迎党的二十大 活力油坊再出发”主题，就“如何以书记项目为抓手，高标准、高质量做好新时期党建工作”交流发言。镇党委书记杨友军就如何发挥“书记项目”引领作用，助力油坊发展再上新台阶提出要求。

(包雍君)

9月26日，扬中市农家书屋阅读推广示范活动在油坊社区举行

(油坊镇供图)

2022年油坊镇建制村(社区)情况一览表

表22

建制村(社区)名称	书记	主任	总人口(人)	工业产值(万元)
振华村	王笃平	王笃平	2156	30090
油坊村	张林根	张林根	4910	120430
太平村	唐建军	唐建军	1721	41120
同德村	解　鹏	解　鹏	5002	159970
鸣凤村	陈兴云	陈兴云	3118	38830
振兴村	朱纪君	朱纪君	1835	66150
会龙村	王荣华	王荣华	4098	173820
邻丰村	王笃才	王笃才	1811	93030
老郎村	匡　勇	匡　勇	3960	47280
长旺村	陈太金	陈太金	2160	135960

(包雍君)

2022年油坊镇主要经济社会指标一览表

表23

项目	数额	项目	数额
地区生产总值(万元)	533500	私营企业数(家)	1471
财政收入(万元)	40222	当年新办“三资”企业(家)	0
工业总产值(万元)	1101411	实际利用外资(万美元)	910
产品销售收入(万元)	1087003	进出口总额(万美元)	9523
农业总产值(万元)	58130	第三产业增加值(万元)	181200
粮食总产量(吨)	20918	第三产业从业人员(人)	25726
水产品产量(吨)	1372	中小学校(所)	3
工业投入(亿元)	12.20	医院、卫生院(所)	2
工业用电(万千瓦小时)	31075	卫生室(个)	6
工业企业总数(家)	1471	三资企业数(家)	21

(包雍君)

2022年油坊镇骨干企业情况一览表

表24

企业名称	法人代表	工业总产值(万元)	销售收入(万元)	工业增加值(万元)	利税总额(万元)
江苏吉星新材料有限公司	李琦琪	9901	9901	2653	278
江苏沪运制版有限公司	赵国平	7349	7309	1970	1062
镇江远东电讯电机有限公司	陆宝富	12525	12493	3357	969
江苏长江盖业有限公司	黄　磊	3171	3092	850	274
镇江嘉弘海绵有限公司	许红林	2206	2148	591	-35
镇江金茂伟业工艺品有限公司	董菊萍	12361	12299	3313	776
扬中市鸿运制盖厂	陈正香	3013	3013	807	182
江苏天晟新材料科技有限公司	朱　杰	2582	2553	692	206
扬中格拉斯添加剂有限公司	埃得哈派纳	5480	4972	1469	614
镇江市明辉新材料有限公司	赵红宇	4015	4014	1076	248
镇江东辰橡胶制品有限公司	王栋葆	14926	14921	4000	154
扬中磊金建材有限公司	史爱芳	20281	21056	5435	732
和昌电缆材料科技(江苏)有限公司	袁　敏	4859	4496	1302	276
扬中市中驰电气有限公司	张胜君	3118	2266	836	147
镇江市铭福电气有限公司	杨卫萍	3443	3342	923	204
江苏欣安新材料技术有限公司	张　望	1741	1727	467	79
镇江市化剂厂有限公司	薛恒芝	4138	4118	1109	82
江苏荣安电仪设备有限公司	黄良荣	7406	7362	1985	463
扬中市宏辉橡胶制品有限公司	陆纪才	5038	4871	1350	576
镇江飞天纺织科技有限公司	秦安清	4738	4737	1270	248
江苏宏明电气有限公司	陈宏明	21933	20444	5878	2205

续表 24

企业名称	法人代表	工业总产值(万元)	销售收入(万元)	工业增加值(万元)	利税总额(万元)
镇江昌达电气有限公司	郭力嘉	5135	5031	1376	421
扬中市华龙橡塑电器有限公司	冷柏平	13638	12526	3655	1140
江苏龙创新材料科技有限公司	徐君伟	8421	8380	2257	222
镇江市德利克真空设备科技有限公司	匡正余	8387	8375	2248	873
镇江弘通电气有限公司	陆　颖	4988	5034	1337	846
镇江泓德新材料科技有限公司	凌建国	4509	4526	1208	120
镇江昌庭成套电气设备科技有限公司	陆红梅	2538	2347	680	188
镇江明德新材料科技有限公司	蔡德华	3128	3097	838	314
江苏虹亿电气有限公司	陆　颖	4996	4973	1339	354
扬中市荣海新材料有限公司	唐菊凤	1881	1882	504	53
江苏海纬集团有限公司	潘志娟	52199	52183	13989	4124
江苏海纬电气有限公司	陈永明	14665	14428	3930	1905
镇江化工仪表电器有限公司	黄乔年	3601	3553	965	394
江苏祥能电站设备有限公司	陆贤祥	3120	2798	836	59
扬中市太平洋仪表电器有限公司	董志强	4055	3941	1087	460
扬中市大地水泥有限公司	刘双龙	43400	43121	11631	1666
扬中市金大地混凝土有限公司	刘双龙	7844	7808	2102	339
江苏天旺新能源科技有限公司	何爱群	32371	31201	8675	63
江苏万稼盛肥料有限公司	黄　勇	2181	2183	585	161
江苏上晨电气有限公司	姚纪华	3001	2909	804	204
江苏恒泽安全防护用品科技有限公司	陈　达	1820	1820	488	3
镇江亚辰新材料有限公司	韦　伟	14373	13735	3852	489
扬中市通达电气有限公司	顾卫星	1513	1466	405	34
江苏颖尚密封件有限公司	王　颖	5927	5900	1588	459
镇江裕太防爆电加热器有限公司	王太峰	7922	7910	2123	1613
扬中市东风皮鞋厂	顾红波	1643	1441	440	134
镇江朝阳机电科技有限公司	朱朝平	7692	7604	2061	380
扬中市华是塑胶有限公司	丁永明	3224	3224	864	256
江苏科海生物工程设备有限公司	陈永琪	3478	3349	932	509
江苏永拓电气有限公司	何宇龙	5679	5244	1522	576
镇江市星翌交通设备配件有限公司	黄银平	4158	3963	1114	991
上迈(镇江)新能源科技有限公司	练成荣	51820	50509	13858	2193
江苏航雅金属材料有限公司	杨　莉	4720	4704	1265	–57
江苏金能电气科技有限公司	胡　洪	2008	1909	538	133

续表 24

企业名称	法人代表	工业总产值（万元）	销售收入（万元）	工业增加值（万元）	利税总额（万元）
江苏迈新新材料有限公司	严伟兵	4042	3870	1083	–34
江苏帅雅服饰有限公司	解丰铭	4277	4246	1146	280
江苏美凯电气有限公司	张晨华	1945	1943	521	148
江苏永丰电器仪表有限公司	解恒明	9145	9092	2451	624
江苏全友电气有限公司	董　平	6658	6662	1784	482
江苏正能电子科技有限公司	张　群	25013	24914	6703	335
江苏绿能电力科技有限公司	蔡会风	63949	61205	16138	1667
江苏太阳科技股份有限公司	冷青松	30568	30386	8192	889
扬中市橡胶塑料厂有限公司	蔡德扬	3705	3602	993	446
江苏希尔达新材料有限公司	鄂洪章	21435	20989	5745	423

（包雍君）

八桥镇

【概况】 八桥镇位于扬中市东南部，镇域总面积55.6平方千米，其中陆地面积34.58平方千米，下辖9个行政村、2个社区，人口3.5万人。2022年，全镇完成地区生产总值56.79亿元，比上年增长6.2%，一般公共预算收入2.07亿元，增长4.5%；工业销售116亿元，增长7.4%；农村居民人均可支配收入3.88万元，增长8%。规上工业申报销售101.58亿元，增长5.29%；新韩通完成销售20.16亿元，税收1.11亿元，首次突破亿元大关；天舜集团完成销售27.25亿元，税收4312万元。华太电仪、海天微电子、金利电气3家市“60强”企业销售保持稳步增长。新培育5亿元企业1家、3亿元企业2家、亿元企业3家，培扶规模企业16家，全镇规模企业梯队逐步扩大、层次更加健全。

项目投资支撑发力。实施重点产业项目13个，完成固定资产投资13.5亿元、制造业投资12.9亿元。万顺轨道交通系列铝制品、科美路冻干设备2个项目有序推进，中佳智能电气加工制造、速达环保分析管、领誉塑料板、德罡电力保护管4个项目基本建成，福麟智能制造、同庆高性能机动车非金属材料系列、大方铜基粉末、吉庆塑钢复合制品4个项目竣工投产，全镇项目建设按下“快进键”、跑出“加速度”，不断为高质量发展蓄力赋能。

科技创新持续赋能。深入实施“智改数转”三年行动，完成智能化改造、数字化转型企业30家，新增“上云”企业1家。激发企业自主创新能力，社会研发性投入1.5亿元，新认定国家高新技术企业13家、科技型中小企业61家。深化“政产学研”融合协作，达成产学研合作项目8个，有效提供企业技术需求项目15个，新增省级企业工程技术中心2家。紧盯企业人才需求，邀请南京师范大学、江苏科技大学、武汉理工学院等院校赴企问需、把脉问诊，入选镇江金山英才1人、扬中市江雁计划3人，引进国家级人才、全职博士各1人，新增镇江人才工作站1家、获评镇江优秀人才工作站2家。

助企氛围持续升温。深化金融服务，充分发挥苏科贷、高企贷等科技金融优势，帮助企业融资1800万元。搭建“链聚红心”企业党建圈，举办“党建联盟心连心惠企服务百分百”暖企走访活动，实际解决企业项目“疑难杂症”110余条。设立营商环境统计专栏，让企业投票、群众提议，真正实现营商环境动态监测、常态优化。加强“1+9”便民服务体系建设，实行“集中办”“帮代办”“定制办”等综合性服务，建成“一网一门一次”服务机制，便民服务中心窗口接待数、办件量实现翻番，办结率、满意率均达100%。

园区建设加快推进。细化园区产业定位，推进园区要素整合，扬中海工装备和高技术船舶产业园被纳入经开区辐射联动区，土地、政策加速集聚，园区发展层次全面提高。持续完善园区基础设施，启动创新大道南侧地块“三通一平”，基本完成永丰路南延等道路基础建设。化解园区历史拆迁遗留问题2个，释放土地3.37公顷，报批挂牌土地21.61公顷，园区服务中心功能逐步完善,园区承载能力和整体形象全面提升。

乡村发展焕发活力。严守粮食安全和耕地红线,创成水稻绿色高质高效千亩示范片区,粮食生产稳定度位居全市前列。大力发展现代农业,引进"豚岛蟹"养殖项目,改造升级工业化生态养殖面积6万平方米,新增现代化农业大棚1.6万平方米。探索多元化村级增收模式,建成红光村"馨语向阳"服务驿站、红旗村鲜花种植基地等创收载体。积极推进农旅融合,打造百善园、崇学园等特色景点,开辟红色研学线路1条,承办市第十七届社区(农民)文化艺术节、文旅"悦生活"消费推广季启动仪式等大型活动,举办利民村"浪漫田园夜粽情欢乐多"端午派对、永胜村第五届红菱文化体验节等特色专场,利民村荣获省"乡村振兴先进集体",创成省十佳"网红美丽乡村"、省"乡村休闲运动基地"。

镇村面貌有序更新。科学划定"三区三线"范围,初步完成国土空间规划编制。聚力推进小区环境提升,加快完善团结五期基础设施,完成永兴四期支干道路建设。畅通居民建房渠道,办理建房审批186户,百姓"安居乐业"得到充分保障。积极推动"四好农村路"建设,提档升级幸福大道、火叉港路、创新路、红旗7组路等8条农村道路、4.8千米。疏浚农村河道22条、8.22千米,完成红光村干劲中心河生态河道建设、轮船港段堤防达标升级、思议港整治等工程,全镇水环境持续向好。

生态环境持续改善。开展"十四五"农村人居环境整治提升行动,利民村、红旗村、永胜村"八位一体"考核全市领先。加快区域污水治理,完成47家企事业单位内部雨污分流改造、526户农村生活污水治理,污水处理厂二期正式达标运行。纵深推进污染防治攻坚战,完成"散乱污"企业整治12家、玻璃钢企业整治4家、VOCs废气治理32家。持续抓好长江大保护,守牢长江"十年禁渔"防线,完成长江入河排污口排查治理283个。加快推进绿色转型,严格落实能耗"双控"制度,建成新韩通15兆瓦屋顶分布式光伏发电项目。

社会保障更加有力。精准落实就业创业帮扶举措,新增就业1150人,扶持自主创业25人,城镇登记失业率控制在1.2%以下。慈善事业深入推进,在全市率先实现"幸福家园"村社互助全覆盖,募集资金66万元。镇村两级实施慈善救助112万元,救助人数789人。加强困难群体基本生活保障,完成贫困残疾人家庭无障碍改造21户,帮助13名白内障患者免费"复明",全年发放低保金、五保金、重残生活补助金近800万元。新建镇退役军人之家,建成村级五星级服务站2个,完成优待证发放,退役军人服务水平逐步提高。

社会事业提档升级。健全公共卫生服务体系,建成八桥区域医疗卫生中心主体工程。推进传统文化进校园,开设草编文化培训班,丰富学生文化生活。深入推进文化惠民工程,举办文艺下乡、电影下乡、书画下乡等文化活动244场次,《花绳》作品参加省少数民族运动会开幕表演赛,"九狮图"应邀参演2022年省"文化和自然遗产日"系列活动。投入使用镇新时代文明实践所,开展文明实践活动、志愿服务120余场次,选树"六大先锋""扬中好人"等先进典型30余个,全镇社会文明程度持续提高。

社会秩序安定和谐。高标准完成安全生产"三年大灶""一带一帽一票"执法活动,开展"夹芯材料""厂中厂"、液化气充装、自建房门面房、群租房等专项排查整治,全镇本质安全水平不断提升。完成全国两会、中共二十大安保维稳工作,维稳和积案化解工作创历史最好成绩。坚持党建引领乡村治理,创新打造长胜村"三合三新"工作法、利民村"一组两会"组级自治、八桥村"惠当家"治理工程、幸福村"幸福党建"工程、红光村暖"新"共治服务模式、红旗村"四家"工作法、永兴村"四立五治"契约治理、万福村"四动"工作机制、永胜村"家门口党建"等特色子品牌,形成"惠领先锋"党建治理品牌集群,利民村创成全国民主法治示范村、全国先进群众性自治组织。

(钱振鹏)

【八桥镇产业强镇暨优化营商环境大会】 2022年2月9日,八桥镇召开产业强镇暨优化营商环境大会,勠力同心、苦干实干,全力开启争先进位新征程。八桥镇党委政府围绕"产业强镇、项目兴镇"的发展导向,抢抓港产城融合发展机遇,发挥船舶制造、海工装备、新型建筑等产业发展优势,推进好一批临港产业项目,加快配套设施建设,努力建设成为全市港产城融合发展示范区。会议现场颁发镇"十强"企业奖、特别贡献奖、高质量发展先锋奖、招商引资先锋奖、惠领先锋奖、"文明先锋户"奖,八桥村、镇经建局、天舜金属、镇派出所分别作表态发言。

(钱振鹏)

【"惠领先锋 共赢未来"产业项目集中签约仪式】 2022年3月18日,八桥镇"惠领先锋 共赢未来"产业项目集中签约仪式举行。集中签约8个项目,总投资8.2亿元,项目达产后可实现年销售12.5亿元、税收6500万元。签约冻干设备制造项目、高档家具制造项目、功能性红曲开发项目、环保设备制造项目、新型太阳能边框项目、高性能铜纤维团簇材料项目、智能电气加工制造项目、高档电动车支架项目,涉及设备制造、食品原料、节能环保、先进材料等诸多领域。活动当天,八桥镇"互促惠"产业联盟揭牌,成立"互促惠"产业联盟党支部,"互促惠"产业联盟党小组、会长企业接受授牌；颁发“惠”招商招引先锋奖。“互促惠”产业联盟及产业联盟党支部，成员单位涵盖全镇20强企业和高创园部分新落户企业，初步设立3家会长单位，党支部下设“惠服务”“惠招商”“惠项目”“惠质效”4个不同类型的党小组，针对企业所需，由镇相关党政领导主动认领项目清单，帮助协调解决企业实际问题，将“党建惠企”落到实处。 （钱振鹏）

3月18日，八桥镇举行项目集中签约仪式
（八桥镇供图）

【党建引领“三个全覆盖”工作】 2022年5月25日，八桥镇召开党建引领“三个全覆盖”工作推进会——村企、村部门联建助推乡村振兴利民专场。2021年以来，八桥镇党委启动党建引领“三个全覆盖”提升行动，着力打造“惠领先锋”党建品牌，以“三个全覆盖”为抓手，激发村企、村部门共建引领作用，抓实党建工作，集聚发展动能，涌现出一批优秀共建项目。12月28日，八桥镇召开“惠领先锋三个全覆盖”共建项目新闻发布会，围绕“村企共建、村部门共建和党小组和村民小组星级评定”三项工作，介绍“惠领先锋三个全覆盖”共建项目的总体实施情况以及各村（社区）在项目推进中所取得的阶段性成效。八桥镇坚持“优势互补、协同发展”理念，印发《2022年度八桥镇党建引领“三个全覆盖”重点工作清单》，实施“六个一”工程。各村推出特色品牌，实现村级发展无缝隙、社会管理无死角、党建引领乡村振兴全覆盖。 （钱振鹏）

【镇村党建品牌发布】 2022年6月28日，八桥镇举办“永葆忠诚本色 汇聚担当力量”镇村党建品牌发布活动，举办《党建品牌“惠”力量》宣传画册发布仪式，将八桥镇各级党组织探索的党建引领基层治理新路径和各村（社区）在工作实践中形成的高质量发展的“忠诚答卷”汇编成册。发布“对党绝对忠诚”忠惠领航工程、“对党绝对忠诚”红色研学线路，聘请10名“镇村党建品牌惠荐员”，表彰“六大先锋”代表，围绕“对党绝对忠诚”开展专题党课。推动党建工作与基层工作深度融合，带领各基层党组织在革命斗争、改革开放、经济发展、疫情防控各个战场上发挥战斗堡垒作用。（钱振鹏）

【“童心向党”红色书屋授牌】 2022年9月27日，“童心向党 共沐书香”爱心捐赠暨廉洁文化进家庭活动在八桥镇红旗村开展。八桥镇着力在红旗村培树扬中市“三全”社区家庭教育支持行动扩面试点村，打造红旗独“家”记忆家风家教自然埭、红旗村村史馆、红色书屋。“童心向党”红色书屋让阅读、学习不拘泥于课堂，将红色书屋项目与亲子阅读活动内容融合筛选，多元联动，共同谋划妇女儿童所需的“关爱菜单”，打造“走心”的家庭教育品牌。 （钱振鹏）

【首家新型村级乡贤会成立】 2022年10月2日，扬中市首家新型村级乡贤会——扬中发展促进会八桥镇永胜村乡贤会成立。新型村级乡贤会主要体现在“123模式”上，即统一贯彻一个“两服务、两促进”的办会宗旨，实行内外贤双向联动，探索“社会协商、经济发展、文化教育”3条工作路径。成立大会有近50名乡贤参加，大会听取永胜村乡贤会筹备工作报告，审议并通过《永胜村乡贤会章程（草案）》，选举产生会长1名，副会长3名，秘书长1名，副秘书长1名，理事29名，常务理事16人。钱维亚任永胜村首届乡贤会会长。乡贤会向下设的社会协商组、经济发展组和文化教育组3位顾问颁发聘书。 （钱振鹏）

【米斯氢能源仪表管阀件项目】 2022年12月9日，米斯氢能源仪表管阀件项目开工奠基仪式在八桥镇举行。米斯科技是由江苏华太电力仪表有限公司控股的子公司，工程预计于2023年10月底完工，2023年年底投产。氢能高端管件、阀门项目是中国制造2025重点鼓励支持项目，项目产品通过引进高端技术人才和公司联合开发研制，用于制氢、纯化、储运、加氢、氢燃料电池领域以及半导体高端卡套管接头、VCR接头，完全替代进口。项目计划总投资1亿元，占地面积1.73万平方米，房屋总建筑面积2.6万平方米，新上两条自动化生产线及检测辅助设备。项目总体本着自主研发、引进、联合开发运营原则，发挥成果转化，推广应用的作用，并对行业共性技术、关键技术和重大技术难题进行联合攻关，为企业氢能源半导体管阀件提供成熟的配套技术、工艺装备和新产品。项目建成后，预计年均可实现产值9000万元、利税3000万元。 （钱振鹏）

2022年八桥镇建制村(社区)情况一览表

表25

建制村(社区)名称	书记	总人口(人)	工业产值(万元)	人均纯收入(元)
长胜村	印金龙	2634	51695	38823
利民村	刘乔荣	2478	55848	
八桥村(社区)	祝启国	4138	73048	
幸福村	朱志银	5100	64749	
永胜村(社区)	李卫东	4508	63611	
红旗村	刘美红	2430	23210	
永兴村	施大年	2603	31426	
万福村	范永华	2632	29264	
红光村	吴月萍	3103	31899	

(王存霞)

2022年八桥镇主要经济社会指标一览表

表26

项目	数额	项目	数额
地区生产总值(亿元)	56.79	工业投入(万元)	129031
财政收入(万元)	33970	实际利用外资(万美元)	629
工农业总产值(亿元)	121.20	第三产业增加值(万元)	135200
产品销售收入(亿元)	118.52	第三产业从业人员(人)	4673
粮食总产量(吨)	16492	个体工商户(户)	2380
粮经种植比例	75:25	有线电视开通数(户)	11703
水果产量(吨)	2010	有线电视普及率(%)	97.2
水产品产量(吨)	2328	农民人均纯收入(元)	38823

(王存霞)

2022年八桥镇骨干企业情况一览表

表27

企业名称	法人代表	工业总产值(万元)	销售收入(万元)	工业增加值(万元)	利税总额(万元)
江苏新韩通船舶重工有限公司	孟成君	208746.32	198916.8	41749.26	15578.2
江苏福麟智能装备制造有限公司	孟成君	2059.2	1625.6	411.84	395.3
江苏天舜金属材料集团有限公司	姚兰美	81797.2	81797.2	16359.44	830.7
江苏森林建筑新材料股份有限公司	姚圣法	129572.2	129572.1	25914.44	1902
江苏恒昌新材料科技有限公司	朱　琳	47887.3	47887.3	9577.46	41
扬中市盛大实业有限公司	姚巧娣	7287.5	7293.2	1457.5	157.1
镇江市华银仪表电器有限公司	季忠银	22673.5	21571.8	4534.7	2007.8
镇江中佳电器有限公司	季　娟	6073.4	6043.1	1214.68	737.4
江苏大方金属粉末有限公司	方义强	21317.7	19851.6	4263.54	1614.1

续表 27

企业名称	法人代表	工业总产值（万元）	销售收入（万元）	工业增加值（万元）	利税总额（万元）
江苏海天微电子股份有限公司	匡习龙	38261.9	38261.9	7652.38	3031.9
江苏华太电力仪表有限公司	陈道金	18349.4	18354.4	3669.88	2509.1
江苏利民纸品包装股份有限公司	周志辉	14906.1	14279	2981.22	1303.5
江苏利民纸业有限公司	刘平其	76968	74955	15393.6	2566.1
江苏金利电气有限公司	顾纪阳	30613.7	29150.9	6122.74	2434
江苏吉庆管材集团有限公司	朱加祥	11070.7	11070.7	2214.14	1339.7
镇江维纳特气门有限公司	金　龙	4341.5	3929.2	868.3	583.3
镇江维纳特气门科技有限公司	贾学川	8110.7	7707.1	1622.14	335.6
扬中飞达纸制品有限公司	陈廷保	11440.5	11432.9	2288.1	1269.4
江苏巨信纸制品科技有限公司	陈星夷	5656.3	5656.4	1131.26	215.8
扬中市华森密封件有限公司	季晓华	1559.9	1559.9	311.98	142.5
扬中市丰华塑电有限公司	张跃风	4121.6	4024.6	824.32	204.6
镇江龙成绝缘材料有限公司	丁兆龙	3453.7	3426.9	690.74	568.3
有能集团江苏威同电气设备有限公司	杨怀龙	53791.8	51241.4	10758.36	4100.9
扬中市扬子铝加工有限公司	张荣华	21741.2	20635.7	4348.24	742.9
镇江春环密封件集团有限公司	刘　剑	20424.3	19521.6	4084.86	2173.8
镇江绿环机电成套有限公司	顾洪林	4499.1	4499.3	899.82	475.9
江苏省绿岛管阀件有限公司	许长友	5594.6	5594.6	1118.92	508.2
江苏同庆车辆配件有限公司	陆廷宝	4681	4681	936.2	282
镇江市华成电子器材有限公司	孟明华	2110	1791.5	422	75.8
镇江宏宇厨具有限公司	匡习风	2964.2	2959.3	592.84	40.3
镇江苏海电力科技有限公司	韩高建	2483.6	2485.7	496.72	258.4
扬中普荣电器有限公司	张加文	3733.9	3733.9	746.78	22
扬中鸿运医药包装有限公司	陈正香	3854	3853.8	770.8	538
江苏建豪建材有限公司	缪志贵	18149.7	18148.9	3629.94	664.6
江苏永旗电气集团有限公司	朱恩荣	4256.4	4256.4	851.28	280.3
扬中市永工密封件有限公司	耿惠珍	2521	2521.3	504.2	140.1
江苏凌通电气有限公司	姜士春	2553.9	2426.5	510.78	152.6
扬中市旭升电器配件有限公司	梅仁平	4280	4113.7	856	105.9
江苏河豚岛铝业科技有限公司	于永红	21517.9	18202.5	4303.58	15.3
江苏航鑫铝业有限公司	陈道美	12782.1	12782.1	2556.42	49.3
江苏锦禾服饰有限公司	孔　静	2583.3	2583.6	516.66	52.2
镇江美杰超硬材料有限公司	于德怀	2189.5	2121.2	437.9	256

续表 27

企业名称	法人代表	工业总产值(万元)	销售收入(万元)	工业增加值(万元)	利税总额(万元)
镇江丰成特种工具有限公司	陈启国	1734.7	1734.9	346.94	452.5
江苏远真包装制品有限公司	潘志平	2110.2	2093.1	422.04	12
江苏晨峰铝业科技有限公司	羊伟嘉	2025.6	1792.6	405.12	166.8
江苏米斯仪表科技有限公司	陆正冈	6049.3	6039.3	1209.86	286.2
江苏明荣电气科技有限公司	马贞美	8831.86	8831.9	1766.37	411.7
江苏骅通船舶工程设备有限公司	谷丽丽	1964.9	1949.2	392.98	43.7
江苏金波新材料科技有限公司	陈　霞	1255.2	1266.3	251.04	132.2
镇江市速达气动管缆有限公司	刘贤松	1897.1	1904.6	379.42	236.7
镇江日辉电动工具配件有限公司	郭成祥	2100	2141.9	420	105.2
扬中市苏腾电器有限公司	王祖林	3079.7	3079.7	615.94	335.5
镇江市清安电器有限公司	陈世清	1663.2	1423.2	332.64	111
镇江领誉工程材料有限公司	周　恒	1633.34	1550	326.66	162.7
扬中市红光金属制品有限公司	王忠祥	2101.5	2103.3	420.3	32.5
镇江圣诺电气有限公司	徐心超	2237.5	2237.6	447.5	180.5

(王存霞)

西来桥镇

【概况】 西来桥镇位于扬中的东南角,1985 年 11 月撤乡建镇,镇域总面积 19.5 平方千米,辖 5 个建制村、1 个社区,总人口 1.8 万人。2022 年,实现销售总额 183.91 亿元,比上年增长 30.41%,增幅位列全市第二;完成一般公共预算收入 1.25 亿元(含留抵退税 5065.5 万元),超额 14.04%完成全年目标任务。6000 吨/天然蛋白饲料加工及仓储项目、冰级绿色生态江海直达多用途船研发及产业化项目、大津产业园二期码头项目取得突破性进展。

创新驱动引领发展。“大津创客吧”成功申报镇江市级众创空间,汇森生物获批“省级研究生工作站”。佳美海洋等 3 家企业通过高企入库认定,江冠电器等 4 家企业通过国家“高新技术企业”认定。亿阀股份钱玉峰成为扬中本土首位入选国家级重大人才计划培养对象,被评为镇江市科技创新先进个人、第六期省“333”工程培养对象。邱利民团队申报省“双创”团队项目。沣胜生物雷楗勇博士被评为“科创镇江”企业创新达人,入选镇江市“金山英才”培养对象。大津重工获“镇江市科技创新梦溪奖”“2022 年度省两化融合管理体系贯标示范企业培育对象”,冰级绿色智能江海直达多用途船研发及产业化项目获评省级科技成果转化项目。

镇域更新步伐提速。稳步推进幸福花苑三期三标段建设,完成两栋楼室内室外建设。加快推进幸福花苑一期加固维修,基本完成 5 栋楼加固维修。全面完成光明河水系生态提升工程和幸福河农村生态河道整治工程。狠抓集镇精细化管理,纵深推进全国文明城市创建,建立创建问题清单周报制,闭环式抓好整改落实。启动西夹江片区沿江旅游风光带建设,完成江堤道路升级和江堤两侧绿化整治,西来村创成镇江市乡村振兴示范村。

生态环境持续向好。荣昌新材料实现“两断三清”(断水、断电,清原料、清产品、清设备),海晟涂料搬迁工作加紧推进。完成原合成化工厂地块土壤修复和地下水治理。完成中央生态环保督察组信访交办件整改 3 件。全力推进江滩养殖项目整治,坚持做深做实做细群众工作和依法依规打击相结合,除江馨怡度假村完成“去功能化”外，其余10家全部整治到位。强力推进江滩外企业搬迁。加大对“散乱污”企业的整治力度，分类施策，关闭取缔2家，完成整改提升8家。13家涉VOCs企业完成治理设施提升，大津重工、苏洋船舶两家船舶制造企业专项整治全部完成。实施污水处理厂“一厂一策”系统化整治和富民工业园区“一企一管”污水管网改造工程。完成全镇范围污水管网检测维修、清淤疏浚，循序渐进推进农村生活污水治理工作。

民生福祉不断增进。健全完善“15分钟医保服务圈”医保经办服务体系，提升基层医保服务能力。完成11户特殊困难老年人家庭居家适老化改造。加强老年人助餐服务体系建设，为77名低保、失独老人提供慈善助餐送餐服务。启动西来桥镇敬老院提升改造工程，完成电梯加装和厨房改造，成功评定二级养老机构。实施已婚育龄妇女“两癌”筛查，启动上消化道肿瘤早诊早治筛查项目。推广乡村公益医疗互助项目，减轻困难家庭医疗负担。完善文化体育配套设施，新建文体小公园1座、2000米健身步道3条，建成全民健身路径2条。西来桥镇残疾人之家获评“书香残疾人之家”

乡村振兴全面推进。立足资源优势，培育推介一批区域特色农产品，因地制宜发展乡村旅游、休闲农业等新产业新业态，打开农产品新销路。践行“万企联万村共走振兴路”行动，村级经济与企业发展实现同频共振。推进镇江市富民强村帮促行动实施，3个经济相对薄弱村各自走出一条发展壮大村级集体经济新路径。

法治建设稳步推进。扎实推进“八五”普法，持续把普法融入法治实践、基层治理、日常生活。累计开展大型普法宣传15次、法治讲座5场，活动覆盖6000人次，营造全社会良好的尊法、学法、守法、用法氛围。严格落实民主集中制、“三重一大”集体决策制度。发挥法律顾问参与决策论证、促进依法办事的作用，推动行政决策科学化、民主化、法治化。全年排查调处矛盾纠纷475起，群众满意度98%。重拳打击违法犯罪，全年刑事发案率下降17%，全力维护社会治安秩序稳定。

（冯凯乐）

【产业强镇大会召开】 2022年2月11日，西来桥镇召开实施“五大行动”推进产业强镇大会，动员全体党员干部重整行装再出发，一起奔向新征程。大会进一步明确目标、细化措施，有计划、有步骤地开展2022年工作，推进锋领振兴行动、项目攻坚行动、提质增效行动、乡村振兴行动、文明创建行动。表彰服务发展、乡村振兴领域的先进个人、先进集体，以及发展投入奖、招商引资奖、科技人才奖、品牌战略奖、升档晋位奖、纳税贡献奖等获奖单位，“五大行动” 分管领导递交目标任务书并作表态发言。

（冯凯乐）

2月11日，西来桥镇举行“五大行动”推进产业强镇大会 （西来桥镇供图）

【上消化道肿瘤早诊早治项目】 2022年3月8日，西来桥镇举行2022年上消化道肿瘤早诊早治项目启动仪式，部署推进落实“上消化道肿瘤早诊早治”项目。活动围绕项目背景、开展情况与其重大意义做科普培训和普查动员，现场发放《癌症预防手册》、讲解案例，提高群众对癌症预防工作的重视度。人民医院、肿瘤研究所在西来桥镇开展免费上消化道癌筛查。 （冯凯乐）

【助老志愿服务站建设】 2022年9月1日，西来桥镇首家村民小组“助老志愿服务站”挂牌成立，该服务站位于西来村28组施正法家中。2022年，西来桥镇老年协会在分析研究基层养老服务内容、基本方式及服务功能的基础上，将老有所养和老年志愿者志愿服务有机结合，全镇建立“助老志愿服务站”168个，以村民小组为单位，以村（社区）党群议事室或党员中心户为依托，以村民小组长、党小组长或社会贤达人士为牵头，固定场所建立站点，牵头人为站（点）负责人，提供“五清五助”服务，“五清”即涉老政策清，助宣传；关爱项目清，助服务；维权理念清，助保障；老龄需求清，助活动；作用发挥清，助参与；“五助” 即建好养老服务顾问队伍、志愿者队伍、老年人探访队伍、技能人才队伍、老龄工作联络员队伍。倡导老年志愿者服务空巢、独居、重度残疾、失独老人，适当帮助做一些代购、代缴费、陪同、送餐等力所能及的服务工作，以展示银龄老人个人价值，不断发挥余热。 （冯凯乐）

【富民工业园区妇联成立】 2022年9月15日，西来桥镇富民工业园区妇联成立，富民工业园区妇女第一次代表大会召开。会议选举产生富民工业园区妇联第一届执行委员会委员和园区妇联主席、副主席。园区妇联提议创建“Women在益企”特色服务品牌，围绕富民工业园区的现实需要，围绕“企业所急、妇女所需、组织所能”，常态化开展益企宣传、益企议事、益企培训、益企援助、益企公益、益企赋能六大模块的益企业活动，助推妇联组织向新领域、新业态拓展，持续优化营商环境，增强西来桥党群凝聚力。（冯凯乐）

【北胜村、恒顺集团共建活动】 2022年11月24日，西来桥镇北胜村与恒顺集团数字化中心党支部联合开展“拓共建新思路 创富民新模式”共建活动。会上，双方签订共建协议。会后联合开展以“礼赞丰收、富民强村”为主题的直播宣传活动，线上销售柳编、咸阳草等农副产品，助力乡村振兴，带动村集体增收。（冯凯乐）

【镇江华和物流有限公司粮食码头工程开工】 2022年12月27日，镇江华和物流有限公司粮食码头工程举行开工仪式。镇江华和物流有限公司是综合性仓储物流企业，华和粮食码头位于扬中港区西来桥作业区，作为西来桥镇临江产业园粮油食品加工及物流集中区规划建设的公共物流项目，总投资约3.5亿元，年设计吞吐量为328万吨，建成后将同原有的2个7万吨级散杂货通用码头连成一片，发挥扬中长江码头的整体优势，为整个园区粮油加工及粮食物流提供配套服务，架构起以江苏扬中为重要节点的海外内运、江海河联运粮食物流体系。（冯凯乐）

【西来桥镇级乡村振兴服务站成立】 2022年9月，西来桥镇级乡村振兴服务站建设签约仪式举行，邮政管理局、市邮政分公司、烁达城市配送公司三方签订“三方合作协议”，共建西来桥镇级乡村振兴服务站。西来桥镇级乡村振兴服务站位于扬中市邮政分公司西来桥支局内部，院内场地1100平方米，规划搭建钢结构500平方米，处理场地600平方米。该服务站投入运营后，将统一配送西来桥镇邮政、圆通、中通、韵达、极兔5家邮政快递企业的包裹，预计每日邮快件处理量为2000件左右，缓解西来桥镇此前配送距离远、经营效益低的困境。交通运输局和邮政管理局逐步推行“交通+邮政快递+社区”模式的农村物流建设模式，健全完善农村基层快递服务网络，破解快递入镇、入村“最后一公里”难题，助力乡村振兴，实现多方共赢。（融媒体中心）

12月27日，华和物流有限公司粮食码头开工仪式
（西来桥镇供图）

2022年西来桥镇建制村(社区)情况一览表

表28

建制村(社区)名称	书记	主任	总人口(人)	人均年纯收入(元)
东来村	沈大庆	沈大庆	1908	31000
三新村	陆红卫	陆红卫	3149	29500
新程村	顾大辉	顾大辉	3267	32000
西来村	施为民	施为民	4902	33000
北胜村	郭　凯	郭　凯	4934	31000
幸福社区	吴纪挽	吴纪挽	2638	32000

（冯凯乐）

2022年西来桥镇主要经济社会指标一览表

表29

项目	数额	项目	数额
地区生产总值(万元)	23.97	“三资”企业数(家)	475
财政收入(万元)	23224（留抵退税10131）	私营企业数(家)	486
工业总产值(万元)	865406	当年新办“三资”企业(家)	58
农业总产值(万元)	12801	第三产业增加值(万元)	46697
粮食总产量(吨)	6023	个体工商户(户)	1891
水产品产量(吨)	461	中小学校(所)	2
工业投入(亿元)	5.16	医院、卫生院(所)	1
工业企业总数(家)	261	卫生室(个)	2

（冯凯乐）

2022年西来桥镇骨干企业情况一览表

表30

企业名称	法人代表	工业总产值(万元)	销售收入(万元)	工业增加值(万元)	利税总额(万元)
江苏中海粮油工业有限公司	陈志文	472129	449130	93079	43234
江苏亿阀股份有限公司	钱存根	60069	54067	11777	7513
江苏大津重工有限公司	占金锋	196958	194482	45446	13193
江苏新达能汽车部件有限公司	陈金虎	3955	4097	1024	110
江苏海晟涂料有限公司	陈廷生	11260	10837	3455	2474
江苏神力电源科技有限公司	白纪林	4545	4545	2234	641

（冯凯乐）

三茅街道

【概况】 三茅街道是扬中市委、市政府驻地，西部毗邻新坝镇，东南与开发区接壤，北隔长江主航道与泰州市高港区相望。行政区域面积78.12平方千米，下辖16个行政村和17个社区，252个小区，户籍人口约12万人。2022年，完成一般公共预算收入11.5亿元，新增固定资产投资35.02亿元，销售总额460.57亿元，其中工业销售总额162.8亿元。农村居民人均可支配收入3.79万元，城镇居民人均可支配收入6.79万元。

双招双引取得突破。持续做强产业支撑，坚持常态化“走出去”与精准化“引进来”相结合，广泛挖掘乡贤人脉资源，签约超临界水循环发电等优质项目15个，总投资超10亿元。在建项目加速推进，排定市级重点产业项目17个，鸿泰智能电气等9个项目建成投产，上飞工具钢等8个项目序时推进，完成全社会固定资产投资35.02亿元，制造业投资11.65亿元，比上年增长30.9%。科技人才齐头并进。申报国家高新技术企业36家，三星科技创成国家级专精特新“小巨人”企业，帷幄创客空间获批国家级众创空间，雷朋电气创成省级企业技术中心。人才队伍持续孵化，入选国家重大人才工程1人、镇江市“金山英才”2人。

文明创建深入推进。深化拓展“四创建三表彰”，统筹推进实施“三类专项提升”“五项普惠行动”，改造提升老旧小区56个，出新楼道991处，新增集中晾晒区域420处、智能充电桩(棚)249组、快递柜33个，车辆划线1.7万米。集中推广垃圾分类，建成9个省级达标小区,分类收集覆盖面积96.7%。广泛开展新时代文明实践进基层活动,选树培育扬中市级以上身边好人典型11人,指南村、广宁社区等4个村(社区)获评省级文明单位。

乡村振兴速效齐升。紧守耕地红线,坚决遏制"非农化"、防治"非粮化",整改违法用地1.6公顷,完成粮食种植面积1878.73公顷,蔬菜种植面积1043.47公顷,新建高标准农田226.67公顷,粮食总产量稳中有增。现代农业提质增效,实施镇江市重点农业项目2个,打造营房村"云种植"基地等优质农业品牌5个,开展"助农增收"集中帮促行动,创新"浓农集市"项目,布设特色农产品展厅3个,新增村集体收入38万元。高标准推进美丽乡村建设,常态化开展农村人居环境整治提升行动,打造指南村沿江风光带等3处示范点位,创成省生态美丽宜居示范村1家、省级绿美村庄1家、镇江市乡村旅游示范点2家。

环境保护富有成效。高效推进中央环保督察整改。始终坚持依法整改、科学整改、彻底整改、系统整改,高标准完成永和村大理石厂清理、灵新风机搬迁等6个交办件销号,实施饮用水水源地二级保护区环境大整治,各类环保问题整改有力、成效明显。纵深推进污染防治攻坚"五大专项"行动,实施大气污染防治工程项目70个,整治工业"散乱污"企业19家,截堵三茅大港、联丰港排污口96个,整治长江入河排污口386个,省考水质断面、饮用水水源地水质达标率和危险废物规范处置率均达100%。获评"江苏省打好污染防治攻坚战先进集体"。

公共事业蓬勃发展。残疾人家庭医生签约率实现100%,定期提供上门就诊服务,"15分钟医保服务圈"创成省级示范。落实双拥优待抚恤政策,建成镇江市四星级退役军人服务站5家、五星级3家。积极创建养老服务创新示范街道,率先启动28家标准化居家养老服务中心社会化运营,新建弱势群体助餐服务中心3处,为180位低保、失独老人提供免费餐食。"幸福家园"村社互助工程实现全覆盖。 (姚境)

【农民工学法活动周】 2022年2月10日—16日,三茅街道组织开展第十六届"农民工学法活动周",以"学法律 护稳定 喜迎二十大"为主题,开展送法入企、进村、到户等法治宣传系列活动。通过"送法入家""送法入企""送法入屏"形式,宣传讲解劳动就业、安全生产、法律援助、计生政策、艾滋病防治等与生产、生活息息相关的法律法规和政策,教育引导群众知法守法、崇德尚法,自觉维护社会稳定,提升农民工依法办事的意识和能力。 (姚境)

【"河我同行"护水行动】 2022年3月3日,三茅街道开展"河我同行"护水行动。"河我同行"护水行动包括溯源摸底、控污净水、巡河问水三大行动,要求各级"河长"和村(社区)负责同志,按照"党政同责、一岗双责、失职追责"的要求,切实承担起街道水域岸线管理、水污染防治、水环境治理等河道管护工作,对"表面整改""假装整改""敷衍整改"的行为,严肃追责、问责,确保护水行动取得实实在在的成效。启动仪式现场,河长代表、民间河长代表、志愿者代表先后上台作表态发言,承诺将立足本职、做好示范,为深入打好水环境治理攻坚战贡献智慧和力量。相关领导分别为丰收河、中八桥港、三茅大港护、联丰港护水攻坚队,以及民间河长、"河小青"护河志愿服务队授旗。全体市级骨干河段长、镇级河长在街道水系责任图上签字认领责任河道,切实做好认河、巡河、治河、护河工作,以河长的有效履职,推动河道问题的解决。 (姚境)

【"组网合一 三长共治"基层治理机制】 2022年5月,三茅街道在原来"一米工程"基础上出台"一米工程2.0"基层治理提质增效行动文件,在全市首家提出"组网合一、三长共治"的治理新模式,全面升级活动开展、党建阵地、考核管理等,进一步提升党建引领乡村治理的覆盖面、深入度、融合度,协调联动"三长"(网格长、居民组长/楼栋长、党小组长)共同参与社会治理。三茅街道深化党小组建设,组建网格党支部109个、基层党小组360个,因地制宜打造党群服务阵地469个、"行走党课"示范点位20个;创新基层治理模式,"三长"组团入网格、解难题;实行党员红色积分制,用积分体现党员实绩、记录党员变化、衡量党员作用发挥;以党建赋能履职、以服务践行初心,广大党员干部立足岗位实际,主动深入一线,在产业强街、文明创建、乡村振兴中发挥"排头兵"作用。全员下一线、访民情、解民忧、纾民困,真正打通基层治理"最后一米"。 (姚境)

【民法典宣传月活动】 2022年5月,三茅街道组织开展以"美好生活·法典相伴"为主题的民法典宣传月系列活动。开展普法宣讲30余场,现场普法与法律咨询活动10余场,解答群众法律咨询200余人次,发放普法口袋书500余册、法治宣传资料1000余份,受益人群5000余人。三茅街道依托各村(社区)法润民生微信群、户外LED屏、宣传车、横幅等宣传载体增强传播频次,扩大宣传覆盖面。三茅街道范围内投放法治宣传标语120余条,法治宣传展板30余块,锦绣三茅、各村(社区)微信公众号平台推送普法小知识80余次。联合街道综治、信访、综合行政执法局等部门,邀请法官、警官、检察官、律师等组建民法典普法讲师团,开展送民法典进基层巡回宣讲活动,运用民法典开展现场普法与法律咨询活动。活动通过悬挂横幅、发放普法口袋书、现场咨询等方式,重点围绕《中华人民共和国民法典》《中华人民共和国反有组织犯罪法》《中华人民共和国家庭教育促进法》等内容宣传和讲解。针对居民提出的在日常生活中遇到的涉及民间借贷、邻里纠纷和家庭关系等方面的法律问题,引导市民依法维护自身合法权益。 (姚境)

【"头雁领航"书记论坛】 2022年6月12日,三茅街道开展以"旗帜鲜明讲政治、忠诚担当建新功"为主题的第三期"头雁领航"书记论坛;8月28日,召开以"组网合一 三长共治"为主题的第四期书记论坛。定期一主题,邀请优秀村(社区)党组织书记结合在基层党建、文明创建、乡村振兴和基层治理方面所取得的新成效做经验分享。通过实地看、现场考、现身说等方式,各村(社区)党组织之间横向比速度、纵向比质量、整体比成效,形成"书记领着书记学、书记领着书记干"的氛围。(姚境)

【"对党绝对忠诚" 行走党课】 2022年6月26日,三茅街道党工委开展"对党绝对忠诚"行走党课活动。街道党工委书记童涛带领全体党政领导、各村(社区)书记、街道部门负责人、青年干部分成两组,走进创建全国文明城市、乡村振兴、产业强街、为民服务第一线,结合融入式的现场体验,在边走边学、边学边悟中,锤炼党员党性,坚定党员信心,拓展工作思路,感悟对党忠诚,把苦干实干、勇于担当的精神传承下去,激励党员干部建功新时代,展现新作为,做出新贡献,做好"对党绝对忠诚"的践行者、示范者和引领者。 (姚境)

【帷幄创客空间获评国家级众创空间】 2022年6月,科学技术部公布2021年度国家备案众创空间名单,三茅街道 WeWork 帷幄创客空间上榜。WeWork 帷幄创客空间成立于2016年4月,是一个依托三茅街道科创产业园的科技孵化平台,利用众创、众包、众扶、众筹"四众"新手段,以社会化、市场化、网络化为服务特色,结合三茅街道的产业发展特色,重点孵化新能源、新材料、电力电气等高新技术领域创业创新项目,助力初创期的创业团队和企业快速成长,于2017年9月被江苏省科技厅认定为省级众创空间。 (姚境)

【基层优质党建服务项目评比】 2022年7月25日,三茅街道举办"2022年度基层优质党建服务项目"评比决赛,经过初赛入围的12个基层党组织代表参加比赛。比赛现场,选手们以演示 PPT 加现场解说的形式,围绕"基层治理、文明创建、产业强街、乡村振兴"等内容,展现出党建引领下各基层党组织的特色做法和实际成效。经过比拼,营房村党委的"发挥基层党建引领作用,干群一心建设美丽乡村"和扬子新村社区党委的"'楼道微党课'把服务延伸到居民家门口"获得优质党建服务项目评比一等奖。 (姚境)

【"浓农集市"项目】 2022年10月,三茅街道搭建"向阳花开 浓农集市"平台,成立"浓农帮帮团",依托"抖音"直播平台,为农产品代言、讲农产品故事、聚焦农产品流量。街道工作人员与村干部化身"品牌代言人",通过产品展示、参观种植基地、讲解加工流程等,向网友们全方位、多角度地介绍大米、蜜薯、长寿米、红薯粉丝等特色农产品的"诞生故事"。项目开辟线上直播带货渠道,选聘18名社区团长,线上开团29次,将5个村3750千克的农产品好物送至2300余名居民身边。 (姚境)

11月16日,"浓农集市"直播活动 (三茅街道供图)

【"烟头不落地 城市更美丽" 集中行动】 2022年11月,三茅街道开展"烟头不落地 城市更美丽"集中行动暨大众评审团助力文明城市创建活动。各村(社区)代表、青年志愿者组成的23支代表队以及大众评审团成员参加活动。启动仪式上,志愿者代表宣读活动倡议书,大众评审团成员及青年志愿者在签名墙上签名。志愿者走上街头,清理社区周边围栏、路面、墙角边、绿化带等区域的烟头等杂物。劝导随地乱扔烟头等不文明行为,以实际行动传递文明。活动中三茅街道回收烟头1万余个,参与人数200余人次。根据大众评审打分、烟头数量综合评定出6个一等奖、8个二等奖、9个三等奖。 (姚境)

2022年三茅街道建制村(社区)情况一览表

表31

建制村(社区)名称	书记姓名	主任姓名	总人口(人)	工业产值(万元)
民主村	郭宏军	郭宏军	3894	70000
指南村	田　青	田　青	2163	31200
兴华村	黄长军	丁基彬	2129	43300
大众村	张建国	张建国	2987	16400
三桥村	王成余	王成余	2856	26800
锦程村	季　斌	季　斌	2487	16700
永勤村	顾大军	顾大军	2458	73400
企东村	张怀根	张怀根	4175	4900
滨江村	刘建忠	刘建忠	4598	10900
普济村	梅　欣	梅　欣	3709	20800
中华村	严荣斌	严荣斌	3458	39000
友好村	郭茂祥	郭茂祥	3354	49500
兴阳村	陆廷余	陆廷余	2896	51900
永和村	吴　斌	丁　鹏	3360	23800
明华村	印洪生	印洪生	2875	18200
营房村	冯义永	冯义永	1605	17000
新扬社区	王笃成	王笃成	7325	39900
新胜社区	卢建国	卢建国	3991	19400
港联社区	唐　庆	唐　庆	8343	4100
新民社区	田　楠	金红旗	3543	44200
丰裕社区	陈高健	陈高健	2701	100000
英雄社区	秦安荣	秦安荣	4223	40100
金星社区	郭道元	田勇平	2218	90000
中桥社区	朱照明	王　旭	3823	20700
广宁社区	王成美	谢祥洪	5137	48000
建设社区	郭俊峰	朱应声	8846	70000
同心社区	朱美玲	徐　明	5863	13000
扬子新村社区	陆廷军	蒋　勇	2019	—
文化新村社区	赵　敏	赵　敏	7315	—
江洲路社区	林先权	范　稳	10161	—
长江花城社区	马　云	左　麟	8905	—
新联社区	季成辰	季成辰	5200	—
中扬社区	张怀根	张怀根	14	—
集镇人口(含水上人口)	—	—	391	—

(姚境)

2022年三茅街道主要经济社会指标一览表

表32

项目	数额	项目	数额
地区生产总值(亿元)	173.72	私营企业数(家)	8851
财政收入(万元)	109400	实际利用外资(万美元)	186
工业总产值(万元)	1870000	进出口总额(万美元)	13824
产品销售收入(万元)	16300	第三产业增加值(亿元)	119.94
农业总产值(亿元)	5.53	第三产业从业人员(人)	47000
粮食总产量(吨)	15113	个体工商户(户)	15835
工业投入(亿元)	9.35	中小学校(所)	10
工业企业总数(家)	2205	医院、卫生院(所)	6
农民年人均纯收入(元)	37935.7	卫生室(个)	16

(姚境)

2022年三茅街道骨干企业情况一览表

表33

企业名称	法人代表	工业总产值(万元)	销售收入(万元)	工业增加值(万元)	利税总额(万元)
江苏百乐电器有限公司	孙　宏	3720	3343	855	412
江苏宝丰电气有限公司	高金保	2875	2875	661	387
镇江市长江机电设备厂	丁恒井	4285	4285	985	514
江苏扬子江制衣有限公司	童中连	6831	6831	1571	1219
镇江港龙机电有限公司	高金保	6746	6474	1551	540
江苏省福达特种钢有限公司	顾炳福	27146	26113	6243	743
江苏万宝航天电气有限公司	陈建军	25720	18015	5915	1750
扬中金州水务有限公司	严　肃	4234	5248	973	1026
镇江华翔机电制造有限公司	栾建华	4983	4414	1146	385
镇江市华东化工电力设备总厂有限公司	冯锦辉	2464	2444	566	–376
扬中市永新镀业有限公司	杜庆新	15514	15576	3568	578
镇江市亚东高压电器厂	陈志斌	6319	6065	1453	182
江苏荣威电气有限公司	戴　震	14074	13563	3237	1943
江苏永兴电能设备科技有限公司	张　伟	5052	4435	1161	510
鼎圣集团有限公司	张开银	48744	36623	11211	2655
江苏恒隆电气智能科技有限公司	严维祥	7424	7424	1707	790
扬中市弘宇机械制造有限公司	董祯祥	3931	3931	904	415
江苏泰德环保设备有限公司	石冬林	3039	3039	698	254
江苏雷朋电气有限公司	钟　星	47763	44446	10985	2908
江苏浩威新材料有限公司	刘惠香	6191	6191	1423	437
江苏中顺电气有限公司	杨　燕	14734	14734	3388	857
江苏康盛电气集团有限责任公司	倪建华	12982	12982	2985	1078

续表 33

企业名称	法人代表	工业总产值（万元）	销售收入（万元）	工业增加值（万元）	利税总额（万元）
江苏勇进电力设备有限公司	冷祥生	6516	5612	1498	852
镇江德利纺织制品有限公司	郭克元	55054	55054	12662	1896
江苏瑞克健康科技股份有限公司	朱庆豹	18221	18079	4190	5584
镇江市华阳机电制造有限公司	陈雨民	9266	9266	2131	681
镇江市惠普车辆配件有限公司	戴道圣	10033	10033	2307	662
江苏奇佩建筑装配科技有限公司	张茂先	2031	2079	467	–212
江苏中天电气有限公司	苏　文	12361	12361	2843	1510
镇江施耐德电器有限公司	陈跃宏	3896	3896	896	328
扬中市宏飞镀业有限公司	张秋红	10010	10010	2302	1152
江苏中能电力设备有限公司	丁为平	3806	3806	875	554
江苏三星科技有限公司	刘建春	34012	25437	7822	5329
扬中市海腾氟塑制品厂	季　明	7746	8386	1781	546
江苏华中电器有限公司	印洪学	20426	20320	4697	1225
镇江市耐尔特钻石有限公司	方国祥	3018	3018	694	101
镇江市扬子化塑制品有限公司	叶　祥	2389	2389	549	422
江苏万奇电器集团有限公司	马松涛	8471	8471	1948	445
润圣集团有限公司	蔡拥军	2402	2393	552	100
扬中市锦程金属表面处理中心	朱孝阳	7164	7075	1647	130
镇江市云鹏电器有限公司	仲章云	10579	10579	2433	710
扬中市南方矿用电器有限公司	陈广英	8943	8943	2056	1583
江苏欣亚科技有限公司	张　欣	4455	4093	1024	–65
镇江市兴生电器有限公司	孔宪祥	4667	4667	1073	710
扬中市神华电仪设备有限公司	蔡文华	3609	3609	830	204
通华机电集团有限公司	钱巧林	3018	3018	694	278
扬中中燃燃气发展有限公司	吴爱梅	24235	24526	5574	2397
镇江市建成电器有限公司	郭建明	7399	7399	1701	716
江苏华吉电气科技有限公司	吴美珍	1322	1322	304	97
江苏大唐电器制造有限公司	唐瑞仙	4326	4286	994	187
扬中市三利石化机械有限公司	邱昌海	3086	3566	709	603
江苏长凯机械设备有限公司	胡永波	4320	4320	993	132
香江科技股份有限公司	王志远	178226	110216	40991	9088
扬中市荣昌汽配有限公司	常月兰	3856	3856	886	155
扬中市美达电力器材配件有限公司	陈志美	1967	2110	452	66
镇江皆通承龙纺织制品有限公司	郭克元	6268	6268	1441	184

（姚境）

江苏扬中经济开发区

【概况】 江苏扬中经济开发区位于江苏省扬中市中部，下辖8个村(社区)，总人口约2.5万人，总面积27.4平方千米，拥有深水岸线7.2千米。2022年，扬中经开区实现工业应税销售331亿元，比上年增长45.8%，总量创全市历史第一，实现公共预算收入6.25亿元，增长31.6%。完成制造业固定投资28.25亿元，占全市三成以上；完成工业增加值49.34亿元，比上年增长27.72%，美科新能源成为扬中首家百亿企业，入选赛迪科创独角兽百强。

排定重点项目26个，其中省重点2个、镇江市重点10个。蜂巢DHT扩能、电枢、鑫隆智慧厂房、宝捷电机铁芯、辰龙纺织、悦峰风电、士林智能管母、协丰石英砂8个项目基本竣工；通灵接线盒、星倪氟塑2个项目完成厂房框架结构建设；其他项目均有序建设。围绕“大招商、招大商、招好商”，进一步深化“产业链”招商，全年累计赴北京、上海、深圳等地开展招商30余次，拜访企业及机构20余家，累计接待国能信控、大中矿业、颐高集团等客商近40批次，获得项目信息40余条。全年招引优质项目16个，其中亿元以上项目11个，10亿元以上项目3个，项目总投资额近90亿元，全部达产后预计新增销售超200亿元；蔚佳达整车项目、威腾储能项目填补扬中市产业链空白。

扬中经开区认定高企18家，总数达50家。高企培育入库5家，技术合同成交额、产学研费用全市第一。新增省级以上研发机构2家，镇江市级以上专精特新“小巨人”企业7家，其中1家(美科)获评国家专精特新“小巨人”企业。全年申报国家级人才项目9个、“省双创”5个，入选省“333人才”培养工程1人，入选镇江“金山英才”4人，引进国家级人才2人，引育全职博士2人，37家企业完成智改数转诊断。蜂巢动力、美科获批省工程技术研究中心，美科获批省研究生工作站。爱士惟与河海大学、清华大学等合作的项目获评“江苏省科学技术”一等奖。

坚持建管并重，不断完善各类功能配套，2022年累计投入3000万元，实施道路建设、水环境治理、园区基础设施维护等重点工程，其中，港湾新城区间道路、东新港道路污水管网、团结桥道路提档升级工程、园区道路主干管网清淤修复工程、两大集镇雨污分流工程均已全部完成。港湾新城三期536套安置房交付，三跃中心小学完成改建回迁。强化名师名医结对培养，兑现助医兴教奖励资金118.8万元，三跃幼儿园获评全国足球特色幼儿园，兴隆中心小学获评省科学教育示范学校，兴隆中学、三跃中心小学获评省智慧校园，兴隆街道社区卫生服务中心成为扬中首家“优质服务基层行”达到国家“推荐标准”单位。全力推进文化惠民工程，全年开展文化活动和演出40余场、文化展览进校园5期17场、文艺播种计划64场，获评2022年度江苏省“最美公共文化空间”称号。为民服务中心全年受理赋权类事项2326件，非赋权类517件，办结率、满意率均达100%，创成省级“15分钟医保服务圈”。

保障居民就业，提高就业富民质量，全年完成新增城镇就业2300余人。做好各类救助对象资金发放工作，2022年累计发放城乡低保、残疾人“两项补贴”、困境儿童补贴432.8万元，各类临时救助14万元，各类退役军人抚恤金246万元。完善区域性养老服务中心功能，设立老年人助餐点，引入助餐服务信息系统，推动老年人助餐点智慧建设。疫情防控常抓不懈，全力打好“3·29”“12·1”疫情守卫战，摸排管理、接驳转运、居家服务各类重点人员7800余人，全区上下群策群力，同舟共济，切实完成疫情防控的各项任务。积极推行信访“五个进一步”工作法，创成江苏省人民满意信访窗口，全面落实普法责任清单，获评镇江市“七五”普法工作先进单位。常态化抓好安全生产，积极探索末端治理新模式，全年开展各类安全检查400余次，完成可视化监管平台建设。

围绕中共二十大精神和习近平新时代中国特色社会主义思想，中心组学习集中研讨12次，组织开展宣讲活动200余场，开展对党忠诚、郭克生先进事迹研讨等活动10余次。建立“三长”共治工作机制，实行经网微格“365”工作模式，精细化打造29个网格议事阵地。实施“红领经”园区党建工程，成立经开区非公企业“红锋”党建联盟。全力推进文明创建，常态化开展“路长制”巡查和“八大提升行动”，完成三跃农贸市场改造升级，“文明风尚榜”测评排名位居全市前列，选送典型成功当选2022年度扬中唯一“江苏省文明家庭”。

(郭么源)

【扬中万洋众创城项目】 2022年1月25日，经开区万洋众创城项目举行开工仪式；10月13日，万洋众创城举办入驻企业签约暨招商中心正式开放仪式。万洋众创城项目总规划占地60公顷，其中一期规划26.67公顷，总投资约50亿元，总建筑面积120万平方米。万洋众创城将围绕经开区汽车零部件、电子电器、光伏新能源及相关配套产业等主导产业，打造一个集制造研发、电子商务、仓储物流、生产生活配套、金融服务和智慧园区管理为一体的绿色智慧型产业园区。园区建成后,预计引进500家以上的优质企业入驻,带动万人以上就业形成亿元以上税收,推动经开区高质量发展将形成新的产业集聚。(郭么源)

10月13日,经开区举办万洋众创城入驻企业签约仪式暨招商中心开发活动 (经开区供图)

【经开区2022"春风行动"】 2022年3月4日,经开区举办"春风行动"暖企线上直播招聘会,在线发布25家企业近300个岗位供求职者选择,累计观看近1.3万人次。覆盖十几种行业的工作,特约美科、蜂巢、通灵的企业代表到场,介绍公司发展概况、企业文化、工作岗位、工资待遇等。直播间万余人同时在线,与主持人互动反馈,求职留言2256条。支持成功创业227人,带动就业634人。经开区人社中心连续10年开展暖企招聘"春风行动",累计提供4000余个岗位。(郭么源)

【爱士惟绿色智能电力园区项目奠基】 2022年3月11日,爱士惟绿色智能电力园区项目在扬中经开区举行奠基仪式。项目总投资1.2亿元,项目计划用地8.67公顷,一期用地2公顷,新厂扩建项目新增占地面积1.6万平方米,新增厂房面积3.8万平方米,项目建成后,爱士惟扬中生产基地的总产能将增加至25吉瓦/年,预计到2023年项目完全建成投产后,公司年销售30亿元,税收5000万元。(郭么源)

【"菁锐训练营"系列活动】 2022年6月10日,经开区正式启动"菁锐训练营"系列活动,参训对象为区机关、区属单位、各村(社区)35周岁以下年轻干部。经开区组建队伍8支,队伍队名、队旗、口号均由小组自行商议确定设计,训练营细分为研学成长营、帮带培优营、实践锤炼营,全面历练年轻干部综合素质能力,坚定"强国复兴有我"的信念和决心。启动仪式后,"菁锐训练营"举办首场主题展示活动,紧扣"红心向党铸忠诚"主题,各小组采用主题演讲、诗歌朗诵、情景短剧、现场访谈、研学实践等形式分别展示,通过观众线上投票和评委现场投票方式评选出"最受欢迎奖"1个、"精锐风采奖"2个、"精锐优秀奖"5个。10月,"菁锐训练营"开展年轻干部积"跬步" 乡村振兴致"千里"实践活动,组织乡村振兴探索之旅、"菁看经开"摄影之旅、学习参观之旅,激励年轻干部立足岗位、实干担当,在乡村振兴舞台上大展拳脚。(郭么源)

【港湾新城三、四区安置房选房工作】 2022年6月8日,经开区港湾新城三、四区安置房选房工作正式启动。选房工作遵循依法合规,公开、公平、公正,有序选房原则。按照拆迁选房证的登记时间和顺序编号选房;根据选房证面积,结合安置房户型,自行选房。安置范围位于经开区港湾新城三区1、2、5、6、8、9、11号楼,四区1、5、6、8、9、10、11、12号楼。安置房型分为116平方米、130平方米2个类型,计1178套。7月1日,进入钥匙交付阶段。7月4日,536户居民喜提新房,选房工作完成。(郭么源)

【新星村首届黄桃会】 2022年8月7日,新星村首届黄桃会开幕仪式在经开区新星村森羽农场举行。森羽农场黄桃采用有机方式种植,绿色生态,在江苏省第三届优质桃果大赛中获银奖。首届黄桃会旨在以桃为媒、以节会友,提升优质农产品知名度,助力农产品销售。黄桃会持续至8月22日,其间开展直播带货、果树种植培训、采摘游园打卡等子活动。活动现场,扬中农商行向新星村整村授信8000万元;市审计局、市行政审批局、扬中农商行兴隆支行与新星村签订共建协议。(郭么源)

【书画联展活动】 2022年10月14日,经开区新时代文明实践所、市老年书画协会、区老年书画分会、文体服务中心、恒跃村新时代文明实践站联合举办"丹青翰墨歌盛世,万众一心颂党恩"书画联展。画展展出作品80余幅,以字为媒、以画为介绍,进一步丰富群众精神文化生活。(郭么源)

【通灵电器上榜"镇江市市长质量奖"】 2022年12月,江苏通灵电器股份有限公司通过镇江市市长质量奖申报推荐、资格审核、资料审查、现场评审、综合评价以及市长质量奖评审委员会会议审议和社会公示等程序,被镇江市政府授予2022年"镇江市市长质量奖"。(郭么源)

2022年扬中经济开发区建制村(社区)情况一览表

表34

建制村(社区)名称	书记	主任	总人口(人)
兴隆社区	—	张　峰	4677
三跃社区	王正法	夏太君	4057
双跃村	张立华	张立华	2466
恒跃村	王世海	王世海	3393
新星村	鄂道林	鄂道林	2830
德云村	陆昌鹏	陆昌鹏	2252
兴城村	姚月萍	姚月萍	2918
福源村	徐纪荣	徐纪荣	3292

(黄振杰)

2022年扬中经济开发区主要经济社会指标一览表

表35

项目	数额	项目	数额
地区生产总值(万元)	674600	私营企业数(家)	1446
财政收入(万元)	62300	当年新办"三资"企业(家)	1
工业总产值(万元)	3289327	实际利用外资(万美元)	818
产品销售收入(万元)	3310000	进出口总额(万美元)	166600
农业总产值(万元)	17951	第三产业增加值(万元)	162800
粮食总产量(吨)	6894	第三产业从业人员(人)	3019
水产品产量(吨)	780	个体工商户(户)	2836
工业投入(亿元)	282500	中小学校(所)	3
工业企业总数(家)	356	医院、卫生院(所)	1
"三资"企业数(家)	28	卫生室(个)	5

(黄振杰)

2022年扬中经济开发区骨干企业情况一览表

表36

企业名称	法人代表	工业总产值(万元)	销售收入(万元)	工业增加值(万元)	利税总额(万元)
江苏环太集团有限公司	王禄宝	1277412	1339439	108231	61674
蜂巢动力系统(江苏)有限公司	陈晓亮	702215	701665	109792	50767
江苏亿能电气有限公司	周桂根	207566	202820	30838	15331
江苏尚昆集团	严荣飞	147092	144408	35406	16441
江苏天辰新材料股份有限公司	王栋葆	90579	91662	11160	6532
江苏银佳企业集团有限公司	姚建明	50222	48146	6939	1406
金海新源电气江苏有限公司	朱冬宏	86540	86557	20289	5699
江苏星河集团公司	匡锡和	15391	15236	6810	1554
爱士惟新能源技术(扬中)有限公司	张　勇	124758	116716	12978	2578
江苏荣胜集团	黄良胜	7219	7214	2295	364
镇江市神龙电器管件有限公司	郭宏富	14385	13944	2967	1444
江苏亚奥精密机械有限公司	方国祥	15190	14536	3274	706

(黄振杰)

附　录

组织机构及负责人

中共扬中市委员会

书　记　张德军
副书记　贾　晟
　　　　蔡　萍(女)
　　　　陈顺志(挂职,10 月任)
　　　　常　委　张永意(2 月免)
　　　　孙　健
　　　　巫晓辉
　　　　王汉英
　　　　潘　杰
　　　　孙丽君
　　　　骆　俊(11 月任)
　　　　陈祝平
　　　　孙冬梅(女)
　　　　吴玉青

市委办公室

主　任　姚建华(2 月免)
　　　　郭建中(2 月任)
副主任　陈　薇(女)
领导班子成员　林　帅
副主任　徐子平(2 月免)
　　　　唐　健(挂职,7 月任)
领导班子成员　马晓梅
副主任　沈　韵
　　　　俞锦平(11 月任)
　　　　王秀德
　　　　姚　婷(女)

合作交流中心

主　任　林　帅
副主任　施薇晨(女,11 月任)

研究室

主　任　沈　韵(7 月任)
副主任　冯太升(11 月任)

机要局

局　长　陈　薇(女)
副局长　王　康

国家密码管理局

局　长　陈　薇(女)

国家保密局

局　长　陈　薇(女)

市委组织部

部　长　孙丽君
常务副部长　郭建中(9 月免)
副部长　薛　兵
　　　　陈　钧
　　　　吴昌松
　　　　贾子彬
领导班子成员　韩雪华
副科级组织员　施　超(女,11 月免)

“两新”工委书记

书　记　贾子彬
副书记　丁　超(7 月任)

党建办

主　任　吴昌松

考核办

副主任　刘良忠

市委宣传部

部　长　孙冬梅(女)
常务副部长　蔡巧珍(女,2 月免)
　　　　　　徐子平(2 月任)
副部长　王晓东
　　　　邹东平
　　　　祝启彤
领导班子成员　徐友明

网信办

主　任　邹东平(11 月任)
副主任　陈　露(女)

精神文明建设指导委员会办公室

主　任　蔡巧珍(女,2 月免)

精神文明建设指导中心

主　任　田明慧

融媒体中心

主　任　王晓东
总编辑　蔡小俊
副主任　夏福洪(7 月免)
　　　　解春玲(女,7 月免)
　　　　戴维平(7 月免)
　　　　左菁华(女,12 月免)
　　　　郭　岚(女,7 月免)
　　　　徐彦玲(女)
　　　　袁红军(7 月任)
　　　　郭又菁(女,7 月任)
网络中心主任　左元俊

市委政法委

书　记　王汉英

副书记 周 勇
常务副书记 殷 晗
副书记 戴振东
缪 剑
领导班子成员 朱霞萍
政治处主任 朱江虹(女)

社会治安综合治理中心

主任 凌 杨(女)

市委统一战线工作部

部 长 孙 健
常务副部长 司晓玲(女)
副部长 郭 波(11月任)
杨全贵(7月免)
朱家生(7月任)
张 俊(11月免)
四级调研员 杨全贵

台湾工作办公室

主 任 张 俊(11月免)
郭 波(11月任)
民族宗教事务局
局 长 司晓玲(女)
副局长 朱家生(7月免)
方莹莹(女,7月任)

市委机构编制委员会办公室

主 任 薛 兵
副主任 蔡 勇
黄 娟(女)
王 磊

市事业单位登记管理局

副局长 吴艳燕(女)

市委市级机关工委

书 记 陈 兵
副书记 徐美琴(女)
陆 庆
纪工委书记 朱孝卫
市委老干部局
局 长 陈 钧
副局长 马侦杰
马 旭(女,7月免)
于云霞(女,7月任)

市委党校

校 长 孙丽君
常务副校长 郭 渝(女)
副校长 陈定春
郭伟英(女)
钱吕军

机关事务管理中心

主 任 王乔林
副主任 倪明霞(女)
封 光
杨曜霞(女)
纪检组长 朱 炜(7月免)
徐丹丹(女,7月任)

档案馆

馆 长 唐 健
副馆长 孙烨婷(女)
包艳梅(女)
杨 阳(女,7月任)

史志办

主 任 徐子平(2月免)
张 俊(11月任)
副主任 顾大志
陈 健

扬中市人民代表大会常务委员会

主 任 冯锦跃(1月免)
马家胜(1月任)
副主任 唐崇林(1月免)
王继兰(女,1月免)
常 云(1月免)
蒋金龙(1月免)
蒋相根(1月任)
黄成刚(1月任)
文层耕(1月任)
周春燕(女,1月任)
党组成员、保留副处职待遇
祝寒冰
党组成员 施正裕
章 琴

办公室

主 任 施正裕
副主任 朱 伟(11月免)
张 慧(女)
李 敏(11月任)

财政经济工作委员会

主 任 丁 燕(女)
副主任 王 凤

监察和司法工作委员会

主 任 蔡国庆(2月免)
朱 伟(11月任)
副主任 王国平

科教文卫工作委员会

主 任 黄海燕(女)
副主任 施建明

环境资源城乡建设委员会

主 任 郭伟国
副主任 陈廷明

人事代表联络工作委员会

主 任 刘国斌
副主任 何 敏(女)

农业和农村经济工作委员会

主 任 胡敏生
副主任 顾启伟

扬中市人民政府

市 长 贾 晟
党组副书记、副市长
陈顺志(10月任)
党组副书记、常务副市长
张永意(10月免)
巫晓辉(11月任)

副市长 宫金生(1月免)
林成春
周 勇
仲 泉(1月免)
刘永利
姚建华(1月任)
孙小华(女,1月任)
刘湘琴(女,12月免)
汪少华

办公室

主 任 瞿惠辉
副主任 王义波(11月免)
张 钰(2月免)
姚 星
夏 璟(女,11月免)
郭泰莱(11月任)
党组成员 蒋 勇
副主任 丁正凤(女,11月任)
蒋 敏(女)
张 剑
赵 剑(7月任)
方 舟

外事办

副主任 陈 刚

大数据管理局

副局长 许方芳

经济发展局

局 长 孙 斌
党委副书记、副局长
何 勇
王 华(11月任)
党委副书记 张正荣(11月免)
副局长 包勇军
黄贤成(7月免)
党委委员 陆永生(8月免)
马万喜(8月任)
副局长 郭振中(7月任)
孙 旭(女,11月免)
党委委员 潘大军

粮食和物资储备局

局 长 何 勇(11月免)
孙 斌(11月任)
副局长 郭振中(7月免)
潘大伟(7月任)

人社局

局 长 童 峰
党委副书记、副局长 施朝阳
副局长 宗加洪
蒋长春
施晓晖(女)
李荣林

就管中心

主 任 戴伟柱

社保中心

主 任 姚 森

劳动监察大队

大队长 刘 巍

人才服务中心

主 任 蓝厚国

商务局

局 长 黄红兰(女,2月免)
黄 勇(2月任)
副书记 郭明华(7月免)
副局长 顾小春(11月任)
党组副书记、副局长
王 华(11月免)
王 琪
副局长 黄 成
市外贸公司副经理 杨 凡(女)

招商中心

主 任 陆赵华

应急管理局

局 长 王耀辉
副局长 黄贤华
党委副书记、副局长
陈太全(11月任)
副局长 张泽民
姚俊洪(11月免)
施周泉(挂职)

安委办

主 任 王耀辉
副主任 徐 良

应急管理综合行政执法大队

大队长 陆九如(女)

行政审批局

局 长 高 琴(女,11月免)
陈泽坤(11月任)
副局长 朱 波(12月任)
朱耀宇
朱 莉(女,7月免)

行政务服务中心

主 任 孔红梅(女)
副主任 朱 波(12月免)
丁晓峰

公共资源交易中心

主 任 高 翔

市场监督管理局

局 长 陆学兵(11月免)
高 琴(女,11月任)
党委副书记、副局长 王 成
党委委员 杨国泉
副局长 吴振军
姚 俊
陶书斌
陈佩银
城区分局局长 盛 艳(女)
新坝分局局长 陆学龙
兴隆分局局长 方 军

八桥分局局长　陈永祥
油坊分局局长　陈小军
西来桥分局局长　范晓俊(7月任)
检验检测中心主任　陈红霞(女)
执法大队大队长　马长峰(7月任)

知识产权局

局　长　高　琴(女,11月任)
副局长　王秋平(11月免)
　　　　孙晓湘(11月任)

统计局

局　长　吴培枫
党组副书记　王丰硕(7月任)
副局长　郭马莉(女)
　　　　王小燕(女)
　　　　徐　飞

江苏省统计局扬中调查局

局　长　王丰硕

粮食收储中心

主　任　张正荣(11月免)
　　　　王　华(11月任)
纪检组长　潘照瑾(女)
副主任　秦　鸿
　　　　姚正慧
　　　　印和平(女,11月免)
　　　　曹　霞(女,11月任)
　　　　印锦兵

供销合作总社

主　任　刘　平
党委副书记、副主任　陆　俊
副主任　王存峰
　　　　孙国庆(11月免)
　　　　贾美红(11月任)
　　　　唐　玲(女,7月免)
　　　　祝　晋(女,7月任)

工业(集团)总公司

总经理　刘良福
副总经理　魏　奇(7月免)
　　　　郭纪俊
　　　　郭　霞(女)
纪检组长　付　蓉(女)
副总经理　刘彩萍(女,7月任)

商业集团有限公司

董事长、总经理　金　红(女)
副总经理　陈国梅(女)
　　　　郭玉生
　　　　缪剑刚(7月免)
纪委书记　朱　枫(女)
副总经理　王　剑
　　　　李鹏超

住房与城乡建设局

局　长　殷新华(2月免)
　　　　张　钰(2月任)
党委副书记、副局长　杨富森
　　　　耿海铭
党委委员、副局长　陈学兵
党委副书记　徐万军
　　　　翟　骏
副局长　翟　骏(11月免)
　　　　张开华
党委委员　蒋陈超
　　　　杨晨辉
　　　　张惠萍(女)

房屋征收服务中心

主　任　杨晨辉

地震局

局　长　陈学兵

人防办

主　任　杨富森
副主任　贾　燕(女,7月任)

市政园林工程处

党组书记　殷新华(2月免)
　　　　张　钰(2月任)
党组副书记、主任
　　　　徐万军(7月免)
　　　　翟　骏(11月任)
副主任　朱新耀(7月免)
　　　　张建荣(7月免)
　　　　唐纪彬(7月免)
副科职干部　景书红
副主任　朱　炜(7月任)
纪检组长　周　萍(女)
副主任　严玉梅(女)
　　　　陆　军(7月任)

城市建设投资发展集团有限公司

董事长、总经理　孙万华
党委副书记、副总经理
　　　　王宇峰(11月任)
　　　　卢　健(3月任)
　　　　陆志扬(3月任)
党委副书记　姚俊岭
副总经理　陶旭红
　　　　王　飞
纪委书记　冷松海
总会计师　李云芳(女)
副总经理　于广杰
　　　　陈　伟

中扬建设集团

副总经理　张小强
　　　　苏劲鸥
　　　　吴红梅(女)

大行临港公司

董事长、总经理　王宇峰
副总经理　张立华
　　　　蔡惠武
　　　　朱　萍(女)
纪委书记　童建敏(女)
总会计师　陈　瑾(女)

水务集团有限公司

总经理　卢　健
总工程师　郭佳亮
副总经理　方奇兵
纪检组长　耿志红
副总经理　何广付

天禾公司

董事长 陆志扬
副总经理 左建春

城管局

局　长 梅稳山
副局长 赵启生
　　　朱中宏
　　　王　唯
　　　耿武军(挂职)

城市管理综合执法大队

党支部书记 黄　刚
大队长 陆　静

环境卫生管理服务中心

主　任 朱　敏(7月任)

交通运输局

局　长 郭连志
党委副书记 孙　军
副局长 顾红俊
　　　何柏进
　　　张跃峰
党委委员 王　俊
　　　　朱　云(女)

公路事业发展中心

主　任 张跃峰

综合交通事业发展中心

主　任 王　俊

交通运输综合执法大队

大队长 徐福根

财政局

局　长 吴跃峰
党委委员 陆红艳(女)
党委副书记 姚红梅(女)
副局长 印邦宁
　　　高　飞
　　　狄明娣(女,7月免)
　　　刘效兵(7月任)
党委委员 朱长治
副局长 郭殿中
党委委员 秦　云(女)
　　　　田春雷
新坝财政分局局长 王海燕(女)
油坊财政分局局长 顾　震
八桥财政分局局长
　　　刘效兵(7月免)
　　　缪小琴(女,7月任)
三茅财政分局局长 施　稳
经开区资产管理与财务部部长
　　　周　英(女,7月免)
　　　杨全华(7月任)

会计服务中心

主　任 陆红艳(女)
副主任 张耀宸
　　　黄　凌(女)
　　　张　颖(女)

住房公积金管理中心

主　任 秦　云(女)

国有资产管理委员会办公室

主　任 吴跃峰
副主任 田春雷

审计局

局　长 周春林
副局长 沈　健(女)
党组副书记、副局长 蒋晓梅(女)
副局长 杨卫群
　　　黄　勇
党组成员 唐涌涛
　　　　陈　静(女,7月免)
经济责任审计中心主任 缪玉峰

地方金融监督管理局

局　长 马意俊
副局长 汤小丰
　　　朱秀平

金控集团

董事长 彭全胜
总经理 张克祥
副总经理 徐君明
纪检组长 方　清(女)
副总经理 曹章林

农业农村局

局　长 印永洪
党委副书记、副局长 唐　立
党委副书记、市委农办副主任
　　　白玉卿
副局长 彭　君
　　　周亚东
　　　顾春健

农业技术推广中心

主　任 姚成凤(7月免)
　　　左晓勇(7月任)
书　记 左晓勇(7月免)
　　　杨长兴(7月任)

良种繁育场

场　长 顾　彬
　　　何　伟

农业综合执法大队

大队长 许鸿鸽
教导员 陈　翚

水利局

局　长 黄声亮
党总支副书记、副局长
　　　黄裕文(7月免)
　　　郭　峰(7月任)
副局长 马万红
　　　杨　波
党总支委员、防汛防旱指挥部办公室主任 黄健芳

水利综合执法大队

大队长 高正法

科技局

局　长　杨立维
副局长　鞠　勇
　　　　左志鹏
党组副书记、副局长　吴　燕(女)
副局长　王小冬(11 月免)

教育局

局　长　印　斌(2 月免)
　　　　方学建(2 月任)
党委委员　王成杰
党委副书记、副局长
　　　　王家新(7 月免)
副局长　冯丽娟(女)
　　　　蔡华新
　　　　冯义成
　　　　唐　玲(女,7 月任)

市政府教育督导室

副主任　蔡　君

文体广电和旅游局

局　长　方学建(2 月免)
　　　　管拥军(2 月任)
副局长　赵　阳
　　　　潘　洁(女,11 月免)
　　　　左菁华(女,12 月任)
　　　　季　翔

文化旅游综合执法大队

大队长　祝赠荣

卫健委

主　任　周春燕(女,2 月免)
　　　　蔡巧珍(女,2 月任)
党委委员　朱进华(7 月任)
党委副书记、副主任
　　　　陈太全(11 月免)
　　　　潘菊梅(女,11 月任)
副主任　朱戊申
　　　　施　薇(女,11 月免)
　　　　贾美红(11 月免)
　　　　潘　洁(女,11 月任)
　　　　王秋平(11 月任)
　　　　吴永忠(挂职,11 月免)
党委委员　张开祥(7 月任)

疾病预防控制中心

主　任　张开祥
党支部书记　何文华(7 月免)
　　　　李佩馨(女,7 月任)

卫生监督所

所　长　郭　炜(女)

医疗保障局

局　长　陆纪云(女)
党组副书记、副局长　施荣祥
副局长　吴永忠

医疗保险基金管理中心

主　任　冷新星(女)
副主任　黄高伟(12 月免)
　　　　蔡　刚

公安局

局　长　周　勇
党委副书记、政委
　　　　卞为民(8 月免)
　　　　张　静(8 月任)
党委委员、常务副局长
　　　　冯太伟(11 月免)
党委副书记、常务副局长
　　　　钱学友(12 月任)
副局长　刘　磊(12 月任)
党委委员　陆学文
副局长　童国际
　　　　孔　勇
　　　　王昌法(8 月免)
　　　　张元龙(8 月任)
党委委员　徐　剑
　　　　何　龙
　　　　陈　鹏
　　　　朱巧生

情报指挥中心

主　任　顾鸣鹤(11 月免)
　　　　左昌宇(11 月任)
教导员　左昌宇(11 月免)
　　　　奚松波(11 月任)

政治处

主　任　陈　鹏

政治安全保卫大队

大队长　秦恒祥
教导员　杨全兵

治安警察大队

大队长　张瑞松
教导员　朱嵘臻

食品药品和环境犯罪侦查大队

大队长　方礼贵(11 月免)
教导员　魏　伟

交通警察大队

大队长　何　龙
教导员　杨全风

刑事警察大队

大队长　聂朝军
教导员　李元国

经济犯罪侦查大队

大队长　刘修全
教导员　吴　夏

巡特警大队

大队长　王　峰
教导员　王宏兵

网络安全保卫大队

大队长　马万军
教导员　王顺祥

法制大队

大队长　马华军

教导员 王小中

警务督察大队

大队长 施周群
教导员 姚祥富

看守所

所 长 张孝文
教导员 许正平

新坝派出所

所 长 刘 忠(1月免)
姜 文(11月任)
教导员 于 炼

城西派出所

所 长 蔡文彬
教导员 司马信言

城东派出所

所 长 杨侃淳
教导员 王 成

开发区派出所

所 长 王 平
教导员 蒋 勇

油坊派出所

所 长 陆明强
教导员 艾 青(女)

八桥派出所

所 长 陆浩然
教导员 施 颖

西来桥派出所

所 长 姜 文(11月免)
方礼贵(11月任)
教导员 龚 晶

大桥派出所

所 长 蔡纪龙(11月免)
陈九全(12月任)
教导员 吴 国

二桥派出所

教导员 刘 静

三桥派出所

所 长 耿昌宏

二墩港派出所

所 长 戴道文(11月任)
教导员 奚松波(11月免)
钱 进(11月任)

泰州大桥派出所

教导员 缪士扬

直属派出所

所 长 耿武军
教导员 耿 强

水上派出所

所 长 刘志祥
教导员 张加根

司法局

局 长 孙小华(女,2月免)
蔡国庆(2月任)
党组书记 杨怀康(2月免)
党组副书记 杨怀康(2月任)
党组成员 蒋丰华
党组成员、副局长
朱红军(11月免)
王晓雪(11月免)
蔡 艳(女)
何光林
赵文浩(11月任)
党组成员 黄贤勇

全面依法治市委员会办公室

副主任 蒋丰华

社会矛盾纠纷调处服务中心

主 任 黄贤勇

民政局

局 长 吴昌连
副局长 祝志平(女)
张正全(7月免)
朱红芸(女)
郭如彬

退役军人事务局

局 长 赵 斌
副局长 钱吉凤
党组副书记、副局长 常扣岚

信访局

局 长 王义波(11月免)
姚 星(11月任)
党组副书记、副局长 吴江霞(女)
副局长 李卫国
四级主任科员 朱向阳

政协扬中市委员会

主 席 于德祥
党组副书记 沈大银(1月免)
蒋相根(1月免)
孙 健
陆国平(1月任)
副主席 陆国平
宫金生(1月任)
兰云林
倪 军
仲 泉(1月任)
党组成员 陈廷荣(11月免)
方日新

办公室

主 任 方日新
副主任 胡 婕(女,7月免)
季 雍(女)
顾超锋(11月任)

经济科技委员会

主 任 陆文龙
副主任 王小冬(11月任)

城乡建设委员会

主　任　张雨东(女)
副主任　朱秀亭

社会法制和海外联络委员会

主　任　徐彩凤(女,7月免)
张正荣(11月任)
副主任　王秀萍(女)

提案和委员联络委员会

主　任　孙　可(女)
副主任　羊国际(7月免)

教卫文史委员会

主　任　冯煜蘋(女)
副主任　刘　霞(女,7月任)

中共扬中市纪律检查委员会

书　记　巫晓辉(11月免)
骆　俊(11月任)
副书记　王东升
丁建东
常　委　姚恒志
黄　峰
石　力
章　静(女)
办公室主任　唐祥军
纪检监察干部管理监督室主任
辛　焕
党风政风监督室主任　曹　磊(女)
信访室主任　黄　祥
案件监督管理室　刘家旺
第一审查调查室主任　李　康
第二审查调查室主任
韦庆春(7月免)
施吉伟(7月任)
第三审查调查室主任　冷佳勇
第四审查调查室主任　陆海鹏
第五监督检查室主任　郭慧慧(女)
第六监督检查室主任　施正荣
第七监督检查室主任　郭严志
案件审理室主任　仲伟艺(女)

市监察委员会

主　任　巫晓辉(11月免)
副主任　王东升
丁建东
委　员　黄　峰
石　力
裴春会
韦庆春

市委巡察办

主　任　姚恒志
副主任　刘　俊
郑世红(女)
巡察组组长　丁照霞(女)
周　斌
鄂彩华(女)
巡察组副组长　王　梅(女)
张　武
祝　玲(女)
盛　峰
何云峰
陈志宇

市纪委、市监委派驻纪检监察组

第一派驻纪检监察组组长
马晓梅(女)
第二派驻纪检监察组组长
章　琴(女)
第三派驻纪检监察组组长
韩雪华(女)
第四派驻纪检监察组组长　徐友明
第五派驻纪检监察组组长　蒋　勇
第六派驻纪检监察组组长
朱霞萍(女)
第七派驻纪检监察组组长
陆永生(7月免)
马万喜(7月任)
第八派驻纪检监察组组长　蒋陈超
第九派驻纪检监察组组长　朱长治
第十派驻纪检监察组组长　杨国泉
第十一派驻纪检监察组组长
徐　剑

检察 审判机构

人民检察院

检察长　康　珺
副检察长　倪　军(7月免)
徐彩凤(女,7月任)
党组副书记　周　荣(7月任)
副检察长　张正祥(7月免)
姚　俊
检委会专委　施正矛(7月免)
张澄华(7月免)
蒋春富(11月任)
包信东(7月任)
政治部主任　蒋春富(11月免)
丁云丰(11月任)

人民法院

院　长　朱晓军
党组副书记　周　荣(7月免)
党组副书记、副院长　陆丽华(女)
副院长　陈　明(6月免)
张正祥(7月任)
王　彤
王祥远
执行局局长　宗　鸣(女,7月免)
张有斌(11月任)
审委会专委　丁剑锋
杨　云(女)
政治部主任　张德峰

司法综合服务中心

主　任　王　波(11月任)

社会团体

总工会

主　席　管拥军(2月免)
祝寒冰(2月任)
副主席　方文忠
孙春艳(女)
方　勇
赵　洁(女)

团市委

书　记　陈　健

副书记　赵文浩(11月免)

　　　　徐嘉莲(女)

妇女联合会

主　席　耿晓晴(女)

副主席　胡　婕(女,7月任)

　　　　奚　彩(女)

党组成员　耿慧(女,7月任)

妇儿工委办公室

主　任　耿　慧(女,7月任)

科学技术协会

主　席　张　伟

副主席　方礼兵(7月免)

　　　　李成明

　　　　朱　莉(女,7月任)

归侨侨眷联合会

主　席　朱秋敏(女)

副主席　陈　薇(女)

工商业联合会

主　席　张孝明

党组书记　郭　波(11月任)

副主席　温　剑

党组成员　施　芸(女)

文学艺术界联合会

主　席　方泽华

副主席　方莹莹(女,7月免)

　　　　马　健(11月任)

残疾人联合会

理事长　田广权

副理事长　朱文生(7月免)

　　　　　于梅华

　　　　　何　颖(女,7月任)

红十字会

会　长　刘永利

常务副会长　杨　敏(女,11月免)

　　　　　　祝元元(女,11月任)

副会长　张　慧(女)

学校 医院

省扬高中

校　长　王成杰

副校长　陈世明(7月正科职)

　　　　李　强(7月正科职)

　　　　宫建红(女,7月免)

纪委书记　顾大成

副校长　张　祥(11月任)

第二高级中学

校　长　陈大庆(7月免)

　　　　宫建红(女,7月任)

副校长　徐兴鹤

　　　　张　祥(11月免)

省扬中中等专业学校

党总支书记　杜国兵

校　长　奚必政(7月免)

　　　　杨德洪(7月任)

人民医院

院　长　朱进华

党委副书记　胡红云(女,7月免)

　　　　　　杨　彬(7月任)

副院长　蒋纪祥

　　　　张　军

　　　　戴　春

纪委书记　杨　彬(11月免)

　　　　　祝小燕(女,12月任)

党委委员　刘　刚(11月任)

　　　　　王　敏(女,12月任)

中医院

院　长　顾宏春

镇、街道、开发区

新坝镇

党委书记　吴玉青(9月免)

　　　　　蔡爱国(9月任)

党委副书记、镇长　黄红兰(女)

党委副书记　周春林(挂职)

人大主席　季广华

党委副书记　张芙蓉(女)

　　　　　　陈泽坤(11月免)

　　　　　　何耀武(挂职)

　　　　　　施　超(女,11月任)

纪委书记　蒋丰庆

党委委员、常务副镇长

　　　　　　周　红(女)

人大副主席　张　俊(3月免)

　　　　　　范选华(3月任)

宣传委员　吴尚志(11月任)

　　　　　顾永生(11月免)

组织委员　张　俊

统战委员、人武部长　施　勇

政法委员　宋浩浩(11月免)

副镇长　顾永生(11月任)

　　　　王　凯

　　　　杜　梦(女)

　　　　庄业钏

　　　　丁正凤(女,11月免)

　　　　孙晓湘(11月免)

集成管理指挥中心主任　陆　军

行政审批局局长　董　青(女)

综合行政执法局局长　杨全福

江苏省高新技术开发区

党工委书记　吴玉青(9月免)

　　　　　　蔡爱国(9月任)

党工委副书记、主任　陶建国

党工委副书记　周春林

管委会主任　周春林(11月免)

　　　　　　杨友军(11月任)

管委会常务副主任　何耀武

副主任　朱　阳(女)

　　　　孙国庆(11月任)

　　　　顾小春(11月免)

大航集团

董事长 薛 军(4月免)
孙显文(8月任)
总经理 孙显文
副总经理 施建中
陈 晔(女)
孙 伟
黄 飞
纪委书记 安 乐(7月免)
陈 静(女,7月任)

油坊镇

党委书记 杨友军
党委副书记、镇长 陈小锋
人大主席 包熙鹏(2月免)
方正和(2月任)
党委副书记 包熙鹏
政法委员 何桂根
统战委员、人武部长 施光宏
党委委员、副镇长 孟志强
纪委书记 黄彩峰
组织委员 朱 玮(女)
宣传委员 钱柯璇(女)
副镇长 黄克勇
徐 莺(女)
陆梦泽

八桥镇

党委书记 张皓玮
党委副书记、镇长
黄 勇(2月免)
王义波(11月任)
人大主席 刘乔荣
党委副书记 郭 波(11月免)
夏 璟(女,11月任)
党委委员、副镇长 钱道兵
组织委员 田易加(女)
政法委员 严理达
纪委书记 杨 娟(女,11月免)
薛玉萍(女,11月任)
统战委员、人武部长 张 乾
宣传委员 薛玉萍(女,11月免)
黄 洁(女,11月任)
副镇长 潘菊梅(女,11月免)
贾 燕(女,7月免)
魏 奇(7月任)
黄高伟(12月任)
方 敏
印和平(女,11月任)

西来桥镇

党委书记 王 丹(女,11月任)
蔡爱国(11月免)
党委副书记、镇长
王 丹(女,11月免)
陆学兵(11月任)
人大主席 朱天森
党委副书记 陈金海
党委委员、副镇长
郭泰莱(11月免)
张咏梅(女,11月任)
政法委员 汤仁文
统战委员、人武部长、副镇长
陈雪华(11月任)
纪委书记 殷学鹏
组织委员 姚 瑶(女)
宣传委员 何 颖(女,7月免)
倪德贤(7月任)
副镇长 袁 进(12月任)
薛 丽(女)
杨正祥

三茅街道

党工委书记 童 涛
党工委副书记、办事处主任
姚文笋
人大工委主任 李 波(女)
党工委副书记(挂职)、科创产业园区管委会常务副主任 左 杰
党工委副书记 杨淑静(女)
瞿靖承
党工委委员、人武部长 左绍阳
党工委委员、办事处副主任
李培志
纪工委书记 王 震(11月免)
杨 娟(女,11月任)
组织委员、统战委员 刘 俊
宣传委员 陆昌海
政法委员 林 峰
办事处副主任
施 薇(女,11月任)
王 震(11月任)
祝元元(女,11月免)
李茂福
段欢欢(女)
蔡 华
俞锦平(11月免)
科创产业园区管委会副主任
周艳阳(女)
黄伟良
为民服务中心主任 翟延伟
集成管理指挥中心主任 曹 剑
综合行政执法局局长 黄永华

江苏扬中经济开发区

党工委书记 周鹤军(9月免)
吴玉青(9月任)
党工委副书记、管委会主任 仲 斌
党工委副书记 张 豫
人大工委主任 朱建兰(女)
党工委委员、管委会副主任
奚松峰
汪永新
管委会副主任 孙 旭(女,11月任)
党工委委员 郎 墨(女)
高绍海
党工委委员、管委会副主任
王俊杰
党工委委员、纪工委书记 祝 华
党工委委员 薛 为
蔡 文
徐秋霞(女)
朱 剑
李 厦(女)
马 旭(女,7月任)
马 健(11月免)
丁慧卿(女,11月任)
园区服务部部长 王 波(女)
党政办公室主任 贺洪旗

经济发展部部长 孙　青(女)
科创中心主任 曹　霞(女,11月免)
祝启刚(11月任)

兴隆街道

党工委书记 张　豫
人大工委主任 朱建兰(女)
党工委副书记 郎　墨(女)
党工委委员、办事处副主任 高绍海
党工委委员、纪工委书记 祝　华
党工委委员、办事处副主任
薛　为(女,7月任)
统战委员、人武部长 蔡　文
党工委委员、办事处副主任
徐秋霞(女)
朱　剑
组织委员 李　厦(女)
宣传委员 薛　为(女,7月免)
马　旭(女,7月任)
政法委员 马　健(11月任)
丁慧卿(女,11月任)
党工委委员 张　剑

条线管理部门

国家税务总局扬中市税务局

党委书记、局长 刘建荣
党委副书记、副局长
刘万龙(2月免)
党委委员、副局长 孙　玉
解庆红(6月免)
周生和(8月免)
何文革
丁勇林(1月免)
朱未彦
党委委员、纪检组长
徐铁超(8月免)
李新钢(8月任)

自然资源和规划局

局长、党委副书记兼林业局局长
祝晓东
党委书记、副局长 何跃兵
党委副书记、副局长 王文生
严华万
党委委员、副局长 郭荣庆
张红兵
毛艳阳
张恒平
党委委员 陶华平
王建中
程　勇

生态环境局

党组书记、局长 匡越石
副局长 范　彬
肖勇泉
童满平
朱发平

气象局

局　长 马俊峰(10月任)
副局长 马俊峰(10月免)
缪士荣
巫丽君(女)

中国电信扬中分公司

总经理 肖国等(8月免)
朱　鹏(8月任)
副总经理 孙　彤
孙华斌

中国移动扬中分公司

总经理 张伟平
副总经理 汪　杰
副总经理 樊　澎(11月免)
林　建(11月任)

中国联通扬中分公司

总经理 高　磊

中国邮政扬中分公司

总经理 孙伟明(5月免)
李　贺(6月任)
副总经理 李　杰
袁　飞
兰　俊

供电公司

总经理 许象明
副总经理 孙咸凯
鞠益宏
包　磊
沈　源
纪委书记 薛　文
协理员 王慧生

长江扬中航道处

处　长 王晶晶(女)
副处长 陈　亮

石油公司

经　理 刘绪华

烟草专卖局

局长、经理 周克玮
副局长 吴　鹏(11月免)
刘　炜(12月任)
副经理 薛海燕(11月免)
戴　秋(12月任)

统计资料

扬中市国民经济与社会发展主要指标一览表

表 37

指　　标	单位	2022 年	2021 年
一、行政概况			
镇政府	个	4	4
街道办事处	个	2	2
经济开发区	个	1	1
村民委员会	个	68	68
村民小组	个	2258	2259
二、土地面积	平方千米	327	327
年末耕地面积	千公顷	7.80	7.84
三、人口			
总户数	户	108224	107804
总人口(户籍)	人	278213	279641
男	人	135827	136557
女	人	142386	143084
年平均人口(户籍)	人	278927	280339
全年出生人数	人	1149	1378
出生率	‰	4.13	4.93
全年死亡人数	人	2552	2420
死亡率	‰	9.17	8.65
人口自然增长率	‰	–5.04	–3.73
常住人口	万人	31.61	31.59
四、人口密度	人/平方千米	967	966
城镇化率	%	70.93	70.57
五、地区生产总值	亿元	585.99	550.77

续表 37

指　　标	单位	2022 年	2021 年
第一产业增加值	亿元	18.47	17.51
第二产业增加值	亿元	317.99	289.07
# 工业增加值	亿元	296.93	269.87
第三产业增加值	亿元	249.53	244.19
人均地区生产总值	元	185441	174434
六、农业总产值	万元	335275	317261
七、规模工业总产值	万元	8790461	6843557
八、财政总收入	亿元	112.68	121.69
# 公共财政预算收入	亿元	36.15	38.01
财政支出	亿元	135.69	128.58
# 地方一般预算支出	亿元	61.22	59.94
九、进出口总额	亿元	45.7	41.5
# 出口总额	亿元	41.8	38.1
进口总额	亿元	3.9	3.4
实际利用外资	万美元	4545	9935
十、社会消费品零售总额	亿元	158.76	156.49
十一、全社会固定资产投资额	万元	1228543	1087681
# 全社会工业性投资额	万元	860266	735289
十二、粮食总产量	万吨	7.40	7.28
十三、全年用电量	万千瓦时	190174	182720
# 工业用电量	万千瓦时	113366	111024
城乡居民生活用电量	万千瓦时	41513	36212
十四、邮电业务总量	万元	57629	55494
十五、保费收入	亿元	17.11	14.92
财产险	亿元	3.31	2.75

续表 37

指　　标	单位	2022 年	2021 年
人身险	亿元	13.8	12.17
赔款和给付	亿元	4	3.85
财产险	亿元	1.81	2.04
人身险	亿元	2.19	1.81
十六、人民生活			
城镇居民人均可支配收入	元	67927	65232
城镇居民人均生活消费支出	元	34558	33487
农村居民人均可支配收入	元	37936	35819
农村居民人均生活消费支出	元	26882	25053
十七、年末金额机构存款余额	亿元	888.10	808.29
# 城乡居民储蓄存款余额	亿元	510.55	429.32
年末金融机构贷款余额	亿元	878.95	734.39
城乡居民人均储蓄款余额	元	161515	135903
十八、教育、卫生			
普通中学在校学生数	人	11268	11113
小学在校学生数	人	17184	16781
幼儿园在园幼儿数	人	7164	7653
卫生机构数	个	132	122
医院、卫生院技术人员数	人	2177	2157
十九、年末从业人员	万人	19.58	19.81
# 第一产业	万人	1.58	1.66
第二产业	万人	10.61	10.6
第三产业	万人	7.39	7.55

扬中市各镇(区)社会经济指标一览表

表 38

	单位	新坝镇	三茅街道	油坊镇	八桥镇	西来桥镇	经开区
户籍人口	人	43537	124917	37692	29849	16333	25885
地区生产总值	亿元	222.85	173.72	53.35	47.78	20.83	67.46
# 第一产业增加值	亿元	3.44	5.53	3.77	2.63	1.26	1.84
第二产业增加值	亿元	143.72	48.25	31.04	30.56	15.08	49.34
第三产业增加值	亿元	75.69	119.94	18.54	14.59	4.49	16.28
规模工业总产值	亿元	217.02	103.48	67.72	99.17	86.54	305.12
农业总产值	亿元	63840	71569	67485	45606	23744	32086
行政区域面积	公顷	7411	7812	5027	5692	3097	3696
年末常用耕地面积	公顷	1547	1403	1961	1348	697	840

扬中市规模以上工业基本情况一览表(一)

表 39

项　　目	单位数(家)	现价产值(万元)	职工人数(人)
总　　计	422	8790461	49658
其中:2000 万元以下工业	50	63905	1963
2000 万~3000 万元	44	104456	2019
3000 万~4000 万元	56	191001	2680
4000 万~6000 万元	81	385545	4462
6000 万~8000 万元	37	255435	3533
8000 万~10000 万元	21	184280	1990
10000 万元以上	133	7605839	33011

扬中市规模以上工业基本情况一览表(二)

表 40

镇区	单位数(家)	现价产值(万元)	职工人数(人)
合　计	422	49658	8790461
新　坝	112	14607	2170205
三　茅	95	8234	1034787
油　坊	66	4720	677193
八　桥	56	7509	991664
西来桥	27	2096	865407
经开区	66	12492	3051206

扬中市规模以上工业基本情况一览表(三)

表 41　　单位:万元

镇区	产品销售收入	利税总额	其中:利润总额
合　计	8502941	523632	301478
新　坝	2122241	189754	123431
三　茅	903658	81300	52213
油　坊	662887	37790	22665
八　桥	964669	41445	16696
西来桥	845355	7359	-4140
经开区	3004131	165984	90613

扬中市规模工业分行业情况一览表

表 42

行业名称	单位数(家)	工业总产值(万元)	销售收入(万元)
工程电气	238	3587104	3392071
新能源产业	20	2104701	2056965
装备制造业	57	1450406	1411610
其中:船舶制造	3	418629	406209
其中:汽车零部件	16	735943	725352
农副食品加工制造业	2	473904	451016
纺织、服装及鞋帽制造业	11	136368	134949
化工及医药制品制造业	13	141298	149969
木、纸制品及文体用品制造业	16	206877	212387
四氟、塑料制品制造业	37	228970	238525
砂布、焊料等非金属制造业	15	216617	211951
金属冶炼和压延加工制造业	2	156719	155685
仪器仪表及其他制造业	8	50664	49676
水、电及燃气的生产供应业	3	36835	38140

扬中市规模以上工业企业主要经济指标一览表

表 43　　单位:万元

镇(区)	资产总计	负债总计	流动资产	所有者权益	税金及附加	应缴增值税
合　计	10001499	5950552	7245571	4050948	28845	193309
新　坝	2532666	1392310	1930217	1140356	8460	57864
三　茅	1405478	704462	958961	701016	5312	23775
油　坊	622498	316856	496041	305642	1965	13160
八　桥	969572	548912	643458	420660	3853	20895
西来桥	1187681	989572	1034433	198109	1498	10001
经开区	3283605	1998439	2182463	1285165	7757	67615

扬中市农林牧渔业总产值一览表(一)

表 44

单位:万元

	总计			种植业			林业		
	2022 年	2021 年	占比%	2022 年	2021 年	占比%	2022 年	2021 年	占比%
合计	335275	317261	5.68	181686	169609	7.12	17938	17355	3.36
新坝	63840	60478	5.56	34496	32203	7.12	4536	4389	3.35
三茅	71569	67914	5.38	35830	33448	7.12	3364	3255	3.35
油坊	67485	63962	5.51	35730	33355	7.12	3904	3777	3.36
八桥	45606	43091	5.84	27336	25519	7.12	1663	1609	3.36
西来桥	23744	22490	5.58	11372	10616	7.12	1373	1328	3.39
经开区	32086	30319	5.83	18044	16845	7.12	1703	1648	3.34
场圃	30945	29007	6.68	18878	17623	7.12	1395	1349	3.41

扬中市农林牧渔业总产值一览表(二)

表 45

单位:万元

	畜牧业			渔业			农业服务业		
	2022 年	2021 年	占比%	2022 年	2021 年	占比%	2022 年	2021 年	占比%
合计	38190	37071	3.02	57812	55966	3.30	39649	37260	6.41
新坝	8226	7985	3.02	11259	10899	3.30	5323	5002	6.42
三茅	8642	8389	3.02	18314	17729	3.30	5419	5093	6.40
油坊	9951	9659	3.02	12334	11940	3.30	5566	5231	6.40
八桥	5453	5293	3.02	6633	6421	3.30	4521	4249	6.40
西来桥	2714	2634	3.04	4446	4304	3.30	3839	3608	6.40
经开区	3204	3107	3.12	4756	4604	3.30	4379	4115	6.42
场圃	0	4	-100.00	70	69	1.45	10602	9962	6.42

扬中市农林牧渔业增加值一览表(一)

表 46　　单位:万元

	总计			种植业			林业		
	2022 年	2021 年	占比%	2022 年	2021 年	占比%	2022 年	2021 年	占比%
合计	216825	204911	5.81	116198	108979	6.62	10766	10360	3.92
新坝	40813	38602	5.73	22078	20707	6.62	2723	2620	3.93
三茅	45667	43380	5.27	22931	21507	6.62	2019	1943	3.91
油坊	43071	40728	5.75	22867	21447	6.62	2343	2255	3.90
八桥	29395	27729	6.01	17495	16409	6.62	999	961	3.95
西来桥	15527	14679	5.78	7278	6826	6.62	824	793	3.91
经开区	20917	19728	6.03	11548	10831	6.62	1023	984	3.96
场圃	21435	20065	6.83	12001	11252	6.66	835	804	3.86

扬中市农林牧渔业增加值一览表(二)

表 47　　单位:万元

	畜牧业			渔业			农业服务业		
	2022 年	2021 年	占比%	2022 年	2021 年	占比%	2022 年	2021 年	占比%
合计	21813	19993	9.10	35953	35750	0.57	32095	29829	7.60
新坝	4696	4304	9.11	7004	6964	0.57	4312	4007	7.61
三茅	4934	4522	9.11	11394	11329	0.57	4389	4079	7.60
油坊	5680	5206	9.10	7673	7630	0.56	4508	4190	7.59
八桥	3113	2853	9.11	4126	4103	0.56	3662	3403	7.61
西来桥	1549	1420	9.08	2766	2750	0.58	3110	2890	7.61
经开区	1841	1675	9.91	2959	2942	0.58	3546	3296	7.58
场圃	0	13	-100.00	31	32	-3.13	8568	7964	7.58

扬中市农村住户人均收支情况一览表

表 48

指标名称	单位	2022 年	2021 年	增幅%
常住人口	人	271.0	273.3	–0.8
农村常住居民可支配收入	元	37935.7	35818.8	5.9
(一)工资性收入	元	24295.8	22945.5	5.9
(二)经营净收入	元	7770.8	7333.9	6.0
(三)财产净收入	元	2155.1	2038.1	5.7
(四)转移净收入	元	3714.0	3501.3	6.1
生活消费支出	元	26882.0	25053.2	7.3
1.食品烟酒	元	8017.2	7490.3	7.0
2.衣着	元	3066.6	2874.0	6.7
3.居住	元	4240.6	3946.7	7.4
4.生活用品及服务	元	1266.2	1180.0	7.3
5.交通通信	元	3066.1	2832.5	8.2
6.教育文化娱乐	元	5015.6	4698.8	6.7
7.医疗保健	元	1449.1	1355.0	6.9
8.其他用品和服务	元	760.6	675.9	12.5
恩格尔系数	%	29.8	29.9	–0.3
文教娱乐系数	%	18.7	18.8	–0.5
期末耐用消费品情况				
1.家用汽车	辆	50	50	0.0
2.摩托车	辆	16	16	0.0
3.助力车	台	129	129	0.0
4.洗衣机	台	94	94	0.0
5.电冰箱(柜)	台	96	96	0.0
6.微波炉	台	78	78	0.0
7.彩色电视机	台	156	155	0.6
9.空调	台	228	228	0.0
10.热水器	台	88	89	–1.1

续表 48

指标名称	单位	2022 年	2021 年	增幅%
11.吸尘器	台	6	6	0.0
12.洗碗机	台	0	0	0.0
13.排油烟机	台	53	35	51.4
14.固定电话	线	36	36	0.0
15.移动电话	部	209	209	0.0
其中:接入互联网	台	149	149	0.0
16.计算机	台	53	53	0.0
其中:接入互联网	台	53	53	0.0
17.照相机	台	1	1	0.0
18.中高档乐器	架	1	1	0.0
19.健身器材	台	2	2	0.0
20.空气净化器(含新风系统)	台	1	1	0.0
21.居民人均住房建筑面积	平方米	63.3	63.3	0.0

扬中市城镇住户人均收支情况一览表

表 49

指标名称	单位	2022 年	2021 年	增幅%
常住人口	人	448.3	451.0	-0.6
城镇常住居民可支配收入	元	67926.5	65232.4	4.1
(一)工资性收入	元	43649.1	41946.9	4.1
(二)经营净收入	元	12386.5	11892.6	4.2
(三)财产净收入	元	3247.0	3128.0	3.8
(四)转移净收入	元	8643.9	8264.9	4.6
生活消费支出	元	34558.0	33486.6	3.2
1.食品烟酒	元	10253.7	9940.4	3.2
2.衣着	元	4292.9	4176.2	2.8
3.居住	元	4172.2	4036.7	3.4
4.生活用品及服务	元	1587.9	1540.1	3.1

续表 49

指标名称	单位	2022 年	2021 年	增幅%
5.交通通信	元	3789.3	3660.6	3.5
6.教育文化娱乐	元	6464.1	6320.7	2.3
7.医疗保健	元	2858.1	3774.7	3.0
8.其他用品和服务	元	1139.8	1037.2	9.9
恩格尔系数	%	29.7	29.7	0.0
文教娱乐系数	%	18.7	18.8	0.5
期末耐用消费品情况				
1.家用汽车	辆	83	83	0.0
2.摩托车	辆	11	11	0.0
3.助力车	台	164	164	0.0
4.洗衣机	台	127	127	0.0
5.电冰箱(柜)	台	130	130	0.0
6.微波炉	台	122	124	–1.6
7.彩色电视机	台	291	291	0.0
9.空调	台	409	409	0.0
10.热水器	台	149	149	0.0
11.吸尘器	台	1	1	0.0
12.洗碗机	台	2	2	0.0
13.排油烟机	台	104	104	0.0
14.固定电话	线	51	51	0.0
15.移动电话	部	344	344	0.0
其中:接入互联网	部	330	330	0.0
16.计算机	台	100	100	0.0
其中:接入互联网	台	100	100	0.0
17.照相机	台	15	27	–44.4
18.中高档乐器	架	10	10	0.0
19.健身器材	台	16	16	0.0
20.空气净化器(含新风系统)	台	10	10	0.0
21.居民人均住房建筑面积	平方米	56.4	56.4	0.0

扬中市全社会固定资产投资完成情况一览表

表 50　　　　单位:万元

	2022 年	2021 年
固定资产投资	1228543	1087681
一产投资	8148	8044
二产投资	860266	735289
三产投资	360129	344348
投资总额中:产业投资	929639	837370
工业投资	860266	735289
工业技改投资	248339	157719
房地产投资	238081	297625

扬中市财政收入一览表

表 51　　　　单位:万元

预算科目	2022 年	2021 年
财政收入	1126800	1216873
中央财政收入	193415	229633
增值税(50%)	122432	139340
消费税	151	533
企业所得税(60%)	40339	40001
个人所得税(60%)	30492	49759
地方财政收入	893850	987240
公共财政预算收入	361516	380065
各项税收	269127	304023
增值税(50%)	122432	139340
企业所得税(40%)	26893	26667
个人所得税(40%)	20328	33173

重要会议报告

争先争雄争荣光 敢为善为强作为 为开启中国式现代化扬中新实践而团结奋斗

——在中共扬中市委十三届四次全会上的报告(摘要)

市委书记 张德军

(2022 年 12 月 27 日)

一、关于今年工作

纵观近年来扬中发展,2022 年是最不寻常、最不平凡、最不容易的一年。面对严峻复杂的发展形势、接踵而至的风险挑战,市委团结带领广大干部群众迎难而上、克难奋进,坚决贯彻中央“疫情要防住、经济要稳住、发展要安全”的重大要求,经济社会发展取得了新成效。这一年,最振奋人心的是,党的二十大胜利召开,擘画了中国式现代化的宏伟蓝图,全市上下深刻领悟“两个确立”的决定性意义,自觉用党的二十大精神统一思想、统一意志、统一行动,奋进动力更加充沛,发展斗志更加昂扬;这一年,最值得铭记的是,面对疫情防控、中央环保督察、省委巡视等系列大战大考,全市上下万众一心、众志成城,以战则必胜的信念,交出了成绩过硬的“高分答卷”;这一年,最提神鼓劲的是,全市各级党员干部在逆境中奋起、在风雨中笃行,尽心竭力办好自己的事,比学赶超氛围浓烈,干出了争雄竞先的火热局面,推动重点发展指标逆势上扬,全年预计(下同)实现 GDP 增长 5%,同口径一般公共预算收入 40.6 亿元,工业应税销售实现 1170 亿元,跻身中国综合实力百强县市第 27 位,向着“第二个百年目标”迈进的步伐愈加坚定有力。

1.坚定不移抓项目、强投入,实体经济稳中提质。项目引建氛围热烈。突出主导产业集群招商,主动承接上海及环太湖等经济圈产业转移,开展双招双引“云签约”、金秋集中签约等活动,全年新签重点产业项目 65 个。蜂巢传动 DHT 二期、威腾储能、中畅金刚线一期等优质项目竣工投产。完成固定资产投资 123 亿元,增速 13%。实体经济平稳向好。主导产业发展态势稳健,规上工业光伏行业产值增速 120%。“60 强”工业企业应税销售同比增长 25%。新增规上工业企业 92 家。大全集团荣获江苏制造突出贡献奖优秀企业,美科太阳能入选省独角兽企业,雷朋电气等 3 家企业入选省瞪羚企业,6 家企业入选国家级“专精特新”小巨人企业。启动“智改数转”三年行动,完成 177 家规上企业免费诊断服务。围绕主导产业培育领军人才,入选国家重大人才工程 5 人,列镇江第 1。创成国家知识产权强县建设试点县,帷幄创客空间获批国家级众创空间。营商环境不断优化。实施营商环境“五优化五提升”行动。落实国家和省市纾困惠企措施,累计留抵退税 9.02 亿元、缓征税费 8.4 亿元、减免税费 2.33 亿元。农房审批验收和不动产登记率先在全省实现“一窗受理”。“电力接入政企共担”模式走在全省前列。完成工业用地挂牌 1780 亩,获评省土地执法模范市。在全国纳税人满意度调查 500 多个县(区)中位列全国第 4、全省第 1。

2.坚定不移抓整改、强治理,生态环境持续优化。铁腕推进中央环保督察整改。全力规范长江岸线利用、解决违法违规占用江滩养殖等历史遗留问题,站位、决心、力度和成效得到了上级肯定。系统推进污染防治。实施突出生态环境问题整改攻坚行动。基本完成工业“散乱污”企业整治。预计 $PM_{2.5}$ 年平均值 31.5 微克/立方米,地表水省考断面、饮用水水源地水质达标率 100%。自然村农村生活污水治理覆盖率 48.9%。积极践行“双碳”战略。建成并网工商业光伏项目 53 个,新增装机容量达 47 兆瓦。

3.坚定不移控风险、保安全,社会大局和谐稳定。疫情防控精准迅速。坚持以快制快、以快制胜,成功处置本土“3·29”及后续多轮疫情。慎终如始抓好常态化疫情防控,精准落实“第九版”“二十条”“新十条”优化措施,将疫情对经济社会发展、人民健康安全的影响降到最低。债务及平台管控坚强有力。积极推进“削峰计划”“破冰计划”,超额完成全年政府隐性债务化解目标任务,政府性债务率较上年末下降 24%,2 家债务主体隐性债务清零,牢牢守住了不发生流动性风险的底线。全力压降平台公司数量,取消乡镇平台,形成“2+1”市属平台公司新格局。全面加强平台经营、对外投资等事项监管,成立专班强力推进追债挽损,全力挽回经济损失。安全形势总体平稳。统筹推进安全生产专项整治三年行动和重点行业领域隐患整治"百日攻坚"。完成太平洲洲头右缘段、丰乐桥段等应急护岸除险加固工程。建立金融领域风险防范四项机制，依法打击电信网络诈骗犯罪，全年诈骗案件同比下降11.8%。圆满完成全国"两会"、党的二十大等重大活动期间安保维稳任务，在镇江率先成立县域社会治理现代化指挥中心，群众安全感满意率保持99%以上。

4.坚定不移抓融合、提品质，城乡面貌不断改善。城市建设品质提升。科学划定"三区三线"，基本完成国土空间总体规划编制。南江路西延、永勤河路交付使用，祁家路基本建成。创新全域公交"五个一"模式，创成省城乡公交一体化达标县，扬中大道成功入选全国2022年度"红色旅游路"最美农村路。文明创建深入推进。突出党建引领、党群共创，以"四全"理念推进组团创建，系统实施"十大提升行动""五项普惠行动"，打造"四创建三表彰""大众评审团"等惠民创建品牌，年终测评继续保持全省前列。乡村振兴提标扩面。压实粮食安全党政同责。扎实推进全国唯一"城乡基础设施一体化建设管护机制创新"试验任务，制度化开展农村人居环境星级评定和互看互评现场观摩，获得省督查激励、省工作评估第一等次。乡村旅游加速发展，"农文旅"业态不断丰富，成功举办社区(农民)文化艺术节。

5.坚定不移惠民生、解民忧，民生福祉稳步增进。深化富民增收。大力开展创业服务，持续推进稳岗就业，新增就业7160人。优化公共服务。落实义务教育"双减"政策，入围首批全国义务教育优质均衡先行创建市。有序实施人民医院、中医院、精神病防治院等新改建工程。率先构建医保三级服务网络，畅通全国范围内异地就医直接联网结算。创成镇江唯一"15分钟医保服务圈"省级示范市。建成2家标准化居家养老服务中心、1家农村标准化区域性养老服务中心。城乡居民基本养老保险基础养老金实现"十六连增"。持续健全完善残疾人托养机制。兜牢保障底线。强化特殊困难群体救助帮扶和妇女儿童权益保障，重拳打击群众反映强烈的养老诈骗等违法犯罪活动。逐步构建退役军人服务体系，连续9次蝉联省级"双拥模范城"。扎实做好保交楼、保民生、保稳定工作，稳妥有序处置"问题楼盘"，恒大项目保交楼首批216套房屋顺利交付。完成西来桥镇幸福花苑一期5幢楼加固维修。实施危房解危1.2万平方米。积极推进慈善事业高质量发展，成为"幸福家园"项目全覆盖县级市。

6.坚定不移抓党建、铸忠诚，从严治党走向深入。强化思想引领。围绕迎接党的二十大、学习宣传贯彻党的二十大精神主线，广泛开展"强国复兴有我"群众性主题宣传教育，推进党史学习教育常态化长效化。精心组织对党绝对忠诚系列活动，创作出版纪实文学《永远的初心》，大型原创锡剧《郭克生》成功上演。筑牢基层堡垒。统筹实施"先锋领航""向阳花开""链上先锋"三大工程，高质量开展党建引领乡村治理国家级试点，探索推行"五化融合、村村善治"新模式，全面放大"党小组+"实践经验，打造新时代乡村治理"扬中样板"。激励实干担当。常态化开展干部赴一线活动，实施干部阳光心态塑造行动，评选实干担当先锋18名。深化正风肃纪。自觉接受、高标准配合省委巡视政治体检，按序时完成整改任务，集中整改进展情况向党内通报并向社会公开。深入开展重点领域和突出问题专项治理，精准运用监督执纪四种形态处理462人次。严肃查处融资、生态环保、土地收储等领域一批典型案件，挽回经济损失5400余万元，全面从严治党群众满意度继续位居镇江辖市区前列。

二、全面开启中国式现代化扬中新实践

党的二十大开启了以中国式现代化推进中华民族伟大复兴的新征程，总书记的报告深刻阐述了中国式现代化的中国特色和本质要求，系统部署了未来5年战略任务和重大举措。一直以来，把扬中建设得更加现代化，始终是激励全体扬中人创新奋进、创业图强的目标指引。特别是党的十九大以来，扬中紧跟中央、省委和镇江市委战略部署，坚决扛起"争当表率、争做示范、走在前列"的光荣使命，着眼"十四五"高质量发展和现代化开局，科学谋划，提出了"三量齐升"奋进目标，在市第十三次党代会上，明确了"智慧制造城、绿色生态岛、平安幸福洲"的全新发展定位。当前的扬中，有着扎实稳健的产业基础，得天独厚的自然禀赋，敢闯敢干的企业家和人民群众，"四千四万"的城市精神。置身中国式现代化新赛道，我们既不能盲目自信，更不能妄自菲薄，必须全面对照党的二十大精神，以更加高远的站位、更加宽阔的视野、更加前瞻的布局，奋力推动中国式现代化在江洲大地上展现更加可观可感的生动图景。

我们要在建设智慧制造、开放融合的现代化新扬中上开启新实践。以产业强市"一号战略"为引领，深度融入"大循环""双循环"和区域协调发展，广泛集聚高端人才、创新要素、优质项目，推动重大战略载体强劲起势，产业链数字化、智能化、集群化发展，打造竞争力强、实力雄厚的"智造强市"。我们要在建设绿色生态、宜居宜游的现代化新扬中上开启新实践。以"双碳"战略为引领，协同推进减污、降碳、留白、添绿，构建绿色

低碳循环发展体系,生态环境质量根本改善,独具特色的水乡风貌和生态文化旅游令人向往。我们要在建设共建共享、富裕富足的现代化新扬中上开启新实践。以就业优先战略为引领,完善收入分配制度,共同富裕取得更为明显的实质性进展,基本公共服务均等化水平全面提升,城乡融合达到较高水平,“百姓富”的扬中名片更加闪亮。我们要在建设上善若水、自信自强的现代化新扬中上开启新实践。社会主义意识形态凝聚力和引领力显著增强,群众文化需求得到有效满足,文化自信彰显,人民向上向善,高标准创成全国文明城市,“中国河豚岛”影响力大幅提升。我们要在建设平安幸福、和谐善治的现代化新扬中上开启新实践。全面落实总体国家安全观,防范化解重大风险的体制机制更加健全,市域治理现代化水平显著提升,江中明珠更加太平、更有韧性。我们要在建设活力勃发、法治昌明的现代化新扬中上开启新实践。坚持党的领导、人民民主、依法治市有机统一,党建引领“红色引擎”更加强劲,覆盖面、功能和内涵持续拓展,人大、政协、统一战线作用更加凸显,民主法治更加健全,全市上下携手奋进新征程的动能更加澎湃。

以上六个方面是贯彻党的二十大精神、结合扬中实际,作出的初步目标和实践安排。明年,是深入谋划现代化新扬中战略图景的关键之年。近期召开的中央经济工作会议,将稳增长作为主基调,从改善社会心理预期、提振发展信心入手,继续实施积极的财政政策和稳健的货币政策;态度鲜明地指出要切实落实“两个毫不动摇”,从政策和舆论上鼓励支持民营经济和民营企业发展壮大;在新能源体系建设和技术研发应用、促进房地产市场平稳发展、加强金融及地方债务风险防控等方面,推出了一系列“组合拳”。昨天召开的省委经济工作会议,吴书记强调要稳中求进、坚定信心、自立自强、统筹协调、激发活力,全力推动经济运行率先好转。这些都为扬中民营经济借势发展,尤其是工程电气、新能源产业稳健增长提供了政策“风口”。在困难形势下推进现代化新实践,既要着眼长远,磨砺战略思维、前瞻眼光;更要立足当前,在敏于见势中抢抓机遇,把高质量发展的引擎开得更足,聚焦“经济发展不充分”这个最大短板,激发“城市文化和精神”这个最强动能,用好“岸线丰富、生态优良”这个最大特色,巩固“民富水平高”这个最大优势,争先争雄争荣光,敢为善为强作为,在现代化新实践上勇闯新路、走在前列。

争先争雄争荣光——“争先”,倡导的是一种勃发的进取意识,事事争第一、处处立潮头,发展再困难,也不能丢弃扬中“争第一、创唯一”的传统。“争雄”,呼唤的是一股不畏难、不服输的奋斗姿态,形势再严峻,都不能丧失对标苏南、与强者比拼的雄心壮志。“争荣光”,既是现代化新实践的目标所向,更是扬中各级党员干部的责任所系。我们要传承“四千四万”精神拼抢荣光,既不能认为现代化建设是“软任务”,到点就会建成;更不能认为身处发展困境、“保生存”都困难,视现代化建设为“空中楼阁”,必须强化自强不息、坚韧不拔、顽强拼搏的发展意志,大抓发展、抓大发展,夯实现代化建设硬支撑;我们要弘扬“勇闯新路、止于至善”的城市文化奋进荣光,精准贯彻总书记“三个务必”的谆谆教导,对照镇江“六个更加”以及现代化新扬中的“六大实践”,系统谋划现代化建设的战略体系和实施路径,在“强富美高”各个领域闯出新路、追求卓越、打响特色。我们要开足党建引领的“红色引擎”共创荣光,把广大企业家和30多万扬中人民作为最强的底气,唤起群众千百万、凝心聚力抓发展、同舟共济闯新路,让现代化新扬中全民共建、全民共享。

敢为善为强作为——“敢为”,突出的是一种敢闯敢试的品质,身处逆境更要敢于迎难而上,啃“硬骨头”、涉险滩,创造更多“敢为天下先、小岛创伟业”的传奇。“善为”,就是要善于研究政策、把握规律,善抓主要矛盾、关键环节,以创新的办法把更多不可能干成可能。“强作为”,就是要以雷厉风行的姿态、一抓到底的韧劲、善作善成的担当,尽最大努力、用一切办法成就最好结果。我们要在抓好高质量发展“第一要务”上展现更强作为,把全部智慧和精力向发展聚焦、向项目聚力,胸怀“国之大者”,破除思维定势、工作惯性、路径依赖,用项目会战点燃兴奋点,以指标争先彰显硬实力,推动各项工作持续走在镇江第一方阵乃至全省前列。我们要在破解历史问题、冲破现实阻碍上展现更强作为,以省委巡视整改为突破口,拿出更大的政治勇气和智慧,在债务化解、财税增收、生态保护等方面持续攻坚突破,为现代化建设扫清障碍。我们要在推动现代化高质量开局起步上展现更强作为,主动融入区域发展战略,加快建强战略载体,全面提升发展能级,在新路超越中增创现代化发展新优势,干出属于我们这一代人的“扬中精彩”。

三、干出开局之年的奋进态势

2023年全市工作的指导思想是:以习近平新时代中国特色社会主义思想为指导,全面贯彻落实党的二十大精神,深入贯彻中央经济会议、省市各项决策部署,坚持稳中求进工作总基调,主动担起争当表率、争做示范、走在前列重大使命,更好地统筹疫情防控和经济社会发展、更好地统筹发展和安全,进一步鲜明大抓发展、抓大发展、抓高质量发展的导向,更加突出产业升级、生态提质、城乡融合、民生改善,全面做强综合实力,为开启中国式现代化扬中新实践团结奋斗。主要预期目标是:地区生产总值增长6.5%以上,一般公共预算收入、固定资产投资、规上工业增加值等主要经济指标增幅超镇江平均水平,力争2023年债务风险等级“脱红降等”,环保约束性指标持续改善,实现PM2.5、臭氧浓度“双控双减”,城乡居民收入增长与经济增长同步,高质量夺取全国文明城市金色荣光。重点围绕“五个聚力”,在现代化新征程上加速突破。

(一)聚力产业强市,筑牢现代化建设根基

1.强化项目招引建设。推动项目招引提效。校准项目招引方向,统筹应用产业链招商、岸线招商、乡贤招商、基金招商等新模式,确保招引数量、投资总额同比增长10%以上,30亿元、50亿元以上项目实现新突破。严把项目准入关,突出亩产、效益、能耗、环境“四个论英雄”,提高项目成熟度贡献度。推动项目建设提速。健全市领导挂钩联系、定期观摩等项目推进机制,加快推动通灵智能制造基地、威腾新能源产业园区、万洋众创城一期、标龙蓝色智谷产业园等重大项目建设,浓厚大项目顶天立地、中小项目铺天盖地的建设热潮,迅速培植壮大新兴增长点,力争全年完成制造业投资100亿元以上。推动项目保障提质。推行“项目管家”帮办代办服务,加强市、镇两级帮办代办队伍建设,优化“拿地即开工”流程,实现“五证齐发”常态化。全力争取、科学安排用地计划和指标,保障重大项目用地。深化存量建设用地盘活处置三年行动,力争全年完成处置批而未供土地1948亩、闲置土地935亩、低效用地再开发900亩。持续优化项目考核奖惩机制,旗帜鲜明鼓励激励为项目工作做出突出贡献的单位和个人,在全市上下进一步浓厚“项目至上”的火热氛围。

2.壮大现代产业集群。加快延链补链。落实主导产业链发展规划和产业链“五图六清单”,推动工程电气、新能源、装备制造、汽车零部件等主导产业内涵式提升、集群化发展、渐进式重构,产业链向中高端迈进,力争全年开票销售突破1300亿元。聚焦数字经济、生物制药等前沿领域拓展产业蓝海,打造更具竞争力和支撑力的新兴产业集群。加快企业培扶。强化准规上企业动态监测,大力培育“链主”企业和“专精特新”中小企业,力争全年新增规上工业企业80家,培育省星级上云企业10家。加快上市步伐。持续实施“资本市场扬帆领航计划”,引导支持美科股份、大全凯帆、中畅精密、长江能科、天辰新材、锋芒科技等一批企业进军资本市场。

3.持续优化营商环境。提升服务效能。深化营商环境“五优化五提升”行动,做强“中意百分百”品牌标准,加快推进政务服务标准化规范化便利化建设,深入实施“一人一窗一次办结”“一件事一次办”改革,强化政务服务中心“一站式”功能,畅通重点项目审批绿色通道。深化暖企惠企。常态化开展暖企走访,构建“亲清”政商关系,精准对接企业尤其是中小企业需求,推动国家、省市一揽子惠企政策直达快享。深化政银企对接,用好“园区保”“微企易贷”等金融产品,提高直接融资比例,全年新增信贷80亿元以上。倡导诚信法治。开展“薪火相传”创二代培育工程,引导企业家坚守实业、深耕主业。健全法治诚信体系,加大失信联合惩戒及信用修复力度,巩固公平透明的市场规则和公正高效的制度环境,着力让干部敢为、地方敢闯、企业敢干、群众敢首创,力争营商环境便利度水平持续位居镇江前列。

(二)聚力转型突破,汇聚现代化建设动能

1.做强战略载体。放大重点板块牵引力。进一步激发经开区和高新区在承接重大项目、引领创新转型等方面的主阵地作用,推动在全省排名稳步前移。经开区要勇挑大梁,加速培育“百亿”龙头企业矩阵,力争全年工业销售实现500亿元;高新区要攀高争强,加快推动传统产业创新提升、转型发展,力争一般公共预算收入突破10亿元。提升重点园区集聚力。有序实施“两区四园”发展规划和近期开发规划,推动形成“项目集中、资源集聚、政策集成”的良好格局。明确各园区主导产业和错位竞争优势,合理预留发展空间,健全园区综合评价机制,强化园区各类要素保障,提升园区配套服务水平和承载能力。厚植重点片区爆发力。坚持“以港促产、以产兴城、产城共融”总目标,高水平编制完成兴隆港产城融合发展区规划。统筹抓好片区内项目招引建设,引进或组建专业运营团队,带动港口、岸线、码头及腹地资源高效开发利用,打造未来爆发式增长极。

2.扩大开发开放。融入战略格局。抢抓长江经济带、长三角一体化、宁镇扬一体化等重大战略叠加机遇,找准与扬中产业的结合点,主动出击、有针对性地承接上海及长三角区域产业溢出,促进产业能级提升。强化市域协同,积极融入镇江“金三角”发展格局,在产业布局、基础设施建设等领域探索与周边地区的交流合作,最大限度共享红利、共赢发展。培育全球视野。鼓励企业搭建全球营销网络,开拓国外市场,提高出口产品份额和技术含量,全年培育省级外贸品牌企业5家,持续提升外向型经济水平。拓宽外资利用渠道,引导外资企业积极增资扩股,全年实际利用外资突破8000万美元。

3.加快创新提升。培育创新主体。深入实施高新技术企业培育“小升高”行动，高质量认定一批高新技术企业，壮大创新型企业“雁阵”。全面实施“智改数转”三年行动计划和“上云用数赋智”行动，规上工业企业“智改数转”项目覆盖率达70%以上。集聚创新要素。开展双创载体提质增效行动，健全“众创空间—孵化器—加速器”全链条孵化体系。突出务实管用原则，持续完善政产学研金服务链接机制，有效规范和提升各类孵化器平台，促进更多创新成果在扬中转移转化。积极争创省级创新型示范县(市)。优化创新生态。做强“科技强企365”等系列服务品牌。探索“揭榜挂帅”“赛马制”等科技攻关机制，引导企业加大研发投入，推动关键核心技术加快突破、提档升级。

4.打造人才高地。优化引才机制。探索建立“政府主导、国有独资、市场运作、企业运营”的人才引育留用新模式，提升高端人才猎聘能力。围绕主导产业发展及转型需求，实施产业工人“聚扬”计划，深化卓越工程师发展中心建设，进一步推动产才融合。强化用才保障。高标准建设江洲人才之家，实施人才安居工程。高效运作人才科技创业投资基金，撬动更多金融资本投向具有示范作用的人才和科技创新产业、创新企业。

(三)聚力城乡融合，做强现代化建设支撑

1.提升城市品质。做优城市规划。建立扬中未来全域发展战略规划，加强国土空间规划、“十四五”规划等规划的有机衔接，协同推进城市综合交通规划修编，开展镇泰城际铁路通道、常泰过江通道衔接、深水航道与港区提升等重要交通规划研究，提升内联外通能力。推动“多规合一”实用性村庄规划编制，优化乡村生产生活生态空间。推动城市更新。持续推动幸福花苑一期等老旧小区改造，高质量完成101户农房解危工作。提升城市管理。健全城市体检评估机制，构建部门属地密切协作、人民群众充分参与的城市管理新格局。保持违法建设高压管控态势，坚决打击乱占滥建、未批先建、少批多建等违法违规行为，提高城市精细化、长效化管理水平。

2.强化生态治理。做好环保整改“后半篇文章”。举一反三深化长江岸线保护专项行动，全面完成江堤外企业、江堤外养殖项目清理整治工作，推动长江滩涂生态修复、长效管理。建成兴隆污水处理厂尾水提升生态安全缓冲区项目，打造环保整改正面典型案例。巩固“散乱污”企业整治成效，完成园区外沿江一公里化工企业整治扫尾工作。深化污染防治攻坚。系统推进PM2.5与臭氧浓度“双控双减”，加快涉VOCs企业管控，确保空气优良天数比率、臭氧浓度改善幅度优于全省平均水平。加大省考断面水质监测力度，加快长江入河排污口整治，常态化推进“厂站网”一体化运行维护，全面消除黑臭水体，力争农村生活污水治理率达52%以上。构建绿色低碳发展体系。加快制定碳达峰总体行动方案，推动能源结构优化调整。探索整市推进光伏发展新模式，力争新能源装机容量达300兆瓦。

3.推进乡村振兴。壮大农业产业。全方位夯实粮食安全根基，健全财政支农投入稳定增长机制，支持农业农村重大项目建设。推进省级现代农业产业示范园建设，打造全国水产养殖示范高地。建设美丽乡村。高标准推进“城乡基础设施一体化建设管护机制创新”试点，深入开展农村人居环境整治提升五年行动，深化“互看互评”现场观摩、“星级评定提升”行动，争创省级生态美丽宜居示范县(镇、村)。发展乡村旅游。加快三江湾、北部滨江、南部乡村旅游集聚区建设，完善旅游基础设施，推动成熟点位串珠成链。开展特色鲜明的线上线下“农文旅”融合活动，以文促旅、以食导游，有效激发美丽经济新动能。

4.涵养城市文明。强化文明培育。宣传推广“文明扬中12条”2.0版市民公约，举办第六届道德模范评选活动，以一个个文明善举托举城市文明的“精神内核”。拓展文明实践。深化新时代文明实践中心(所、站)建设，丰富文明实践活动形式，构建“15分钟文明实践服务圈”。决胜文明创建。依托党建引领、组团式创建等体制机制，实施“十大提升行动”“新五项普惠行动”，加强城乡精细管理，引导党员群众全面参与，推动更多创建痛点堵点取得实质性突破，确保创成全国文明城市。

(四)聚力民生改善，共享现代化建设成果

1.促进富民增收。持续稳岗就业。强化就业优先地位，完善重点人群就业服务平台，提高工资性收入水平。组织企业专场招聘、校企合作对接等活动，加强对口劳务协作，满足企业用工需求。落实稳岗返还、创业贷款等补贴政策，加快推进省、市级创业孵化基地创建，力争新增城镇就业5830人以上。拓展增收渠道。深入实施农村土地“三权分置”改革，稳步推进农村土地流转，提升农业适度规模经营水平，让群众共享更多改革红利。巩固脱贫成果。严格落实“四个不摘”要求，实施低收入人口动态监测，健全防止致贫返贫监测帮扶机制，坚决守住防止返贫底线。深化富民强村帮促行动，加大土地、人才、消费帮扶等政策支持，确保3个经济相对薄弱村尽快摘帽。

2.优化公共服务。发展高质量教育。落实“双减”政策，稳步推进“县管校聘”改革，全力创建全国义务教育优质均衡发展市、国家学前教育普及普惠县。省扬高中积极创建高品质示范高中。围绕产教融合,大力推动职业教育高质量发展。建设健康扬中。深化“三医联动”和医药卫生体制改革,优化均衡医疗资源配置,市人民医院力争完成三级医院转设,确保市中医院综合楼、市精神病防治院、八桥区域医疗卫生中心明年正式投入使用。扎实推进紧密型县域医共体建设,积极创建全国中医药工作示范市(县)。优化文体服务供给。整合文博场馆资源,推动文化服务质量提档升级,巩固国家公共文化服务示范区创建成果。加大文艺精品创作生产投入扶持力度,持续推进“书香扬中”建设。实施全民健身设施“补短板”工程,加快建设城市绿道等体育设施,构建高水平全民健身公共服务体系。

3.强化社会保障。加强医疗保障。实施门诊共济改革,提高医保待遇,在职工医保人群中试点长期护理保险,健全完善“一网联盟”救助平台。持续深化严重精神障碍患者等特殊人群服务管理。完善养老服务。推进养老机构标准化建设,扩大政府购买居家养老服务覆盖面,确保养老机构服务安全基本规范100%达标。逐步提高城乡居民基础养老金最低标准。强化社会救助。深入实施“幸福家园”村社互助工程,健全退役军人服务保障体系。深化全民参保登记常态化和精准扩面长效机制,优化被征地农民社会保障政策、工伤保险工作体系,实现低保人员、残疾人员等群体应保尽保。

(五)聚力风险防控,夯实现代化建设保障

1.坚决扛起风险防控责任。牢固树立总体国家安全观,严格落实风险防控“四项机制”和重点领域协调机制,坚定维护国家政权、制度以及意识形态安全,牢牢守住不发生严重政治安全问题、不发生系统性风险、不发生重大风险事件的底线。深入开展“全民国家安全教育日”活动,增强全民国家安全意识和素养。加强党管武装,深化双拥共建,巩固军政军民团结良好局面。健全完善市、镇两级应急管理体系,强化村(社区)安全员队伍建设,运用应急管理综合应用平台,加强救灾物资储备库建设,完善消防站点布局,及时有效应对处置突发事件。

2.牢牢守住金融安全底线。围绕“三个确保”,坚决完成年度化债任务。落实“削峰计划”“破冰计划”,力争债务风险等级“脱红降等”。加快平台整合转型,积极稳妥做好人员整合、资产重组,优化完善内部管理“九统一”制度、“三重一大”事项议事规则,按既定时间节点整合到位。支持国有企业围绕主业定位开拓市场,提高竞争力和净资产收益率。充实追债挽损专班力量,加大对外借款、担保代偿、融资中介费等清收力度,严厉打击恶意逃废债行为,最大限度挽回经济损失。建立完善担保圈、资金链的动态监测和沟通协调机制,打击非法金融活动,营造优良的金融环境。

3.强化疫情防控应急保障。突出人民至上、生命至上,把兜底线、减重症、防死亡作为医疗救治重点。加快市人民医院发热门诊扩容、阳性病例收治病区和方舱医院建设,避免医疗资源挤兑。统筹全市医疗资源,加大退烧、抗病毒等药物储备,加强“一老一小一孕”等重点人群分类管理,积极应对重症冲击。强化宣传教育,引导群众做好个人健康“第一责任人”。

4.全力维护社会和谐稳定。聚焦更高水平法治扬中、平安扬中建设,纵深推进扫黑除恶斗争制度化常态化,加大对各类市场主体和群众合法权益保护,提升民商事案件执行质效。深化“问题楼盘”专项治理,统筹做好保交楼、保民生、保稳定各项工作。一体推进安全生产检查、隐患排查治理,坚决遏制建筑工程、外包、高处作业等重点行业领域事故多发势头。从严抓好防汛抗洪工作。强化食品、药品等与群众息息相关领域的安全监管。加快补齐校园安全短板,夯实校园安全基础。

5.着力提升市域治理效能。全面推进市域社会治理现代化指挥中心实体化、规范化运行,统筹基层社会治理资源,发展壮大群防群治力量,促进矛盾纠纷共商共调、治安秩序共治共管。强化信访积案攻坚,严格落实领导包案制度,引导依法理性表达诉求。鼓励开展“五老”议事、民情恳谈等协商活动,推动政府治理与社会调节、居民自治良性互动。

四、为现代化开局起步提供坚强政治保障

1.高举伟大旗帜,以忠诚信念指引发展方向。对照“五个牢牢把握”的要求,全面学习、全面把握、全面落实党的二十大精神,在学思践悟中强党性、明方向、谋发展。持续筑牢对党忠诚。将理论武装和党史学习教育常态长效有机融合,在“两个确立”“两个维护”上态度坚决、旗帜鲜明,思想上高度认同、政治上坚决维护、组织上自觉服从、行动上紧紧跟随,团结成“一块坚硬的钢铁”,步调一致向前进。坚决扛起发展重担。牢牢把握“六个必须坚持”,胸怀“两个大局”、牢记“国之大者”,在“一带一路”、长江经济带、长三角一体化、宁镇扬一体化等重大战略中把准时代方位,构建领跑现代化征程的竞争优势。守牢守好前沿阵地。统筹“新思飞扬”理论联盟、“百姓名嘴”等力量,创新表达方式和传播手段,推动党的二十大精神等最新理论飞入寻常百姓家。加快媒体深度融合,健全主流舆论格局,浓厚走在前、当排头的发展氛围。广泛汇聚同心力量。加强党对人大、政协工作的领导,发展全过程人民民主。做好新时

代党的统一战线工作，调动一切可以调动的积极因素，一起来想，一起来干。

2.昂扬干事激情，以奋进姿态赢得发展主动。与时俱进弘扬“四千四万”精神和新时代扬中精神，全面提振全市上下的发展认同、情感认同和奋斗激情。鼓足勇争一流的闯劲。广大党员干部要自觉更新发展观念、克服思维定势，由“跟跑者”向“领跑者”转换，从“按惯例”向“创先例”转变，以更多创造性落实，完成“跳一跳、够得到”的任务；以更加过硬担当，办成看似“不可能、有难度”的事情。激发攻坚克难的干劲。围绕债务化解、生态整治、信访等难点堵点，打开视野、放大格局，不回避矛盾、不推诿责任，争做高质量发展的中流砥柱。拿出分秒必争的拼劲。环环紧扣谋工作，步步紧跟抓落实，在各领域主动出击，积小胜为大胜，积跬步至千里。每一级党组织、每一名党员干部都要视发展为责任、视事业为生命，做到千斤重担一起挑、人人肩上有压力。无论是年终考核还是干部任用，市委的导向非常鲜明，就是重项目、重实绩、重担当、重一线，鼓励创新、容错纠错，为干事创业者撑起晴朗天空。

3.放大红色效应，以党建引领凝聚发展合力。把党建引领作为化危为机、开拓新局的“金钥匙”。锤炼队伍强担当。认真组织明年的主题教育活动，实施忠诚铸魂“六百”工程，让“对党绝对忠诚”成为党员干部的鲜明标识。加大干部轮岗交流和挂职锻炼力度，推动一线培养使用常态化、实效化，在复杂斗争中经风雨、见世面、壮筋骨，在摸爬滚打中练胆魄、磨意志、增才干。建强堡垒强引领。深化“先锋领航”工程，更大力度挖掘“党建+”“党小组+”丰富内涵，探索“链上先锋”“党建乡村公社”等创新举措，把党组织堡垒功能覆盖到现代化建设的全方位、各领域。服务群众强作为。高标准实施党建引领乡村治理国家级试点，推动基层党建与基层治理深度融合，畅通联系群众、服务群众的“最后一米”，让党旗在基层阵地高高飘扬。

4.净化政治生态，以严的基调巩固发展成效。运用“全周期管理”方式，一体推进“三不腐”，始终将纪律挺在前面。高质量监督为发展赋能。融合贯通党内、党外监督力量，有效压实管党治党主体责任，突出“关键少数”和年轻干部两个重点，用好廉情通报、政治生态监测评估两个抓手，激发上下联动、齐抓共管的合力。高质量执纪为发展护航。深化“清风行动”，由风及腐一体查，由表及里深入治。紧盯平台融资、债务化解、生态环保、农村建房等重点领域，紧扣决策、审批、执法等关键环节，清理风险隐患、深挖背后问题。高质量整改为发展清障。驰而不息、抓铁有痕深化省委巡视反馈问题整改，既改当前，更立长久，以扎扎实实的整改成效迎接上级检阅。深入剖析巡视巡察反馈问题背后的体制性障碍、机制性梗阻、制度性漏洞，做到查、纠、建并举，建设人民满意的廉洁扬中。

扬中市人民政府工作报告(摘要)

——在扬中市第十八届人民代表大会第二次会议上

市长 贾 晟

(2023 年 1 月 2 日)

2022 年工作回顾

2022 年，面对错综复杂的外部环境，我们走过了一段异常艰辛、令人难忘的发展历程。我们始终坚持以习近平新时代中国特色社会主义思想为指导，在中共扬中市委的坚强领导下，在市人大、市政协的监督支持下，团结和依靠全市人民，全面落实“疫情要防住、经济要稳住、发展要安全”重大要求，踔厉奋发、勇毅前行，较好地完成了市十八届人大一次会议确定的各项目标任务。全年预计(以下均为预计)地区生产总值增长5%，完成同口径一般公共预算收入 40.6 亿元、增长 4.5%，固定资产投资 123 亿元、增长 13%，位列全国综合实力百强县市第 27 位、中国县级市基本现代化指数第 23 位。

这一年，实属不易的是全市上下同心战疫，显现出共克时艰的磅礴力量

在抗击疫情的大战大考中，我们始终把保护人民群众的生命安全和身体健康作为头等大事，交出了一份彰显“扬中力量”、体现“扬中效率”、展现“扬中担当”的抗疫答卷。回望抗疫艰辛，我们不会忘记 1700 余名医务工作者白衣执甲、逆行出征，32 万扬中人民勠力同心、众志成城；我们不会忘记 2200 余名党员干部下沉一线、冲锋在前，1100 余名政法干警、900 余名村(社

区)工作者和众多志愿者不惧风雨、不舍昼夜,用一双双“铁脚板”守护千万家;我们不会忘记环卫工人、人民教师等各行各业劳动者坚守本职,诠释了平凡也能出彩,幕后亦是英雄;我们不会忘记人大代表、政协委员积极参与,广大企业家踊跃捐款捐物,涓涓细流汇聚小城大爱。疫情形势稳定后,我们毫不动摇抓好常态化疫情防控,精准执行第九版防控方案、“二十条”和“新十条”等优化措施,落实“国常会33条”“苏政40条”等稳经济一揽子政策,累计留抵退税9.02亿元、缓征税费8.4亿元、减免税费2.33亿元,有力推动经济企稳回升。

这一年,振奋人心的是主要指标稳中有进,呈现出加快发展的强劲势头

三次产业持续增长、回暖向好。工业经济提档升级。实现规上工业总产值875亿元、增长20%,工业申报销售完成1170亿元,其中主导产业完成销售753亿元、占比64%。“60强”工业企业申报销售同比增长25%,大全集团、美科新能源销售突破百亿。制定《主导产业链发展规划》,全面启动“智改数转”三年行动,免费为177家规上企业提供诊断服务,新增国家智能工厂1家、省智能工厂2家、两化融合贯标企业6家。现代农业提质增效。严守粮食安全和耕地红线,新增高标准农田5000亩,实施省农业农村重大项目9个,工厂化水产养殖面积18万平方米,推广果蔬新品种种植面积近6000亩,扬中河豚(非活品)成功申报国家农产品地理标志。长江禁渔执法监管获全省通报表扬。现代服务业提速发展。新增规上服务业企业20家、千万级网络零售企业3家,完成进出口总额46亿元,实现社会消费品零售总额159亿元,入选国家电子商务进农村综合示范县创建名单。开辟精品旅游线路5条,成功举办“扬中市第十七届社区(农民)文化艺术节”系列活动。

内生动能持续增强、后劲充足。项目有突破。开展双招双引“云签约”、金秋集中签约等重大活动,新招引重点产业项目65个、总投资86亿元。万洋众创城、中畅金刚线等74个项目开工建设,云企智造二期、福麟装备制造等27个项目竣工投产。改革有亮点。完成国企改革三年行动,乡镇平台全面取消,市级平台瘦身归并,主责主业更加明晰。园区整合深入推进,形成“两区四园”阶梯式布局。深入推进“扬帆领航”计划,美科股份获创业板上市委审议通过。创新有成效。实施科技创新“六项行动”,认定国家高新技术企业104家、科技型中小企业460余家,新增国家级专精特新“小巨人”企业6家、省独角兽企业1家、瞪羚企业3家,全社会研发经费支出占GDP比重超3%。加速释放“才聚江洲”政策红利,放大科技镇长团外联优势,新增产学研合作项目60个,入选国家重大人才工程4人,引进大专以上学历毕业生4100余人,集聚产业工人4900余人,创成国家知识产权强县建设试点县,帷幄创客空间获批国家级众创空间,上迈新能源荣获中国专利优秀奖。

营商环境持续改善、活力更强。服务更加便捷。实行“一窗通办、收审分离”“一件事一次办”,政务服务大厅部门、事项进驻数量翻倍增长,群众办事便利度不断提高。实现重大产业项目“拿地即开工”,推行公共资源“不见面”交易,企业开办时间压缩至2小时。提升金融服务实体经济能力,省综合金融服务平台覆盖率增长5%。政府性融资担保机构作用发挥更加显著,担保余额9.35亿元,周转总额36.15亿元,惠及企业608家。服务更接地气。持续开展暖企走访活动,用好“一企来”企业服务热线,设立“办不成事”反馈窗口,解决“疑难杂症”1600余条,满意度98%,在全国纳税人满意度调查500多个县(市、区)中位列全国第4、全省第1。

这一年,可观可感的是城乡融合加速推进,展现出宜居宜业的美好前景

城市品质逐步彰显。深入推进多规合一,科学划定“三区三线”,基本完成国土空间总体规划编制,新增建设用地1100亩,盘活存量4096亩。南江路西延、永勤河路建成使用,基本完成祁家路建设,幸福二桥治安卡口开工建设,改造自来水管网124千米、燃气管网1.7千米,更新老旧路灯1.2万盏,完善“一主六次”公交体系,创成省城乡公交一体化达标县,农村客货邮融合发展案例在全国推广。解危既有建筑1.2万平方米,加快幸福花苑一期加固维修,交付使用城西安置房。有效处置问题楼盘,顺利交付恒大首批216套房屋。拆除违法建设3万平方米,获评省土地执法模范市。

文明创建有力推进。创新“党建引领、握拳行动”组团式创建模式,实施“十大提升行动”,推进联盟路、博联市场等重点片区综合治理,改造公共广场4个、农贸市场6个,整治背街小巷9条、弱电线缆1.1万余户。深化“四创建三表彰”,实施“五项普惠行动”,打造优秀管理小区41个。开展文明风尚“两榜”测评,培塑“大众

评审团”“市民观察团”特色品牌,组织重点路段、文明交通志愿服务,不断提升全民创建精准度、参与度。拓展新时代文明实践中心建设,选树培育市级典型140人,城市文明指数居镇江首位。

美丽乡村展露新颜。扎实推进全国唯一“城乡基础设施一体化建设管护机制创新”试验任务,开展“十四五”农村人居环境整治提升行动,创新“八位一体”千分制考核、星级评定制度,完成136个自然村、2300户农村生活污水治理任务,治理覆盖率48.9%。改造提升水利基础设施,基本建成六圩港闸站,完成长江应急护岸工程。农村生活垃圾分类设施实现全覆盖,打造生态河道8条,创成省特色田园乡村2个,获评省农村人居环境督查激励、工作评估第一等次。

这一年,备受关注的是生态环境以改促升,涌现出向绿向优的可喜变化

专项治理坚决有力。面对中央生态环保督察整改的政治任务,我们始终坚持依法整改、科学整改、彻底整改、系统整改,铁腕推动典型案例通报、现场交办和信访问题一体解决,反馈的17个问题、28件信访件基本整改到位,工作力度和成效得到了中央生态环保督察组高度肯定。系统编制沿江绿化造林方案,实施水生态修复示范工程,基本完成兴隆污水处理厂尾水提升生态安全缓冲区建设,全力打造整改正面典型。

环境质量明显好转。纵深推进污染防治攻坚“五大专项”行动,基本完成工业“散乱污”企业整治,实施大气重点项目253个,$PM_{2.5}$平均浓度31.5微克/立方米,空气质量优良率、臭氧改善幅度居全省上游。加速污水处理提质增效达标区建设,规范排水许可管理,城区整体发证率超85%,地表水省考断面、饮用水水源地水质达标率100%。实施污水处理“一厂一策”提标,日处理能力提升至8.5万吨。

绿色转型加快推进。落实能耗“双控”制度,成功申报省转型升级绿色化改造项目2个。建成并网工商业光伏项目53个,新增装机容量47MW,单位GDP能耗下降2.9%,打造省新型电力系统示范区。深化绿色港口建设,推广散货装卸“不落场”工艺,粉尘在线监测、岸电设施、船舶污染物处置实现全覆盖。

这一年,令人欣喜的是民生福祉持续增进,凸现出均衡发展的良好态势

社会保障日益完善。落实精准帮扶、创业扶持举措,新增就业7160人,扶持自主创业2150人,创业带动就业5000人。稳步提高城乡居民养老保险待遇,基础养老金“十六连增”。实施医保惠民行动,“15分钟医保服务圈”省级示范市通过验收,145个医保服务点“同城同质”办理。退役军人服务体系有效构建,发放各类优抚对象补助金2242万元,省级“双拥模范城”创建荣获“九连冠”。全国首家实现“幸福家园”村社互助全覆盖。

社会事业稳步提升。十件民生实事顺利完成。“双减”政策加速落地,学科类培训机构全面清零,完成第一幼儿园异地新建,丰裕小学综合楼交付使用,文化新村幼儿园、城西小学完成主体施工,连续五年蝉联省教育现代化建设监测首位,入围首批全国义务教育优质均衡先行创建市。深化医药卫生体制改革,继续开展紧密型医共体国家级试点,市人民医院建成江苏大学临床医学院。深入推进健康扬中建设,顺利通过国家慢性病综合防控示范区复评,荣获国家爱国卫生运动70周年先进集体。原创锡剧《太平洲上》参加省喜迎二十大作品巡演,新建体育公园3个、健身步道5.05公里、健身路径12套。

社会秩序安定和谐。深入开展安全生产重点领域“百日攻坚”,高标准完成“三年大灶”,安全形势持续向好。扎实推进党建引领社会治理国家级试点,在镇江率先成立市域社会治理现代化指挥中心,数字扬中框架基本构建。实施信访突出问题化解年攻坚行动,阳光信访“四率”、进京访压降率、积案化解稳定率位居镇江第一。开展“清朗”“净网”等专项行动,网络生态持续向好。圆满完成全国两会、党的二十大等重大活动期间安保维稳任务。常态化开展扫黑除恶斗争,打击整治电信网络诈骗,群众安全感保持99%以上。

这一年,值得肯定的是自身建设不断加强,体现出攻坚克难的有力担当

我们始终坚持忠诚于党。认真落实中央要求和省、市部署,开展党的二十大精神宣讲活动,切实把思想统一到党的二十大精神上来,把力量凝聚到党的二十大确定的各项任务上来。强化省委巡视、涉粮巡察反馈意见整改,有效推动全面从严治党向基层延伸。

我们始终坚持履职于行。深入推进法治政府建设,完善决策程序,规范权力运行,审查规范性文件、合同文本等66件。加强重大项目、重要工程督查督办,下发

各类通报、专报20期，政府工作得到高效推进。自觉接受市人大、市政协监督，办理人大代表建议203件、政协委员提案161件，满意率100%。

我们始终坚持清廉于身。牢固树立“过紧日子”思想，政府性债务规模、债务成本、债务率“三下降”。制定财政性资金信息化项目管理办法，政府一般性支出、“三公”经费支出持续下降。认真落实中央八项规定及其实施细则精神，坚决纠治“四风”，用制度管权、管人、管事、管钱，营造风清气正的政治生态。

2023年工作安排

今年政府工作的总体思路是：以习近平新时代中国特色社会主义思想为指导，全面贯彻落实党的二十大精神，深入贯彻中央经济工作会议、省、镇江市及市委各项决策部署，坚持稳中求进工作总基调，主动担起争当表率、争做示范、走在前列重大使命，更好地统筹疫情防控和经济社会发展、更好地统筹发展和安全，进一步鲜明大抓发展、抓大发展、抓高质量发展的导向，更加突出产业升级、生态提质、城乡融合、民生改善，围绕现代化新扬中六个方面的初步目标，全面做强综合实力，为开启中国式现代化扬中新实践团结奋斗。

今年全市经济社会发展的主要预期目标是：地区生产总值增长6%；一般公共预算收入增长6.7%；固定资产投资增长7%；工业申报销售增长12%；社会消费品零售总额增长5%；居民人均可支配收入增幅与经济增长保持同步；生态环境质量稳步改善；安全稳定形势持续向好。

围绕上述目标，全年重点做好六个方面工作。

一、突出规模与质态并重，坚定不移招项目、培产业、建载体

持续坚持产业强市一号战略，以“招大引强”为主攻方向，以“智改数转”为主要抓手以“集群发展”为关键支撑，全面打造现代化产业体系。

在项目引建上精准蓄力。牢固树立“项目为王”理念，抓牢招商引资“生命线”，选优配强招商队伍，精准推出产业地图、招商图谱、链条清单等“套餐”，纵深推进产业链招商、基金招商、以商引商，力争引进重点产业项目60个。按下项目建设“快进键”强化项目“签约落地、开工建设、竣工达产”全链条服务、全周期管理，推动威腾电气装备制造、爱士惟新能源等项目快开工，蜂巢传动DHT扩能、标龙蓝色智谷等项目快建设，双扬轴承、上飞工具等项目快投产，完成制造业投资100亿元以上，高新技术产业投资增长6%以上。

在产业升级上深度用力。深耕先进制造业，着力提升基础固链、技术补链、融合强链能力，再塑产业荣光。做大做强智能电气产业，支持大全集团建成省工程电气技术标准创新基地，引导骨干企业加快布局储能市场，推进产品供给向服务供给转型，力争产值突破360亿元。重塑新能源产业优势，强化大尺寸硅片、高效太阳能电池及组件技术革新，推动美科超薄硅片项目产能持续释放，加快尚昆智能制造项目建设，形成“大项目带动、全产业链并进”的发展态势。加速临港产业崛起，按照“前港后企”思路，充分发挥深水岸线优势，全力建设大津产业园二期、华和物流码头、新韩通综合研发大楼，着力打造经开区、西来桥镇临港特色产业集群。补强汽车零部件产业链条，发挥蜂巢“链主”企业作用，扩大生产规模，力争产值突破100亿元。

在企业培育上多元发力。坚持培优企业与做强产业相结合，推动小微企业进规模、规模企业成骨干、骨干企业变龙头，新增规上工业企业80家、销售超百亿企业1家，加速形成百亿领航、十亿带动、亿元支撑的矩阵。加大企业上市培育力度，强化“一对一”挂钩服务，新增上市企业1家。大力推进“智改数转”，通过技改贴息、免费诊断、示范奖励等措施，推进规上企业自诊断、自评估全覆盖，完成“智改数转”企业150家，打造省智能工厂2家、星级上云企业10家、专精特新“小巨人”企业6家。

在园区建设上纵深加力。园区“二次创业”既要拼出一条血路，更要闯出一条新路，项目向园区集中、资源向园区集聚、政策向园区倾斜，逐步形成“一轴、两翼、四区”的发展框架。以238省道为中轴，高水平编制园区空间、产业等规划，每个园区布局1~2个优势链条。以经开区、高新区为两翼，联动发展，协同发力。经开区围绕新能源、汽车零部件、数字经济、生物技术等新兴产业，招引优质关联企业入驻，加快东新港污水管网、经九路等基础设施建设，盘活海关大楼、圣灏码头等存量资产，全力打造港产城融合发展示范区。高新区发挥新型电力(新能源)产业联盟作用，向东联动发展、向西空间延伸，引导现有企业扩大生产再投资，招引核级电气、籽晶钻头等延链补链强链项目，创建

国家级中小企业产业集群。科创产业园、海工装备园、新材料产业园、临港产业园发挥补充辅助作用，同质集聚、错位发展，提高项目承载力，以“有限空间”赢取“无限发展”。

二、突出创新与改革联动，坚定不移激活力、蓄动能、增后劲

坚持改革闯关、开放探路、创新赋能，为各类市场主体创造更大空间，打造创业首选地、最佳发展地。

深化重点领域改革。统筹推进数字政府建设，夯实数字基础设施底座，提升数据资源服务能力，促进城市治理体系和治理能力现代化。推动农村集体产权制度改革，开展宅基地电子化审批，探路农村闲置宅基地及住宅使用权线上交易，加快实现“底数清”向“规范管”转型。持续开展“金融惠企”活动，深化“三帆两金一甘露”系列举措，新增信贷80亿元以上。巩固国企改革三年行动成果，加强战略性重组整合，探索城投集团、绿洲新城集团、大航集团产业链合作模式，确保国资经营收入增长40亿元以上。

不断优化创新生态。擦亮“科技强企365”品牌，争创省创新型示范县(市)。突出企业创新主体，认定高新技术企业80家，新增省级企业研发机构8家，全社会研发投入占GDP比重持续提升。深度对接创新资源，加强与华东理工大学、西安交通大学等高校院所合作，实施产学研项目60个，推动更多“技术盆景”成为“产业风景”。精准实施人才导入策略，深化大学生“荟扬”、产业工人“聚扬”行动，首创技能人才之家，优化完善“引用育留”全链条服务，新增高层次人才(团队)70个，引进大专以上学历毕业生4300人、产业工人5700人。

打造更优营商环境。强化“人人都是营商环境”理念，全力服务好市场主体，健全“企业吹哨、政府报到”机制，建立纾困暖企专员制度，规范涉企收费和执法检查，做到有诺必践、有呼必应、无事不扰。持续深化“放管服”改革，提升“中意百分百”品牌标准，加快涉企“一件事”、项目“代办制”、服务“一站式”系统集成，实现高频事项“就近办”、服务大众“零距离”。大力弘扬新时代“四千四万”精神，办好“企业家日”系列活动，开展“薪火相传”创二代培育工程，打造基业长青的百年民企，营造全社会尊重企业家、爱护企业家、支持企业家的良好氛围。

三、突出品质与内涵齐抓，坚定不移补短板、提能级、迎大考

以全国文明城市创建为统领，整体推进功能重构、形象再造、品质提升，打造环境优美、城市精美、人文醇美的“三美岛城”。

加快片区更新。科学谋划城市发展布局，编制完成整岛全域规划，深化南江片区城市设计，建设滨江城市客厅。畅通交通路网，完成夏家港东侧道路建设，改造提升翠竹南路，新改建农村道路18千米，新能源公交车辆占比提升至97%。深入实施停车便利化工程，合理布局新能源汽车充电桩，新增城区公共停车位400个。提高住房保障供给，基本完成幸福花苑一期加固维修，加快幸福花苑三期建设，新建保障房3.6万平方米。恒大楼盘全面交付使用，坚决维护群众基本权益。实施城市绿道贯通工程，提升三茅大港生态景观带，城区绿化补植5000平方米，打造更多城市“绿肺”。

决胜创文攻坚。全国文明城市创建即将迎来大考，寄托着全市人民对高品质美好生活的向往。实施“新五项普惠行动”，常态化推进“三乱整治”“净城靓街”等专项治理，综合整治背街小巷14条，改造农贸市场、专业市场各7个。推进零散楼、独栋楼“文明安居”工程，一体化实施老旧小区改造26个，出台安置小区物业管理服务办法，逐步实现物业管理市场化运作。深化拓展新时代文明实践中心建设，推广宣传“文明扬中2.0”市民公约，让文明创建融入城市每一寸肌理，与群众美好生活实现同频共振，确保高分通过全国文明城市创建验收。

繁荣城市经济。积极适应消费业态新变化，扩大优质供给，推进吾悦广场、江洲路等城市商圈和特色街区建设，发展城市“夜经济”，精心策划苏新消费·夏夜生活、首届电商直播节等活动，引进品牌首店5家。积极招引数字商务、文化创意、现代物流等生产性服务业项目，建成运行时代金融集聚区，培育直播带货等电商经济新业态，新增规上服务业企业16家。擦亮文化旅游“新名片”，整合园博园、扬中博物馆、陈履生博物馆群等文旅资源，新推出一日游、两日游精品旅游线路4条，完成南江段江堤美化提升，打造独具江岛风韵的旅游目的地。

焕发乡村活力。致力农业强。切实保障粮食安全，坚决遏制耕地“非粮化”“非农化”，新建高标准农田3700亩，确保粮食产量7.2万吨以上。完善现代渔业园

区功能，推进生态化改造，争创国家级健康养殖示范区。持续发力观光、休闲和高效农业，积极推广新品种新技术，做优刀鱼、螃蟹、枇杷、秧草等区域特色，新增“两品一标”3个。致力农村美。扎实推进农村人居环境整治，深入开展“四清一治一改”村庄清洁行动，系统治理农村水环境，农村生活污水治理覆盖率52%，疏浚整治城乡河道185条，建成生态美丽河道13条，创成省生态宜居美丽示范镇2个、示范村6个、特色田园乡村2个。致力农民富。落实农民收入十年倍增计划，大力开发乡村公益性岗位，推动农民稳岗就业。巩固拓展资源发包、物业租赁、资产经营等发展路径，加快推进富民强村帮促项目，增强村级“造血功能”。

四、突出治理与保护协同，坚定不移抓整改、攻难点、优生态

牢固树立“绿水青山就是金山银山”的理念，全面加强问题整改、岸线修复和环境保护，以生态“含绿量”体现发展高质量。

认识再提高，实现蝶变跃升。持之以恒推进中央生态环保督察、省环保专项督查问题整改销号，定期开展“回头看”，确保问题“清零”。全力写好“后半篇文章”，坚持绿地、林地、湿地“三地”同建，统筹推进生态岸线保护修复、景观提档升级等工程，高效运行兴隆污水处理厂尾水提升生态安全缓冲区，以点带面、连片打造，完成沿江森林质量提升1040亩，新建湿地保护小区2个。

攻坚再发力，构筑生态屏障。努力实现“天更蓝”。常态化开展工业废气、工地扬尘、餐饮油烟、机动车尾气专项治理，完成重点工程61个，推动$PM_{2.5}$和臭氧“双控双减”，基本消除重污染天气。努力实现“水更清”。落实河长制、断面长制，加强入河污染源排放管控，确保省考断面水质持续稳定达标。系统开展城镇污水处理提质增效“333”行动，完成城区地下管网检测修复，新建工业废水处理厂，基本实现“厂站网”一体化运维，持续提升集中收集处理率。努力实现“土更净”。健全土壤污染防控体系，推进污染地块治理修复，严格危废处置全过程监管，促进土壤资源永续利用。

机制再健全，推动绿色发展。主动融入国家“双碳”战略布局，制定“碳达峰”总体方案，推进屋顶分布式光伏开发试点建设，力争新能源装机容量达300兆瓦。紧盯能耗“双控”目标，推动产业源头降碳，坚决遏制“两高”项目盲目发展，单位GDP能耗持续下降。强化绿色示范引领，加快建设一批节能工厂、节能车间。开展节约型机关、绿色家庭、绿色学校等创建活动，引导市民低碳消费、环保出行，形成绿色生活新风尚。

五、突出普惠与均衡兼顾，坚定不移办实事、惠民生、增福祉

悠悠万事，民生为重。今年，我们梳理了一批民生实事项目，着力解决群众急难愁盼问题，让发展更有温度、幸福更有质感。

织牢保障网，让群众生活更温暖。强化就业优先导向，完善创业带动就业、多渠道灵活就业的保障制度，新增城镇就业5830人，困难人员再就业1300人，城镇调查失业率控制在5%以内。健全多层次社会保障和综合救助体系，常态化开展低收入人口动态监测，及时发放严重精神障碍患者监护补贴，试点职工医保长期护理险，拓展低收入对象救助范围，大力发展慈善事业，更好改善困难群众生活。积极应对人口老龄化少子化，全面推广“机构+社区+居家”链式养老服务模式，建设标准化普惠托育机构，每千名老人拥有养老床位数46张、每千人拥有婴幼儿托位数3.2个。

办好关键事，让就学就医更方便。围绕“高质量教学水平，现代化教育强市”的目标，着力优化教育资源配置，实施“六大提质工程”，启动省高品质示范高中创建工作，加快城西小学建设，交付文化新村、复旦上雅园幼儿园，新增学位330个，打造更多“家门口的好学校”。深化职普融通、产教融合、校企合作，省扬中专挂牌成立技工学校。推进“名特优”教师培养，实施特级后备人才建设工程，激发教师队伍整体活力。开展视力光明、阳光体育、心理育人计划，全面呵护青少年身心健康。优化医疗卫生服务体系，放大紧密型医共体建设成效，全面启动市人民医院改造提升工程，建设消化内科和烧伤科省级临床重点专科，支持转设三级医院。建成市中医院综合楼、精神病防治院，加快三茅街道社区卫生服务中心、油坊镇卫生院建设，促进优质医疗资源向基层下沉。

画好同心圆，让治理水平更高效。实体化运行市域社会治理现代化指挥中心，构建职责清晰、分级负责、上下贯通的工作体系。全面推进“雪亮技防”升级工程，坚持领导干部接访下访包案化解制度，接续开展“信访

突出问题攻坚化解巩固提升年”行动，及时就地解决群众合理诉求。扎实开展“八五”普法，推进法治政府、法治社会一体建设，全面提升法治素养。巩固深化双拥共建，促进军民深度融合发展。充实社工队伍，细化落实人员配备、待遇薪酬、发展空间等政策措施，打造一批智能化、一站式社区服务综合体。

六、突出防范与化解共进，坚定不移防风险、保安全、护稳定

全面落实总体国家安全观，增强忧患意识、树牢底线思维，打好防范化解风险挑战的主动仗。

科学精准防控疫情。坚定不移把党中央决策部署落到实处，围绕保健康、防重症目标，积极落实新型冠状病毒感染“乙类乙管”举措，稳妥推进防控重心转变和防控措施优化，确保疫情防控转段平稳有序。紧盯重点人群、重点部位，强化养老机构、福利机构等场所防控，新建规范化发热诊室2个，实施疾控中心达标工程，稳步提升医疗救治能力。

妥善化解金融风险。按照“清、规、控、降、防”总体要求，逐步削减消化高成本融资，严控经营性债务增量，推动隐性债务降规模、降成本、降风险，力争债务风险等级“脱红降等”。大力开展平台“瘦身行动”，子公司数量精简20家。持续推进清收挽损，最大限度挽回经济损失。深入开展非法金融活动专项治理，保持打击非法集资高压态势，稳妥推进担保圈“破圈解链”，确保不发生系统性金融风险。

坚决守牢安全底线。紧盯危化品、城镇燃气、交通运输、高层建筑、校园安全等重点领域，全面排查风险隐患、落实闭环整改，坚决遏制较大事故发生，实现生产安全事故起数、亡人数“双下降”。强化应急处置能力，加快西来桥镇消防站建设，提升高层建筑、涉化单位、地下场所等领域消防救援水平。以“一张图”灾害管理为抓手，完善风险防控体系，健全极端天气监测预警机制，强化水利工程建管，增强江港堤防防御能力，常态化开展应急演练，提升安全风险研判、处置水平。

全面加强政府自身建设

旗帜鲜明铸牢忠诚之魂。政府机关首先是政治机关。牢记第一职责就是为党工作，牢记自己是党的干部、党的人，始终在思想上政治上行动上同以习近平同志为核心的党中央保持高度一致，坚定捍卫“两个确立”，坚决做到“两个维护”。坚持把学习习近平总书记重要讲话和指示批示精神作为市政府常务会、党组会“第一议题”，以制度化推动学习常态化。加强政府系统执行力建设，始终心系“国之大者”，不折不扣推动党中央、国务院决策部署和省、市工作要求落地生根，用实际行动诠释对党忠诚。

依法行政规范权力运行。坚持尊法崇法、学法用法，把政府工作全面纳入法治轨道，健全法律顾问、专家论证、风险评估等制度，做到科学民主决策、依法秉公用权、规范文明执法。自觉接受人大法律监督和政协民主监督，认真办理人大代表建议和政协委员提案。主动接受司法监督、群众监督、舆论监督，强化审计监督、统计监督。深化政务公开，用好问政平台，让权力在阳光下运行。

敢为善为干出过硬作风。新的赶考路，没有局外人，只有奋斗者。增强“干”的底气，时刻保持本领恐慌的危机感，强化生成性学习、前瞻性思考、创造性落实，不断提升履职尽责综合能力。亮出“干”的勇气，始终弘扬“见第一就争、见荣誉就夺、见红旗就扛”的精气神，人人争做行家里手、个个争当“拼命三郎”，把各项事业干一流、干成功、干出彩。激发“干”的锐气，深入开展“政府系统作风建设提升年”活动，以“时时放心不下”的责任感和“事事落实到位”的行动力，多做打基础、利长远的实事，多做“啃骨头”“拔钉子”的难事，多做惠企业、暖民心的好事，与全市人民想在一起、干在一起、幸福在一起。

严于律己永葆清廉本色。始终牢记全面从严治党永远在路上，自我革命永远在路上，切实担负起主体责任，严守政治纪律和政治规矩，推动政府系统党风廉政建设向纵深发展。坚持以严的基调强化正风肃纪，严格落实中央八项规定精神，坚决杜绝形式主义、官僚主义，切实整治群众身边的腐败和不正之风。规范执行财政预算，严控“三公”经费支出，推进党政机关办公用房统筹调配，逐步实现“六统一”规范运作，把宝贵资金用在发展紧要处、民生急需处，以政府过“紧日子”换取市场主体过“稳日子”、人民群众过“好日子”。

索 引

说 明

一、索引采用主题分析法编制,大部分选用关键词。

二、索引设有条目索引、表格索引两个分目,按标引词首字的汉语拼音音序排列,首字相同按第二字音序排列,以此类推。

三、由类目、分目提取的索引用黑体字标明。标引词后的阿拉伯数字表示内容所在的页码,数字后面的 a、b 表示从左至右第一、二栏。标引词后第二个页码起,表示该索引参见内容所在位置。

四、为便于读者检索,扬中市的企业事业单位及扬中市发生的事件名称,除易产生歧义者外,省略“扬中市”或“扬中”。

条目索引

A

B

C

D

E

F

G

H

J

K

L

M

N

T

W

X

Y

Z

表格索引